Références sciences



# Bases en algorithmique et en programmation

Cours et 120 exercices corrigés

Pascal Lienhardt
Samuel Peltier
Agnès Arnould
Laurent Fuchs

ellipses

Collection Références sciences

dirigée par Paul de Laboulaye
paul.delaboulaye@editions-ellipses.fr



ISBN 9782340-047761
©Ellipses Édition Marketing S.A., 2021
8/10 rue la Quintinie 75015 Paris



www.editions-ellipses.fr

# Introduction

## Cadre

Schématiquement, le domaine de l'**Algorithmique - Programmation** est celui du **calcul**. Il peut s'agir aussi bien de calculer la trajectoire d'un projectile, de retoucher une image, de produire une séquence d'images pour un film d'animation, de contrôler un personnage dans un jeu vidéo, de calculer un itinéraire routier, de simuler le déplacement d'une rame de métro automatique, etc. Dans tous les cas, les questions suivantes se posent :

1. ***que calcule-t-on, et à partir de quoi ?*** Par exemple, la trajectoire d'un projectile peut être définie comme une suite de points. Si l'on calcule une trajectoire, considère-t-on des points 2D, des points 3D ? Combien de points calcule-t-on ? Que prend-on en compte pour le calcul : la gravité, la vitesse initiale, la poussée du vent et / ou la résistance de l'air ? En fait, il s'agit ici de *décrire précisément* le problème et de le *formaliser*, c'est-à-dire d'identifier les informations qu'il faut manipuler, en particulier les données initiales et les résultats attendus, et de choisir comment les représenter : ceci permet d'envisager de résoudre le problème en calculant le *résultat* à partir du *paramètre*. Le résultat peut être composé de plusieurs valeurs : par exemple une trajectoire est composée de plusieurs points, un point est composé de plusieurs coordonnées. De même, le paramètre peut être composé de plusieurs valeurs : par exemple, une accélération, comme une vitesse, est décrite par plusieurs coordonnées ;

2. ***comment le calcule-t-on ?*** Il s'agit ici de *concevoir* et de *programmer* un *algorithme*, c'est-à-dire un mode de calcul permettant de calculer le résultat à partir du paramètre. Par exemple, la trajectoire d'un projectile peut être décrite par une équation mathématique, qui modélise le phénomène physique : la conception d'un algorithme de calcul de trajectoire peut donc se baser sur une telle équation. Plus généralement, suivant les problèmes, il peut exister, ou non, des bases, voire des stratégies, sur lesquelles appuyer la conception d'un algorithme. Programmer un

algorithme consiste à choisir un langage de programmation, et à décrire l'algorithme dans ce langage, en utilisant les mécanismes de construction de structures de données et de fonctions du langage ;

3. ***ce calcul est-il correct ?*** Comme il est très facile et très fréquent de se tromper, il est toujours nécessaire de *vérifier la validité* d'un algorithme. Les erreurs sont multiples : l'algorithme peut être intrinsèquement faux, suite à une erreur de conception. Il peut y avoir des erreurs de programmation, par exemple une erreur dans le choix d'une structure de données qui ne permet pas de représenter toutes les valeurs nécessaires, ou une simple erreur de syntaxe. Il existe des méthodes et des outils permettant de *prouver* des algorithmes. A minima, il est nécessaire de *tester* un algorithme que l'on vient d'écrire [1] ;
4. ***quel est le coût d'exécution[2] de ce calcul ?*** Effectuer un calcul nécessite des ressources. Un algorithme qui s'exécute en ordinateur nécessite des ressources en mémoire : c'est le *coût en espace* ; le *coût en temps* est lié au nombre d'opérations de base effectuées par l'ordinateur pour calculer le résultat.
5. Il ne faut pas non plus oublier le temps de conception, de développement et de maintenance, c'est-à-dire le temps passé par la ou les personnes qui concoivent et / ou qui programment l'algorithme, et le temps qui sera passé à maintenir les codes résultants. Cet aspect n'est pas approfondi dans ce livre.

## Objectifs

L'objectif de ce cours est d'étudier les notions de base de l'Algorithmique - Programmation, ainsi que leur mise en œuvre dans des exemples « simples ». Plus précisément, cela concerne :

1. la *« nature » des valeurs* manipulées dans un algorithme, et les *opérations* applicables à ces valeurs. Il s'agit ici d'étudier la notion de *type* ou de *structure de données*, qui permet de *représenter* des informations. Ceci comprend en particulier :
   — les types de base et les opérations associées, ainsi que les mécanismes permettant de construire de nouveaux types et de nouvelles opérations,

1. Il existe des méthodes et des outils permettant de réaliser des tests systématiquement, qui sortent du cadre de ce livre ; nous nous contentons ici d'évoquer certaines questions de base à se poser lors de l'écriture d'algorithmes.

2. Cette question n'est pas abordée dans ce livre.

- la formalisation, c'est-à-dire le choix de types pour la représentation d'informations devant être manipulées dans un algorithme, en particulier le paramètre et le résultat ;

2. des *algorithmes de base* manipulant ces types ou structures de données. Il s'agit ici d'étudier :
   - les outils permettant de *formaliser un algorithme*, en particulier les notions de *fonction*, de *conditionnelle*, de *récursivité*, d'*itérativité*,
   - des algorithmes classiques de manipulation de certaines structures de données, par exemple les *listes* et les *tableaux*,
   - des exemples d'algorithmes pour la résolution de divers problèmes relativement « simples »,
   - des idées de base sous-jacentes à différents algorithmes.

## Langage

D'une part, *un algorithme doit être exprimé de manière non ambiguë* : il est donc nécessaire de disposer d'un langage adéquat. Ce *langage d'algorithmes* n'est pas nécessairement un langage de programmation pouvant être exécuté sur un ordinateur, car il peut être utile, pour décrire un algorithme, de s'abstraire de contraintes inhérentes à un langage de programmation.

D'autre part, en supposant que l'on ait choisi un langage de programmation, on peut souvent *implanter*[1] *un algorithme de différentes manières* aussi pertinentes les unes que les autres. En règle générale, il n'y a donc pas une implantation unique d'un algorithme dans un langage de programmation donné.

Enfin, un algorithme peut être programmé en utilisant différents langages de programmation. Or, chaque langage de programmation a ses propres spécificités, et peut imposer certaines constructions, suivant les fonctionnalités offertes par le langage. En conséquence, certains langages de programmation peuvent être plus adaptés que d'autres (selon certains critères) pour l'implantation d'un algorithme.

C'est pourquoi un algorithme est souvent écrit dans un langage d'algorithmes, appelé aussi langage *abstrait*, puis traduit dans un langage de programmation, appelé aussi langage *concret*[2].

Il est à noter que la phase de programmation peut « contraindre » l'algorithme, par exemple en apportant des restrictions à son domaine de validité.

1. On dit aussi *implémenter* ou *programmer*. Le *code* est le texte qui résulte de cette activité.

2. En fait, si les deux phases décrites ici correspondent bien au terme *Algorithmique - Programmation*, le processus qui va de la conception d'un algorithme à sa programmation n'est pas toujours structuré de cette manière, et peut prendre de nombreuses formes.

Nous avons choisi ici d'*utiliser un unique langage* :

1. ce langage est utilisé pour exprimer les algorithmes de manière suffisamment générale pour qu'ils puissent être traduits dans de nombreux langages de programmation ;
2. ce langage permet aussi de programmer les algorithmes, puisqu'il s'agit en fait d'une restriction du langage de programmation `OCaml`. Cette restriction est mise en oeuvre par le biais de *conventions d'écriture* ;
3. si le langage se base sur `OCaml`, ce cours n'est pas un cours de programmation en langage `OCaml`. De nombreux aspects de ce langage ne sont pas étudiés ; de même, certaines constructions présentées pourraient s'écrire différemment en `OCaml` [1], et certaines notions définies dans ce livre seraient sans doute définies différemment dans un cours de programmation `OCaml` (de la même manière qu'un même nom peut désigner des notions différentes dans des langages d'algorithmes ou de programmation différents).
4. En revanche, les aspects du langage que nous avons choisis permettent de mettre en évidence les notions de base importantes de l'Algorithmique - Programmation. Comme dit précédemment, il est ainsi possible de traduire assez directement la plupart des algorithmes présentés ici dans de nombreux autres langages de programmation ;
5. le choix d'utiliser un langage dérivé de `OCaml` est dû aux caractéristiques du langage `OCaml` que nous considérons comme essentielles pour un enseignement de bases de l'Algorithmique - Programmation (en particulier concernant le *typage*), ainsi qu'à des caractéristiques facilitant la mise à disposition d'outils (en particulier liées au système de types) et l'expérimentation (en particulier l'existence d'un *interpréteur*). Comme tout langage, celui-ci présente certains inconvénients, que nous jugeons suffisamment mineurs pour ne pas poser de problèmes significatifs compte-tenu de l'objectif suivi ici [2].

En résumé, ce cours porte sur l'étude de bases de l'Algorithmique - Programmation en utilisant un langage d'algorithmes dérivé du langage `OCaml`. Nous nous soucions donc essentiellement des aspects liés à l'algorithmique et à la programmation de base. La manière dont les choses sont effectivement implantées en langage `OCaml` ne sont pas étudiées ici, sauf mention contraire

---

1. Pour plus de précisions sur le langage `Ocaml`, ses caractéristiques, ses utilisations et ses utilisateurs, voir le site `https://ocaml.org`

2. Par exemple, comme nous n'utilisons qu'une restriction du langage `OCaml`, certaines constructions qui correspondent à des erreurs dans notre cadre sont autorisées par le langage `OCaml` en toute généralité. Ceci dit, les messages de l'interpréteur `ocaml` permettent de repérer ces erreurs.

explicite. Si l'on fait une analogie avec l'apprentissage de la conduite automobile, il s'agit d'apprendre les mécanismes de base de la conduite, aussi indépendamment que possible du véhicule utilisé.

## Mise en œuvre

Afin de simplifier les explications, nous considérerons que le lecteur dispose d'un accès à un interpréteur `ocaml`. Il existe par exemple des interpréteurs `ocaml` en ligne (cf. section 11.2.1 page 412) ; il est aussi possible d'installer un interpréteur [1] `ocaml` sur son ordinateur (*cf.* `https://ocaml.org/`, et section 11.3 page 419). Des solutions plus élaborées peuvent aussi être mises en place (*cf.* section 11.3.4 page 442). Dans tous les cas, il est bien sûr recommandé de sauvegarder le(s) code(s) écrit(s) dans un ou plusieurs fichiers.

Plus précisément, l'interpréteur `ocaml` :

1. permet de *saisir des expressions* écrites en langage `OCaml` ;
2. *vérifie la correction syntaxique* des expressions, puis traduit les expressions correctes de manière à ce qu'elles soient « compréhensibles » pour la machine : dit autrement, les expressions sont *compilées* ;
3. permet de *lancer l'exécution des calculs*. Pour chaque expression correcte, l'interpréteur répond par une « phrase » donnant les principales informations concernant l'expression.

**NB :** il est conseillé de ***tester systématiquement toutes les expressions*** décrites dans ce cours ***en utilisant l'interpréteur***, afin de bien comprendre le sens de ces expressions et le fonctionnement de l'interpréteur [2].

## Remerciements

Les auteurs remercient chaleureusement toutes les personnes dont les propos ou les écrits ont participé à la réflexion ayant abouti à ce livre, et en particulier Rita Zrour, Xavier Skapin, Hakim Ferrier-Belhaouari, Gaëlle Largeteau-Skapin, Yannick Degardin, Eric Andres, Stéphane Jean, Gilles Subrenat, Sylvie Alayrangues, Daniel Meneveaux, Wassim Rharbaoui, Patrice Naudin, Thierry Urruty, Simon Courtin, Lydie Richaume.

Les auteurs remercient tout particulièrement Annie Geniet, Michaël Lienhardt, Yves Bertrand et Catherine Dubois.

---

1. Il est recommandé d'installer aussi la librairie graphique `graphics`, qui, suivant les versions, figure ou non dans la distribution de base (*cf.* `https://opam.ocaml.org/packages/`).
2. La plupart des codes décrits dans ce livre, ainsi que les codes des fonctions utilitaires utilisées, sont disponibles sur le site des éditions Ellipses : http ://www.editions-ellipses.fr.

*à Anatole, qui a servi de cible,*
*à Chiara, qui a rectifié le tir,*
*à Dominique, qui a pesé sur la détente,*
*à Cécile, pour tout le reste !*

# Table des matières

# Première partie

# Notions élémentaires

# Chapitre 1

# Types, variables, expressions

**Mots-clés :**
- valeurs et types,
- opérations et expressions,
- variables non mutables.

**Objectifs :**
- comprendre les notions de valeur et de type,
- connaître les types de base,
- apprendre à construire des types,
- savoir manipuler des valeurs,
- savoir manipuler des variables non mutables,
- savoir formaliser un problème simple,
- prendre en main l'environnement de développement.

Un **algorithme** est la **description du calcul d'un résultat en fonction d'un paramètre**, par exemple le calcul de la trajectoire d'un projectile en fonction de sa position et de sa vitesse initiales. Lorsqu'on effectue le calcul ainsi décrit, le paramètre est une *valeur*, composée éventuellement de valeurs plus élémentaires : dans l'exemple, le paramètre du calcul de trajectoire est composé d'une position et d'une vitesse initiales ; la position, de même que la vitesse, est composée de coordonnées ; mathématiquement, une coordonnée est un nombre réel [1].

Afin de décrire des calculs, il est important de savoir quelles sont les valeurs qu'il est possible de manipuler, et ceci nous amène à la notion de *type*. Nous

1. Il est important de préciser « mathématiquement ». En effet, si une coordonnée peut prendre n'importe quelle valeur réelle en mathématiques, il n'en est pas forcément de même en informatique, comme nous le voyons plus loin.

considérons ici[1] qu'**un type est un ensemble de valeurs**. Tout langage d'algorithmes ou de programmation fournit *des types de base et des opérations* permettant de manipuler les valeurs de ces types, par exemple pour la manipulation de valeurs numériques ou textuelles. La plupart des langages fournissent aussi *des mécanismes permettant de construire des types plus élaborés* à partir des types préexistants, par exemple pour définir une vitesse à partir de coordonnées.

Il est alors possible de décrire des calculs de valeurs par des *expressions*, par exemple pour exprimer le calcul d'une coordonnée d'un point d'une trajectoire par une expression mathématique.

Pour des raisons de lisibilité, voire de généralité des calculs décrits, il est souvent utile d'utiliser des *variables* dans l'écriture d'algorithmes.

Toutes ces notions font l'objet du présent chapitre. Plus précisément, ces notions sont des outils, qu'il faut connaître et comprendre. Ces outils servent à résoudre des problèmes, il faut donc apprendre aussi à s'en servir, c'est-à-dire à *formaliser* les données du problème et le mode de résolution. Par exemple, pour le calcul de la trajectoire d'un projectile, quels types utiliser pour représenter les valeurs devant être manipulées, depuis une coordonnée jusqu'à une trajectoire ? Quelles opérations effectuer pour calculer la trajectoire en fonction des données initiales ?

Dit autrement, il est important de savoir à la fois :

— *traduire les données d'un problème en données informatiques*. Par exemple, si l'on souhaite réaliser un logiciel de retouche d'images, comment représente-t-on les valeurs qui caractérisent une image ?
— *manipuler des données informatiques*, c'est-à-dire *savoir décrire les calculs devant être effectués pour produire les résultats*, par exemple pour rehausser le contraste dans une image.

## 1.1 Notions essentielles

### 1.1.1 Types et comparaisons de valeurs

Les **types de base** fournis par le langage `OCaml` sont listés dans le tableau 1.1, et décrits dans la section 1.1.2 (page 19).

Il est possible de définir des **types construits** à partir de ces types de base, par exemple les *types produits* et les *types structurés* décrits dans la section 1.1.3 (page 24).

1. Il existe plusieurs approches de la notion de type.

**NB1. Toute valeur appartient à un type unique.**

| type | description | exemples de valeurs |
|---|---|---|
| `int` | valeurs entières | `0, -5, 222` |
| `float` | valeurs flottantes | `.2, -3.14, 5.2e3, 2.0` |
| `char` | caractères (256 valeurs) | `'a', '?', '1'` |
| `string` | chaînes de caractères | `"Hello World!"` |
| `bool` | valeurs booléennes | `true, false` |
| `unit` | valeur unique « vide » | `()` |

TABLE 1.1 – Types de base.

**NB2.** Au sein d'un type[1], deux valeurs peuvent être comparées en utilisant les **opérateurs de comparaison** :

| | |
|---|---|
| `=` | égal |
| `<>` | différent |
| `>` | strictement supérieur |
| `>=` | supérieur ou égal |
| `<` | strictement inférieur |
| `<=` | inférieur ou égal |

— quel que soit l'opérateur de comparaison, *les deux opérandes doivent être du même type*. Par exemple, on ne peut pas comparer directement les valeurs `2` (type `int`) et `2.0` (type `float`) ;

— *la valeur d'une expression de comparaison est toujours un booléen*, c'est-à-dire une valeur de type `bool` (*cf.* section 1.1.2.5 page 23) : la valeur de `2 <> 3` est `true`, celle de `2 < 3` est `true`, celle de `2 >= 3`, qui est égale à celle de `not(2 < 3)`, est `false` ;

## 1.1.2 Types de base

Un type de base est un ensemble de valeurs, sur lesquelles des opérations prédéfinies peuvent être appliquées.

1. Il n'est pas possible de comparer des valeurs de types différents. Par exemple, comme le type `int` n'est pas le type `float`, il n'est *pas possible de comparer directement* une valeur de type `int` et une valeur de type `float`. Il est possible de *convertir* une valeur de type `int` en valeur de type `float`, et réciproquement, afin d'effectuer de telles comparaisons (*cf.* section 2.1.4 page 63). Si certains langages autorisent une comparaison entre valeurs de types différents, c'est parce qu'ils effectuent automatiquement des conversions : dans ce cas, il est nécessaire d'être très attentif à ces conversions implicites afin d'éviter des erreurs de conception.

```
# 2.5 + 3.5 ;;
Error: This expression has type float but an expression was expected
of type int
# 2 + 3.5 ;;
Error: This expression has type float but an expression was expected
of type int
```

On peut noter que l'interpréteur `ocaml` souligne la partie de l'expression qui pose problème. Dans les deux cas ci-dessus, l'opérateur correspond à l'addition entière, l'interpréteur attend donc que tous les paramètres soient de type `int`.

#### 1.1.2.3 Type `char`

Le type `char` contient 256 valeurs permettant de représenter des **caractères**. Les valeurs de type `char` sont représentées entre apostrophes[1], par exemple : `'a'`, `'2'`, `'?'`, ou encore le caractère de retour à la ligne `'\n'`.

```
# 'a' ;;
- : char = 'a'
# 'R' ;;
- : char = 'R'
# '1' ;;
- : char = '1'
```

```
# '*' ;;
- : char = '*'
# '\n' ;;
- : char = '\n'
# '\255' ;;
- : char = '\255'
```

Les caractères sont ordonnés selon le standard ISO 8859-1. En particulier, les 128 premiers caractères correspondent au code ASCII (American Standard Code for Information Interchange).

Il existe un **ordre sur les caractères** : c'est l'ordre du code ASCII pour les 128 premiers caractères. En particulier, l'ordre sur les lettres minuscules est l'ordre alphabétique (il en est de même pour les lettres majuscules) ; de même, les caractères correspondant aux chiffres sont consécutifs. Par exemple, la lettre 'a' est inférieure à toutes les autres lettres minuscules.

**NB.** *Il ne faut pas confondre un caractère numérique avec l'entier correspondant* ; par exemple, le caractère `'2'` n'a rien à voir avec l'entier 2.

#### 1.1.2.4 Type `string`

Le type `string` permet de représenter des **chaînes de caractères**. Les valeurs de type `string` sont représentées entre guillemets.

1. Guillemet droit simple, ou simple quote.

**Opérateur sur les `string` :** l'opérateur de *concaténation* est noté `^`, il permet de *coller* deux chaînes l'une à la suite de l'autre.

```
# "Hello" ;;
- : string = "Hello"
# "World ! \n" ;;
- : string = "World ! \n"
```

```
# "Hello" ^ " " ^ "World ! \n" ;;
- : string = "Hello World ! \n"
```

Il existe un **ordre sur les chaînes de caractères** : c'est l'ordre lexicographique induit par l'ordre du type `char` : par exemple, la chaîne `"alentour"` est inférieure aux chaînes `"alentours"`, `"autour"`, `"bismuth"`, etc.

#### 1.1.2.5 Type `bool`

Le type `bool` permet de représenter les valeurs de vérité *vrai* et *faux* de l'algèbre de Boole, bien connue en logique mathématique. Il contient donc exactement 2 **valeurs booléennes (ou booléens)** : `true` et `false`. En particulier, *le résultat d'une comparaison est une valeur booléenne*, quel que soit le type des opérandes.

```
# true ;;
- : bool = true
# false ;;
- : bool = false
# "alpha" < "alphabetique" ;;
- : bool = true
```

```
# 2 > 3 ;;
- : bool = false
# 'a' < 'b' ;;
- : bool = true
# "alpha" < "alentour" ;;
- : bool = false
```

**NB.** Comme dit précédemment, les deux opérandes d'une comparaison doivent être du même type :

```
# 3 < 4.5 ;;
Error: This expression has type float but an expression was expected of
type int
```

**Opérateurs sur les `bool` :** on peut construire des expressions booléennes plus élaborées en utilisant les opérateurs logiques suivants :

| | |
|---|---|
| `&&` | et logique |
| `\|\|` | ou logique |
| `not` | négation logique |

Les opérateurs `&&` et `||` sont des opérateurs binaires, l'opérateur `not` est un opérateur unaire. Ces opérateurs sont définis selon les **tables de vérité** suivantes :

| x | y | x && y |
|---|---|---|
| true | true | true |
| true | false | false |
| false | true | false |
| false | false | false |

| x | y | x \|\| y |
|---|---|---|
| true | true | true |
| true | false | true |
| false | true | true |
| false | false | false |

| x | not(x) |
|---|---|
| true | false |
| false | true |

Ci-après figurent quelques exemples d'expressions booléennes, ainsi que leurs valeurs :

```
# (2 > 3) && ('c' < 'k')   # ('c' > 'k') && ('c' < 'z')
- : bool = false           - : bool = false
# (2 > 3) || ('c' < 'k')   # not(2 > 3) || (('c' > 'k') && ('c' < 'z'))
- : bool = true            - : bool = true
```

#### 1.1.2.6 Type `unit`

Le type `unit` ne contient qu'une seule valeur, notée `()`. Nous en parlons dans la partie III de ce livre (*cf.* page 241).

### 1.1.3 Types construits

#### 1.1.3.1 Types énumérés

Un type énuméré est un **ensemble de valeurs déclarées explicitement** ; il permet de représenter directement un ensemble fini d'informations de même nature. Par exemple, le type suivant permet de représenter les noms des jours de la semaine :

```
# type t_day = MONDAY | TUESDAY | WEDNESDAY | THURSDAY | FRIDAY
| SATURDAY | SUNDAY ;;
type t_day = MONDAY | TUESDAY | WEDNESDAY | THURSDAY
| FRIDAY | SATURDAY | SUNDAY
```

L'interpréteur répond qu'il a bien compris que l'on déclare un type, dont le nom est `t_day`, et qui contient les valeurs listées à la suite.

La déclaration d'un type énuméré se fait suivant la syntaxe suivante :

```
type type_name = VALUE_1 | VALUE_2 | ··· | VALUE_n ;;
```

où `type` est un mot réservé du langage `OCaml` et `type_name` est un identificateur (*cf.* section 1.2 page 34). Chaque valeur est écrite en lettres majuscules. Les valeurs sont séparées par une barre verticale.

**NB1.** Même si une valeur d'un type énuméré est écrite comme une suite de caractères (comme toute valeur de tout type), ce n'est pas une chaîne de caractères (de même que la valeur entière 123 n'est pas une chaîne de caractères) : par exemple, le type de la valeur WEDNESDAY est t_day, cette valeur ne peut donc pas être comparée à une chaîne de caractères.

**NB2.** Deux valeurs d'un type énuméré peuvent être comparées. Dans notre cadre, seuls les comparateurs d'égalité et de différence sont utilisés. Pour plus de précisions, voir section 1.3.1.2 page 39.

```
# WEDNESDAY ;;
- : t_day = WEDNESDAY
# WEDNESDAY = "WEDNESDAY" ;;
Error: This expression has type string but an expression was expected
       of type t_day
# WEDNESDAY = FRIDAY ;;
- : bool = false
```

#### 1.1.3.2 Types produits

Les types produits sont définis comme des **produits cartésiens de plusieurs types**[1] : par exemple int * char ou int * int * unit * string sont des types produits.

Les valeurs d'un type produit sont des **n-uplets** ou **tuples** : elles sont composées de valeurs des types intervenant dans le produit. Ces valeurs sont représentées entre parenthèses, et sont séparées par une virgule : par exemple, (1,'A') et (-124,'?') sont deux valeurs du type int * char. Les valeurs constituant un n-uplet sont appelées ses éléments, ou ses composants.

Il est possible de comparer deux n-uplets de même type : ils sont comparés suivant **l'ordre lexicographique**, c'est-à-dire que leurs premiers éléments sont comparés ; si les premiers composants sont égaux, les seconds éléments sont comparés ; si les premiers composants sont égaux et si les deuxièmes composants sont égaux, les troisièmes sont comparés, etc. Plus précisément, considérons deux n-uplets a = (a_1, ···, a_n) et b = (b_1, ···, b_n) de même type :

1. a < b si et seulement si il existe k compris entre 1 et n, tel que : a_k < b_k, avec a_i = b_i pour tout i compris entre 1 et k-1 ;

1. Pour rappel, le produit cartésien $E_1 \times E_2$ de deux ensembles $E_1$ et $E_2$ est l'ensemble composé de tous les couples $(e_1, e_2)$, où $e_1 \in E_1$ et $e_2 \in E_2$. Plus généralement, le produit cartésien $E_1 \times \cdots \times E_n = \prod_{i=1}^{n} E_i$ de $n$ ensembles $E_1, \cdots, E_n$, est l'ensemble de tous les $n$-uplets $(e_1, \cdots, e_n)$, où, pour tout $i$ compris entre 1 et $n$, $e_i \in E_i$. Un $n$-uplet est appelé aussi un tuple.

Les deux dernières déclarations sont erronées :

- le champ `dy` du type `t_vector` est de type `float`, alors que la déclaration indique une valeur de type `int` ;
- la valeur `MERCREDI` n'appartient pas au type `t_day` : l'interpréteur ne dit pas autre chose.

**NB.**

- pour les *types produits* : si l'on veut **accéder à chaque composant d'une valeur de type produit**, il est possible de déclarer des variables pour ce faire, de la manière suivante :

```
# let (v_int, v_bool) : t_int_bool = (3 mod 2, 4 + 5 > 7) ;;
val v_int : int = 1
val v_bool : bool = true
```

  Il n'y a donc pas ici la déclaration d'une variable de type `t_int_bool`, mais la déclaration de deux variables de types respectifs `int` et `bool`. Ce type de déclaration est possible pour tout type produit, et sera souvent utilisé dans les chapitres suivants.
- pour les *types structurés* : il est possible **d'accéder à chaque champ d'une variable de type structuré via son nom**, de la manière suivante :

```
# origin.x ;;
- : float = 0.
# origin.y ;;
- : float = 0.
# let p1 : t_point =
      {x = origin.x +. vect_i.dx ; y = origin.y +. vect_i.dy} ;;
val p1 : t_point = {x = 1.; y = 0.}
```

  Plus généralement, l'accès au champ `name_i` d'une variable `var_name` de type `{name_1 : type_name_1 ; ...; name_n : type_name_n}` s'écrit `var_name.name_i`

#### 1.1.5.2 Variables globales *vs* variables locales

Une variable, telle que déclarée précédemment, est une **variable globale** : cela signifie qu'on peut **l'utiliser dans toutes les expressions et déclarations qui suivent sa déclaration**.

Une **variable locale** est une variable qui **ne peut être utilisée que dans l'expression qui suit sa déclaration**. Une telle variable est déclarée ainsi :

```
let var_name : type_name = expression_1 in
     expression_2
```

La construction `let ··· in` est caractéristique d'une déclaration locale. La variable `var_name`, de type `type_name` et dont la valeur est définie par `expression_1`, **n'est connue et utilisable que** dans `expression_2`, comme le montre l'exemple ci-après :

```
# let my_x : int = 7 mod 4 in
    my_x * 2
;;
- : int = 6
# my_x ;;
Error: Unbound value my_x
```

La variable `my_x` a pour valeur `7 mod 4 = 3`, la valeur de l'expression définie est donc `3 * 2 = 6`, c'est ce que répond l'interpréteur. Mais quand on demande la valeur de la variable `my_x`, la réponse de l'interpréteur indique que celle-ci n'est pas définie. En effet, la réponse `Unbound value my_x` signifie que le nom `my_x` est inconnu. Effectivement, la variable n'est définie que dans l'expression précédente : en fait, la réponse de l'interpréteur `- : int = 6` indique qu'aucune variable n'est définie, seule la valeur `6` est calculée.

Il est possible de définir plusieurs variables locales simultanément. La syntaxe est la suivante :

```
let var_name_1 : type_name_1 = expression_1
      and var_name_2 : type_name_2 = expression_2
      and ...
in
    expression
```

Les variables locales `var_name_1`, `var_name_2`, etc, ne peuvent pas être utilisées dans les expressions `expression_1`, `expression_2`, etc, définissant les autres variables locales. En revanche, ces variables peuvent bien sûr être utilisées dans l'expression `expression` :

```
# let x : int = 7 mod 4 and y : int = 9 / 4 in
   x < y
;;
- : bool = false
```

Cette expression peut d'ailleurs elle-même commencer par la déclaration d'autres variables locales, ce qui permet d'utiliser des variables locales pour la

Par exemple, pour une application graphique 2D dans laquelle on manipule des rectangles dont les côtés sont parallèles aux axes du repère 2D, on choisit de représenter un rectangle par son point en bas à gauche, sa longueur et sa hauteur. Voici quelques déclarations possibles :

```
# type t_point = {x : int ; y : int} ;;
type t_point = { x : int; y : int; }
# type t_rectangle = {base : t_point ; length : int ; height : int} ;;
type t_rectangle = { base : t_point; length : int; height : int; }
# let my_rectangle_1 : t_rectangle =
      {base = {x = 0 ; y = 0} ; length = 5 ; height = 10} ;;
val my_rectangle_1 : t_rectangle =
       {base = {x = 0; y = 0}; length = 5; height = 10}
# let my_rectangle_2 : t_rectangle =
      {base = {x = 5 ; y = 10} ; length = 3 ; height = 2} ;;
val my_rectangle_2 : t_rectangle =
       {base = {x = 5; y = 10}; length = 3; height = 2}
```

**NB :** Les lettres `l` et `O` peuvent facilement se confondre avec les chiffres `1` et `0` : il faut donc être particulièrement attentif quand elles sont utilisées.

### 1.2.3 Valeurs

1. Une valeur de type `float` comprend toujours un chiffre avant le point, et un chiffre après le point.
2. Une valeur d'un type énuméré est écrite avec des majuscules ; on peut éventuellement utiliser des chiffres et le caractère *underscore*, mais le premier caractère de la valeur est forcément une lettre majuscule (comme par exemple `MONDAY` du type `t_day`).
3. Une valeur d'un type produit est toujours délimitée par une parenthèse ouvrante et une parenthèse fermante[1], comme par exemple `(1, ('x', "hello"), 2.3)` du type `int * (char * string) * float`.

### 1.2.4 Variables

1. Une variable est toujours déclarée avec son type et sa valeur.
2. Seules des variables locales sont utilisées dans un code. Les variables globales sont utilisées lors de tests effectués avec l'interpréteur.
3. Nous appliquons le principe **un nom - une notion**. En particulier, les noms sont choisis de manière à respecter les contraintes suivantes : deux

1. Il faut noter qu'en `OCaml`, `(1) = 1` et `(('x', "hello")) = ('x', "hello")`.

types ont des noms différents ; deux variables ont des noms différents ; un type et une variable ont des noms différents.

### 1.2.5 Indentations

Des exemples d'expressions structurées, comportant différents niveaux de déclarations, ont été présentés précédemment. Les indentations sont utilisées pour mettre en évidence cette structuration, de manière à ce que ces expressions puissent être rapidement analysées quand elles sont lues. Toujours pour des raisons de lisibilité, quand une expression est trop longue, elle est coupée sur plusieurs lignes, qui sont indentées. Dans le cas d'une déclaration utilisant `let` $\cdots$ `in`, si celle-ci est coupée sur plusieurs lignes, les mots `let` et `in` apparaissent en début de ligne afin de délimiter la déclaration.

Voici quelques exemples :

```
# let x : int = 3 * 2
    and y : int = 25 mod 6
    and z : int = (23 * 2) mod 7
  in
    x + y + z
;;
- : int = 11
# let x : int =
     let y : int = 3 * 4 + 2 and z : int = 3 in
     let c : int = y + z in
       c * 4
;;
val x : int = 68
```

## 1.3 Compléments

### 1.3.1 Remarques générales

#### 1.3.1.1 Conventions d'écriture

Les conventions d'écriture décrites dans la section précédente ne sont pas des règles liées à `OCaml`, ni à un autre langage de programmation. Par exemple, pour `OCaml`, les seules parties de conventions qui sont des règles du langage sont les suivantes : une valeur de type énuméré commence par une lettre majuscule, un identificateur (un nom de type ou de variable) commence par une lettre minuscule.

Un autre exemple est le suivant. Étant donnée une valeur, `OCaml` en *infère* le type ; il est donc inutile a priori de déclarer explicitement le type d'une variable, puisque `OCaml` est capable de l'identifier à partir de la valeur de la variable. Dans l'exemple ci-après, le type de la valeur `3` est reconnu, et donc ainsi le type de la variable `x` :

```
# 3 ;;
- : int = 3
# let x = 3 ;;
val x : int = 3
```

Ceci dit, ce n'est pas le cas de nombreux langages de programmation. La convention d'écriture imposant de définir le type et la valeur d'une variable est donc définie afin de :

— apprendre à *contrôler* explicitement tous les aspects d'une déclaration ; en particulier, cela permet d'accroître la lisibilité du code, voire de détecter certaines erreurs,
— permettre de traduire relativement directement tout le code écrit ici en `OCaml` dans d'autres langages de programmation.

Ceci peut être utile lors de l'utilisation d'autres langages de programmation.

Il est tout à fait possible en `OCaml`, comme dans d'autres langages de programmation, d'utiliser des noms déjà définis par ailleurs, par exemple :

```
# let int : float = 3.0 ;;
val int : float = 3.
# let x : int = 2 ;;
val x : int = 2
# int ;;
- : float = 3.
```

Utiliser le même nom pour un type et une variable peut être source de confusion, et donc provoquer des erreurs ; de plus, cela ne facilite pas la lisibilité ! De même, `OCaml` permet de réutiliser des noms de variables pour la définition de nouvelles variables, par exemple :

```
# let x : int = 3 ;;
val x : int = 3
# let x : string = "strange" ;;
val x : string = "strange"
# x ;;
- : string = "strange"
```

Cela signifie que le nom `x`, après avoir été associé à la valeur `3`, désigne désormais une chaîne de caractères de valeur `"strange"` : la première variable de nom x n'existe plus [1]. Bien sûr, cela peut aussi entraîner des confusions et des erreurs, voire a minima poser des problèmes de lisibilité [2] ; c'est pourquoi le principe **un nom - une valeur** est appliqué.

Chacune des conventions définies pourrait être expliquée, mais ceci ne présente pas beaucoup d'utilité pour l'instant. Il suffit de se souvenir que les objectifs de ces conventions sont la lisibilité et la généralité, l'objectif ici étant d'étudier les mécanismes communs des outils de base en Algorithmique - Programmation.

#### 1.3.1.2 Types

Un type est défini ici comme un ensemble de valeurs. C'est amplement suffisant pour les objectifs suivis ici, mais en fait, le terme *type* est décliné en de nombreuses appellations, recouvrant des notions plus ou moins proches, et plus ou moins liées : type abstrait, type concret, structure de données, etc.

Les types de base présentés ici se retrouvent dans de nombreux langages de programmation, avec éventuellement différentes variantes, principalement en ce qui concerne les types numériques (entiers courts ou longs, flottants en virgule fixe ou non, etc). Du fait de ces variantes, il est important de bien

1. On peut imaginer que l'on dispose d'une unique étiquette sur laquelle figure le nom x : si cette étiquette est posée sur la valeur 3, elle est synonyme de cette valeur. Mais si elle est posée sur la valeur "strange", elle n'est bien sûr plus posée sur la valeur 3, dont elle n'est plus synonyme.

2. L'exemple ci-après illustre un cas d'erreur lié à l'utilisation d'un même nom pour désigner deux types différents.

```
# type t_thing = {a : int ; b : float} ;;
type t_thing = { a : int; b : float; }
# let c : t_thing = {a = 1 ; b = 1.0} ;;
val c : t_thing = {a = 1; b = 1.}
# type t_thing = int * int ;;
type t_thing = int * int
# c ;;
- : t_thing = {a = 1; b = 1.}
# let d : t_thing = {a = 13 ; b = 4.0} ;;
Error: This expression has type t_thing/1292
       but an expression was expected of type t_thing/1297 = int * int
```

Dans cet exemple, le type t_thing est défini, ainsi que la variable c, puis le type t_thing est « redéfini ». La variable c continue d'exister, et son type est le « premier » type t_thing. Mais lorsqu'on essaie de définir la variable d de type t_thing avec une valeur du « premier » type t_thing, l'interpréteur signale une erreur, car le nom t_thing désigne maintenant le « deuxième » type t_thing, même si l'interpréteur se souvient de la définition du « premier » type. C'est pourquoi, dans le message, les deux types sont désignés par le même nom t_thing, complété par deux entiers différents afin de les distinguer.

```
# 5.25 /. 0.0 ;;
- : float = infinity
# -5.25 /. 0.0 ;;
- : float = neg_infinity
# 0.0 /. 0.0 ;;
- : float = nan
```

La valeur `nan`, qui résulte de la division de la valeur `0.0` par elle-même, peut être comprise comme `not a number`[1].

## 1.4 Exercices

Quelques recommandations :

- il est conseillé, pour chaque exercice traité sur machine, de saisir le code dans un fichier spécifique, dont le nom se termine par l'extension `.ml` ;
- pensez à sauvegarder très régulièrement le code que vous aurez saisi, pour éviter les pertes en cas de « plantage ».
- l'interpréteur mémorise tout ce que vous faites entre le moment où vous commencez à vous en servir et le moment où vous l'arrêtez. Vous pouvez avoir oublié certaines actions, mais pas l'interpréteur ! Ceci peut parfois susciter quelques erreurs qui vous paraissent incompréhensibles, mais qui ne le sont pas si l'on se souvient de tout ce qui a été fait. Dans ce cas, le plus simple est de quitter l'interpréteur et de le relancer, ce qui réinitialise la mémoire ;
- les commentaires, en `Ocaml`, sont encadrés par `(*` et `*)`, par exemple `(* ceci est un commentaire *)`. Il est conseillé d'ajouter des commentaires au code : l'idée est qu'une personne qui n'a pas écrit le code devrait pouvoir lire celui-ci sans difficultés particulières.

**NB.** Le premier exercice pratique, à faire systématiquement pour tous les chapitres, consiste à exécuter les phrases `OCaml` du cours, afin de bien comprendre ce qu'elles font et de vérifier que vous obtenez bien les mêmes résultats que ceux décrits dans le cours.

1. Cette valeur a un comportement particulier, qui se retrouve pour des valeurs similaires d'autres langages de programmation, par exemple :

```
# nan = nan ;;
- : bool = false
```

## Exercices d'application

### Exercice 1

Vérifiez les types et les valeurs des expressions suivantes :

```
9             true                       (1,'z')
2.0           false                      ()
'a'           {x = 5.3 ; y = 2.4}        ("hello",true, 'c')
"bonjour"     {dx = 0.56 ; dy = 5.}      {x = 5.0 +. 2.3 ; y = 7.9}
```

### Exercice 2

Parmi les expressions suivantes, certaines correspondent à des valeurs de types prédéfinis, d'autres non (et provoquent des erreurs lorsqu'elles sont saisies dans l'interpréteur). Essayez de dire, pour chacun des cas suivants, si l'expression correspond bien à une valeur, et si oui, quel est son type. Vérifiez vos réponses en utilisant l'interpréteur.

```
-4            '14'
8             '8'                "I like A-P"
4.0           '-4'               (2,2,"12", ())
-8.0          "14"               ('a',12,'12')
"true"        true               '"'
"a"           'a'                "8"
'?'           "4'                "-4"
```

Même question pour les expressions ci-après :
`{x = 3 ; y = 5.6}` `{x = 5.7 ; dy = 2.4}`.

```
4.4 + 3              4.0 + 3.0              3.1 +. 2.0
2 > 4                3 <= 3                 3.4 > 0
2.2 >. 0.0           true = false           7.0 /. 2.
true <> false        3 <> 'a'               'a' > 'b'
'a' + 'b'            "Hello" ^ "World"      "Hello" ^ "!"
"Hello" ^ '!'        (1 <> 0) = false       false || true
```

### Exercice 3

Définissez deux constantes `p` et `q`, valant respectivement les entiers 7 et 3. Écrivez une expression dont le résultat est un tuple de type `(int * int)`, nommé `result`, qui contient le quotient et le reste de la division de `p` par `q`.

En utilisant `result`, récupérez le quotient et le reste dans deux variables non mutables `quotient` et `remainder`.

### Exercice 4

Définissez un type structuré `t_date` permettant de représenter des dates. Définissez deux variables non mutables `begin_century` et `today` dont les valeurs correspondent au 1$^{er}$ janvier 2001 et à la date du jour.

Essayez de trouver expérimentalement s'il existe un ordre sur les valeurs d'un type structuré, et si oui, lequel ? Dans ce cas, comment faudrait-il définir le type `t_date` afin que l'ordre sur les valeurs de ce type corresponde à l'ordre usuel sur les dates ?

## Exercices de compréhension / conception

### Exercice 5

Associez chaque expression booléenne (que l'on suppose vraie) avec sa phrase correspondante : indiquez à chaque fois ce que représentent `t1` et/ou `t2`, et renommez-les de manière explicite (NB. `abs(x)` est la valeur absolue de `x` ; par exemple, `abs(-3)` = `abs(3)` = `3`).

(a) `t2 mod 10 = 9`
(b) `t1 < t2`
(c) `t1 < 0`
(d) `(t2 - t1) mod 7 = 0`
(e) `abs(t1 - t2) < 2`
(f) `t1 / t2 > 1`
(g) `(t1 + t2) / 60 = 2`

1. Il gèle.
2. Il a fait plus chaud le 01/01 que le 01/07.
3. Les deux coureurs sont arrivés avec moins de deux minutes d'écart.
4. Le nombre de jours séparant les dates de naissance de deux personnes correspond à un nombre de semaines (une date de naissance est exprimée en « nombres de jours écoulés depuis le $1^{er}$ janvier de l'année 1 »).
5. le temps de cuisson des pommes de terre est au moins 2 fois plus long que celui des carottes.
6. Pour faire cuire des pommes de terre puis des carottes, il faut prévoir entre 2h et 2h59.
7. L'an prochain, Pierre change de dizaine.

### Exercice 6

À partir des phrases suivantes, indiquez les déclarations qu'il faudrait faire, ainsi que les expressions permettant de réaliser les calculs correspondants.

1. La note finale est la moyenne pondérée des notes `mark_1` (`coeff. 2`), `mark_2` (`coeff. 2`) et `mark_3` (`coeff. 8`).
2. Sachant qu'un flacon de parfum contient 50 ml, et que l'on dispose de `n` ml de parfum, combien peut-on remplir de flacons, et quelle quantité de parfum reste-t-il ?
3. Sachant que la TVA est à 20% et que le prix HT d'un article est de 421€, quel est son prix TTC ?

4. Une compote multifruits est composée de 50% de pommes, de 30% de poires, et de 20% de fraises. Étant donnés les prix de revient au kg des fruits la composant, quel est le prix de revient au kg de cette compote ?

**Exercice 7**

Définissez une variable non mutable `in_interval` qui est vraie si l'entier donné `n` est compris dans l'intervalle `[100, 200]` et fausse sinon. Donnez deux définitions de la variable non mutable `out_interval`, qui est vraie si l'entier donné `n` n'est pas compris dans l'intervalle `[100, 200]` et fausse sinon.

**Exercice 8**

Le jeu *pierre, feuille, ciseaux* est un jeu qui se joue à deux joueurs. Simultanément, les joueurs choisissent chacun un signe pour représenter un élément : la pierre (main fermée), la feuille (main ouverte), ou les ciseaux (index et majeur tendus). Le jeu est simple : si les deux joueurs ont choisi le même signe, aucun des deux ne marque de point, sinon un des deux joueurs marque 1 point selon la règle suivante : la pierre gagne contre les ciseaux, les ciseaux gagnent contre la feuille, et la feuille gagne contre la pierre. Le premier joueur atteignant 3 points est déclaré vainqueur.

Quelles sont les données (précisez leur type) qui sont nécessaires à la réalisation d'un programme permettant de jouer à *pierre, feuille, ciseaux*.

Quelles sont les fonctionnalités nécessaires à la réalisation de ce jeu ?

## Exercices divers

**Exercice 9**

Vérifiez que l'interpréteur `ocaml` produit, pour les trois opérateurs logiques définis sur des booléens, des résultats conformes aux tables de vérité.

**Exercice 10**

De quel type est la variable non mutable prédéfinie `max_int` et à quoi correspond sa valeur ? Évaluez la valeur de l'expression `max_int + 1` : savez-vous expliquer le résultat ?

**Exercice 11**

Définissez la variable non mutable `x` de type caractère, ayant pour valeur `'A'`. Définissez la variable non mutable `y` de type caractère, ayant pour valeur `x`. Que vaut `y` ?

Pouvez-vous maintenant définir la variable non mutable `x`, de type entier, ayant pour valeur `10` ? La variable `y` a-t-elle été modifée ? Comment expliquez-vous cela ?

**Exercice 12**

Proposez un type permettant de représenter chaque donnée suivante :

1. l'effectif d'un groupe de TD,
2. une note,
3. une moyenne,
4. le titre d'un livre,
5. le nom et le prénom d'une personne,
6. un livre caractérisé par son titre, et le nom et le prénom de l'auteur,
7. une date de naissance,
8. une pièce de de monnaie,
9. les 3 dés d'un jeu de 421,
10. une carte d'un jeu de 52 cartes.

## 1.5 Corrigés

### Corrigés des exercices d'application

#### Corrigé de l'exercice 1

Pour simplifier, les valeurs indiquées dans les réponses de l'interpréteur ci-après sont remplacées par *id* si ces valeurs sont égales aux valeurs saisies.

```
9                  true                     (1,'z')
int = id           bool = id                int * char = id
2.0                false                    ()
float = id         bool = id                unit = id
'a'                {x = 5.3; y = 2.4}       ("hello",true, 'c')
char = id          t_point = id             string * bool * char = id
"bonjour"          {dx = 0.56; dy = 5.}     {x = 5.0 +. 2.3; y = 7.9}
string = id        t_vector = id            t_point = {x = 7.3; y = 7.9}
```

#### Corrigé de l'exercice 2

```
-4                 '14'                     "I like A-P"
int                erreur                   string
8                  '8'                      (2, 2,"12", ())
int                char                     int * int * string * unit
```

```
4.0
float
-8.0
float
"true"
string
"a"
string
'?'
char
```

```
'-4'
erreur
"14"
string
true
bool
'a'
char
"4'
erreur
```

```
('a',12,'12')
erreur
'"'
char
"8"
string
"-4"
string
```

La valeur `{x = 3 ; y = 5.6}` est erronée : dans le type `t_point`, le champ `x` est de type `float`, alors que la valeur `3` est de type `int`.

De même, le type `t_point` comporte deux champs `x` et `y` ; le type `t_vector` comporte deux champs `dx` et `dy` : mais aucun type n'a été défini avec un champ `x` et un champ `dy`.

```
4.4 + 3
erreur : opérande float
et opérande entier
2 > 4
- : bool = false
2.2 >. 0.0
erreur : opérateur
non défini
true <> false
- : bool = true
'a' + 'b'
erreur : opérateur
entier, opérandes
de type char
"Hello" ^ '!'
erreur : '!' est un
caractère
```

```
4.0 + 3.0
erreur : opérateur
entier, opérandes
de type float
3 <= 3
- : bool = true
true = false
- : bool = false
3 <> 'a'
erreur : opérandes
de types différents
"Hello" ^ "World"
- : string =
     "HelloWorld"
(1 <> 0) = false
- : bool = false
```

```
3.1 +. 2.0
- : float = 5.1
3.4 > 0
erreur :
opérandes de
types différents
7.0 /. 2.
- : float = 3.5
'a' > 'b'
- : bool = false
"Hello" ^ "!"
- : string =
     "Hello!"
false || true
- : bool = true
```

### Corrigé de l'exercice 3

```
# let p : int  = 7 ;;
val p : int = 7
# let q : int = 3 ;;
val q : int = 3
# let result : int * int = (p / q, p mod q) ;;
val result : int * int = (2, 1)
# let (quotient, remainder) : int * int = result ;;
val quotient : int = 2
val remainder : int = 1
```

### Corrigé de l'exercice 4

```
# type t_date = {day : int ; month : int ; year : int};;
type t_date = { day : int; month : int; year : int; }
# let begin_century : t_date = {day = 1 ; month = 1 ; year = 2001};;
val begin_century : t_date = {day = 1; month = 1; year = 2001}
# let today : t_date = {day = 16 ; month = 5 ; year = 2020};;
val today : t_date = {day = 16; month = 5; year = 2020}
# begin_century < today ;;
- : bool = true
# let end_previous_century = {day = 31 ; month = 12 ; year = 2000};;
val end_previous_century : t_date =
                {day = 31; month = 12; year = 2000}
# end_previous_century < begin_century ;;
- : bool = false
```

En fait, les valeurs de types structurés sont comparés dans l'ordre des composants : il faut donc que l'année soit le premier composant, puis le mois, puis le jour, afin d'effectuer les comparaisons dans l'ordre, ce qui donne la déclaration suivante :

```
# type t_date = {year : int ; month : int ; day : int};;
type t_date = { year : int; month : int; day : int; }
```

## Corrigés des exercices de compréhension / conception

### Corrigé de l'exercice 5

a - 7, b - 2, c - 1, d - 4, e - 3, f - 5, g - 6

a : renommer t2 en age_pierre,

b : renommer t1 et t2 en temperature_july_01 et temperature_january_01,

c : renommer t1 en temperature,

d : renommer t1 et t2 en age_1 et age_2,

e : renommer t1 et t2 en time_1 et time_2,

f : renommer t1 et t2 en time_potato et time_carrot,

g : renommer t1 et t2 en time_potato et time_carrot (t1 et t2 sont exprimés en minutes).

### Corrigé de l'exercice 6

1) En supposant les notes (mark_1, mark_2, mark_3) définies :

```
let (coeff_1, coeff_2, coeff_3) : int * int * int = (2, 2, 8) ;;
let sum : int =
         (mark_1 * coeff_1 + mark_2 * coeff_2 + mark_3 * coeff_3)
   and sum_coeff : int =  (coeff_1 + coeff_2 + coeff_3)
in sum / sum_coeff
;;
```

2) On peut représenter le résultat dans un couple contenant le nombre de flacons et le reste de parfum. En supposant la valeur `n` définie :

```
let (nb_btl, remain) : int * int = (n / 50, n mod 50) ;;
```

3) On choisit de définir les variables `tva` et `price` de la manière suivante :

```
let tva : float = 0.20 ;;
let price : float = 421.0 *. (1.0 +. tva) ;;
```

4) Si les valeurs `apple_price`, `pear_price`, `strawberry_price` sont définies :

```
let compote_price : float =
  apple_price *. 0.5 +. pear_price *. 0.3 +. strawberry_price *. 0.2 ;;
```

### Corrigé de l'exercice 7

```
let in_interval = (n >= 100 && n <= 200) ;;
let out_interval = not(in_interval) ;;
let out_interval = (n < 100 || n > 200) ;;
```

### Corrigé de l'exercice 8

Il faut pouvoir représenter :

- s'il y en a, des informations propres à chaque joueur, et qui ne changent pas tout au long du jeu : nom du joueur, par exemple ;
- des informations propres à chaque joueur, mais qui évoluent à chaque tour de jeu : score du joueur (initialement, ce score est nul), signe choisi par le joueur pour ce tour de jeu, éventuellement le gain du joueur pour ce tour de jeu (0 ou 1) ;
- éventuellement des informations générales pour le jeu, qui peuvent évoluer à chaque tour de jeu : le jeu est-il en cours ou terminé ? s'il est terminé, quel est le gagnant ?
- des fonctionnalités permettant de : choisir un signe (pour chaque joueur, à chaque tour de jeu) ; comparer deux signes et d'en déduire les gains pour chaque joueur ; mettre à jour les scores des joueurs en fonction des gains, à chaque tour de jeu ; tester les scores des joueurs, déduire si le jeu est terminé et, dans ce cas, quel est le gagnant.

## Corrigés des exercices divers

### Corrigé de l'exercice 9

Il suffit de tester l'application de l'opérateur à toutes les valeurs possibles du ou des opérandes.

```
(* operateur && *)
# true && true ;;
- : bool = true
```

```
# true && false ;;
- : bool = false
# false && true ;;
- : bool = false
# false && false ;;
- : bool = false
(* opérateur || : similaire a l'operateur && *)
(* operateur not *)
# not(true) ;;
- : bool = false
# not(false) ;;
- : bool = true
```

**Corrigé de l'exercice 10**

Il s'agit de la plus grande valeur de type `int`. A l'heure actuelle, suivant que l'on travaille en 32 ou 64 bits, c'est $2^{30} - 1$ ou $2^{62} - 1$ en `OCaml`. Comme les entiers sont cycliques en `OCaml`, la valeur `max_int + 1` est `min_int`, la plus petite valeur de type `int`.

**Corrigé de l'exercice 11**

```
# let x : char = 'A' ;;
val x : char = 'A'
# let y : char = x ;;
val y : char = 'A'
# let x : int = 10 ;;
val x : int = 10
# y ;;
- : char = 'A'
```

Il y a une première définition d'une variable `x` de valeur `'A'`, puis la définition de la variable `y` qui a pour valeur `x`, c'est-à-dire `'A'` ; puis la variable `x` de valeur `10` est définie : la variable `x` de valeur `'A'` n'existe donc plus ! Ceci n'a bien sûr aucune incidence sur la variable `y`, qui est inchangée. Attention : ce type de « re-définition » est source d'erreurs : il est donc fortement recommandé d'appliquer la règle « une variable = une valeur », et plus généralement « un nom = une notion ».

**Corrigé de l'exercice 12**

1. le type `int`. Il faut faire attention au fait qu'il existe des valeurs invalides : par exemple, l'effectif d'un groupe de TD ne peut pas être strictement négatif ;
2. cela dépend bien sûr de ce que l'on appelle une note : une note *entière* comprise entre 0 et 20, une note comprise entre 0 et 20 avec des demi-points, voire

des quarts de points, une note comprise entre 0 et 10 ou entre 0 et 100, une note sous forme de lettre prenant ses valeurs dans l'ensemble $\{A, B, C, D, E, F\}$, etc. Pour ce dernier cas, on peut imaginer d'utiliser un type énuméré. Pour les autres cas, on peut aussi utiliser un type énuméré, mais les valeurs sont nombreuses. De plus, un type énuméré ne se prête pas de manière directe à des calculs, par exemple un calcul de moyenne. Un type numérique peut donc être utilisé, mais cela pose aussi quelques problèmes. Les types `int` et `float` contiennent de nombreuses valeurs qui ne correspondent pas à des notes : il faut donc contrôler explicitement les valeurs manipulées. Le type `float` peut induire des erreurs d'approximation, le type `int` ne permet pas de représenter directement des demi-points ou des quarts de points, à moins d'utiliser un codage (par exemple, si l'on souhaite représenter des quarts des points pour des notes comprises entre 0 et 20, on utilise des valeurs de type `int` comprises entre `0` et `80`).

3. en fait, la discussion a été menée ci-dessus...

4. le type `string` ;

5. le type produit `string * string` ou un type structuré contenant deux champs de type `string` ;

6. le type `string * (string * string)`, ou un type structuré, comme par exemple :

```
type t_identity = {forename : string ; name : string} ;;
type t_book = {title : string ; author : t_identity} ;;
```

Un livre sera défini par exemple de la manière suivante :

```
let one_of_my_books : t_book = {title = "le pont de la riviere Kwai" ;
              author = {forename = "Pierre" ; name = "Boulle"}}
;;
```

7. comme toujours, cela dépend de l'utilisation que l'on veut en faire. En particulier si l'on souhaite faire des calculs, il est préférable d'avoir une représentation où chaque composant d'une date est de type `int`, par exemple :

```
type t_birth_name = {day : int ; month : int ; year : int} ;;
```

Si l'on veut représenter en plus le nom du jour ou le nom du mois, il existe principalement deux solutions : soit ces informations sont calculées à partir de la date « numérique », soit ces informations sont ajoutées, par exemple :

```
type t_birth_name = {day : int ; day_name : string ;
              month : int ; month_name : string ; year : int}
;;
```

Il est bien sûr aussi possible d'utiliser des types énumérés pour des informations en nombre limité, comme les mois d'une année. Dans tous les cas, si ces informations sont ajoutées, elles sont alors *redondantes* : le $11^{eme}$ mois est toujours le mois de novembre ! Il est donc nécessaire de garantir la cohérence de ces

informations, ce qui implique des contrôles supplémentaires. Il n'y a donc pas une unique solution : en général, le choix d'un type résulte d'un compromis, qui tient compte des informations que l'on souhaite représenter et des calculs que l'on souhaite faire à partir de ces informations.
8. Ici aussi, cela dépend de l'utilisation que l'on veut en faire : si l'on veut représenter une pièce de monnaie avec ses caractéristiques permettant de faire des calculs monéraires, alors il faut au minimum représenter sa valeur et la devise correspondante, c'est-à-dire a minima un type `float * string` ou `int * string`. Mais si l'on souhaite simplement jouer à pile ou face, le type `bool` suffit.
9. un dé usuel ne peut indiquer que 6 valeurs : on peut donc imaginer d'utiliser un type énuméré pour représenter un dé. Ceci dit, pour le 421, on calcule la somme des valeurs indiquées par les 3 dés : il est donc sans doute plus direct d'utiliser le type `int` pour représenter un dé. Pour représenter les 3 dés du 421, le type `int * int * int` peut donc être utilisé ; il faut alors faire attention aux valeurs *invalides*, puisqu'un dé ne peut indiquer qu'une valeur entre `1` et `6`.
10. on peut imaginer de nombreuses solutions : il faut a minima un type permettant de représenter 52 valeurs ; ensuite, cela dépend des traitements que l'on veut appliquer, et cela dépend du jeu pour lequel on souhaite représenter des cartes. Par exemple pour la bataille, seule la valeur des cartes intervient, indépendamment de la couleur de la carte. Souvent, une carte sera représentée en distinguant la couleur et la valeur de la carte. Dans un jeu de 52 cartes, il existe 13 valeurs possibles : as, 2, ..., 10, valet, dame, roi. On peut choisir de les représenter par un type énuméré, par des entiers (auquel cas il faut faire attention aux valeurs entières ne correspondant pas à des valeurs de cartes), etc. On peut utiliser par exemple les types suivants :

```
type t_card_color = HEART | DIAMOND | SPADE | CLUB ;;
type t_card = {color : t_card_color ; rank : int} ;;
```

# Chapitre 2

# Fonctions

**Mots-clés :**
- définition de fonction, paramètre formel, résultat formel,
- appel de fonction, paramètre effectif, résultat effectif.

**Objectifs :**
- comprendre la notion de fonction,
- comprendre les notions de paramètre et de résultat,
- comprendre la distinction entre déclaration et appel de fonction,
- savoir définir et utiliser des fonctions élémentaires,
- savoir utiliser des fonctions prédéfinies sur les types de base.

La notion de **fonction** permet de **formaliser la notion d'algorithme**. Une fonction est donc la **description d'un calcul**, qui s'applique à des données en entrée : le *paramètre*, et qui fournit un *résultat* en sortie. Il est essentiel de bien distinguer la *définition* d'une fonction, qui correspond à la description formelle du calcul, de *l'appel* d'une fonction, qui correspond à l'exécution du calcul sur des valeurs données. Ces notions sont étudiées en section 2.1, ainsi que quelques éléments concernant la conception et la vérification de fonctions. Il est à noter que des *fonctions prédéfinies* existent dans pratiquement tous les langages de programmation : quelques-unes des fonctions disponibles en `OCaml` sont aussi présentées.

## 2.1 Notions essentielles

### 2.1.1 Définition de fonction

**Définir une fonction consiste à décrire formellement le paramètre et le résultat** de la fonction, ainsi que le mode de **calcul** du résultat à partir du paramètre. On parle donc ici de :

— **paramètre formel**, qui **symbolise toute valeur à laquelle le calcul peut être appliqué** ;

— **résultat formel**, qui **symbolise toute valeur produite** par ce calcul ;

— **expression formelle**, qui **décrit le calcul**.

Et il faut bien avoir à l'esprit *qu'aucune valeur n'est effectivement calculée* lors de la définition d'une fonction.

#### 2.1.1.1 Signature de fonction : paramètre formel, résultat formel

La **signature d'une fonction**, parfois appelée le *profil* de la fonction, contient le nom de la fonction, la description du paramètre formel de la fonction et le type du résultat. Supposons par exemple que l'on souhaite calculer la moyenne de trois notes obtenues par chaque élève d'une classe. Le calcul est le même pour tous les élèves, seules changent les notes sur lesquelles s'applique ce calcul. Afin de décrire ce calcul une fois pour toutes, on écrit la fonction suivante :

```
# let average_3_marks(mk_1, mk_2, mk_3 :
                              float * float * float) : float =
    (mk_1 +. mk_2 +. mk_3) /. 3.0
;;
val average_3_marks : float * float * float -> float = <fun>
```

La signature de cette fonction est :

```
average_3_marks(mk_1, mk_2, mk_3 : float * float * float) : float
```

qui contient :

1. le nom de la fonction `average_3_marks` ;
2. la description du paramètre formel de la fonction `(mk_1, mk_2, mk_3 : float * float * float)`. Comme dit ci-dessus, ce paramètre formel symbolise chaque valeur à laquelle le calcul peut être appliqué ; il s'agit ici d'un triplet de trois valeurs de type `float`, symbolisées par les noms `mk_1`, `mk_2` et `mk_3` qui permettent de les identifier dans la description du calcul ;
3. le type du résultat de la fonction, ici le type `float`.

La **réponse de l'interpréteur** reprend ces éléments. Plus précisément, on retrouve une réponse similaire à celle d'une déclaration de variable, dont l'interprétation est la suivante :

1. `val average_3_marks` signifie que l'identificateur `average_3_marks` est bien défini,
2. `float * float * float -> float` signifie que cet identificateur correspond à une fonction qui prend en entrée une valeur du type `float * float * float`, c'est-à-dire un triplet de valeurs de type `float`, et qui a comme résultat une valeur de type `float` ; il s'agit du **type de la fonction** ;
3. `= <fun>` est systématiquement écrit par l'interpréteur pour toute déclaration de fonction [1].

### 2.1.1.2 Corps de fonction

Le **corps d'une fonction** est une **expression qui décrit le calcul** permettant de déduire le résultat à partir du paramètre. Dans le cas de la fonction `average_3_marks`, il s'agit de la description d'un simple calcul de moyenne, qui n'utilise que les noms impliqués dans le paramètre formel de la fonction, ainsi que des valeurs et opérateurs numériques. Il est bien sûr possible d'utiliser des expressions plus élaborées. Supposons par exemple que l'on souhaite écrire une fonction qui calcule la moyenne de trois notes, où chacune des notes est pondérée par un coefficient qui lui est propre. On peut alors définir la fonction suivante :

```
# let average_3_marks_coefs((mk_1, mk_2, mk_3), (cf_1, cf_2, cf_3) :
        (float * float * float) * (float * float * float)) : float =
    let m1 : float = mk_1 *. cf_1
             and m2 : float = mk_2 *. cf_2
             and m3 : float = mk_3 *. cf_3
        and sum_coef : float = cf_1 +. cf_2 +. cf_3
    in
      (m1 +. m2 +. m3) /. sum_coef
;;
val average_3_marks_coefs :
    (float * float * float) * (float * float * float) -> float = <fun>
```

Le paramètre formel de la fonction `average_3_marks_coefs` décrit un couple de triplets de type `float` : le premier triplet correspond aux notes, le deuxième triplet correspond aux coefficients ; le type du résultat est le type `float`,

1. En `OCaml`, tout identificateur déclaré a une valeur : `<fun>` symbolise le code de la fonction, qui est la valeur associée à l'identificateur de la fonction.

puisqu'on cherche à décrire le calcul d'une moyenne. Le corps de la fonction est une expression qui comporte :

— la déclaration de variables locales : `m1`, `m2` et `m3` correspondent aux notes coefficientées, `sum_coeff` correspond à la somme des coefficients ;
— l'expression qui décrit le calcul du résultat en fonction des variables définies précédemment.

**NB.** Plus généralement, l'expression correspondant au corps de la fonction doit être une *expression correctement formée dont le type est celui du résultat de la fonction.* Les ***seuls noms utilisés*** pour désigner des valeurs dans cette expression sont les noms impliqués dans la définition du ***paramètre formel***, et les noms de ***variables locales*** à la fonction. Rappelons que, sauf exception, nous excluons l'utilisation de variables globales (*cf.* section 1.2 page 34).

#### 2.1.1.3 Déclaration de fonction

Le format que nous utilisons pour la déclaration de toute fonction est le suivant [1] :

```
let fun_name(pf_1, ... , pf_n : t_1 * ... * t_n) :
                                        t'_1 * ... * t'_k =

   ...
   (expression_1,... , expression_k)
;;
```

où le paramètre formel `(pf_1,... ,pf_n)` de la fonction est un $n-$uplet de type `t_1 * ... * t_n`, et le résultat formel `(expression_1,... , expression_k)` de la fonction est un $k-$uplet de type `t'_1 * ... * t'_k`.

Par exemple, la fonction suivante a pour résultat un couple d'entiers formé de la somme et de la différence des entiers du couple paramètre de la fonction.

```
# let add_diff(a, b : int * int) : int * int =
    (a + b, a - b)
;;
val add_diff : int * int -> int * int = <fun>
```

1. La signature de la fonction, parfois appelée son *profil*, est donc : `fun_name(pf_1, ... , pf_n : t_1 * ... * t_n) : t'_1 * ... * t'_k`. Son type est : `t_1 * ... * t_n -> t'_1 * ... * t'_k`. Par abus de langage, nous utilisons indifféremment ces trois termes par la suite.

**NB.** Lorsqu'un paramètre formel est un n-uplet, nous désignons parfois les constituants de ce n-uplet par l'appellation « les paramètres de la fonction » [1]. De même, si le résultat formel d'une fonction est constitué de plusieurs valeurs, nous parlons parfois « des résultats de la fonction ».

## 2.1.2 Appel de fonction

**Appeler une fonction consiste à appliquer le calcul qu'elle décrit** à une valeur, afin d'en calculer le résultat. On parle alors de :
— **paramètre effectif**, qui désigne la **valeur à laquelle est appliqué le calcul** ;
— **résultat effectif**, qui désigne la **valeur obtenue par l'application du calcul au paramètre effectif** ;
— **calcul effectif**, ou **exécution** de fonction, qui désigne le **déroulement du calcul**.

### 2.1.2.1 Paramètre effectif, résultat effectif, exécution du calcul

Un **appel de fonction est une expression** qui contient le nom de la fonction et son paramètre effectif, et dont **la valeur est le résultat de la fonction appliquée à ce paramètre effectif**. Voici quelques exemples d'appels des deux fonctions `average_3_marks` et `average_3_marks_coefs` :

```
# average_3_marks(12.0, 10.0, 14.0) ;;
- : float = 12.
# average_3_marks(12.0, 14.0, 15.0) ;;
- : float = 13.6666666666666661
# average_3_marks_coefs((12.0, 13.0, 11.0), (4.0, 4.0, 4.0)) ;;
- : float = 12.
# average_3_marks_coefs((11.0, 13.0, 12.0), (3.0, 3.0, 6.0)) ;;
- : float = 12.
# average_3_marks_coefs((12.0, 13.0, 11.0), (3.0, 3.0, 6.0)) ;;
- : float = 11.75
```

Dans l'appel de fonction `average_3_marks(12.0, 10.0, 14.0)`, le paramètre effectif est le triplet `(12.0, 10.0, 14.0)` de type `float * float * float`, le résultat effectif est la valeur `12.0` de type `float`.

1. Il faut noter que le paramètre peut éventuellement ne contenir aucune valeur ; dit autrement, le paramètre peut être un 0−uplet, qui n'a donc aucun composant, ce qui est le cas par exemple pour la fonction *constante* ci-après :

```
# let f_const_3() : int =
   3
;;
val f_const_3 : unit -> int = <fun>
```

Pour comprendre **l'exécution du calcul**, il faut regarder la définition de la fonction `average_3_marks`. Le paramètre formel de la fonction est `(mk_1, mk_2, mk_3 : float * float * float)` : à l'exécution, **le paramètre effectif « est associé » au paramètre formel**, ce qui signifie que les valeurs `12.0`, `10.0` et `14.0`, qui sont bien chacune de type `float`, sont associées respectivement aux noms `mk_1`, `mk_2` et `mk_3` : il s'agit de ce qu'on appelle le **passage de paramètres**.

**L'expression définissant le corps de la fonction est ensuite évaluée**, ce qui produit la valeur `12.0`, qui est le résultat effectif pour cet appel de fonction. Cette valeur est la valeur de l'expression `average_3_marks(12.0, 10.0, 14.0)` : on dit aussi que **la fonction retourne son résultat**, en l'occurence la valeur `12.0`. C'est d'ailleurs ce qu'indique l'interpréteur.

#### 2.1.2.2 Simulation d'exécution

Pour diverses raisons (par exemple pour identifier des erreurs), il est important de savoir *simuler à la main* l'exécution d'une fonction. Considérons par exemple l'appel de fonction `average_3_marks_coefs((12.0, 13.0, 11.0), (4.0, 4.0, 4.0))` :

1. passage de paramètre : le paramètre effectif est associé au paramètre formel : le triplet `(12.0, 13.0, 11.0)` (resp. `(4.0, 4.0, 4.0)`) est associé au triplet `(mk_1, mk_2, mk_3)` (resp. `(cf_1, cf_2, cf_3)`) ;
2. les définitions et calculs composant le corps de la fonction sont exécutés dans l'ordre :
   — `m1` vaut donc `48.0`, `m2` vaut `52.0`, `m3` vaut `44.0` ;
   — `sum_coef` vaut `12.0` ;
   — le résultat de la fonction vaut `(48.0 +. 52 +. 44.0) /. 12.0`, c'est-à-dire `144.0 /. 12.0 = 12.0`.

De la même manière, considérons l'expression suivante :

```
# let (somme,difference) : int * int = add_diff(5, 4) ;;
val somme : int = 9
val difference : int = 1
```

Les paramètres effectifs `5` et `4` sont associés aux paramètres formels de la fonction, respectivement `a` et `b` ; l'expression définissant la valeur de la fonction est évaluée, c'est-à-dire `(a + b, a - b)`, égale ici à `(5 + 4, 5 - 4) = (9,1)`, et ce résultat est associé au couple défini ici, c'est-à-dire `(somme,difference)`. Finalement, l'entier `somme` a pour valeur `9`, et l'entier `difference` a pour valeur `1`.

Nous revenons sur l'évaluation de fonctions dans les chapitres 4 et 5.

## 2.1.3 Conception et vérification de fonction

### 2.1.3.1 Conception de fonction

1. La première chose consiste à ***bien poser le problème***. Bien sûr, chaque exercice des premiers chapitres de ce livre comprend un *énoncé* qui se veut relativement précis. Mais en général, il est nécessaire de préciser le problème, par l'établissement d'un énoncé ou d'un *cahier des charges* complet et non ambigu ;

2. il est ensuite nécessaire d'***analyser ce texte***. Il s'agit réellement d'une analyse de texte, comme on peut la faire dans un cours de français. L'objectif premier est d'*identifier les données* d'entrée ainsi que l'ensemble des composants du *résultat attendu* ; on peut parfois y trouver aussi des *indications sur la manière de calculer* le résultat à partir des données d'entrée ;

3. on peut alors se poser la question de la ***formalisation***, en particulier la question du choix des types d'entrée et de sortie [1], afin de définir la signature de la fonction ;

4. se pose alors la question de la ***conception d'une expression*** [2] permettant de calculer le résultat à partir du paramètre. Ici, *tout est permis* :
   - adapter un algorithme connu [3] ;
   - traduire un raisonnement en algorithme ;
   - expérimenter manuellement sur un ou plusieurs exemples pour en déduire un algorithme ;
   - etc.

5. il faut noter que, suivant le problème posé, le nombre d'algorithmes pouvant calculer le résultat attendu à partir du paramètre donné peut être zéro, un ou plusieurs... Dans le cadre de ce cours, il existe toujours au moins un algorithme (et en général plusieurs) pour résoudre chaque problème posé.

Nous revenons sur la démarche de conception de fonctions, en particulier aux chapitres 4 et 5.

---

1. Par exemple, une fonction qui permet de savoir si un nombre est premier ou non prend comme donnée d'entrée un entier, et produit comme résultat un booléen ; une fonction qui calcule le *pgcd* de deux entiers prend en entrée deux entiers et produit un résultat de type entier.

2. Attention : il peut s'agir d'une expression complexe construite à partir de nombreuses sous-expressions.

3. Il est donc important de connaître de nombreux algorithmes : plus on en connaît, plus on est à même d'en concevoir !

#### 2.1.3.2 Vérification de fonction

Comme dit précédemment, il est très courant, car très facile, de se tromper dans l'écriture d'une fonction. *Les erreurs sont de multiples natures : certaines peuvent être détectées à la compilation, d'autres ne peuvent l'être qu'à l'exécution. Ces dernières sont souvent les erreurs les plus difficiles à détecter*, voire qui posent le plus de problèmes pour y remédier (par exemple, l'algorithme que l'on a conçu peut être intrinsèquement faux...) : *cf.* section 2.3.1 page 66 pour plus de précisions à ce sujet.

Il est donc indispensable de **vérifier la correction de la fonction**, ce qui **fait partie intégrante du processus de définition d'une fonction** :

1. soit par une *preuve* : il existe des méthodes et des logiciels permettant de réaliser des preuves, mais cela sort de notre cadre d'étude ;
2. soit par une *expérimentation* : on teste la fonction sur plusieurs valeurs du paramètre, choisies afin de vérifier que la fonction calcule bien les résultats attendus. Il est donc nécessaire de *choisir des valeurs de paramètre* :
   (a) *pour lesquelles on connait les résultats* ; par exemple, la fonction `average_3_marks` peut être testée en choisissant comme notes trois valeurs égales, puis trois valeurs dont l'une est la moyenne des deux autres, puis trois valeurs quelconques (dans ce dernier cas, il faut calculer le résultat indépendamment du résultat calculé par la fonction, afin de vérifier ce dernier) ;
   (b) *afin de couvrir l'ensemble des cas possibles*, ce qui veut dire schématiquement que l'on doit imaginer une décomposition de l'ensemble de toutes les valeurs possibles du paramètre en sous-ensembles tels que :
      i. la fonction s'exécute de manière similaire pour toutes les valeurs d'un sous-ensemble quelconque ;
      ii. en revanche, la fonction s'exécute différemment sur deux valeurs appartenant à deux sous-ensembles distincts.

   Il ne reste alors plus qu'à tester un exemple pour chaque sous-ensemble. Par exemple, pour la fonction `average_3_marks` : l'addition est commutative, l'ordre des trois notes dans le paramètre de la fonction est donc indifférent ; la seule autre opération effectuée est une division par `3.0` : il n'y a donc pas de cas à distinguer pour cette fonction. En revanche, la fonction `average_3_marks_coefs` comporte une division par la variable locale `sum_coef`, dont la valeur est la somme des coefficients. Il y a donc deux cas à distinguer :

lorsque la valeur de `sum_coef` est nulle, et lorsqu'elle est non nulle. Nous revenons sur ce point dans la section 2.3 et dans le chapitre 3 suivant.

En général, *une expérimentation n'est pas une preuve de validité*. En effet, pour que ce soit une preuve, il faut vérifier *tous* les résultats, c'est-à-dire qu'il faut tester toutes les valeurs possibles du paramètre, et vérifier qu'on obtient bien le résultat attendu à chaque fois : c'est en général impossible en pratique. En revanche, s'il existe une valeur du paramètre pour laquelle le résultat calculé ne correspond pas au résultat attendu, la fonction est incorrecte.

### 2.1.4 Fonctions prédéfinies

Des fonctions prédéfinies existent dans la plupart des langages de programmation. D'ailleurs, un opérateur n'est, fondamentalement, rien d'autre qu'une fonction pour laquelle un autre mode de notation est choisi. Par exemple, nous avons choisi d'écrire une expression booléenne « de base » de la manière suivante : `x && y`, `x || y`, `not(x)`, où `x` et `y` sont des valeurs booléennes. Il n'y a pas de différence entre opérateur et fonction, en dehors de la manière d'écrire les expressions qui les utilisent (il n'y a même pas de différence d'écriture pour l'opérateur `not`).

Il existe en `OCaml` de nombreuses fonctions prédéfinies, par exemple des fonctions de conversion, des fonctions numériques, etc. Par exemple, la fonction `abs`, utilisée au chapitre 1, calcule la valeur absolue d'un entier donné. La signature de la fonction est : `abs : int -> int`, où l'on retrouve le nom de la fonction, ainsi que les types du paramètre et du résultat (la flèche va du type paramètre au type résultat).

Ci-après figurent les signatures de quelques *fonctions de conversion de types* :

```
int_of_float : float → int
float_of_int : int → float
int_of_char : char → int
char_of_int : int → char
int_of_string : string → int
string_of_int : int → string
float_of_string : string → float
string_of_float : float → string
```

et quelques exemples d'utilisation de ces fonctions :

```
# int_of_float(3.25) ;;
- : int = 3
```

```
# float_of_int(5) ;;
- : float = 5.
# int_of_char('A') ;;
- : int = 65
# char_of_int(66) ;;
- : char = 'B'
# string_of_int(123) ;;
- : string = "123"
# string_of_float(3.25) ;;
- : string = "3.25"
```

**NB.** La fonction `int_of_float` tronque une valeur `x` de type `float` à l'entier inférieur si `x` est positif, et à l'entier supérieur si `x` est négatif. Par exemple, `int_of_float(3.6) = 3`, `int_of_float(-3.6) = -3`. Pour les caractères du code ASCII, la fonction `int_of_char` retourne la position du caractère paramètre dans ce code.

## 2.2 Conventions d'écriture

1. Le *nom d'une fonction* est un identificateur, composé de la même manière qu'un nom de variable. Un nom de fonction commence donc par une lettre minuscule, suivie de lettres minuscules, de chiffres et / ou du caractère _ (caractère *souligné*, ou *underscore*). Comme pour les variables, nous utilisons pour les fonctions des noms explicites, en minuscule, et en anglais. Si l'identificateur nécessite plusieurs mots, on peut les séparer par un caractère *underscore*.

2. Le *paramètre d'une fonction* est un n-uplet, toujours délimité par des parenthèses, même s'il n'y a qu'un élément : cette convention est applicable aussi bien pour une définition de fonction que pour un appel de fonction. Cette convention facilite la lecture, puisque le paramètre est bien délimité : surtout, cette manière d'écrire est proche de ce qu'on trouve dans de nombreux langages de programmation [1]. Voici des versions alternatives des fonctions `average_3_marks` et `average_3_marks_coefs`.

```
# type t_triple_float = float * float * float ;;
type t_triple_float = float * float * float

# let average_3_marks((mk_1, mk_2, mk_3) : t_triple_float) : float =
    (mk_1 +. mk_2 +. mk_3) /. 3.0
;;
val average_3_marks : t_triple_float -> float = <fun>
```

1. D'autres écritures sont possibles en `OCaml`, ce qui a en particulier une influence sur la détection d'erreurs : *cf.* section 2.3.1 page 66.

```
# let average_3_marks_coefs((mk_1, mk_2, mk_3), (cf_1, cf_2, cf_3) :
                       t_triple_float * t_triple_float) : float =
    let m1 : float = mk_1 *. cf_1
         and m2 : float = mk_2 *. cf_2
         and m3 : float = mk_3 *. cf_3
    in
    let sum_coef : float = cf_1 +. cf_2 +. cf_3 in
      (m1 +. m2 +. m3) /. sum_coef
;;
val average_3_marks_coefs :
            t_triple_float * t_triple_float -> float = <fun>
```

3. La *signature* d'une fonction est écrite sous la forme :

```
a_function(p1, ..., pn : t1 * ... * tn) : t'1 * ... * t'k
```

par exemple :

```
is_letter(c : char) : bool
min_max(x, y, z : int * int * int) : int * int
```

4. Lorsqu'on écrit le corps d'une fonction, on ne fait *pas de différence entre les paramètres de la fonction et les variables locales qui y sont définies.* Il faut noter que les *noms des paramètres et des variables locales d'une fonction ne sont connus que dans la fonction* (voire même une partie de la fonction), et n'ont rien à voir avec d'autres noms définis par ailleurs dans d'autres fonctions. C'est pourquoi nous nous autorisons la *possibilité d'utiliser un même nom* pour désigner par exemple deux variables ou deux paramètres différents, mais toujours *dans deux fonctions différentes* : il n'y a alors aucune ambiguïté ni confusion possible.

5. Les noms des paramètres et des variables locales sont les seuls noms autorisés dans le corps d'une fonction. Cette règle peut connaître des exceptions. En effet, les valeurs constantes utilisées sont le plus souvent écrites explicitement, comme la valeur `3.0` dans la fonction `average_3_mark`. Mais il peut être utile de déclarer certaines constantes, afin de :

i les nommer explicitement, pour améliorer la lisibilité du code ;

ii si besoin est, ne modifier que leur déclaration, pour faciliter la maintenance du code. Reprenons l'exemple du calcul de la trajectoire d'un projectile. Pour les calculs, il est nécessaire de tenir compte de la pesanteur terrestre, dont la valeur « normale » est définie comme étant égale à 9.80665 $m/s^2$. Si cette valeur est utilisée dans plusieurs fonctions, il est préférable de la déclarer comme une variable globale, plutôt que d'utiliser directement sa valeur numérique dans plusieurs fonctions. Ainsi, s'il est nécessaire de modifier cette valeur, seule la déclaration de la variable globale doit être modifiée, et non toutes ses utilisations. Ceci dit, cela dépend du contexte : comme la pesanteur dépend de l'endroit où l'on se trouve sur le globe, si l'on souhaite calculer la trajectoire d'un projectile en des lieux quelconques du globe, il est préférable de faire de la pesanteur un paramètre des fonctions.

6. Des *indentations* sont utilisées afin de repérer rapidement la structure de la fonction : signature, définitions des variables locales, expression définissant le résultat. La signature de la fonction est en général écrite sur une ligne : si la signature est trop longue, elle est coupée sur plusieurs lignes indentées. Le corps de la fonction est écrit sur les lignes suivantes, avec un léger décalage vers la droite ; les deux points-virgules terminant la définition de la fonction sont écrits au début de la dernière ligne.

7. Les commentaires sont délimités par les symboles `(*` et `*)`. En général, les commentaires concernant une fonction sont placés juste avant celle-ci, comme dans l'exemple ci-après. Lorsque la fonction est complexe, des commentaires plus techniques peuvent être ajoutés dans le corps de la fonction.

```
(* cette fonction calcule la moyenne des valeurs mk_1, mk_2, mk_3 *)
(* pondérées par les coefficients cf_1, cf_2, cf_3 *)
let average_3_marks_coefs((mk_1, mk_2, mk_3), (cf_1, cf_2, cf_3) :
        : t_triple_float * t_triple_float) : float =
...
```

## 2.3 Compléments

### 2.3.1 Détection des erreurs

Les erreurs sont de multiples natures : elles peuvent concerner la définition de la fonction, ou un appel de la fonction.

#### 2.3.1.1 Erreur dans la définition de la fonction

En plus des erreurs dans l'expression définissant le résultat de la fonction, il peut y avoir des erreurs dans la signature de la fonction.

• **Erreur détectée à la compilation.**
Il peut s'agir d'oubli de symboles. Le premier exemple ci-après illustre l'oubli des deux points après la définition du paramètre de la fonction. La réponse de l'interpréteur est propre à `OCaml`, qui ne détecte pas d'erreurs, car ce langage autorise de nombreuses possibilités non présentées ici. Ceci dit, nous détectons une erreur car la réponse n'est pas conforme à la définition d'une

fonction telle que définie précédemment : ceci est caractérisé par la présence des deux[1] symboles ->.

```
# let average_3_marks(mk_1, mk_2, mk_3 : float * float * float)
                                                          float =
    (mk_1 +. mk_2 +. mk_3) /. 3.0
;;
val average_3_marks : float * float * float -> 'a -> float = <fun>
```

Ci-après, l'oubli des deux points et du symbole d'égalité[2] :

```
# let average_3_marks(mk_1, mk_2, mk_3 : float * float * float)
                                                          float
    (mk_1 +. mk_2 +. mk_3) /. 3.0
;;
Syntax error: ')' expected, the highlighted '(' might be unmatched
```

Ci-après, l'oubli du symbole d'égalité :

```
# let average_3_marks(mk_1, mk_2, mk_3 : float * float * float) :
                                                          float
    (mk_1 +. mk_2 +. mk_3) /. 3.0
;;
Error: Syntax error
```

Comme dans une déclaration de variable, l'erreur peut provenir d'une incompatibilité entre les paramètres et leurs types, voire entre l'expression définissant le résultat et son type. Les messages d'erreur sont de même nature que ceux déjà rencontrés lors de la définition de variables ou d'expressions :

```
# let average_3_marks(mk_1, mk_2, mk_3 : float * float) : float =
    (mk_1 +. mk_2 +. mk_3) /. 3.0
;;
Error: This pattern matches values of type 'a * 'b * 'c
but a pattern was expected which matches values of type float * float
# let average_3_marks(mk_1, mk_2, mk_3 : float * float * int) :
                                                          float =
    (mk_1 +. mk_2 +. mk_3) /. 3.0
;;
```

1. Plus généralement, la présence de plusieurs symboles -> dans la réponse de l'interpréteur, lors d'une définition de fonction, correspond à une erreur dans le cadre de ce cours.

2. La réponse de l'interpréteur est aussi propre à OCaml. Dans ce langage, en toute généralité, un n-uplet peut être écrit sans être délimité par des parenthèses. Le compilateur OCaml attend donc une suite de paramètres formels, dans lesquels il ne peut pas y avoir d'opérateur arithmétique : c'est pourquoi il détecte une absence de parenthèse, qui devrait clore la définition du dernier paramètre formel rencontré. Mais bien sûr, rajouter une parenthèse ne règlerait pas le problème ; en fait, cela engendrerait une autre erreur.

```
Error: This expression has type int but an expression was expected
of type float
# let average_3_marks(mk_1, mk_2, mk_3 : float * float * float) :
                                                                  int =
    (mk_1 +. mk_2 +. mk_3) /. 3.0
;;
Error: This expression has type float but an expression was expected
of type int
```

On constate sur les deux premiers exemples ci-dessus (omission des deux points dans la signature de la fonction) que le message d'erreur est parfois difficile à relier à l'erreur commise. De plus, on a souvent tendance à chercher l'erreur en lisant le code rapidement, ce qui fait qu'on ne la trouve pas : il faut vraiment « se mettre à la place du compilateur », et analyser très soigneusement le code écrit !

• **Erreur détectée à l'exécution.**

Ceci correspond généralement au fait que l'expression définissant le résultat de la fonction ne correspond pas au calcul que l'on souhaite faire. Ce sont souvent les erreurs les plus difficiles à corriger. Dans l'exemple ci-après, l'erreur est facile à détecter et à corriger : l'expression ne comporte que l'addition de deux notes.

```
# let average_3_marks(mk_1, mk_2, mk_3 : float * float * float) :
                                                                  float =
    (mk_1 +. mk_3) /. 3.0
  ;;
val average_3_marks : float * float * float -> float = <fun>
# average_3_marks(12.0, 13.0, 11.0) ;;
- : float = 7.66666666666666696
```

### 2.3.1.2 Erreur dans l'appel de la fonction

Les deux premiers exemples ci-après comportent des erreurs de types : il y a incompabilité entre les types (de constituants) du paramètre formel et du paramètre effectif.

```
# average_3_marks(3, 2.0, 5) ;;
Error: This expression has type int but an expression was expected
of type float
# average_3_marks_coefs(12.0, 11.0, 13.0, 1.0, 1.0, 1.0) ;;
Error: This expression has type 'a * 'b * 'c * 'd * 'e * 'f
    but an expression was expected of type
    (float * float * float) * (float * float * float)
```

L'erreur ci-après peut être considérée comme une erreur dans l'appel de fonction, ou comme une erreur dans la définition de la fonction elle-même, cela dépend en fait de ce que la fonction est censée faire précisément :

```
# average_3_marks_coefs((12.0, 11.0, 13.0), (0.0, 0.0, 0.0)) ;;
- : float = nan
```

Rappelons qu'en `OCaml`, `nan` est une valeur particulière de type `float`, qui dénote le résultat d'une opération non autorisée, ici une division par `0.0` (*cf.* section 1.3.2.2 page 43). D'autres langages de programmation produisent une erreur dans ce cas. C'est d'ailleurs ce qui se passe en `OCaml` si la fonction travaille sur des entiers :

```
# let average_3_marks_coefs_int((mk_1, mk_2, mk_3),
    (cf_1, cf_2, cf_3) : (int * int * int) * (int * int * int)) : int =
  let m1 : int = mk_1 * cf_1
      and m2 : int = mk_2 * cf_2
      and m3 : int = mk_3 * cf_3
  in
  let sum_coef : int = cf_1 + cf_2 + cf_3 in
    (m1 + m2 + m3) / sum_coef
;;
# average_3_marks_coefs_int((12, 13, 11), (0, 0, 0)) ;;
Exception: Division_by_zero.
```

Ces deux derniers cas d'erreur correspondent à une situation très courante pour la définition d'une fonction : celle-ci n'est pas définie pour toutes ses valeurs d'entrée possibles. Par exemple, la fonction `average_3_marks_coefs` n'est pas définie pour toutes les valeurs telles que la somme des coefficients est nulle. On peut d'ailleurs remarquer que cette fonction n'a pas vraiment de sens pour des valeurs de coefficients négatives, ou pour des valeurs de notes qui ne correspondent pas à l'intervalle de notation, par exemple des notes négatives. On peut donc se poser la question : est-ce une erreur dans l'appel de la fonction, ou est-ce une erreur dans la définition de la fonction ? Ce point est développé dans le chapitre 3.

### 2.3.2 Déclaration de variable *vs* déclaration de fonction en `OCaml`

Traditionnellement, on distingue deux phases, pour le traitement d'un code écrit dans un langage de programmation :

1. la *compilation*, c'est-à-dire la phase qui consiste à vérifier la *correction syntaxique* du code, et à produire un *code exécutable* ;
2. l'*exécution*, qui évalue effectivement les calculs décrits.

Il arrive que le comportement de l'interpréteur `ocaml` entraîne des confusions dans la compréhension de ce qui est fait, alors qu'en réalité, ce comportement est tout à fait logique. Schématiquement, toute phrase saisie dans l'interpréteur est compilée *et* évaluée, simplement le résultat de l'évaluation dépend de la nature de la phrase :

1. une expression d'un certain type décrit une valeur de ce type : l'expression est donc compilée, et la valeur est calculée ;
2. une déclaration de variable décrit l'association entre 1) un nom, 2) un type et 3) une valeur décrite par une expression : la déclaration est compilée, la valeur est calculée et l'association est faite entre ces trois composants ;
3. une déclaration de fonction décrit l'association entre la signature d'une fonction, qui comprend son nom et son type, et la *valeur de fonction, c'est-à-dire la description d'un calcul* : la déclaration est compilée, ce qui implique en particulier la compilation de la description du calcul, et l'association est faite entre les trois composants.

Bien sûr, la *valeur d'une fonction*, c'est-à-dire son code, *n'a rien à voir avec la valeur d'un résultat de la fonction*, qui n'est défini que pour la valeur d'un paramètre effectif de la fonction, lors d'un appel de fonction.

## 2.4 Exercices

Comme au chapitre précédent, il est recommandé de tester les phrases `OCaml` du cours avec l'interpréteur afin de bien comprendre ce qu'elles font. Les fonctions peuvent aussi être testées avec d'autres paramètres effectifs ; dans ce cas, il est recommandé de vérifier la cohérence des résultats obtenus.

### Exercices d'application

#### Exercice 13

Que valent les expressions suivantes (essayez de trouver la réponse sans utiliser l'interpréteur, puis vérifiez avec l'interpréteur) :

```
abs(-5) ? float_of_int(0) ? float_of_int(5) ? float_of_int(-5) ?
int_of_float(5.0) ? int_of_float(5.5) ? int_of_float(5.99) ?
int_of_float(-5.0) ? int_of_float(-5.55) ? int_of_char('a') ?
int_of_char('b') ? int_of_char('z') ? char_of_int(99) ? abs(732) ?
int_of_char('A') ? int_of_char('B') ? int_of_char('Z') ?
string_of_int(123) ? string_of_float(5.995) ? int_of_char('1') ?
```

**Exercice 14**
Quelle est la position des caractères suivants dans le code ASCII : `'D'`, `'d'`, `'2'` et `'y'` ? (essayez de trouver la réponse sans utiliser l'interpréteur, puis vérifiez avec l'interpréteur).

Écrivez une fonction `check_consecutive_char` testant, pour deux caractères donnés, si le deuxième est le suivant du premier. Vérifiez que les caractères `'A'`, `'B'` et `'C'` se suivent, et que les caractères `'A'` et `'C'` ne se suivent pas. Vérifiez que les caractères `'5'` et `'6'` sont consécutifs, de même que les caractères `'6'` et `'7'`.

**Exercice 15**
Définissez la fonction `is_lowercase` qui indique si un caractère donné est une minuscule ou non. Testez votre fonction sur plusieurs exemples représentatifs.

**Exercice 16**
Définissez la fonction `div` permettant de calculer le quotient et le reste de la division entière de deux entiers (on suppose que le deuxième entier est non nul) ; le résultat sera fourni sous la forme d'un tuple `(int * int)`.
Testez votre fonction sur plusieurs exemples représentatifs. Pour un de ces exemples, vous définirez une variable non mutable de type `int * int`, dont la valeur sera le résultat de l'appel de fonction ; pour un autre exemple, vous définirez deux variables non mutables de type `int`, correspondant respectivement au quotient et au reste, dont les valeurs seront définies par l'appel de fonction.

**Exercice 17**
Définissez une fonction prenant deux couples d'entiers en paramètres, et dont le résultat est un couple d'entiers égal à la « somme » des deux couples, c'est-à-dire un couple contenant les sommes des composants respectifs des deux couples paramètres. Par exemple, la somme de `(2,8)` et de `(3, 7)` est `(5, 15)`.
Testez votre fonction sur plusieurs exemples, et définissez des variables non mutables égales à des résultats des appels de la fonction (ces variables seront soit de type `int * int`, soit de type `int`).

**Exercice 18**
Définissez la fonction `century` permettant de savoir à quel siècle appartient une année donnée. Testez votre fonction sur plusieurs exemples représentatifs.
*N.B. le* 1$^{er}$ *siècle s'étale de l'an* 1 *à l'an* 100, *le* 2$^{e}$ *siècle de l'an* 101 *à l'an* 200, *etc.*

## Exercices de compréhension / conception

### Exercice 19

Les fonctions suivantes utilisent les types `t_point` et `t_vector` définis dans la section 1.1.3.3 page 27. Il vous est demandé :

— d'expérimenter ces fonctions sur quelques cas de test, en déroulant très précisément les différentes exécutions (*cf.* ci-après) ;

— de dire précisément ce que calculent ces fonctions.

```
# let mystery_1(p, v : t_point * t_vector) : t_point =
   {x = p.x +. v.dx ; y = p.y +. v.dy}
;;
# let mystery_2(v1, v2 : t_vector * t_vector) : t_vector =
   {dx = v1.dx +. v2.dx ; dy = v1.dy +. v2.dy}
;;
```

Pour l'expérimentation, vous pouvez considérer les points et vecteurs suivants :

— `let origin : t_point = {x = 0. ; y = 0.} ;;`

— `let v_i : t_vector = {dx = 1. ; dy = 0.} ;;`

— `let v_j : t_vector = {dx = 0. ; dy = 1.} ;;`

et calculer les valeurs des variables non mutables déclarées ci-après :

— `let p_i : t_point = mystery_1(origin, v_i) ;;`

— `let v_i_j : t_vector = mystery_2(v_i, v_j) ;;`

— `let p_i_j : t_point = mystery_1(origin, v_i_j) ;;`

### Exercice 20

Donnez les signatures des fonctions suivantes. Vous prendrez soin de bien choisir le nom de la fonction, ainsi que ceux des paramètres formels :

— une fonction calculant la plus grande valeur entre 2 entiers,

— une fonction qui calcule l'aire et le périmètre d'un rectangle à partir de sa largeur et de sa hauteur. La fonction indiquera également s'il s'agit d'un carré ou non,

— une fonction qui trie 3 valeurs entières,

— une fonction qui indique le caractère le plus présent dans une phrase (en supposant qu'il n'y en ait qu'un).

### Exercice 21

Un restaurateur souhaite connaître la somme moyenne dépensée par chaque client. Écrivez une fonction qui calcule cette somme à partir de la recette et du nombre de clients du jour.

**Exercice 22**
Définissez la fonction `leap_year` permettant de savoir si une année donnée est bissextile ou non. Testez votre fonction sur plusieurs exemples représentatifs.

*N.B. Une année est bissextile si elle est multiple de 400 ou bien qu'elle est multiple de 4 sans être multiple de 100.*

**Exercice 23**
Un vendeur de crêpes propose les tarifs suivants : 2€ l'unité ou 8€ le lot de 10 crêpes. En supposant qu'il vendra toutes ses crêpes, le vendeur souhaite savoir quelle est la recette minimale et la recette maximale qu'il peut espérer. Écrivez une fonction permettant d'obtenir ces informations, et testez-la sur plusieurs exemples bien choisis (vous devez être capables d'expliquer pourquoi vous avez choisi ces exemples).

Maintenant, le vendeur souhaite pouvoir avoir les mêmes informations, mais en fixant le prix d'une crêpe à l'unité, ainsi que la taille et le prix d'un lot. Écrivez une nouvelle fonction permettant d'obtenir ces informations, et testez-la sur plusieurs exemples bien choisis.

## Exercices divers

**Exercice 24**
La comparaison sur les valeurs entières associées aux caractères vous semble-t-elle cohérente avec la comparaison sur les caractères ?

Vérifiez sur quelques exemples que les valeurs entières associées aux caractères alphanumériques correspondent à l'ordre du code ASCII.

**Exercice 25**
Écrivez une fonction calculant l'écart entre deux caractères. Vérifiez avec quelques lettres que l'écart entre une majuscule et sa minuscule correspondante est bien constant.

**Exercice 26**
Définissez la fonction `is_uppercase` qui indique si un caractère donné est une majuscule ou non. Testez votre fonction sur plusieurs exemples représentatifs.

**Exercice 27**
Ecrivez une fonction qui calcule un prix TTC à partir du prix HT et du taux des taxes à appliquer. Testez votre fonction.

**Exercice 28**
Définissez un type structuré permettant de représenter des temps décrits en heures, minutes, secondes. Définissez une fonction permettant de convertir un temps décrit en heures, minutes, secondes, en un temps en secondes. Définissez la fonction inverse permettant de convertir un temps décrit en secondes, au format heures, minutes, secondes.
Expérimentez vos fonctions sur quelques cas choisis.

**Exercice 29**
Un marathon en duo est une course effectuée par équipe de deux coureurs. Le premier coureur parcourt la première moitié de la course et le second coureur effectue la seconde moitié. Le temps de l'équipe est la somme des temps des deux coureurs. Écrivez une fonction permettant de calculer le temps d'une équipe à partir des temps des deux coureurs.

## 2.5 Corrigés

### Corrigés des exercices d'application

#### Corrigé de l'exercice 13

```
# abs(-5);;
- : int = 5
# float_of_int(0);;
- : float = 0.
# float_of_int(5);;
- : float = 5.
# float_of_int(-5);;
- : float = -5.
# int_of_float(5.0);;
- : int = 5
# int_of_float(5.5) ;;
- : int = 5
# int_of_float(5.99);;
- : int = 5
# int_of_float(-5.0) ;;
- : int = -5
# int_of_float(-5.55) ;;
- : int = -5
# int_of_char('a') ;;
- : int = 97
# int_of_char('b') ;;
- : int = 98
# int_of_char('z') ;;
- : int = 122
```

```
# char_of_int(99) ;;
- : char = 'c'
# abs(732) ;;
- : int = 732
# int_of_char('A') ;;
- : int = 65
# int_of_char('B') ;;
- : int = 66
# int_of_char('Z') ;;
- : int = 90
# string_of_int(123) ;;
- : string = "123"
# string_of_float(5.995) ;;
- : string = "5.995"
# int_of_char('1') ;;
- : int = 49
```

### Corrigé de l'exercice 14

```
# int_of_char('D') ;;
- : int = 68
# int_of_char('d') ;;
- : int = 100
# int_of_char('2');;
- : int = 50
# int_of_char('y');;
- : int = 121
# let check_consecutive_char(c1, c2 : char * char) : bool =
    int_of_char(c2) = int_of_char(c1) + 1
;;
val check_consecutive_char : char * char -> bool = <fun>
# check_consecutive_char('A', 'B') ;;
- : bool = true
# check_consecutive_char('B', 'C') ;;
- : bool = true
# check_consecutive_char('A', 'C') ;;
- : bool = false
# check_consecutive_char('5', '6') ;;
- : bool = true
# check_consecutive_char('6', '7') ;;
- : bool = true
```

### Corrigé de l'exercice 15

```
# let is_lowercase(c : char) : bool =
     ('a' <= c) && (c <= 'z')
;;
val is_lowercase : char -> bool = <fun>
```

```
# is_lowercase('a') ;;
- : bool = true
# is_lowercase('g') ;;
- : bool = true
# is_lowercase('z') ;;
- : bool = true
# is_lowercase('2') ;;
- : bool = false
# is_lowercase('C') ;;
- : bool = false
# is_lowercase('\ n') ;;
- : bool = false
```

### Corrigé de l'exercice 16

```
# let div(a, b : int * int) : int * int =
    (a / b, a mod b)
;;
val div : int * int -> int * int = <fun>
# div(5, 2) ;;
- : int * int = (2, 1)
# div(6, 2);;
- : int * int = (3, 0)
# div(3, 1);;
- : int * int = (3, 0)
# let res : int * int = div(8, 3) ;;
val res : int * int = (2, 2)
# let (q, r) : int * int = div(10, 3) ;;
val q : int = 3
val r : int = 1
```

### Corrigé de l'exercice 17

```
# let pair_sum((a1, a2), (b1, b2) : (int * int) * (int * int)) :
                                                        int * int =
    (a1 + b1, a2 + b2)
;;
val pair_sum : (int * int) * (int * int) -> int * int = <fun>
# pair_sum((2, 8), (3, 7)) ;;
- : int * int = (5, 15)
# let res : int * int = pair_sum((5, 0), (2, -3)) ;;
val res : int * int = (7, -3)
# let (c1, c2) : int * int = pair_sum((4, 8), (-4, -6)) ;;
val c1 : int = 0
val c2 : int = 2
```

### Corrigé de l'exercice 18

```
# let century(year : int) : int =
   ((year - 1) / 100) + 1
;;
val century : int -> int = <fun>
# century(1);;
- : int = 1
# century(100);;
- : int = 1
# century(50);;
- : int = 1
# century(1996) ;;
- : int = 20
# century(2000);;
- : int = 20
# century(2001);;
- : int = 21
# century(2020);;
- : int = 21
```

## Corrigés des exercices de compréhension / conception

### Corrigé de l'exercice 19

• *Première définition :* `let p_i : t_point = mystery_1(origin, v_i) ;;`
Il s'agit de définir la variable non mutable `p_i`, de type `t_point` et de valeur `mystery_1(origin, v_i)`. Pour définir la variable, il faut donc connaître la valeur de `mystery_1(origin, v_i)`.

**1)** appel de la fonction `mystery_1`

a) passage de paramètre :

le paramètre effectif `(origin, v_i)` définit la valeur du paramètre formel `(p, v)` de la fonction : `p` est donc associé à `origin`, et `v` est associé à `v_i`. Au début de l'exécution de la fonction `mystery_1`, `p` est de type `t_point`, sa valeur est `{x = 0. ; y = 0.}`, `v` est de type `t_vector` et sa valeur est `{dx = 1. ; dy = 0.}`

b) les calculs décrits dans la fonction sont exécutés : la valeur `{x = p.x +. v.dx ; y = p.y +. v.dy}` est calculée, cad `{x = 0.0 +. 1.0 ; y = 0.0 +. 0.0}` = `{x = 1.0 ; y = 0.0}`. Cette valeur est le résultat de la fonction ;

c) le résultat de la fonction `{x = 1.0 ; y = 0.0}` est la valeur de l'expression `mystery_1(origin, v_i)`

**2)** définition de la variable (non mutable) `p_i` : une fois la valeur calculée, la variable peut être définie : son nom est `p_i`, son type est `t_point` et sa valeur est `{x = 1.0 ; y = 0.0}`.

• *Autres définitions* : Les explications sont strictement similaires pour les définitions de `v_i_j` et de `p_i_j`.

• En fait, la fonction `mystery_1` calcule la *translation* (ou le déplacement) d'un point 2D par un vecteur 2D. La fonction `mystery_2` calcule la somme de deux vecteurs 2D.

### Corrigé de l'exercice 20

• `max_2_int (a, b : int * int) : int`
• `cmpt_area_perimeter(wdth, hgt : int * int) : int * int * bool`
(les deux premiers composants pourraient être de type `float`) ;
• `sort_3_int (a, b, c : int * int * int) : int * int * int`
• `max_occurence_char (sentence : string) : char`

### Corrigé de l'exercice 21

Le calcul correspond à une simple division.

```
# let guest_average(gain, nb_guest : float * int) : float =
   gain /. float_of_int(nb_guest)
;;
val guest_average : float * int -> float = <fun>
```

### Corrigé de l'exercice 22

```
let leap_year(year : int) : bool =
  (year mod 400 = 0) || ((year mod 4 = 0) && (year mod 100 <> 0))
;;
# leap_year(404);;
- : bool = true
# leap_year(400) ;;
- : bool = true
# leap_year(403) ;;
- : bool = false
# leap_year(500);;
- : bool = false
# leap_year(2000);;
- : bool = true
# leap_year(1000);;
- : bool = false
```

### Corrigé de l'exercice 23

Attention ici à la signature : nous choisissons des paramètres entiers, afin d'éviter de faire des conversions de types.

*Première version*

```
let min_max_pancake_gain_V1(nb_pancake : int) : int * int =
  let max_lot_price : int =
              (nb_pancake / 10) * 8 + (nb_pancake mod 10) * 2
  in
    (max_lot_price, nb_pancake * 2)
;;
# min_max_pancake_gain_V1(5) ;;
- : int * int = (10, 10)
# min_max_pancake_gain_V1(10);;
- : int * int = (8, 20)
# min_max_pancake_gain_V1(15) ;;
- : int * int = (18, 30)
```

Les valeurs du paramètre ont été choisies ainsi : la valeur 5 ne permet pas de faire de lot, les valeurs minimale et maximale doivent donc être égales ; la valeur 10 permet de faire un lot sans qu'il ne reste de crêpes ; la valeur 15 permet de faire un lot avec un reste de crêpes. Les résultats obtenus sont corrects dans ces trois cas.

*Deuxième version*

```
let min_max_pancake_gain_V2(nb_pancake, pancake_price,
          lot_size, lot_price : int * int * int * int) : int * int =
    let max_lot_price : int = (nb_pancake / lot_size) * lot_price
            + (nb_pancake mod lot_size) * pancake_price
    in
      (max_lot_price, nb_pancake * pancake_price)
;;
# min_max_pancake_gain_V2(5, 2, 10, 8) ;;
- : int * int = (10, 10)
# min_max_pancake_gain_V2(10, 2, 10, 8);;
- : int * int = (8, 20)
# min_max_pancake_gain_V2(15, 2, 10, 8) ;;
- : int * int = (18, 30)
# min_max_pancake_gain_V2(8, 2, 1, 2) ;;
- : int * int = (16, 16)
```

Les trois premiers tests consistent simplement à vérifier qu'on obtient les mêmes résultats qu'avec la première version. Il est ensuite conseillé de faire d'autres tests avec d'autres tailles de lots et d'autres prix. Par exemple, le quatrième test considère des lots d'une unité, les valeurs minimale et maximale doivent donc être égales.

## Corrigés des exercices divers

### Corrigé de l'exercice 24

Un caractère est représenté par une valeur binaire, c'est-à-dire une valeur représentée par une suite de bits. Interprétée comme un entier, la valeur d'un caractère `c` est égale à `int_of_char(c)`. La comparaison des caractères est donc cohérente avec la comparaison des valeurs entières qui leur sont associées. L'expression `(c1 < c2) = (int_of_char(c1) < int_of_char(c2))` vérifie que l'ordre sur les caractères `c1` et `c2` est égal à l'ordre sur les entiers associés, que `c1` précède `c2` ou non.

```
# ('a' < 'c') = (int_of_char('a') < int_of_char('c')) ;;
- : bool = true
# ('A' < 'a') = (int_of_char('A') < int_of_char('a')) ;;
- : bool = true
# ('b' < 'B') = (int_of_char('b') < int_of_char('B')) ;;
- : bool = true
# ('b' < 'B') ;;
- : bool = false
```

Les trois premières expressions vérifient la correspondance d'ordre sur quelques exemples. La dernière expression rappelle simplement que le caractère `'b'` ne précède pas le caractère `'B'`.

### Corrigé de l'exercice 25

```
# let char_gap(c1, c2 : char * char) : int =
    int_of_char(c2) - int_of_char(c1)
;;
val char_gap : char * char -> int = <fun>
# char_gap('A', 'a') ;;
- : int = 32
# char_gap('B', 'b') ;;
- : int = 32
# char_gap('M', 'm') ;;
- : int = 32
```

### Corrigé de l'exercice 26

```
# let is_uppercase(c : char) : bool =
    ('A' <= c) && (c <= 'Z')
;;
val is_uppercase : char -> bool = <fun>
# is_uppercase('A') ;;
- : bool = true
# is_uppercase('Z') ;;
- : bool = true
# is_uppercase('L') ;;
- : bool = true
```

```
# is_uppercase('s') ;;
- : bool = false
# is_uppercase('2') ;;
- : bool = false
```

## Corrigé de l'exercice 27

```
# let price_taxes_included(price, taxes : float * float) : float =
    (price *. (100.0 +. taxes)) /. 100.0
;;
val price_taxes_included : float * float -> float = <fun>
# price_taxes_included(10.0, 20.0) ;;
- : float = 12.
```

## Corrigé de l'exercice 28

```
# type t_time = {hour : int ; min : int ; sec : int} ;;
type t_time = { hour : int; min : int; sec : int; }
# let conv_time_sec(t : t_time) : int =
  t.hour * 3600 + t. min * 60 + t.sec
;;
val conv_time_sec : t_time -> int = <fun>
# let conv_sec_time(n : int) : t_time =
  {hour = n / 3600 ; min = (n mod 3600) / 60 ; sec = n mod 60}
;;
val conv_sec_time : int -> t_time = <fun>
# conv_time_sec({hour = 0 ; min = 0 ; sec = 30}) ;;
- : int = 30
# conv_time_sec({hour = 0 ; min = 1 ; sec = 30}) ;;
- : int = 90
# conv_time_sec({hour = 0 ; min = 30 ; sec = 30}) ;;
- : int = 1830
# conv_time_sec({hour = 1 ; min = 0 ; sec = 30}) ;;
- : int = 3630
# conv_time_sec({hour = 1 ; min = 30 ; sec = 30}) ;;
- : int = 5430
# conv_sec_time(30) ;;
- : t_time = {hour = 0; min = 0; sec = 30}
# conv_sec_time(90) ;;
- : t_time = {hour = 0; min = 1; sec = 30}
# conv_sec_time(1830) ;;
- : t_time = {hour = 0; min = 30; sec = 30}
# conv_sec_time(3630) ;;
- : t_time = {hour = 1; min = 0; sec = 30}
```

**Corrigé de l'exercice 29**

En fait, la première question à se poser ici est : comment formaliser les données ? Ou, dit autrement, quel type utiliser pour représenter le temps d'un coureur ?

Il est bien sûr possible d'exprimer un temps avec un entier, qui correspond par exemple à un nombre de secondes (ou de dixièmes de seconde, voire de centièmes de secondes). Dans ce cas, la fonction à écrire réalise une simple addition des temps des deux coureurs. Si les temps sont exprimés avec plusieurs nombres (nombres d'heures, de minutes, de secondes, voire de fractions de secondes), deux solutions sont possibles :

1. convertir ces temps en temps exprimés en (fractions de) secondes, puis additionner les temps obtenus, puis effectuer la conversion inverse pour le résultat, afin d'obtenir *in fine* un temps exprimé en heures, minutes et secondes. Il est alors nécessaire de *composer des fonctions* : ceci est étudié dans le chapitre 4 (page 113) ;

2. calculer la somme des temps sans effectuer de conversion en entiers : il y a plusieurs manières de faire. Supposons qu'un temps soit exprimé en utilisant le type `t_time` de l'exercice précédent. Dans ce cas, les valeurs des composants doivent vérifier les contraintes suivantes pour définir un temps valide : le nombre d'heures est positif, les nombres de minutes et de secondes sont tous deux compris entre `0` et `59`. La solution qui vient souvent à l'esprit pour additionner deux temps consiste à utiliser la *conditionnelle* (*cf.* chapitre 3 page 85). En effet, si la somme des nombres de secondes ne dépasse pas `59`, cette somme est simplement l'addition des nombres de secondes, sinon il faut retrancher `60` à cette somme et ajouter une retenue aux nombres de minutes. Mais en fait, cette manière de faire est simplement la simulation des deux opérations de division entière ! L'addition des secondes est effectuée *modulo 60*, de même que l'addition des minutes. La solution suivante n'utilise que les notions déjà étudiées :

```
# let add_time(t1, t2 : t_time * t_time) : t_time =
  let nb_sec : int = t1.sec + t2.sec in
  let nb_min : int = t1. min + t2. min + nb_sec / 60 in
    {hour = t1.hour + t2.hour + nb_min / 60 ;
        min = nb_min mod 60 ; sec = nb_sec mod 60}
;;
val add_time : t_time * t_time -> t_time = <fun>
# add_time({hour = 1 ; min = 20 ; sec = 20},
                      {hour = 1 ; min = 10 ; sec = 30}) ;;
- : t_time = {hour = 2; min = 30; sec = 50}
```

```
# add_time({hour = 1 ; min = 40 ; sec = 20},
                    {hour = 1 ; min = 22 ; sec = 30}) ;;
- : t_time = {hour = 3; min = 2; sec = 50}
# add_time({hour = 1 ; min = 20 ; sec = 31},
                    {hour = 1 ; min = 22 ; sec = 30}) ;;
- : t_time = {hour = 2; min = 43; sec = 1}
# add_time({hour = 1 ; min = 40 ; sec = 31},
                    {hour = 1 ; min = 22 ; sec = 30}) ;;
- : t_time = {hour = 3; min = 3; sec = 1}
```

Les valeurs de test sont choisies afin de vérifier en particulier que les retenues se font bien. Ainsi, il n'y a pas de retenues dans le premier test ; dans le second test, le nombre total de minutes implique une retenue sur le nombre d'heures ; c'est similaire dans le troisième test, où le nombre total de secondes implique une retenue sur le nombre de minutes ; enfin, il y a une retenue sur les heures et une retenue sur les minutes dans le dernier test.

# Chapitre 3

# Conditionnelle

**Mots-clés :**

- conditionnelle, condition, cas ;
- if then else
- cas de test.

**Objectifs :**

- maîtriser la conditionnelle **if then else** ;
- savoir contrôler le domaine de définition d'une fonction.

Pour résoudre certains problèmes, il arrive qu'il soit *nécessaire d'effectuer des calculs différents en fonction de certaines conditions.* Par exemple, lorsque l'on demande à son GPS de calculer un itinéraire, celui-ci est calculé de manière différente selon que l'on souhaite connaître le trajet le plus court ou le trajet le plus rapide.

Un autre exemple est le suivant. Au jeu de cartes « la bataille », lorsque les 2 joueurs ont joué chacun leur carte, il y a trois possibilités suivant les valeurs respectives des cartes : en effet, le tour de jeu est remporté par le joueur qui a déposé la carte de plus forte valeur (il y a donc ici 2 possibilités), ou le tour de jeu se poursuit si les cartes sont d'égales valeurs.

Il arrive couramment aussi qu'*une fonction ne soit pas définie pour l'ensemble des valeurs de son paramètre.* Par exemple, supposons que l'on définisse une fonction qui calcule la taille moyenne d'un ensemble de personnes : si ces tailles sont exprimées en centimètres, elles peuvent être représentées en utilisant le type `int` : mais toutes les valeurs de ce type ne correspondent pas à des tailles (par exemple les valeurs négatives). On doit donc être capable de **distinguer les valeurs valides des valeurs invalides du paramètre**, et de définir le résultat de la fonction en conséquence : dit autrement, il s'agit ici de **contrôler le domaine de définition d'une fonction**.

# 3.1 Notions essentielles

## 3.1.1 Expression conditionnelle

### 3.1.1.1 Définition

Tous les langages de programmation implantent, d'une manière ou d'une autre, une **conditionnelle**, c'est-à-dire **un mécanisme permettant de distinguer des cas**. Suivant le mécanisme et / ou le contexte, on parle d'expression conditionnelle, d'instruction conditionnelle, de structure de contrôle conditionnelle, de « if then else », etc.

En `OCaml`, les mots-clés `if then else` permettent d'exprimer des **expressions conditionnelles**.
Une *expression conditionnelle est définie par trois expressions* :

1. une expression booléenne,
2. une expression de type quelconque,
3. une expression dont le type est le même que celui de l'expression précédente.

*L'expression booléenne permet de distinguer deux cas, les deux dernières expressions définissent le type et le résultat de l'expression conditionnelle.*

Supposons par exemple que l'on définisse une fonction `my_abs` calculant la valeur absolue d'un entier [1]. Il est nécessaire de distinguer deux cas, selon que le paramètre est positif ou non : dans le premier cas, le résultat est égal au paramètre, alors que c'est l'inverse du paramètre dans le second cas.

```
# let my_abs(n : int) =
    if n >= 0
    then n
    else -n
;;
val my_abs : int -> int = <fun>
# my_abs(3) ;;
- : int = 3
# my_abs(0) ;;
- : int = 0
# my_abs(-2) ;;
- : int = 2
```

1. La fonction prédéfinie `abs` existe en `OCaml`.

Dans cet exemple :

1. l'expression booléenne est `n >= 0` ; la première expression est `n`, de type `int` ; la deuxième expression, aussi de type `int`, est `-n` ;
2. si la valeur de l'expression booléenne, qui figure après le mot-clé `if`, est `true`, la valeur de l'expression conditionnelle est la valeur de la première expression définissant le résultat, ici la valeur de `n`, qui figure après le mot-clé `then` ; c'est pourquoi `my_abs(3) = 3` et `my_abs(0) = 0` ;
3. si la valeur de l'expression booléenne est `false`, la valeur de l'expression conditionnelle est la valeur de la deuxième expression définissant le résultat, ici la valeur de `-n`, qui figure après le mot-clé `else` ; c'est pourquoi `my_abs(-2) = -(-2) = 2`.

Une expression conditionnelle, comme toute expression, a un type et une valeur, c'est pourquoi il est indispensable que les deux expressions définissant le résultat aient le même type ; la valeur de l'expression conditionnelle dépend de la valeur de son expression booléenne.

Dans l'exemple ci-après, `x` et `y` ont le même type `int`, ce qui permet de les comparer, et aussi de définir le résultat de la fonction comme étant soit la valeur de `x`, soit la valeur de `y` :

```
# let min_2_int(x, y : int * int) : int =
    if x < y
    then x
    else y
;;
val min_2_int : int * int -> int = <fun>
# min_2_int(2, 3) ;;
- : int = 2
# min_2_int(3, 2) ;;
- : int = 2
```

En résumé, une **expression conditionnelle** s'écrit donc :

```
if expression_booleenne
then expression_1
else expression_2
```

**où `expression_booleenne` est une expression de type `bool`, `expression_1` et `expression_2` sont deux expressions de même type, qui est celui de l'expression conditionnelle. La valeur de l'expression conditionnelle est celle de `expression_1` ou celle de `expression_2` suivant que la valeur de `expression_booleenne` est `true` ou `false`.**

Voici quelques exemples d'expressions conditionnelles :

```
# if true then 2.5 else 4.5 ;;
- : float = 2.5
# if false then 2.5 else 4.5 ;;
- : float = 4.5
# if 3 then 2.5 else 4.5 ;;
Error: This expression has type int but an expression was expected
of type bool
# if true then 3 else 4.5 ;;
Error: This expression has type float but an expression was expected
of type int
# if true then 4.5 else 3 ;;
Error: This expression has type int but an expression was expected
of type float
```

Si ce n'est pas une expression booléenne qui suit le mot-clé `if`, ou si les deux expressions définissant le résultat de la fonction n'ont pas le même type, une erreur est engendrée. Par exemple pour l'expression `if true then 3 else 4.5`, l'interpréteur indique que `4.5` est de type `float` alors qu'il attend une valeur de type `int`, parce que la première expression définissant le résultat, ici `3`, est de type `int`.

#### 3.1.1.2 Vérification

Comme toute fonction, une fonction incluant une expression conditionnelle doit être testée. Il est souvent utile de ***définir les cas de tests avant même l'écriture de la fonction***, car ceci peut permettre d'éviter certaines erreurs de conception. Par exemple, pour la fonction précédente `my_abs`, on peut choisir *a priori* de tester une valeur strictement positive, une valeur strictement négative, et la valeur nulle, dont le comportement est particulier par rapport au signe, puisque `-0 = 0`.

***A minima, il convient de tester les deux possibilités*** définies par l'expression booléenne de l'expression conditionnelle. Par exemple, toujours pour la fonction `my_abs`, il faut tester au moins deux cas, correspondant aux deux valeurs possibles de l'expression booléenne `n >= 0`. On teste par exemple la fonction sur une valeur strictement négative, et sur une valeur positive ou nulle. On dit souvent dans ce cas que l'on *teste les deux branches du if*.

De plus, il est recommandé de tester les différents cas décrits par l'expression conditionnelle, car celle-ci peut être complexe. Par exemple, considérons la fonction `my_test` ci-après :

```
let my_test(a, b, c, d : int * int * int * int) : int =
  if (a = b) || (c > d)
  then 3
  else 7
;;
```

L'expression `(a = b) || (c > d)` devrait donner lieu à 4 tests, afin de vérifier toutes les possibilités :

1. `(a = b) && (c > d)`, par exemple `my_test(3, 3, 7, 4)` ;
2. `(a = b) && (c <= d)`, par exemple `my_test(3, 3, 4, 7)` ;
3. `(a <> b) && (c > d)`, par exemple `my_test(3, 6, 7, 4)` ;
4. `(a <> b) && (c <= d)`. par exemple `my_test(3, 6, 4, 7)` ;

Bien sûr, seul le dernier test produit la valeur `7` en résultat, les autres produisent la valeur `3`. Ce type de test est nécessaire, car il est très facile de se tromper dans l'écriture d'une expression booléenne, soit quand on la conçoit, soit quand on l'écrit, par exemple en échangeant les opérateurs logiques[1] `et` et `ou`.

### 3.1.1.3 Éviter les conditionnelles inutiles

Supposons que l'on souhaite écrire une fonction `sup(a, b : int * int) : bool` indiquant si la valeur du paramètre `a` est supérieure ou égale à la valeur du paramètre `b`. Une « erreur » fréquemment commise est la suivante :

```
let sup(a, b : int * int) : bool =
  if a >= b
  then true
  else false
;;
```

En fait, il n'y a pas d'erreur à proprement parler : la fonction est correcte, dans la mesure où elle définit correctement le résultat. En revanche, il est parfaitement inutile de définir ce résultat à l'aide d'une conditionnelle, puisque :

1. si `a` est supérieur ou égal à `b`, la valeur de `a >= b` est `true` ;
2. si `a` est strictement inférieur à `b`, la valeur de `a >= b` est `false`.

En fait, la fonction retourne simplement la valeur de l'expression conditionnelle, autant l'écrire plus simplement :

```
let sup(a, b : int * int) : bool =
  (a >= b)
;;
```

Lorsqu'on écrit une conditionnelle dont la valeur est un booléen, il est donc conseillé d'être attentif afin d'éviter d'écrire des conditionnelles inutiles.

1. Respectivement `&&` et `||` en `OCaml`.

## 3.1.2 Conditionnelles imbriquées

### 3.1.2.1 Définition

En OCaml, une expression conditionnelle, comme toute autre expression, peut être utilisée pour définir la valeur d'une variable, d'une fonction ou d'une autre expression [1]. En particulier, il est tout à fait possible **d'imbriquer des expressions conditionnelles** : autrement dit, **l'une des expressions (voire les deux) qui définit la valeur d'une expression conditionnelle peut être elle-même une expression conditionnelle**.

Par exemple, on souhaite connaître la quantité de lait qu'un nourrisson doit boire chaque jour, suivant la formule (200 + poids du bébé (en grammes))/10, ainsi que la fréquence à laquelle les biberons doivent être donnés au bébé ; ce nombre est lié aussi (pour faire simple) au poids du bébé :

- 7 biberons pour les bébés de moins de 2 kg 500,
- 6 pour les bébés de poids compris entre 2 kg 500 et 4 kg,
- 5 pour les bébés de poids compris entre 4 kg et 6 kg,
- 4 pour les bébés de plus de 6 kg.

La fonction suivante répond à cet énoncé [2] :

```
# let bb_bottle(weight : int) : int * int =
    let quantity : int = (200 + weight) / 10 in
      if weight < 2500
      then (quantity, 7)
      else
        if weight < 4000
        then (quantity, 6)
        else
          if weight < 6000
          then (quantity, 5)
          else (quantity, 4)
;;
val bb_bottle : int -> int * int = <fun>
```

La variable locale quantity permet de n'exprimer le calcul de la quantité de lait qu'une seule fois ; les conditions sur le poids permettent de distinguer le nombre de biberons quotidiens. Ci-après figurent quelques exemples d'utilisation de la fonction bb_bottle.

---

1. Ce n'est pas aussi direct pour certains autres langages de programmation, c'est pourquoi nous évitons ici d'utiliser cette possibilité dans toute sa généralité.

2. En fait, elle y répond *partiellement*, car toute valeur entière est acceptée comme paramètre, même une valeur négative. Ce point est développé ultérieurement.

```
# bb_bottle(2600);;
- : int * int = (280, 6)
# bb_bottle(3200);;
- : int * int = (340, 6)
# bb_bottle(5025);;
- : int * int = (522, 5)
```

**NB.** Il faut bien comprendre la chose suivante. Quand on écrit :

```
if weight < 2500
then (quantity, 7)
else
   if weight < 4000
   ...
```

lorsque la deuxième condition `weight < 4000` est testée, elle l'est dans le `else` de la première condition `weight < 2500` : dans ce cas, la variable `weight` est *supérieure ou égale* à 2500. Il est donc équivalent, mais **inutile d'écrire** :

```
...
else
   if (weight >= 2500) && (weight < 4000)
   ...
```

#### 3.1.2.2 Vérification

Les remarques faites précédemment sur l'utilité de définir les cas de tests avant l'écriture de la fonction, sur l'importance de vérifier les différents cas décrits par les expressions booléennes impliquées dans les expressions conditionnelles, gardent tout leur sens dans le cas de conditionnelles imbriquées.

***A minima, il convient de tester toutes les branches de ces conditionnelles imbriquées***. Par exemple, il y a 4 branches pour les conditionnelles imbriquées de la fonction `bb_bottle` :

1. celle du `then` de l'expression `if weight < 2500...` ;
2. celle du `else` de l'expression `if weight < 2500...`, qui se divise elle-même en deux branches :
   (a) celle du `then` de l'expression `if weight < 4000...` ;
   (b) celle du `else` de l'expression `if weight < 4000...`, qui se divise elle-même en deux branches :
      i. celle du `then` de l'expression `if weight < 6000...` ;
      ii. celle du `else` de l'expression `if weight < 6000...`.

Ces quatre branches impliquent *a minima* quatre tests : avec une valeur strictement inférieure à 2500, avec une valeur comprise entre 2500 et 4000 (exclu), avec une valeur comprise entre 4000 et 6000 (exclu), avec une valeur supérieure à 6000.

On peut noter qu'il existe d'autres manières d'organiser ces conditionnelles, mais qui produisent des cas de tests similaires :

```
let bb_bottle(weight : int) : int * int =
  let quantity : int = (200 + weight) / 10 in
    if weight < 4000
    then
      if weight < 2500
      then quantity, 7)
      else (quantity, 6)
    else
      if weight < 6000
      then (quantity, 5)
      else (quantity, 4)
;;
```

La branche correspondant au `then` de l'expression `if weight < 4000...` se divise en deux branches, et celle correspondant au `else` de cette expression se divise aussi en deux branches [1].

### 3.1.3 Contrôle du domaine de définition d'une fonction

On peut noter que la fonction `bb_bottle` calcule un résultat pour toute valeur de son paramètre, même s'il correspond à un poids négatif pour un nourrisson :

```
# bb_bottle(-5);;
- : int * int = (19, 7)
```

C'est en ce sens qu'il était dit précédemment que la fonction `bb_bottle` répond *partiellement* à l'énoncé. Un autre exemple est le suivant :

```
# let my_division(a, b : int * int) : int =
    a / b
;;
val my_division : int * int -> int = <fun>
# my_division(5, 0) ;;
Exception: Division_by_zero.
```

Dans le premier cas, la fonction `bb_bottle` est appliquée à une **valeur de paramètre qui n'a pas de sens** par rapport à la situation que l'on cherche à représenter. Dans le second cas, la fonction `my_division` est appliquée à une **valeur de paramètre qui engendre une erreur**. Dit autrement, les

1. Les indentations permettent de repérer facilement les imbrications.

**domaines de définition des fonctions**, c'est-à-dire les **ensembles de valeurs que peuvent prendre leurs paramètres**, contiennent des **valeurs invalides** [1].

Il existe deux manières de gérer les **restrictions des domaines de définition** des fonctions :

1. **à l'exécution** : ceci signifie que la fonction concernée n'est **jamais appelée avec une valeur invalide** ; il est donc nécessaire de contrôler l'utilisation de la fonction, ce qui peut être délicat ; une fois écrite, il faut être sûr que personne ne l'utilisera jamais à mauvais escient !
2. **par une précondition** (appelée aussi condition de validité), dont le **non-respect entraîne une action spécifique** qui gère le cas d'une valeur invalide du paramètre. Suivant les langages de programmation, il existe différentes manières de gérer ces *cas d'erreur*. Nous choisissons ici d'utiliser le mécanisme `OCaml` associé à la fonction prédéfinie `failwith` : il s'agit d'une fonction particulière qui engendre une erreur, et qui produit de plus un message d'erreur.

Par exemple, la fonction `my_division` précédente peut être modifiée ainsi :

```
# let my_division(a, b : int * int ) : int =
    if b = 0
    then failwith("erreur my_division : denominateur nul")
    else a / b
;;
val my_division : int * int -> int = <fun>
# my_division(5, 0) ;;
Exception: Failure "erreur my_division : denominateur nul".
```

Dans la définition de la fonction `my_division`, la fonction `failwith` a une chaîne de caractères pour paramètre. Lors de l'exécution de la fonction `my_division`, si la condition `b = 0` est remplie :

1. l'exécution de la fonction s'arrête,
2. cet arrêt correspond à un cas d'erreur ; ceci est caractérisé par les mots `Exception: Failure`,
3. le message d'erreur, c'est-à-dire la chaîne de caractères paramètre de la fonction `failwith`, est produit à la suite.

**NB.** Pour le message d'erreur, nous utilisons par convention une chaîne de caractères indiquant la fonction ayant engendré l'erreur, ainsi que la nature de l'erreur.

---

1. Ce type de problème a déjà été mentionné dans la section 2.3.1 page 66, à propos des fonctions `average_3_marks_coefs` et `average_3_marks_coefs_int`.

De même, supposons que l'on écrive une fonction permettant de calculer le nombre total de kilomètres parcourus par une voiture après un trajet (la voiture a parcouru x kilomètres avant le trajet, elle effectue un trajet de y kilomètres, elle aura donc parcouru x + y kilomètres après le trajet) ; si on utilise le type `int * int` pour `(x, y)`, il est évident que x et y doivent être positifs (un nombre total de km ou une longueur de trajet négatifs n'ont pas de sens). La fonction suivante réalise ce calcul, en incluant un contrôle de la validité des paramètres :

```
let total_km (total, to_add : int * int) : int =
   if (total < 0) || (to_add < 0)
   then failwith("erreur total_km :
         nb km initial ou longueur du trajet incorrects")
   else total + to_add
;;
```

Si l'on souhaite des messages d'erreurs plus précis, on peut écrire :

```
let total_km (total, to_add : int * int) : int =
   if (total < 0)
   then failwith("erreur total_km : nb km initial incorrect")
   else
      if (to_add < 0)
      then failwith("erreur total_km : nb km du trajet incorrect")
      else total + to_add
;;
```

## 3.2 Conventions d'écriture

1. *Précondition* : lorsqu'une fonction possède une précondition, on privilégiera dans la mesure du possible le fait de la tester en premier, comme cela est fait dans les exemples précédents ; la structure générale d'une telle fonction est donc :

```
let function_name (parameter_name : type_name_1) : type_name_2 =
   if not(precondition)
   then failwith("erreur nom_fonction : indication d'erreur")
   else expression
;;
```

Cela permet de détecter tout de suite, à la lecture de la fonction, que celle-ci n'est définie que pour un sous-ensemble de valeurs du type de son paramètre.

2. *Indentations* : comme cela est fait dans les exemples précédents, les mots-clés `if`, `then`, `else` sont alignés de manière à repérer rapidement la structure de l'expression conditionnelle, et vérifier que l'expression est complète.

Si elle tient sur une ligne, chaque expression qui suit un mot-clé `if`, `then` ou `else`, est écrite sur la même ligne que ce mot-clé, sinon elle est écrite à partir de la ligne suivante avec un décalage sur la droite : c'est en particulier ce qui est fait dans les exemples précédents, quand l'expression associée à un `then` ou `else` est elle-même une expression conditionnelle. Ici aussi, ces décalages permettent de comprendre rapidement la structure d'une expression complexe, et facilitent donc la détection d'éventuelles erreurs.

## 3.3 Compléments

Comme dit précédemment, il existe différents mécanismes implantant la notion de *conditionnelle* dans les langages de programmation. En particulier, la plupart des langages impératifs proposent des **instructions conditionnelles**, qui peuvent être vues comme des cas particuliers d'expressions conditionnelles : nous revenons sur ce point au chapitre 7.

En `OCaml`, une expression conditionnelle est une expression comme les autres : on peut donc employer une conditionnelle pour la définition de variables, de fonctions ou d'autres expressions. Certaines écritures possibles en `OCaml` sont donc impossibles dans certains autres langages de programmation. Par exemple, il n'est pas possible, dans certains langages, d'utiliser une expression conditionnelle pour la définition d'une variable non mutable, comme cela est fait dans la variante ci-après de la fonction `bb_bottle`. C'est pourquoi nous utilisons le moins possible ce type de construction dans un premier temps [1].

Ici, le résultat de la fonction est le couple composé des variables locales `quantity` et `nb_bot`. La variable `quantity` est définie comme dans les autres variantes de la fonction `bb_bottle`. La valeur de la variable `nb_bot` est définie en fonction de la valeur du paramètre `weight` : on retrouve les mêmes cas distingués, et les valeurs correspondantes variant de 7 à 4.

```
# let bb_bottle(weight : int) : int * int =
    if weight < 0
    then failwith("erreur bb_bottle : poids negatif")
    else
      let quantity : int = (200 + weight) / 10
          and nb_bot : int =
                 if weight < 2500
                 then 7
                 else
```

1. En fait, il est toujours possible de traduire ce type de construction de différentes manières, par exemple en utilisant des variables mutables, qui sont étudiées au chapitre 7.

```
                   if weight < 4000
                   then 6
                   else
                     if weight < 6000
                     then 5
                     else 4
      in (quantity, nb_bot)
;;
val bb_bottle : int -> int * int = <fun>
```

## 3.4 Exercices

### Exercices d'application

**Exercice 30**
Écrivez une fonction `max_2_floats` qui calcule la plus grande valeur parmi deux valeurs de type `float`. Testez votre fonction sur plusieurs exemples significatifs.

Écrivez une fonction `min_max_2_floats`, qui calcule le couple composé de la plus petite valeur et de la plus grande valeur parmi deux valeurs de type `float`. Testez votre fonction sur plusieurs exemples significatifs.

**Exercice 31**
Écrivez une fonction qui indique si une lettre minuscule est une voyelle ou une consonne. La fonction engendre une erreur si le caractère fourni n'est pas une lettre minuscule. Testez tous les cas que vous avez identifiés.

**Exercice 32**
On souhaite définir une fonction `sign_div`, qui prend en paramètres deux entiers `a` et `b` de type `int`. Le résultat de la fonction est le signe du résultat de la division de `a` par `b`. Plus précisément, le résultat est un caractère `'+'`, `'-'` ou `'0'` selon que le résultat de la division est strictement positif, strictement négatif ou nul. Si la division est inapplicable, le fonction engendre une erreur. Attention : la fonction ne doit pas effectuer d'opération arithmétique (en particulier, ni division, ni multiplication). Testez tous les cas que vous identifiez.

**Exercice 33**
Dans le cadre du développement d'un jeu vidéo, on souhaite écrire une fonction qui associe une direction à certaines touches du clavier : la touche 8 correspond à la direction « Haut », le 2 à la direction « Bas », le 4 à la direction

« Gauche », et le 6 à la direction « Droite ». Dit autrement, la fonction convertit un caractère en chaîne de caractères, et ce uniquement pour les 4 caractères cités précédemment ; dans tous les autres cas, la fonction engendre une erreur. Écrivez cette fonction et testez toutes les branches de votre fonction.

## Exercices de compréhension / conception

### Exercice 34

On définit la fonction ci-après :

```
let mystery_1(a, b : int * int) : int =
   if a < b
   then -1
   else
     if a = b
     then 0
     else 1
;;
```

Expérimentez sur quelques exemples choisis en déroulant très précisément l'exécution de la fonction. Que fait-elle ? Combien de tests faudrait-il au moins effectuer afin de s'assurer du bon fonctionnement de la fonction ?

### Exercice 35

On définit le type et la fonction ci-après :

```
type t_mystery_1 = {y : int ; m : int ; d : int} ;;
(* les parametres sont supposes valides *)
let mystery_2(today, birth : t_mystery_1 * t_mystery_1) : string =
  if today < birth
  then failwith("erreur mystery_2 :
                   la naissance est posterieure au jour !")
  else
    let diff_year : int = today.y - birth.y in
    let age : int =
      if (today.m > birth.m)
              || (today.m = birth.m && today.d >= birth.d)
      then diff_year
      else diff_year - 1
    in
      if age <= 18
      then "espoir"
      else
         if age <= 39
         then "senior"
         else "veteran"
;;
```

Les paramètres de la fonction sont supposés valides. Expérimentez sur quelques exemples choisis en déroulant très précisément l'exécution de la fonction. Que fait-elle ? Le commentaire indique que les paramètres sont supposés valides : que signifie « paramètres valides » ici ? Combien de tests faudrait-il effectuer afin de s'assurer du bon fonctionnement de la fonction ?

**Exercice 36**

Écrivez une fonction qui calcule la mention d'un étudiant à partir de sa moyenne générale, selon le barême ci-après ; si la moyenne d'un étudiant est négative ou strictement supérieure à 20, la fonction engendre une erreur :

- $< 10$ : ajourné
- entre 10 et 12 exclu : passable
- entre 12 et 14 exclu : assez bien
- entre 14 et 16 exclu : bien
- 16 et plus : très bien

**Exercice 37**

Dans le cadre d'un jeu vidéo, on souhaite définir une fonction permettant de calculer le nombre de points de dégâts qu'un personnage peut infliger lors d'une attaque, en fonction de l'arme qu'il possède. Un personnage est caractérisé par son nom, un nombre de points de vie, et l'arme qu'il possède.

Si un personnage est en vie (c'est-à-dire que son nombre de points de vie est strictement supérieur à 0), alors il peut attaquer, sinon il ne peut pas.

Les armes disponibles dans ce jeu sont : le bazooka, l'épée et le pistolet.

Si le personnage (en vie) ne possède aucune arme, son attaque infligera 2 points de dégât. S'il possède un bazooka, il infligera 100 points de dégât, pour les autres armes, il en infligera 25.

1. Proposez un type permettant de représenter une arme. Quelle valeur proposez-vous pour indiquer qu'un personnage ne possède aucune arme ?
2. Proposez un type pour représenter un personnage.
3. Proposez une signature pour la fonction permettant de savoir quel nombre de points de dégats peut infliger un personnage donné.
4. Écrivez cette fonction. Suivant ce que vous aurez choisi pour représenter une arme, il peut exister des valeurs non valides ; dans ce cas, la fonction engendre une erreur si un personnage ne possède pas une arme valide (attention, cela n'est pas la même chose que de ne posséder aucune arme).

## Exercices divers

### Exercice 38

On définit le type et la fonction ci-après.

```
type t_mystery = {j : int ; h : int ; m : int ; s : int} ;;

let mystery(c : t_mystery) : t_mystery =
  let valid : bool = (c.j >= 0 && (0 <= c.h && c.h < 24)
      &&  (0 <= c.m && c.m < 60) &&  (0 <= c.s && c.s < 60))
  in
    if not(valid)
    then failwith("erreur mystery : horaire non valide")
    else
      if c.s < 59
      then {j = c.j ; h = c.h ; m = c. m ;  s = c.s + 1}
      else
         if c.m < 59
         then {j = c.j ; h = c.h ; m = c. m + 1 ;  s = 0}
         else
           if c.h < 23
           then {j = c.j ; h = c.h + 1 ; m = 0 ;  s = 0}
           else {j = c.j + 1 ; h = 0 ; m = 0 ;  s = 0}
;;
```

Expérimentez sur quelques exemples choisis en déroulant très précisément l'exécution de la fonction. Que fait-elle ? Combien de tests faudrait-il effectuer afin de s'assurer du bon fonctionnement de la fonction ? Proposez une fonction équivalente, mais qui n'utilise pas d'expression conditionnelle.

### Exercice 39

Étant donné un âge, on souhaite connaître le ou les cycles scolaires usuellement correspondant :

- de 3 ans à 6 ans : maternelle
- de 6 ans à 11 ans : primaire
- de 11 ans à 15 ans : collège
- de 15 ans à 18 ans : lycée

Si l'âge de la personne est négatif ou supérieur à 18 ans, alors la fonction engendre une erreur.

### Exercice 40

Écrivez une fonction permettant de déterminer le tarif de l'affranchissement d'une lettre prioritaire de moins de 250 g en fonction de son poids. Si la lettre pèse 20g ou moins, le tarif est de 0.66 euros, si elle pèse entre 20g et 50g, le tarif est de 1.10 euros, entre 50g et 100g, le tarif est de 1.65 euros, pour les lettres prioritaires de plus de 100g, 2.65 euros. Votre fonction devra en particulier vérifier que le poids indiqué correspond bien à une lettre prioritaire, et engendrer une erreur dans le cas contraire.

## 3.5 Corrigés

### Corrigés des exercices d'application

#### Corrigé de l'exercice 30

```
# let max_2_floats(a, b : float * float) : float =
    if a > b
    then a
    else b
;;
val max_2_floats : float * float -> float = <fun>

# max_2_floats(2., 3.5) ;;
- : float = 3.5
# max_2_floats(3.5, 2.) ;;
- : float = 3.5
# max_2_floats(3.5, 3.5) ;;
- : float = 3.5

# let min_max_2_floats(a, b : float * float) : float * float =
    if a < b
    then (a, b)
    else (b, a)
;;
val min_max_2_floats : float * float -> float * float = <fun>

# min_max_2_floats(2., 3.5) ;;
- : float * float = (2., 3.5)
# min_max_2_floats(3.5, 2.0) ;;
- : float * float = (2., 3.5)
# min_max_2_floats(3.5, 3.5) ;;
- : float * float = (3.5, 3.5)
```

Les exemples sont choisis de manière à couvrir l'ensemble des cas : `a < b`, `a = b`, ou `a > b`. On peut noter qu'il existe plusieurs manières d'écrire les fonctions ci-dessus. Par exemple, les valeurs des expressions `if a > b then a else b` et `if a >= b then a else b` sont toujours égales. En effet, si les valeurs `a` et `b` sont égales :

— pour la première expression conditionnelle, c'est l'expression associée au `else` qui définit le résultat,

— pour la deuxième expression, c'est l'expression associée au `then` qui définit le résultat,

ce qui donne *in fine* le même résultat puisque `a = b`.

### Corrigé de l'exercice 31

Il est nécessaire de préciser le résultat attendu pour la fonction. Celle-ci doit donner un résultat distinguant deux cas : soit la lettre minuscule donnée en paramètre est une voyelle, soit c'est une consonne. On peut donc choisir un résultat de type `bool`, avec la convention : si la lettre est une voyelle, la valeur du résultat est `true` ; si c'est une consonne, la valeur du résultat est `false`.

```
(* teste si une minuscule est une voyelle *)
# let check_char(c : char) : bool =
    if (c < 'a') || (c > 'z')
    then
      failwith("erreur check_char :
                          le caractere n'est pas une minuscule")
    else
      ((c = 'a') || (c = 'e') || (c = 'i')
                          || (c = 'o') || (c = 'u') || (c = 'y'))
;;
val check_char : char -> bool = <fun>

# check_char('a') ;;
- : bool = true
# check_char('b') ;;
- : bool = false
# check_char('2') ;;
Exception:
Failure "erreur check_char : le caractere n'est pas une minuscule".
```

On se contente ici de trois tests : l'un avec une lettre minuscule qui est une voyelle, l'autre avec une lettre minuscule qui est une consonne, le troisième avec un caractère qui n'est pas une lettre minuscule.

*Le problème avec cette solution est qu'il faut se souvenir du codage choisi* : la valeur `true` correspond à une voyelle, la valeur `false` correspond à une consonne. Il peut être *préférable d'utiliser un type énuméré*, plus explicite.

```
# type t_lowercase = LOWERCASE_VOWEL | LOWERCASE_CONSONANT ;;
type t_lowercase = LOWERCASE_VOWEL | LOWERCASE_CONSONANT
# let check_char(c : char) : t_lowercase =
    if (c < 'a') || (c > 'z')
    then
      failwith("erreur check_char :
                          le caractere n'est pas une minuscule")
    else
```

```
      if
        ((c = 'a') || (c = 'e') || (c = 'i')
                              || (c = 'o') || (c = 'u') || (c = 'y'))
      then LOWERCASE_VOWEL
      else LOWERCASE_CONSONANT
;;
val check_char : char -> t_lowercase = <fun>
# check_char('a') ;;
- : t_lowercase = LOWERCASE_VOWEL
# check_char('b') ;;
- : t_lowercase = LOWERCASE_CONSONANT
# check_char('2') ;;
Exception:
Failure "erreur check_char : le caractere n'est pas une minuscule".
```

## Corrigé de l'exercice 32

```
# let sign_div(a, b : int * int) : char =
  if b = 0
  then failwith("erreur sign_div : division par 0")
  else
    if a = 0
    then '0'
    else
      if (a > 0 && b > 0) || (a < 0 && b < 0)
      then '+'
      else '-'
;;
val sign_div : int * int -> char = <fun>
# sign_div(4, -3) ;;
- : char = '-'
# sign_div(-3, 4);;
- : char = '-'
# sign_div(3, 4);;
- : char = '+'
# sign_div(-2, -3) ;;
- : char = '+'
# sign_div(0, 2) ;;
- : char = '0'
# sign_div(2, 0) ;;
Exception: Failure "erreur sign_div : division par 0".
# sign_div(0, 0) ;;
Exception: Failure "erreur sign_div : division par 0".
```

On peut noter pour le dernier cas testé qu'il est important dans la fonction de tester en premier lieu la validité du deuxième paramètre.

### Corrigé de l'exercice 33

```
# let direction(c : char) : string =
  if c = '8'
  then "Haut"
  else
    if c = '2'
    then "Bas"
    else
      if c = '4'
      then "Gauche"
      else
        if c = '6'
        then "Droite"
        else failwith("erreur direction : le caractere ne correspond
                                      a aucune direction")
;;
val direction : char -> string = <fun>

# direction('2');;
- : string = "Bas"
# direction('6') ;;
- : string = "Droite"
# direction('!') ;;
Exception:
Failure "erreur direction : le caractere ne correspond
                                      a aucune direction".
```

NB. Tous les cas de tests ne sont pas étudiés : cela ne présente aucune difficulté, puisqu'il suffit d'explorer toutes les branches de cette conditionnelle imbriquée. Si l'on cherche à faire apparaître la précondition est en début de fonction, on obtient :

```
# let direction(c : char) : string =
  if (c <> '8' && c <> '2' && c <> '4' && c <> '6')
  then failwith("erreur direction :
             le caractere ne correspond a aucune direction")
  else
    if c = '8'
    then "Haut"
    else
      if c = '2'
      then "Bas"
      else
        if c = '4'
        then "Gauche"
        else  "Droite"
;;
val direction : char -> string = <fun>
```

## Corrigés des exercices de compréhension / conception

### Corrigé de l'exercice 34

La fonction compare deux entiers, et produit un résultat pouvant prendre 3 valeurs, correspondant aux différents cas possibles d'une comparaison. Il faut donc tester la fonction au minimum sur 3 cas choisis, par exemple `mystery_1(1, 2)`, `mystery_1(2, 1)`, `mystery_1(2, 2)`. L'exécution se déroule ainsi :

1. si l'on exécute `mystery_1(1, 2)` :
   (a) Les paramètres effectifs sont associés aux paramètres formels de la fonction : `a` et `b` valent donc respectivement `1` et `2` au début de l'exécution ;
   (b) l'expression `1 < 2` est évaluée, sa valeur est `true`, le résultat du `if then else`, et donc le résultat de la fonction, est la valeur de l'expression du `then`, c'est à dire `-1`.
2. si l'on exécute `mystery_1(2, 1)` :
   (a) Les paramètres effectifs sont associés aux paramètres formels de la fonction : `a` et `b` valent donc respectivement `2` et `1` au début de l'exécution ;
   (b) l'expression `2 < 1` est évaluée, sa valeur est `false`, l'expression du `else` est évaluée.
   (c) l'expression `2 = 1` est donc évaluée, sa valeur est `false`, la valeur de l'expression du `else`, donc `1`, est le résultat de la fonction.
3. si l'on exécute `mystery_1(2, 2)` :
   (a) Les paramètres effectifs sont associés aux paramètres formels de la fonction : `a` et `b` valent donc respectivement `2` et `2` au début de l'exécution ;
   (b) l'expression `2 < 2` est évaluée, sa valeur est `false`, l'expression du `else` est évaluée.
   (c) l'expression `2 = 2` est donc évaluée, sa valeur est `true`, la valeur de l'expression du `then`, donc `0`, est le résultat de la fonction.

### Corrigé de l'exercice 35

La fonction calcule l'âge d'une personne en fonction de deux dates : la date du jour et celle de la naissance de la personne. Le résultat est la « catégorie » de la personne dans un sport (junior, sénior, vétéran). Les paramètres sont supposés valides, c'est-à-dire que chaque paramètre correspond à une date, décrite dans l'ordre « année, mois, et jour » ; l'année est quelconque, le mois est compris entre 1 et 12, le jour est compris entre 1 et le nombre de jours du mois est 28,

29, 30 ou 31 selon le cas. Nous avons déjà vu que la comparaison de valeurs de types structurés suit l'ordre lexicographique des champs : la comparaison de dates est donc correcte, car les champs figurent dans l'ordre « année, mois et jour ».

Pour les tests, il faudrait couvrir tous les cas[1] :

— le cas de non-validité, avec une date `today` précédant la date `birth` ;
— les différents cas du calcul d'âge, selon que l'anniversaire de l'année a déjà eu lieu ou non ;
— les différents cas selon l'âge de la personne.

Quelques tests :

```
# let d1 : t_mystery_1 = {y = 1958 ; m = 4 ; d = 5} ;;
val d1 : t_mystery_1 = {y = 1958; m = 4; d = 5}
#  let d2 : t_mystery_1 = {y = 1977 ; m = 4 ; d = 2} ;;
val d2 : t_mystery_1 = {y = 1977; m = 4; d = 2}
# mystery_2(d2, d1) ;;
- : string = "espoir"
# let d3 : t_mystery_1 = {y = 1977 ; m = 4 ; d = 5} ;;
val d3 : t_mystery_1 = {y = 1977; m = 4; d = 5}
# mystery_2(d3, d1) ;;
- : string = "senior"
# let d4 : t_mystery_1 = {y = 1998 ; m = 3 ; d = 25} ;;
val d4 : t_mystery_1 = {y = 1998; m = 3; d = 25}
# mystery_2(d4, d1) ;;
- : string = "senior"
# let d5 : t_mystery_1 = {y = 1998 ; m = 5 ; d = 19} ;;
val d5 : t_mystery_1 = {y = 1998; m = 5; d = 19}
# mystery_2(d5, d1) ;;
- : string = "veteran"
```

L'exécution de la fonction se déroule ainsi (par exemple pour `mystery_2(d2, d1)`).

1. Les deux valeurs de `d2` et `d1` sont associées respectivement à `today` et `birth` ;
2. comme `today >= birth`, l'expression correspondant au `else` du premier `if` est évaluée, et sa valeur est le résultat de la fonction ;
3. pour ce faire, la variable locale `diff_year` est définie, sa valeur est `19` ;
4. la variable locale `age` est définie, sa valeur est celle définie par le `if then else` ; comme `(today.m = birth.m && today.d < birth.d)`, la valeur est `19 - 1` ;

1. En fait, ce serait plus simple si la fonction était décomposée en plusieurs fonctions, par exemple l'une qui calcule l'âge, l'autre qui calcule la catégorie pour le sport : ceci est étudié dans le chapitre 4 suivant.

5. l'expression définissant le résultat de la fonction est évaluée : comme `age <= 18`, le résultat est `"espoir"`.

### Corrigé de l'exercice 36

```
let mention(avg : int) : string =
  if avg < 0 || avg > 20
  then failwith("erreur mention : moyenne invalide")
  else
    if avg < 10
    then "ajourne"
    else
      if avg < 12
      then "passable"
      else
        if avg < 14
        then "assez bien"
        else
          if avg < 16
          then "bien"
          else "tres bien"
;;
```

Le cas `avg < 0 || avg > 20` est le cas d'erreur. Le cas correspondant au `else` du premier `if` est celui où la moyenne est bien définie, c'est-à-dire qu'elle est comprise entre `0` et `20`. Pour le deuxième `if`, il est donc inutile de tester si la valeur de `avg` est positive. De même, le `else` du deuxième `if` correspond au cas où la valeur `avg` est supérieure à `10` : il suffit donc de tester si la valeur `avg` est strictement inférieure à `12` pour déterminer si la mention est `passable`. De la même manière, le dernier `else` correspond au cas où la valeur `avg` est supérieure à `16`, et inférieure à `20`, puisque ce cas est inclus dans le cas d'une moyenne bien définie.

### Corrigé de l'exercice 37

Les armes sont en nombre limité : la définition d'un *type énuméré* peut être opportune dans ce cas. Il n'y a alors *aucune valeur invalide*, et il est *inutile de considérer un cas d'erreur* dans la fonction. On définit un type structuré pour représenter les personnages : il contient trois champs, correspondant au nom, aux points de vie et à l'arme.

```
type t_weapon = NO_WEAPON | BAZOOKA | SWORD | GUN ;;
type t_character = {name : string ; life : int ;
                               weapon : t_weapon } ;;
let nb_damage(c : t_character) : int =
  if c.life <= 0
  then 0
  else
```

```
    if c.weapon = NO_WEAPON
    then 2
    else
      if c.weapon = BAZOOKA
      then 100
      else 25
;;
```

On peut aussi imaginer de coder les armes en utilisant un *type prédéfini*, comme le type `int` par exemple. Dans ce cas, il faut *définir un code*, par exemple : 0 ⇔ pas d'armes, 1 ⇔ bazooka, 2 ⇔ sabre, 3 ⇔ pistolet. Dans ce cas, la fonction doit prendre en compte la *possibilité de valeurs invalides* qui ne correspondent pas à des armes.

```
(* weapon : 0 = pas d'arme, 1 = bazooka, 2 = sabre, 3 = pistolet *)
type t_character = {name : string ; life : int ; weapon : int } ;;
let nb_damage(c : t_character) : int =
  if (c.weapon < 0) || (c.weapon > 3)
  then failwith("erreur nb_damage : arme non valide")
  else
    if c.life <= 0
    then 0
    else
      if c.weapon = 0
      then 2
      else
        if c.weapon = 1
        then 100
        else 25
;;
```

## Corrigés des exercices divers

### Corrigé de l'exercice 38

La fonction ajoute une seconde à un horaire donné en nombres de jours, heures, minutes et secondes. Il faut bien sûr faire attention aux éventuelles retenues, qui peuvent entraîner des modifications des nombres de minutes, heures et jours. Il faut vérifier que l'expression booléenne indiquant la validité d'un horaire est correcte (il existe 7 cas élémentaires de non-validité). Il ne resterait plus qu'à tester les quatre cas concernant un horaire valide.

Pour éviter l'utilisation de conditionnelles pour faire ce calcul, il suffit d'utiliser la division entière : quotient et reste.

```
let mystery(c : t_mystery) : t_mystery =
  let valid : bool = (c.j >= 0 && (0 <= c. h && c.h < 24)
      &&  (0 <= c. m && c.m < 60) &&  (0 <= c. s && c.s < 60))
  in
```

```
    if not(valid)
    then failwith("erreur mystery : horaire non valide")
    else
      let tot_s : int = c.s + 1 in
      let tot_m : int = c.m + tot_s / 60 in
      let tot_h : int = c.h + tot_m / 60 in
      let tot_j : int = c.j + tot_h / 24 in
        {j = tot_j ; h = tot_h mod 24 ; m = tot_m mod 60 ;
                                          s = tot_s mod 60}
;;
```

### Corrigé de l'exercice 39

Une manière de faire consiste à choisir de retourner une chaîne de caractères comme résultat de la fonction. D'autres solutions sont bien sûr possibles.

```
let school_cycle(age : int) : string =
  if (age < 0) || (age > 18)
  then failwith("erreur school_cycle : age invalide")
  else
    if age < 3
    then "non scolarise"
    else
      if age < 6
      then "maternelle"
      else
        if age = 6
        then "maternelle ou primaire"
        else
          if age < 11
          then "primaire"
          else
            if age = 11
            then "primaire ou college"
            else
              if age < 15
              then "college"
              else
                if age = 15
                then "college ou lycee"
                else "lycee"
;;
```

### Corrigé de l'exercice 40

```
let letter_price(weight : int) : int =
  if (weight < 0) || (weight > 250)
  then failwith("erreur letter_price : poids de la lettre invalide")
  else
    if weight <= 20
    then 66
    else
      if weight <= 50
      then 110
      else
        if weight <= 100
        then 165
        else 265
;;
```

On notera que le résultat de la fonction est de type `int`. On choisit en effet de manipuler des prix exprimés en centimes d'euros, ce qui permet des calculs entiers exacts, et évite les erreurs de calcul liées aux flottants.

# Deuxième partie

# Récursivité

# Chapitre 4

# Composition de fonctions

**Mots-clés :**
- composition de fonctions, fonctions composées,
- pile d'exécution,

**Objectifs :**
- comprendre la notion de composition de fonctions,
- savoir simuler l'exécution de fonctions composées,
- savoir écrire une fonction composée.

Intuitivement, une fonction peut être vue comme une boîte noire qui effectue un calcul : elle a en entrée un paramètre, donc un certain ensemble de valeurs, et en sortie un résultat, donc un autre ensemble de valeurs. Il serait tout à fait envisageable « brancher » une boîte noire à une autre boîte noire, de manière à ce que la seconde ait en entrée des valeurs de sortie de la première : cela permet « d'enchaîner » des calculs. Plus généralement, on peut imaginer de construire des réseaux de boîtes noires afin de réaliser des calculs complexes. On peut aussi imaginer de définir une nouvelle boîte noire comme étant composée d'un réseau de boîtes noires.

On retrouve cette idée intuitive dans la **composition de fonctions**, c'est-à-dire l'idée de **définir une fonction à partir d'autres fonctions**. D'ailleurs, si l'on se souvient que d'un point de vue algorithmique, il n'y pas de différence entre une fonction et une opération (par exemple une opération arithmétique), on peut considérer que nous avons déjà défini des fonctions à partir d'autres fonctions plus élémentaires.

Pour bien comprendre de quoi il s'agit [1], ce chapitre a pour objectif *d'approfondir* cette notion, tant sous l'angle de *la définition de fonctions* que sous l'angle de *l'exécution de fonctions*, et de donner des premiers éléments concernant son *utilité*.

# 4.1 Notions essentielles

## 4.1.1 Définition de fonctions composées

Pour rappel :

1. le corps d'une fonction a été défini comme une expression qui décrit le calcul du résultat de la fonction à partir de son paramètre ;
2. une expression peut être définie à partir de « sous-expressions », c'est-à-dire à partir d'expressions plus élémentaires ;
3. un appel de fonction a été défini comme une expression, dont la valeur est le résultat de la fonction appliquée à son paramètre effectif.

Logiquement, **le corps d'une fonction peut comprendre des « sous-expressions » qui sont des appels de fonction** ; de même, une fonction peut être appelée sur des **paramètres définis par des expressions dans lesquelles interviennent des appels de fonctions**. On parle alors de **composition de fonctions**.

Supposons par exemple que l'on souhaite distinguer, dans une valeur `f` de type `float`, les parties de `f` correspondant respectivement à la partie entière de `f` et à la partie fractionnaire de `f` : la partie entière d'un flottant est calculée par la fonction prédéfinie `int_of_float`, la partie fractionnaire peut être calculée par la fonction `frac_part` ci-après :

```
# let frac_part(f : float) : float =
    let int_part : int = int_of_float(f) in
      f -. float_of_int(int_part)
;;
val frac_part : float -> float = <fun>
```

La fonction `frac_part` *fait appel*[2] *aux fonctions* `int_of_float` et `float_of_int`. La fonction `frac_part` est appelée **fonction appelante**, les fonctions `int_of_float` et `float_of_int` sont des **fonctions appelées** par `frac_part`.

1. Comme pour toute analogie, les correspondances *fonction - boîte noire* et *composition de fonction - réseau de boîtes noires* peuvent prêter à confusion si l'on se contente d'une idée intuitive approximative.

2. En fait, ce mécanisme a déjà été utilisé au préalable, en particulier dans la fonction `check_consecutive_char`, qui fait appel à la fonction `int_of_char` : *cf.* exercice 14 (exercices d'application, sections 2.4 et 2.5, pages 70 et 74). On peut noter de plus qu'en `OCaml`, `failwith` est une fonction, que nous avons déjà utilisée pour la définition d'autres fonctions.

À partir de maintenant, nous effectuons une ***distinction claire entre appel de fonction et exécution de fonction***. Comme dit précédemment, un appel de fonction est une expression. Par exemple, dans la fonction `frac_part`, l'expression `int_of_float(f)` définissant la variable locale `int_part` est un appel de fonction : *le paramètre effectif de cet appel est le paramètre formel de la fonction* `frac_part`; il est donc clair que *cet appel ne peut être exécuté lors de la définition de la fonction* `frac_part`. Il en est de même bien sûr pour l'appel de la fonction `float_of_int` sur le paramètre effectif `int_part`, dont la valeur ne sera connue que lors d'une exécution de la fonction `frac_part`. Ci-après figurent des exemples de résultats [1] obtenus pour des exécutions de la fonction `frac_part`.

```
# frac_part(0.82) ;;
- : float = 0.82
# frac_part(3.25) ;;
- : float = 0.25
# frac_part(3.55) ;;
- : float = 0.549999999999999822
```

Bien sûr, comme une expression symbolise une valeur, il est possible d'appeler une fonction sur le résultat d'une autre fonction. Ci-après figure une variante de la fonction `frac_part`, qui n'utilise pas de variable locale. Le paramètre effectif de la fonction `float_of_int` est `int_of_float(f)` (la variable locale précédente a simplement été remplacée par l'expression qui définit sa valeur).

```
# let frac_part(f : float) : float =
    f -. float_of_int(int_of_float(f))
;;
val frac_part : float -> float = <fun>
```

De manière générale, l'expression qui définit le corps d'une fonction peut être composée d'autant de sous-expressions que nécessaire : une fonction peut donc faire appel à autant de fonctions que nécessaire. Par exemple, la fonction `min_2_frac_part` ci-après permet de calculer la plus petite des parties fractionnaires de deux flottants, en utilisant la fonction `min_2_float` qui calcule la plus petite valeur entre deux flottants [2].

1. Le dernier exemple illustre une fois de plus que les valeurs de type `float` ne sont pas des nombres réels au sens mathématique.

2. Pour mémoire, les noms `x` et `y` utilisés dans les définitions des deux fonctions `min_2_float` et `min_2_frac_part` sont complètement indépendants. Plus généralement, les noms des paramètres formels d'une fonction sont des noms locaux à cette fonction (en ce sens, c'est tout à fait similaire aux noms des variables locales) : ils n'ont rien à voir avec les noms utilisés dans la définition d'autres fonctions : *cf.* section 2.2 page 64.

```
# let min_2_float(x, y : float * float) : float =
    if x < y
    then x
    else y
;;
val min_2_float : float * float -> float = <fun>

# let min_2_frac_part(x, y : float * float) : float =
    min_2_float(frac_part(x), frac_part(y))
;;
val min_2_frac_part : float * float -> float = <fun>

# min_2_frac_part(0.82, 3.25) ;;
- : float = 0.25
```

### 4.1.2 Exécution de fonctions composées

Bien sûr, une fonction, composée ou non, est écrite en vue de l'utiliser. Il est donc important :

— de bien comprendre comment s'exécute une fonction qui fait appel à d'autres fonctions ;
— de savoir simuler une telle exécution. En effet, cela peut être utile en particulier pour détecter des erreurs, depuis de simples fautes de frappe jusqu'à des erreurs de conception dans la définition de la fonction. Bien sûr, il existe des outils permettant de dérouler une exécution (un débogueur, par exemple) ; ceci dit, il est utile de savoir dérouler une exécution *à la main*, même quand on utilise des outils spécialisés.

#### 4.1.2.1 Idée de base

Fondamentalement, évaluer une fonction pour un paramètre effectif donné se fait toujours suivant le même principe :

1. passage de paramètres,
2. évaluation des sous-expressions composant le corps de la fonction, dans l'ordre de leur définition, et ce quelle que soit la nature de la sous-expression ;
3. retour du résultat.

C'est ce principe qu'il convient d'appliquer pour l'évaluation d'une fonction appelante : un *appel de fonction est donc évalué comme toute sous-expression*, en fonction de l'ordre sous-jacent à la définition de la fonction appelante. On considère que l'évaluation d'une expression correspondant à un appel de fonction se fait suivant le principe suivant :

1. *évaluation de la valeur de chaque paramètre* de la fonction appelée [1] ; *nous considérons que l'ordre d'évaluation de ces valeurs est indifférent* (en pratique, cet ordre peut varier suivant les langages de programmation) ;
2. *évaluation de la fonction appelée*, suivant le principe décrit ci-dessus.

#### 4.1.2.2 Simulation d'exécution

Pour simuler « à la main » une exécution de fonction composée, il suffit d'appliquer le principe décrit précédemment.

Considérons par exemple l'exécution de la première version de la fonction `frac_part`, par exemple sur le paramètre `0.82` (bien sûr, pour dérouler l'évaluation, il faut avoir la définition de la fonction sous les yeux).

Par la suite, le symbole ▽ désigne le début de l'exécution d'une fonction, et le symbole △ symbolise le retour du résultat de la fonction appelée.

▽ évaluation de `frac_part(0.82)` :

1. passage de paramètres : la valeur `0.82` est associée au nom `f` du paramètre formel ;
2. déclaration de la variable locale `int_part` :
   (a) ▽ évaluation de `int_of_float(0.82)` ;
   (b) △ retour du résultat `0` ;
   (c) la valeur `0` est associée au nom `int_part` ;
3. évaluation de la valeur de l'expression `f -. float_of_int(int_part)` :
   (a) ▽ évaluation de `float_of_int(0)` ;
   (b) △ retour du résultat `0.0` ;
   (c) la valeur de l'expression est `0.82 -. 0.0 = 0.82` ;

△ retour de `0.82`, valeur de `frac_part(0.82)`

Considérons maintenant l'exécution de la fonction `min_2_frac_part` sur le couple `(0.82, 3.25)`.

▽ évaluation de `min_2_frac_part(0.82, 3.25)` :

1. passage de paramètres : `x` vaut `0.82`, `y` vaut `3.25` ;
2. évaluation du résultat `min_2_float(frac_part(x), frac_part(y))` :

1. Bien sûr, une fonction ne peut être exécutée que si les valeurs de ses paramètres effectifs sont connues.

(a) ▽ `frac_part(0.82)` : évaluation du premier paramètre effectif de la fonction `min_2_float` :

   i. on peut insérer ici la description de l'évaluation effectuée précédemment ;

(b) △ retour du résultat `0.82` ;

(c) ▽ `frac_part(3.25)` : évaluation du deuxième paramètre effectif de la fonction `min_2_float` :

   i. on peut insérer ici une description similaire à l'évaluation effectuée précédemment ;

(d) △ retour du résultat `0.25` ;

(e) ▽ `min_2_float(0.82, 0.25)` :

   i. passage de paramètres : les paramètres `x` et `y` de `min_2_float` sont donc associés respectivement aux valeurs `0.82` et `0.25` ;

   ii. évaluation de la valeur de la conditionnelle, ici `0.25`, qui définit le résultat de `min_2_float(0.82, 0.25)` ;

(f) △ retour du résultat `0.25` ;

(g) la valeur de `min_2_float(frac_part(x), frac_part(y))` est donc `0.25`,

△ retour de `0.25`, valeur de `min_2_frac_part(0.82, 3.25)`

#### 4.1.2.3 Commande #trace

La commande [1] `#trace` de l'interpréteur `ocaml` permet de suivre les enchaînements d'appels de fonctions. Sa syntaxe est :

```
#trace function_name
```

où `function_name` est le nom de la fonction dont on souhaite suivre l'exécution (cette fonction doit avoir été définie au préalable). Par exemple :

```
# #trace frac_part ;;
frac_part is now traced.
```

La réponse de l'interpréteur indique qu'il a bien intégré la commande. À partir de ce moment, l'interpréteur indique, pour chaque exécution de la fonction tracée, d'une part le début de l'exécution avec la valeur du paramètre

1. Il s'agit d'une commande de l'interpréteur `ocaml` : ce n'est pas un élément du langage `OCaml`. En particulier, on ne peut pas compiler un code qui contient ce type de commandes : *cf.* section 11.2 page 412. Le caractère `#` fait partie intégrante du nom de la commande.

effectif, et d'autre part la fin de l'exécution avec la valeur du résultat. Par exemple :

```
# frac_part(3.25) ;;
frac_part <-- 3.25
frac_part --> 0.25
- : float = 0.25
```

La dernière ligne est la réponse usuelle de l'interpréteur. La ligne `frac_part <-- 3.25` indique le début d'exécution de la fonction `frac_part`, ainsi que la valeur du paramètre effectif ; la ligne `frac_part --> 0.25` indique la fin d'exécution et la valeur du résultat.

L'intérêt de la commande `#trace` est la possibilité de suivre un enchaînement d'exécutions, par exemple :

```
# #trace min_2_float ;;
min_2_float is now traced.
# #trace min_2_frac_part ;;
min_2_frac_part is now traced.
# min_2_frac_part(0.82, 3.25) ;;
min_2_frac_part <-- (0.82, 3.25)
frac_part <-- 3.25
frac_part --> 0.25
frac_part <-- 0.82
frac_part --> 0.82
min_2_float <-- (0.82, 0.25)
min_2_float --> 0.25
min_2_frac_part --> 0.25
- : float = 0.25
```

Pour tracer toute l'exécution, il est nécessaire de demander de tracer chacune des fonctions concernées par cette exécution. L'exécution de `min_2_frac_part(0.82, 3.25)` est délimitée par la deuxième ligne `min_2_frac_part <-- (0.82, 3.25)` et l'avant-dernière ligne `min_2_frac_part --> 0.25`, la dernière ligne étant la réponse normale de l'interpréteur. Entre ces deux lignes, on voit :

1. l'exécution de `frac_part(3.25)`, comprise entre les lignes `frac_part <-- 3.25` et `frac_part --> 0.25`,
2. l'exécution de `frac_part(0.82)`, comprise entre les lignes `frac_part <-- 0.82` et `frac_part --> 0.82`,
3. l'exécution de `min_2_float(0.82, 0.25)`, comprise entre les lignes `min_2_float <-- (0.82, 0.25)` et `min_2_float --> 0.25`.

On peut constater que l'interpréteur `ocaml` a évalué le deuxième paramètre de la fonction `min_2_float` avant d'en évaluer le premier ; mais comme dit précédemment, nous considérons ici que cet ordre n'a pas à être pris en compte.

### 4.1.3 Utilité de la composition de fonctions

Pouvoir composer des fonctions est un mécanisme essentiel en Algorithmique - Programmation, pour de nombreuses raisons : certaines sont précisées ci-après, d'autres sont étudiées dans la section 4.2 et dans le chapitre 5.

Très souvent, la première chose recherchée est de concevoir un algorithme ou un code qui fait ce que l'on attend de lui, c'est-à-dire *l'écriture* d'un algorithme ou d'un code *correct*. ***La conception et la vérification du code sont donc primordiales.***

La *résolution d'un problème complexe* passe souvent par la *décomposition du problème en sous-problèmes plus simples*, et par la résolution de ces sous-problèmes, dont on peut déduire la solution du problème général. C'est en particulier le cas en Algorithmique-Programmation. Supposons que l'on cherche à définir une fonction `f` pour calculer la solution d'un problème `p` ; si le problème `p` peut être décomposé en sous-problèmes `sp1, sp2, etc`, on peut imaginer de définir plusieurs fonctions `sf1, sf2, etc` pour calculer des solutions à ces sous-problèmes, et de définir *in fine* la fonction `f`, en particulier par des appels à ces fonctions `sf1, sf2, etc` : *cf.* section 4.2.2 page 122.

De plus, *structurer une fonction*, en la définissant à partir de fonctions plus élémentaires, permet en général de *réduire la complexité de sa vérification et de sa maintenance* (des exemples en section 4.2 illustrent l'intérêt de la composition de fonctions pour la conception et la vérification). En pratique, la composition de fonctions permet :

- *d'améliorer la lisibilité du code* : c'est une qualité importante, pour la compréhension du code, sa vérification, sa maintenance [1]. Comme tout texte, la clarté d'un code repose en bonne partie sur sa structure, qui correspond à son organisation en différentes fonctions.
- *de réutiliser du code* : une fois une fonction définie et vérifiée, elle peut être utilisée par n'importe quelle autre fonction, sous réserve bien sûr que cela réponde à un besoin, et que la fonction appelée soit utilisée dans le cadre de son domaine de définition. De nombreuses bibliothèques de fonctions existent pour de nombreux langages de programmation,

1. Il arrive fréquemment que les besoins auxquels répond un code évoluent : il est alors nécessaire de modifier le code. Ces modifications ne sont pas toujours effectuées par les développeurs initiaux du code (d'ailleurs, même s'il s'agit des développeurs initiaux, il est probable que ceux-ci n'aient plus le code en tête quand arrivent les demandes de modification). De même, il peut arriver qu'il reste des erreurs dans un code, qui sont détectées bien après le développement du code : il est alors nécessaire de corriger le code, et la première chose à faire est de le comprendre. Dans les deux cas, un code doit être lisible.

permettant de résoudre des problèmes très divers [1]. L'intérêt est bien sûr d'éviter de refaire un travail qui a déjà été bien fait [2] !
— *d'éviter la duplication de code* : c'est important en particulier pour la lisibilité et pour la maintenance. Cela signifie que, si un calcul doit être effectué plusieurs fois, soit à la suite, soit dans des contextes différents, on n'écrit pas plusieurs fois le code de ce calcul ; la bonne manière de faire consiste à écrire une fonction qui décrit ce calcul, et qui est appelée autant de fois que nécessaire. De la même manière, si des calculs similaires doivent être effectués, on écrit une fonction décrivant le calcul général, paramétrée par les informations permettant de spécifier chaque variante de ce calcul. En effet, si un calcul est codé plusieurs fois :
  — cela alourdit la fonction, et nuit à sa lisibilité ;
  — cela nuit à la maintenance de la fonction, car si une modification est apportée au calcul, il faut modifier chaque code de ce calcul ; en revanche, si ce calcul est décrit une fois pour toutes dans une fonction, il suffit de modifier cette fonction.

## 4.2 Compléments

### 4.2.1 Pile d'exécution

L'exécution d'une fonction entraîne les exécutions de ses fonctions appelées (s'il y en a) ; l'exécution de chaque fonction appelée peut elle-même engendrer de nouvelles exécutions de fonctions, si la fonction appelée fait elle-même appel à d'autres fonctions, et ainsi de suite.

La **pile d'exécution** est un mécanisme qui permet de **gérer des enchaînements d'appels de fonction**, et qui est mis en place pour de nombreux langages de programmation. L'idée de base est sous-jacente à l'exemple de simulation d'exécution présenté en section 4.1.2.2 page 117.

Supposons par exemple que lors de l'exécution d'une fonction appelante, un certain nombre de calculs soient effectués, et qu'à un certain moment, il soit nécessaire d'exécuter une fonction appelée : en pratique, il est nécessaire de *mémoriser les informations* calculées à ce moment, d'exécuter la fonction appelée, et de retourner avec le résultat au stade où l'on était dans l'exécution de la fonction appelante (d'où la mémorisation des informations calculées avant l'exécution de la fonction appelée).

1. Voir par exemple `https://opam.ocaml.org/packages/`.

2. Attention : avant d'utiliser une fonction, il faut s'assurer qu'elle répond exactement au besoin, et être aussi sûr que possible de sa correction.

Considérons l'évaluation « à la main » de `min_2_frac_part(0.82, 3.25)` (*cf.* section 4.1.2.2 page 117). Lorsque `frac_part(3.25)` est exécutée et que son résultat `0.25` est retourné, la valeur `0.82`, résultat de `frac_part(0.82)`, doit avoir été mémorisée, afin de pouvoir continuer le déroulement de la fonction, en l'occurence par le calcul de `min_2_float (0.82, 0.25)`.

Intuitivement, on *empile* les informations liées aux exécutions de fonctions « comme on empilerait des assiettes ». Par exemple, quand on évalue `min_2_frac_part(0.82, 3.25)` :

- la pile est initialement constituée de `min_2_frac_part(0.82, 3.25)` ;
- le lancement de l'exécution de `frac_part(0.82)` correspond à ajouter `frac_part(0.82)` sur la pile ;
- la fin de l'exécution de `frac_part(0.82)` consiste à la retirer de la pile, qui ne contient alors plus que son élément initial (c'est-à-dire l'appel initial de `min_2_frac_part`) ;
- et ainsi de suite.

La pile d'exécution sert donc à *mémoriser* les informations nécessaires à un enchaînement d'exécutions de fonctions [1]. Par la suite, nous utilisons ce mécanisme pour expliquer les exécutions de compositions de fonctions.

### 4.2.2 Conception et vérification

La possibilité de composer des fonctions permet d'aborder la conception d'algorithmes de manière un peu différente : non seulement se pose la question des calculs à effectuer pour résoudre le problème posé, mais se pose aussi la question de *l'organisation* de ces calculs, afin d'en *faciliter la vérification et la maintenance*. Informellement, si l'on raisonne en termes de boîtes noires, on peut résumer les choses ainsi : quelles boîtes noires utiliser et comment les organiser [2] ?

Pour ce faire, il est souvent utile de se poser quelques questions pendant l'analyse du problème à résoudre, par exemple :

1. le problème à résoudre comporte-t-il des parties indépendantes et si oui lesquelles ? Quelles sont les dépendances, par exemple entre les valeurs des données, entre des valeurs à calculer, etc ?
2. y a-t-il des fonctions connues qui pourraient être utilisées ?
3. y a-t-il des fonctions connues qui résolvent des problèmes proches, et / ou qui pourraient être sources d'idées pour la résolution du problème posé ?

1. Une `pile` est une structure de données qui permet de gérer ce type de fonctionnement. L'étude de cette structure et de son utilisation pour la gestion d'appels de fonctions dépassent le cadre de ce livre.

2. Toujours informellement, cela recouvre la définition de nouvelles boîtes noires à partir de boîtes noires existantes, et le branchement des boîtes noires entre elles.

#### 4.2.2.1 Exemple 1

Comme dit précédemment, décomposer un problème en sous-problèmes peut être très utile pour la conception et la vérification d'un algorithme. Considérons l'exemple suivant. Une pension pour animaux domestiques accueille des chiens et des chats. Les tarifs à la journée sont distincts pour les chats et les chiens, mais, dans les deux cas, ils sont fonction du poids de l'animal. Le barême journalier est le suivant :

1. pour un chat : 5€ pour un poids inférieur à 2 kg, 6€ pour un poids compris entre 2 et 4 kg, 8€ au-delà ;
2. pour un chien : 6€ pour un poids inférieur à 5 kg, 8€ pour un poids compris entre 5 et 10 kg, 10€ pour un poids compris entre 10 et 25 kg, et 12€ au-delà.

On souhaite écrire une fonction qui calcule le montant journalier à payer pour une personne ayant mis des animaux en pension. Bien sûr, une personne peut mettre plusieurs animaux en pension : pour simplifier [1], on considère que chaque personne met en pension exactement un chien et un chat. La fonction prend donc en paramètre un couple composé de deux poids.

Définissons les cas de test *a priori*. Même si l'on suppose que les deux poids sont valides, il y a 3 possibilités de tarif pour le chat, et 4 pour le chien : il y a donc en tout 12 combinaisons possibles.

Sans composition de fonction, il faut tester les 12 possibilités pour être sûr de la validité de la fonction.

En revanche, il est bien sûr tout à fait possible d'écrire une fonction qui calcule le tarif journalier pour un chat en fonction de son poids, et d'écrire de même une fonction qui calcule le tarif journalier pour un chien en fonction de son poids. Il faut tester les 3 possibilités pour la première fonction et les 4 possibilités pour la seconde fonction. La fonction demandée, qui calcule le prix total, appelle simplement chacune des fonctions avec le paramètre adéquat (poids de chat ou poids de chien), et son résultat est la somme des deux tarifs ainsi calculés [2]. Pour tester la fonction, il faut vérifier que c'est la bonne fonction de tarif qui est appelée pour chaque paramètre, et que le calcul effectué est bien une somme (en l'occurence, un test suffit, en traçant par exemple la fonction pour un poids de chat inférieur à 2 kg et un poids de chien strictement supérieur à 10 kg : dans ce cas, il ne peut y avoir de confusion entre les valeurs tracées lors de l'exécution).

1. Ce problème pourra être traité dans toute sa généralité au chapitre 6.
2. Une réalisation de cette fonction figure un peu plus loin dans la section 4.2.3.2 page 126.

Il s'agit ici d'un exemple simple, où *le paramètre de la fonction est constitué de deux valeurs indépendantes*; chacune de ces valeurs est concernée par un calcul, comportant un certain nombre de cas; une fois les calculs effectués sur chaque valeur, le résultat de la fonction consiste à calculer une expression combinant les résultats des deux calculs effectués.

Plus généralement, on peut considérer une fonction qui manipule un paramètre `(p_1, ···, p_n)` de valeurs indépendantes, et que chaque valeur `p_i` est concernée par un calcul comportant `c_i` cas. Le nombre de tests à réaliser, si une seule fonction est écrite, est égal au *produit* des nombres de cas `c_1 * ··· * c_n`.

Si l'on écrit pour chaque valeur `p_i` une fonction réalisant le calcul concernant cette valeur, c'est-à-dire que l'on écrit `n` fonctions qui seront appelées par la fonction que l'on souhaite écrire, le nombre de tests requis pour ces `n` fonctions est la *somme* des nombres de cas, c'est-à-dire `c_1 + ··· + c_n`; il faut bien sûr ajouter les tests propres à la fonction appelante, mais généralement, le nombre de tests à effectuer dans la solution à `n+1` fonctions (`n` fonctions destinées à être appelées, et la fonction appelante) est largement inférieur au nombre de tests à réaliser avec une unique fonction : *cf.* exercice 51 (exercices divers, sections 4.3 et 4.4, pages 132 et 144).

Ici, c'est l'indépendance des traitements à appliquer sur différentes valeurs qui permet de décomposer le problème posé en sous-problèmes, et de composer une fonction à partir d'autres fonctions. Une fois cette indépendance détectée, la conception est simplifiée, les fonctions sont plus lisibles et le nombre de cas de tests est réduit.

#### 4.2.2.2 Exemple 2

On souhaite écrire une fonction `min_3_int`, prenant trois entiers en paramètre, et dont le résultat est le minimum de ces trois entiers. Par exemple, `min_3_int(3, 2, 8) = 2`.

La signature de la fonction est facilement définie :

```
min_3_int(x, y, z : int * int * int) : int
```

Même dans ce cas simple, il n'est pas forcément si évident d'écrire le corps de la fonction comme une suite de comparaisons directes, car les questions suivantes se posent : comment organiser les comparaisons ? quels tests effectuer pour couvrir toutes les possibilités ?

En fait, la fonction peut être facilement définie [1] en utilisant la fonction `min_2_int` définie dans la section 3.1.1.1 page 86 :

1. On utilise ici une variable locale pour bien distinguer les deux appels de la fonction `min_2_int`, mais on pourrait s'en passer.

```
# let min_3_int(x, y, z : int * int * int) : int =
      let min_yz : int = min_2_int(y, z) in
        min_2_int(x, min_yz)
;;
val min_3_int : int * int * int -> int = <fun>
# min_3_int(3, 2, 8) ;;
min_3_int <-- (3, 2, 8)
min_2_int <-- (2, 8)
min_2_int --> 2
min_2_int <-- (3, 2)
min_2_int --> 2
min_3_int --> 2
- : int = 2
```

On suppose que la correction de la fonction `min_2_int` a été vérifiée lors de sa définition. Les fonctions `min_2_int` et `min_3_int` sont tracées afin de vérifier cette dernière. L'exécution montre qu'il n'y a pas d'erreurs dans les appels effectués, ce qui valide la fonction [1].

Ici, le problème initial a été décomposé en sous-problèmes, en décomposant l'ensemble des valeurs du paramètre en sous-ensembles.

### 4.2.3 Contrôle des domaines d'une fonction

Le problème du contrôle du domaine de définition d'une fonction a été abordé dans la section 3.1.3 page 92. C'est un problème important, puisque, dans un enchaînement d'exécutions de fonctions composées, un problème dans l'exécution d'une fonction a des conséquences sur tout l'enchaînement.

#### 4.2.3.1 Types énumérés

Nous avons vu qu'un type énuméré est un ensemble de valeurs explicitement définies. Définir un type énuméré permet de :

1. *expliciter* ce que l'on souhaite représenter, donc accroître la lisibilité ;
2. effectuer automatiquement des *contrôles de validité à la compilation*, et non à l'exécution.

Supposons que l'on souhaite manipuler les mois de l'année : un type énuméré peut être défini à cette fin, par exemple :

```
t_month = JANUARY | FEBRUARY | MARCH | APRIL | MAY | JUNE | JULY
               | AUGUST | SEPTEMBER | OCTOBER | NOVEMBER | DECEMBER
```

Une fonction qui prend en paramètre un mois et qui retourne le mois suivant n'a pas de valeur invalide à considérer.

1. En fait, on se fonde ici sur la propriété suivante : le minimum d'un ensemble réduit à une valeur est cette valeur ; le minimum d'un ensemble de $n$ valeurs $\{a_1, \cdots, a_n\}$, avec $n > 1$, est : si $a_1 <= m$ alors $a_1$ ; si $a_1 >= m$ alors $m$, où $m$ est le minimum de $\{a_2, \cdots, a_n\}$.

Si l'on choisit d'utiliser une représentation des mois par un codage utilisant le type `int`, où chaque mois est représenté par son numéro dans l'année, il faut :

1. se souvenir du codage à tout instant où l'on manipule des mois ;
2. tenir compte de valeurs invalides, puisqu'il existe des valeurs entières qui ne sont pas associées à un mois de l'année.

En revanche, il n'y a pas d'opérations ou de fonctions prédéfinies sur un type énuméré, en dehors des comparaisons. Il est donc nécessaire de définir autant de fonctions de manipulation que nécessaire pour ce type.

Un autre exemple est celui des images noir et blanc. Une image 2D est composée de pixels ; dans une image noir et blanc, un pixel ne peut prendre que deux valeurs. On peut imaginer de définir un type énuméré, mais en fait, dans de nombreuses applications, la valeur d'un pixel d'une image 2D noir et blanc est codée en utilisant des booléens :

1. il y a l'inconvénient du codage, dont il faut se souvenir (`true` correspond généralement à blanc, `false` correspond généralement à noir) ; ceci dit, contrairement à l'exemple des mois de l'année codés avec des valeurs de type `int`, il n'y a pas de valeurs invalides ;
2. il y a l'avantage des opérations booléennes, qui existent dans la plupart des langages de programmation ; de nombreuses opérations sur une image noir et blanc sont facilement réalisées par application des opérateurs logiques `et`, `ou`, `non` à ses pixels.

*Le choix d'un type* pour représenter des informations de même nature est donc un *compromis qui doit prendre en compte* ces différents aspects :

1. *contrôle à la compilation vs contrôle à l'exécution* (sachant que le contrôle à la compilation, fait par le compilateur, évite à la personne qui conçoit et développe le code l'obligation de réaliser de nombreux tests) ;
2. *existence de valeurs invalides* ou non ;
3. *existence d'opérations prédéfinies*, c.-à-d. possibilité d'utiliser des fonctions de base existantes *vs* nécessité de concevoir et développer toutes les opérations de base.

#### 4.2.3.2 Fonctions locales

De nombreux langages offrent la possibilité de définir des *fonctions locales à une fonction*, c'est-à-dire des fonctions qui ne sont connues que par la fonction dans laquelle elles sont définies : l'idée est tout à fait similaire à la notion de variable locale pour les variables. Par exemple, la fonction `price` ci-après, qui calcule le prix de la pension d'un chat et d'un chien en fonction de leurs poids (*cf.* énoncé en section 4.2.2.1 page 123), contient la définition de deux fonctions locales `price_cat` et `price_dog`.

```
# let price(cat_w, dog_w : int * int) : int =
    let price_cat(w : int) : int =
      if w <= 2
      then 5
      else
        if w <= 4
        then 6
        else 8
    and
      price_dog(w : int) : int =
        if w <= 5
        then 6
        else
          if w <= 10
          then 8
          else
            if w <= 25
            then 10
            else 12
    in
      if (cat_w < 0)
      then failwith("erreur price: poids du chat invalide")
      else
        if (dog_w < 0)
        then failwith("erreur price: poids du chien invalide")
        else price_cat(cat_w) + price_dog(dog_w)
;;
val price : int * int -> int = <fun>

# price(3, 7) ;;
- : int = 14
```

Les fonctions locales sont inconnues en dehors de la fonction `price`, ce que confirme l'interpréteur :

```
# price_cat(3);;
Error: Unbound value price_cat
```

Une *fonction qui possède des fonctions locales peut donc en contrôler l'utilisation* : c'est ce qui est fait par la fonction `price`, qui n'appelle les fonctions `price_cat` et `price_dog` qu'une fois vérifiées les validités des valeurs `cat_w` et `dog_w`.

On est donc sûr que les valeurs des paramètres de ces fonctions locales sont toujours valides lorsque ces fonctions locales sont exécutées : il est ainsi inutile que les fonctions locales les testent elles-mêmes [1].

La possibilité de définir des fonctions locales existe dans de nombreux langages de programmation. En plus de permettre le contrôle des domaines de définition des fonctions locales, ceci permet aussi de « cacher » certaines fonctions, par exemple des fonctions auxiliaires qui n'ont pas d'intérêt en dehors de la fonction dans laquelle elles sont définies (*cf.* chapitre 5).

**NB1.** Les fonctions locales ne peuvent être tracées, ni testées indépendamment de la fonction dans laquelle elles sont définies. Si l'on souhaite définir des fonctions locales, il est donc conseillé de les définir dans un premier temps comme des fonctions à part entière, et, une fois qu'elles ont été vérifiées, d'en faire des fonctions locales.

**NB2.** Comme dit précédemment, une fonction locale est inaccessible par une fonction autre que celle dans laquelle elle est définie. En conséquence, si une fonction doit être utilisée par plus d'une fonction, elle ne peut pas être locale à l'une de celles-ci.

**NB3.** En résumé, l'utilisation de fonctions locales présente plusieurs caractéristiques, qui peuvent présenter des intérêts selon le contexte d'utilisation. Comme ce sont des fonctions, elles peuvent être appelées plusieurs fois par la fonction dans laquelle elles sont définies. Leur utilisation peut être contrôlée. Elles sont inaccessibles par d'autres fonctions que celle dans laquelle elles sont définies. Ceci dit, il existe d'autres mécanismes de *modularité* qui permettent de regrouper des fonctions ; ces mécanismes présentent de nombreux intérêts, mais ils sortent du cadre de cet ouvrage.

La syntaxe pour la définition de fonctions locales est la suivante :

```
let func_name_1(param_1 : param_type_1) : type_1 = expression_1
      and func_name_2(param_2 : param_type_2) : type_2 =
                                         expression_2
      and ...
in
   ...
```

#### 4.2.3.3 Contrôle sans interruptions d'exécution

Considérons une fonction dont le domaine de définition est défini par une précondition. Nous avons vu que l'utilisation de `failwith` permet de stopper

1. Ceci est surtout intéressant lorsqu'une fonction locale est appelée plusieurs fois avec des valeurs contrôlées par la fonction appelante : *cf.* chapitre 5.

l'exécution de la fonction quand la précondition n'est pas vérifiée : bien sûr, s'il s'agit d'une fonction qui a été appelée par une autre fonction, l'exécution de cette dernière s'arrête aussi. L'utilisation de `failwith` *permet donc de stopper un enchaînement d'exécutions de fonctions, dès lors qu'une erreur se produit dans l'une de ces exécutions.* Ce type de mécanisme existe dans de nombreux langages de programmation.

Or, il n'est pas toujours souhaitable de stopper complètement un enchaînement d'exécutions : il existe donc différents mécanismes de *récupération d'erreurs*, et ce dans de nombreux langages de programmation, mais leur étude sort de notre cadre de travail.

Il suffit ici de remarquer qu'il est toujours possible de mettre en place une version « minimale » d'un tel mécanisme, qui consiste à compléter le résultat (ou l'absence de résultat) d'une fonction par un booléen qui indique si la précondition a été vérifiée ou non. Reprenons la fonction `my_division` de la section 3.1.3 page 92. Cette fonction peut être modifiée afin de ne pas interrompre l'exécution, tout en indiquant l'existence d'une erreur :

```
let my_division(a, b : int * int) : bool * int =
  if b = 0
  then (false, 0)
  else (true, a / b)
;;
```

Si la fonction est appelée avec un paramètre invalide, le booléen `false` indique qu'il y a une erreur, et la valeur de type `int` associée n'a aucune importance ; sinon, la valeur `true` indique que l'exécution s'est bien passée, et la valeur associée est le résultat souhaité. Si la fonction `my_division` est appelée par une autre fonction avec une valeur invalide du paramètre, elle s'exécute quand même : son résultat indique à la fonction appelante qu'il y a eu une erreur, dont la fonction appelante peut tenir compte pour sa propre exécution.

Bien sûr, cette idée de base peut être développée pour prendre en compte la possibilité de plusieurs types d'erreurs durant l'exécution d'une fonction.

## 4.3 Exercices

### Exercices d'application

#### Exercice 41

La fonction `min_4_int` ci-après utilise les fonctions `min_2_int` et `min_3_int` du cours : que fait-elle ? Tracez toutes ces fonctions, et expérimentez `min_4_int` sur plusieurs exemples significatifs. Analysez la réponse de l'interpréteur sur un exemple, afin de bien la comprendre.

```
let min_4_int(x, y, z, t : int * int * int * int) : int =
  let m_yzt = min_3_int(y, z, t) in
    min_2_int(x, m_yzt)
;;
```

**Exercice 42**
Définissez la fonction `next_char` qui renvoie le caractère suivant d'un caractère donné. Testez votre fonction avec quelques caractères. Quel est le résultat pour le caractère `'\255'` ? Savez-vous expliquer ce résultat ?

**Exercice 43**

1. Définissez la fonction `is_multiple(b, a : int * int) : bool` qui permet de savoir si `b` est un multiple de `a` ;
2. en utilisant `is_multiple`, définissez la fonction `even` qui permet de savoir si un entier est pair ou non ;
3. en utilisant `even`, définissez la fonction `odd`, permettant de savoir si un entier est impair ou non ;
4. testez vos fonctions ;
5. tracez une exécution de chaque fonction `is_multiple`, `even` et `odd`. Savez-vous expliquer les réponses de l'interpréteur ?

**Exercice 44**
On définit le type `t_char_acteristic` ci-après :

```
type t_char_acteristic = LETTER | LOWER_LETTER | UPPER_LETTER
        | VOWEL | LOWER_VOWEL | UPPER_VOWEL
        | CONSONANT | LOWER_CONSONANT | UPPER_CONSONANT
        | NUMERAL | OTHER_CHAR ;;
```

Ces onze valeurs correspondent respectivement à : une lettre, une lettre minuscule, une lettre majuscule, une voyelle, une voyelle minuscule, une voyelle majuscule, une consonne, une consonne minuscule, une consonne majuscule, un chiffre, un caractère autre qu'une lettre ou un chiffre.

Pour chaque valeur de ce type, on souhaite écrire une fonction prenant une valeur de type `char` en paramètre, et dont le résultat est une valeur de type `bool` indiquant si le paramètre correspond bien à la valeur considérée du type `t_char_acteristic`. Par exemple, pour la valeur `LETTER`, une fonction `letter` est écrite, de signature `letter(c : char) : bool` ; la fonction retourne `true` si le caractère est une lettre, et `false` sinon. Il y a donc 11 fonctions à écrire. Bien sûr, chaque fonction peut être écrite indépendamment des autres, mais cela multiplie le nombre de comparaisons de caractères à écrire, et donc les risques d'erreur. Organisez les définitions de ces fonctions de manière à minimiser le nombre de comparaisons.

## Exercices de compréhension / conception

### Exercice 45

Un site internet de vente de petit matériel informatique demande un identifiant de connexion. Un identifiant est valide s'il est composé de deux lettres exactement, telles que : une des deux lettres se situe dans la première moitié de l'alphabet et l'autre se situe dans la seconde, et une des deux lettres et une seule est une majuscule.

Écrivez une fonction `valid_code` prenant en entrée deux caractères quelconques correspondant à l'identifiant d'un utilisateur et qui vérifie si l'identifiant est valide ou non. Définissez cette fonction en utilisant des fonctions auxiliaires que vous définirez de manière à simplifier les tests des fonctions.

### Exercice 46

Écrivez une fonction `sort_2_int` qui prend un couple d'entiers en paramètre, et dont le résultat est un couple contenant les deux valeurs du paramètre en ordre croissant.

En utilisant `sort_2_int`, écrivez une fonction `sort_3_int`, qui prend un triplet d'entiers en paramètres, et dont le résultat est un triplet contenant les valeurs du paramètre en ordre croissant.

Même question, mais pour un quadruplet d'entiers : en utilisant `sort_3_int`, écrivez une fonction `sort_4_int`.

### Exercice 47

Pour le transport de petits colis en métropole, une entreprise a défini le barême suivant : 3€ pour un poids de colis inférieur à 250 g, 5€ pour un poids inférieur à 500 g, 7€ pour un poids inférieur à 1 kg et 9€ pour un poids inférieur à 2 kg. L'entreprise a de plus défini trois vitesses de livraison des colis qu'elle transporte : `lent`, `normal`, `rapide`. Un surcoût est appliqué suivant la vitesse de livraison choisie (respectivement `0 %`, `10 %`, `20 %`). L'entreprise souhaite disposer d'une fonction qui calcule le prix du transport d'un colis en fonction de son poids et de la vitesse choisie :

1. comment formalisez-vous les informations devant être manipulées ? Expliquez vos choix ;
2. comment organisez-vous en fonctions les différents calculs devant être réalisés ? Expliquez vos choix ;
3. écrivez les fonctions ; définissez les tests que vous souhaitez faire, et expliquez pourquoi vous les avez choisis.

L'entreprise souhaite maintenant :

1. distinguer deux prix pour les colis dont le poids est supérieur à 1 kg et inférieur à 2 kg : 8€ pour les colis de poids inférieur à 1,5 kg, et 9€ pour les autres ;
2. modifier les surcoûts appliqués en fonction des vitesses, qui ont été jugés un peu élevés : `0 %` pour `lent`, `8%` pour `normal` et `15%` pour `rapide` ;
3. ajouter une nouvelle vitesse de livraison : `très rapide`, qui correspond à un surcoût de `25%`.

Modifiez les représentations que vous aviez choisies et les fonctions que vous aviez réalisées afin de prendre en compte ce nouveau mode de fonctionnement. Les modifications ont-elles été faciles à réaliser ? Qu'en déduisez-vous sur vos choix initiaux concernant 1) la représentation des données, et 2) les contenus et l'organisation des fonctions ?

## Exercices divers

### Exercice 48

Reprenez la fonction `check_consecutive_char(x, y : char * char) : bool`, qui teste si deux caractères sont consécutifs : *cf.* exercice 14 (exercices d'application, sections 2.4 et 2.5, pages 70 et 74). Écrivez une fonction `check_3_consecutive_char(x, y, z : char * char * char) : bool` qui teste si trois *lettres* sont consécutives.

### Exercice 49

On souhaite écrire une fonction permettant de calculer le montant d'une contravention pour excès de vitesse. Le calcul de la contravention est effectué de la manière suivante (ce calcul n'est pas fidèle à la réalité) : la vitesse mesurée (de type `int`) est dans un premier temps minorée de 5 km/h. Si cette vitesse minorée est supérieure à la vitesse limite autorisée, mais qu'elle ne la dépasse pas de plus de 20km/h, alors la contravention s'élève à 150,25 euros. Au-delà, la contravention est de 500 euros.

Écrivez cette fonction, en faisant attention à la lisibilité. On suppose que la fonction est toujours appelée avec un paramètre valide ; de plus, la fonction doit être définie quelle que soit la vitesse limite autorisée. Testez votre fonction.

### Exercice 50

On considère la fonction mathématique $f : \mathbb{R} \rightarrow \mathbb{R}$, définie par :

$$f(x) = a * x^2 + b * x + c.$$

— Ecrivez une fonction `f` permettant de calculer la valeur de la fonction $f$ pour un triplet `(a, b, c)` et un `x` donnés.

— Testez votre fonction pour $f(x) = x^2 - 6 * x + 4$, avec les valeurs de `x` suivantes : `-1, 1, 3, 7`
— Écrivez une fonction calculant le discriminant $\Delta = b^2 - 4 * a * c$ d'une équation du second degré de la forme $a * x^2 + b * x + c = 0$.
— Écrivez une fonction permettant de calculer les deux solutions réelles d'une équation de la forme $a*x^2+b*x+c = 0$. Pour cela vous utiliserez la fonction `sqrt : float → float`, prédéfinie en `Ocaml`, qui calcule la racine carrée d'une valeur de type `float`. Si la fonction n'a pas deux solutions réelles, elle engendre une erreur.

**Exercice 51**

On dispose des deux types `t_date_1` et `t_date_2` définis ci-après.

Dans le type `t_date_1`, le champ `num_day_week` correspond au numéro de jour dans la semaine (par exemple, `1` pour le lundi, `7` pour le dimanche) ; les autres champs correspondent aux numéros de jour, mois et année de la date.

Le type `t_date_2` utilise les types `t_day` et `t_month`, qui sont des types énumérés dont les valeurs correspondent aux jours et aux mois. Le type `t_date_2` décrit aussi des dates : le champ `day_value` est la valeur du jour dans le type `t_day`, le champ `day` est le numéro de jour, le champ `month_value` est la valeur du mois dans le type `t_month`, et le champ `year` est le numéro de l'année. Par exemple, les deux variables `d_1` et `d_2` correspondent à la même date.

```
type t_date_1 = {num_day_week : int ; day : int ; month : int ;
                                                  year : int} ;;
type t_day = MONDAY | TUESDAY | WEDNESDAY | THURSDAY
                | FRIDAY | SATURDAY | SUNDAY ;;
type t_month = JANUARY | FEBRUARY | MARCH | APRIL | MAY | JUNE | JULY
              | AUGUST | SEPTEMBER | OCTOBER | NOVEMBER | DECEMBER ;;
type t_date_2 =  {day_value : t_day ; day : int ;
                        month_value : t_month ; year : int} ;;
let d_1 : t_date_1 = {num_day_week = 7 ; day = 31 ; month = 5 ;
                                                  year = 2020} ;;
let d_2 : t_date_2 =  {day_value = SUNDAY ; day = 31 ;
                             month_value = MAY ; year = 2020} ;;
```

On souhaite écrire une fonction qui convertit une date exprimée dans le type `t_date_1` en la même date exprimée dans le type `t_date_2`. Pour ce faire, on souhaite écrire une fonction `convert` qui prend en paramètre un couple constitué d'un numéro de jour dans la semaine, et d'un numéro de mois, et qui retourne le couple constitué des valeurs correspondantes dans les types `t_day` et `t_month` ; par exemple, la fonction convertit le couple `(7, 5)` en `(SUNDAY, MAY)`.

1. On suppose que l'on écrit directement la fonction `convert` sans utiliser d'autres fonctions (on ne demande pas de l'écrire!). Quel est le nombre de cas à tester?
2. Imaginez une autre solution pour laquelle le nombre de cas de test est moindre (on ne demande toujours pas d'écrire la fonction!). Quel est ce nombre de cas pour votre solution?

**Exercice 52**

On souhaite calculer la note finale d'une Unité d'Enseignement (UE) comportant 3 épreuves, qui donnent lieu chacune à une note. La note finale est simplement la moyenne de ces 3 notes. Une mention y est associée : si la note est strictement inférieure à 10, la mention est « ajourné » ; si la note est supérieure ou égale à 18, la mention est « admis avec félicitations » ; si la note est supérieure ou égale à 10, et strictement inférieure à 18, la mention est « admis ». Sachant que l'on dispose des fonctions définies ci-après :

1. écrivez une fonction `honor` qui prend une note valide en paramètre, et dont le résultat est la mention correspondante (sous forme de chaîne de caractères);
2. écrivez une fonction `result`, qui prend en paramètre les 3 notes de l'UE, et dont le résultat est le couple constitué de la moyenne et de la mention;
3. écrivez une fonction `best_score` permettant de calculer, à partir des résultats de deux étudiants, la meilleure des deux moyennes, avec la mention correspondante. La signature de cette fonction est :
   ```
   best_score (stud1, stud2 : (float * float * float)
                 * (float * float * float)): float * string
   ```
4. n'oubliez pas de tester vos fonctions.

```
let valid_mark(m : float) : bool =
  (0.0 <= m) && (m <= 20.0)
;;
let valid(m_1, m_2, m_3 : float * float * float) : bool =
  valid_mark(m_1) && valid_mark(m_2) && valid_mark(m_3)
;;
let average_3_marks(m_1, m_2, m_3 : float * float * float) : float =
  (m_1 +. m_2 +. m_3) /. 3.0
;;
```

## 4.4 Corrigés

### Corrigés des exercices d'application

#### Corrigé de l'exercice 41

La fonction calcule la valeur minimum parmi quatre valeurs entières. Une fois les fonctions saisies et tracées à l'aide de la commande `#trace`, les tests peuvent être exécutés. Un exemple figure ci-après.

```
# min_4_int(4, 2, 5, 3) ;;
min_4_int <-- (4, 2, 5, 3)
min_3_int <-- (2, 5, 3)
min_2_int <-- (5, 3)
min_2_int --> 3
min_2_int <-- (2, 3)
min_2_int --> 2
min_3_int --> 2
min_2_int <-- (4, 2)
min_2_int --> 2
min_4_int --> 2
- : int = 2
```

La dernière ligne est la réponse habituelle de l'interpréteur. Avant cela :

1. la première ligne `min_4_int <-- (4, 2, 5, 3)` correspond au début de l'exécution de la fonction `min_4_int`, avec son paramètre ;
2. l'avant-dernière ligne `min_4_int --> 2` correspond à la fin d'exécution de la fonction `min_4_int`, avec son résultat.

Entre les deux, on voit le déroulement du calcul du résultat en fonction du paramètre, ou plutôt les débuts et fins des exécutions des fonctions appelées. Il y a :

1. le début de l'exécution de la fonction `min_3_int`, avec son paramètre `(2, 5, 3)` ;
   (a) cet appel engendre une première exécution de la fonction `min_2_int` avec le paramètre `(5, 3)`, qui a pour résultat la valeur `3` ;
   (b) il y a ensuite une deuxième exécution de la fonction `min_2_int` avec le paramètre `(2, 3)` (ces valeurs correspondent à la première valeur du paramètre de la fonction `min_3_int`, et au minimum précédent) : le résultat est la valeur `2` ;
   (c) cette valeur définit le résultat de la fonction `min_3_int` ;
2. le résultat de la fonction `min_3_int` définit la valeur de la variable locale `m_yzt` de la fonction `min_4_int`, et une nouvelle exécution de la fonction

min_2_int est effectuée, avec le paramètre (4, 2) (ces valeurs correspondent à la première valeur du paramètre de min_4_int et à la valeur de m_yzt). Le résultat est la valeur 2 ;

3. cette valeur définit le résultat de la fonction min_4_int.

### Corrigé de l'exercice 42

L'idée est d'utiliser la possibilité de convertir un caractère en valeur de type int, et réciproquement : en effet, l'addition permet de calculer le suivant d'une valeur de type int.

```
# let next_char(c : char) : char =
    char_of_int(int_of_char(c) + 1)
;;
val next_char : char -> char = <fun>
# next_char('a') ;;
- : char = 'b'
# next_char('3') ;;
- : char = '4'
# next_char('Z') ;;
- : char = '['
# next_char('\255') ;;
Exception: Invalid_argument "char_of_int".
```

Le type char contient 256 valeurs, et le caractère '\255' est le *dernier* caractère du type : il n'y a pas de caractère suivant (de même qu'il n'y a pas de caractère précédant le *premier* caractère, qui est le caractère nul '\000'). La fonction char_of_int n'est définie que pour des valeurs comprises entre 0 et 255.

### Corrigé de l'exercice 43

Un entier b est un multiple de l'entier a si le reste de la division entière de b par a est nul. Un entier pair est multiple de 2 ; un entier impair n'est pas pair. Les fonctions ci-après implantent cela.

```
# let is_multiple(b, a : int * int) : bool =
    if a = 0
    then failwith("erreur is_multiple : pas de multiple de 0")
    else (b mod a = 0)
;;
val is_multiple : int * int -> bool = <fun>
# let even(n : int) : bool =
    is_multiple(n, 2)
;;
val even : int -> bool = <fun>
# let odd(n : int) : bool =
    not(even(n))
;;
val odd : int -> bool = <fun>
```

```
# is_multiple(5, 1) ;;
- : bool = true
# is_multiple(5, 2) ;;
- : bool = false
# is_multiple(4, 2) ;;
- : bool = true
# is_multiple(4, 3) ;;
- : bool = false
# even(5) ;;
- : bool = false
# odd(5) ;;
- : bool = true
# even(4) ;;
- : bool = true
# odd(4) ;;
- : bool = false
```

En fait, ces tests permettent juste de vérifier la fonction `is_multiple` sur quelques valeurs, ainsi que la cohérence des résultats des fonctions `even` et `odd` pour les valeurs 4 et 5 avec les résultats correspondants de la fonction `is_multiple`. Pour bien faire, il faudrait tester ces fonctions avec d'autres valeurs, dont la valeur nulle et des valeurs négatives.

La commande `#trace` est ensuite appliquée à chaque fonction, et un exemple d'exécution figure ci-après pour chaque fonction.

```
# #trace is_multiple ;;
is_multiple is now traced.
# #trace even ;;
even is now traced.
# #trace odd ;;
odd is now traced.
# is_multiple(5, 1) ;;
is_multiple <-- (5, 1)
is_multiple --> true
- : bool = true
# even(11) ;;
even <-- 11
is_multiple <-- (11, 2)
is_multiple --> false
even --> false
- : bool = false
# odd(-7) ;;
odd <-- -7
even <-- -7
is_multiple <-- (-7, 2)
is_multiple --> false
```

```
even --> false
odd --> true
- : bool = true
```

1. Dans le cas de la fonction `is_multiple` avec le paramètre `(5, 1)` : comme la fonction est tracée, l'interpréteur indique :
   (a) le début de l'exécution de la fonction, avec le paramètre,
   (b) puis le retour de fonction avec le résultat, ici la valeur `true`,
   (c) puis la réponse ordinaire de l'interpréteur, indiquant qu'aucun nom n'est défini, et que la valeur calculée est de type `bool` et de valeur `true` ;
2. dans le cas de la fonction `even`, le déroulement est similaire, avec une étape en plus : après l'indication du début de l'exécution de la fonction `even` avec le paramètre `11`, le début de l'exécution de la fonction `is_multiple` est indiqué, avec comme paramètre la valeur `(11, 2)` ; puis le retour de la fonction `is_multiple` est indiqué, de valeur `false`, puis le retour de la fonction `even` avec cette même valeur ;
3. dans le cas de la fonction `odd`, il y encore une étape en plus, puisque la fonction `odd` est définie à partir de la fonction `even` : après l'indication du début de l'exécution de la fonction `odd` avec le paramètre `-7`, le début de l'exécution de la fonction `even` est indiqué, suivi de l'indication du début d'exécution de la fonction `is_multiple` ; on a ensuite le retour de la fonction `is_multiple`, de valeur `false`, le retour de la fonction `even` avec cette même valeur, et le retour de la fonction `odd` avec la valeur inverse.

### Corrigé de l'exercice 44

On cherche à minimiser les comparaisons. On peut remarquer que :

1. deux comparaisons suffisent pour vérifier l'appartenance d'un caractère à l'ensemble des minuscules, ou à l'ensemble des majuscules, ou à l'ensemble des chiffres ;
2. les voyelles sont au nombre de 6, alors que les consonnes sont au nombre de 20.

```
let lower_letter(c : char) : bool =
  ('a' <= c) && (c <= 'z')
;;
let lower_vowel(c : char) : bool =
  (c = 'a') || (c = 'e') || (c = 'i') || (c = 'o')
                          || (c = 'u') || (c = 'y')
;;
let lower_consonant(c : char) : bool =
  lower_letter(c) && not(lower_vowel(c))
;;
```

```
let upper_letter(c : char) : bool =
  ('A' <= c) && (c <= 'Z')
;;
let upper_vowel(c : char) : bool =
  (c = 'A') || (c = 'E') || (c = 'I') || (c = 'O')
                         || (c = 'U') || (c = 'Y')
;;
let upper_consonant(c : char) : bool =
  upper_letter(c) && not(upper_vowel(c))
;;
let vowel(c : char) : bool =
  lower_vowel(c) || upper_vowel(c)
;;
let consonant(c : char) : bool =
  lower_consonant(c) || upper_consonant(c)
;;
let letter(c : char) : bool =
  lower_letter(c) || upper_letter(c)
;;
let numeral(c : char) : bool =
  ('0' <= c) && (c <= '9')
;;
let other_char(c : char) : bool =
  not(letter(c)) && not(numeral(c))
;;
```

## Corrigés des exercices de compréhension / conception

### Corrigé de l'exercice 45

Il y a plusieurs solutions pour organiser les tests. La première version ci-après « sépare » les lettres en 4 parties distinctes, suivant qu'elles soient dans la première ou dans la deuxième moitié de l'alphabet, et qu'elles soient ou non des minuscules ou des majuscules : plus précisément, 4 fonctions sont définies afin de tester l'appartenance d'une lettre à chacune de ces 4 parties. La fonction `valid_code` est définie en fonction des 4 possibilités valides pour les 2 caractères.

```
let lower_letter_first_part(c : char) : bool =
  ('a' <= c) && (c <= 'm')
;;
let upper_letter_first_part(c : char) : bool =
  ('A' <= c) && (c <= 'M')
;;
let lower_letter_second_part(c : char) : bool =
  ('n' <= c) && (c <= 'z')
;;
```

```
let upper_letter_second_part(c : char) : bool =
  ('N' <= c) && (c <= 'Z')
;;
let valid_code((c1, c2) : char * char) : bool =
  (lower_letter_first_part(c1) && upper_letter_second_part(c2))
    || (lower_letter_second_part(c1) && upper_letter_first_part(c2))
    || (upper_letter_first_part(c1) && lower_letter_second_part(c2))
    || (upper_letter_second_part(c1) && lower_letter_first_part(c2))
;;
```

La seconde version ci-après combine des cas non exclusifs : les deux premières fonctions testent l'appartenance d'une lettre à la première ou à la deuxième partie de l'alphabet. Les deux fonctions suivantes testent si les deux lettres d'un code appartiennent à la première et à la deuxième moitié de l'alphabet, et aux minuscules et aux majuscules, en utilisant les fonctions `lower_letter` et `upper_letter` d'un exercice précédent.

La fonction `valid_code` est alors définie à partir de ces deux dernières fonctions (les rôles des deux caractères étant symétriques).

```
let first_part(c : char) : bool =
  (('a' <= c) && (c <= 'm')) || (('A' <= c) && (c <= 'M'))
;;
let second_part(c : char) : bool =
  (('n' <= c) && (c <= 'z')) || (('N' <= c) && (c <= 'Z'))
;;
let first_second((c1, c2) : char * char) : bool =
  (first_part(c1) && second_part(c2))
;;
let lower_upper((c1, c2) : char * char) : bool =
  lower_letter(c1) && upper_letter(c2)
;;
let valid_code((c1, c2) : char * char) : bool =
  (first_second(c1, c2) || first_second(c2, c1))
      && (lower_upper(c1, c2) || lower_upper(c2, c1))
;;
```

### Corrigé de l'exercice 46

Pour le tri de deux entiers, il suffit d'une simple comparaison.

```
let sort_2_int(a, b : int * int) : int * int =
  if a <= b
  then (a, b)
  else (b, a)
;;
```

Pour éviter de multiplier les conditionnelles lors du tri de 3 entiers (il y a 6 possibilités de résultat, selon les valeurs respectives de `a`, `b` et `c`), on utilise la fonction `sort_2_int` pour ordonner `b` et `c` ; il reste à comparer `a` aux valeurs résultantes, sachant que `min_bc` est la plus petite valeur entre `b` et `c`, et `max_bc` est la plus grande.

```
let sort_3_int(a, b, c : int * int * int) : int * int * int =
  let (min_bc, max_bc) : int * int = sort_2_int(b, c) in
    if a < min_bc
    then (a, min_bc, max_bc)
    else
      if a < max_bc
      then (min_bc, a, max_bc)
      else (min_bc, max_bc, a)
;;
```

L'idée précédente est appliquée ci-après pour le tri de 4 entiers. La fonction `insert_int_3_int` a pour paramètre 4 entiers, dont les 3 derniers doivent être ordonnés par ordre croissant ; elle a pour résultat les 4 entiers ordonnés par ordre croissant. Pour la fonction `sort_4_int`, la fonction `sort_3_int` est appliquée aux trois valeurs `b`, `c` et `d` de son paramètre, et a pour résultat le triplet `(min_bcd, mid_bcd, max_bcd)` ordonné par ordre croissant. Il suffit d'appliquer ensuite la fonction `insert_int_3_int` pour « insérer » à sa place la valeur `a` du paramètre. Il s'agit du principe du *tri par insertion*.

```
let insert_int_3_int(a, min, mid, max : int * int * int * int) :
                                        int * int * int * int =
  if a < min
  then (a, min, mid, max)
  else
    if a < mid
    then (min, a, mid, max)
    else
      if a < max
      then (min, mid, a, max)
      else (min, mid, max, a)
;;
let sort_4_int(a, b, c, d : int * int * int * int) :
                                        int * int * int * int =
  let (min_bcd, mid_bcd, max_bcd) : int * int * int =
          sort_3_int(b, c, d)
  in
    insert_int_3_int(a, min_bcd, mid_bcd, max_bcd)
;;
```

### Corrigé de l'exercice 47

L'énoncé indique des poids en grammes, et des poids en kilogrammes, voire en fractions de kilogrammes : nous choisissons d'exprimer les poids en grammes, en utilisant le type `int`. Le nombre de valeurs pouvant être manipulées est d'environ 2000 (puisqu'on ne s'intéresse qu'à des poids inférieurs ou égaux à

2 kg) : le type `int` permet donc de représenter toutes ces valeurs de manière exacte. Bien sûr, le type `int` permet de représenter des valeurs qui sont invalides par rapport au problème posé : il est donc nécessaire de contrôler la validité des valeurs.

Nous choisissons d'utiliser aussi le type `int` pour exprimer les prix en centimes d'euros.

L'énoncé indique que la vitesse ne peut prendre que trois valeurs ; il n'est fait mention d'aucune opération sur ces valeurs, en dehors de comparaisons. Nous choisissons d'utiliser un type énuméré `t_speed` comprenant 3 valeurs `SLOW`, `NORMAL` et `FAST`. Toutes les valeurs du type sont valides par rapport à l'énoncé, ce qui permet de se dispenser d'un contrôle explicite de valeurs (le contrôle est fait à la compilation).

Le prix de base dépend du poids du colis transporté. Le surcoût dépend de la vitesse de transport choisie, qui est indépendante du poids du colis. Nous choisissons donc d'écrire trois fonctions : l'une calcule le prix de base en fonction du poids, l'autre calcule le surcoût en fonction de la vitesse de livraison, la troisième effectue le calcul de prix en utilisant en particulier les fonctions précédentes.

```
type t_speed = SLOW | NORMAL | FAST ;;

let price_of_weight(wgt : int) : int =
  if (wgt < 0) || (wgt > 2000)
  then failwith("erreur price_of_weight : parametre invalide")
  else
    if wgt <= 250
    then 300
    else
      if wgt <= 500
      then 500
      else
        if wgt <= 1000
        then 700
        else 900
;;

let percentage_additional_cost(spd : t_speed) : int =
  if spd = SLOW
  then 0
  else
    if spd = NORMAL
    then 10
    else 20
;;
```

```
let parcel_price(weight, speed : int * t_speed) : int =
  let base_price : int = price_of_weight(weight)
        and per_add_cost : int = percentage_additional_cost(speed)
  in
    (base_price * (100 + per_add_cost)) / 100
;;
```

Il faut noter que, comme les prix et le pourcentage sont exprimés en utilisant le type `int`, il est important que l'opération `(base_price * (100 + per_add_cost))` soit effectuée avant la division par `100`.

A ce propos, il est aussi possible de choisir d'exprimer des poids en kilogrammes : dans ce cas, il faudrait utiliser le type `float` ; bien sûr, il y aurait des imprécisions sur les calculs, mais il n'est pas évident que ces imprécisions aient plus d'influence que les imprécisions de la balance utilisée pour peser les colis. Cette remarque est valable aussi pour les prix : le type `float` peut donc être utilisé pour exprimer les poids et les prix dans les fonctions `price_of_weight` et `percentage_additional_cost`. Il pourrait être utilisé en résultat de la fonction `parcel_price`, mais un nombre quelconque de chiffres après la virgule est sans signification pour exprimer des euros. Ceci dit, il est toujours possible de convertir le résultat d'un calcul de type `float` en valeur de type `int` correspondant à des centimes d'euros, par exemple :

```
let euro_cent_of_float(f : float) : int =
  int_of_float(f *. 100.0)
;;
```

Ici aussi, il est important d'effectuer d'abord la multiplication avant la conversion.

Concernant les tests : il est possible de tester tous les cas des fonctions :

- `price_of_weight`, c'est-à-dire tous les cas suivants : `wgt < 0`, `0 <= wgt <= 250`, `250 < wgt <= 500`, `500 < wgt <= 1000`, `1000 < wgt <= 2000`, `wgt > 2000` ;
- `percentage_additional_cost` : un test par valeur du type `t_speed`.

Il suffit ensuite de tester la fonction `parcel_price` en traçant les exécutions des 3 fonctions, afin de vérifier que les calculs se déroulent comme voulu.

```
# parcel_price(100, NORMAL) ;;
parcel_price <-- (100, NORMAL)
price_of_weight <-- 100
price_of_weight --> 300
percentage_additional_cost <-- NORMAL
percentage_additional_cost --> 10
parcel_price --> 330
- : int = 330
```

Considérons maintenant les demandes de modification exprimées par l'entreprise. Pour la nouvelle catégorie de prix, il suffit de modifier la fonction price_of_weight afin définir le cas wgt > 1000 par une conditionnelle distinguant le cas wgt <= 1500 de son inverse.

Pour la prise en compte de la nouvelle vitesse, on modifie le type t_speed en ajoutant une nouvelle valeur. Il reste à ajouter cette nouvelle possibilité dans la fonction percentage_additional_cost (c'est similaire à la modification de price_of_weight) et à modifier les valeurs correspondant aux différentes vitesses. La fonction parcel_price est inchangée.

```
type t_speed = SLOW | NORMAL | FAST | VERY_FAST ;;

let price_of_weight(wgt : int) : int =
  if (wgt < 0) || (wgt > 2000)
  then failwith("erreur price_of_weight : parametre invalide")
  else
    if wgt <= 250
    then 300
    else
      if wgt <= 500
      then 500
      else
        if wgt <= 1000
        then 700
        else
          if wgt <= 1500
          then 800
          else 900
;;
let percentage_additional_cost(spd : t_speed) : int =
  if spd = SLOW
  then 0
  else
    if spd = NORMAL
    then 8
    else
      if spd = FAST
      then 15
      else 25
;;
```

Les modifications sont aisées, car bien localisées, du fait du découpage en fonctions.

## Corrigés des exercices divers

### Corrigé de l'exercice 48

La fonction vérifie que le paramètre ne contient que des lettres, et que ces lettres se suivent.

```
let check_3_consecutive_char(x, y, z : char * char * char) : bool =
  if not(letter(x) && letter(y) && letter(z))
  then failwith("erreur check_3_consecutive_char : parametre invalide")
  else
    check_consecutive_char(x, y) && check_consecutive_char(y, z)
;;
```

On utilise ici la fonction `letter` définie à l'exercice 44 (exercices d'applications, sections 4.3 page 129 et 4.4 page 135).

### Corrigé de l'exercice 49

Le paramètre est supposé valide, il n'y a donc pas de contrôle à faire. La fonction doit être définie quelle que soit la vitesse limite autorisée : celle-doit doit donc faire partie du paramètre de la fonction. Il y a trois cas à tester.

```
let traffic_ticket(speed, max_authorized_speed : int * int) : float =
  let min_speed : int = speed - 5 in
  let exceed : int = min_speed - max_authorized_speed in
    if exceed <= 0
    then 0.0
    else
      if exceed <= 20
      then 150.25
      else 500.0
;;
```

### Corrigé de l'exercice 50

```
# let f(x, a, b, c : float * float * float * float) : float =
    a *. x *. x +. b *. x +. c
;;
val f : float * float * float * float -> float = <fun>
# f(-1.0, 1.0, -6.0, 4.0);;
- : float = 11.
# f(1.0, 1.0, -6.0, 4.0);;
- : float = -1.
# f(3.0, 1.0, -6.0, 4.0);;
- : float = -5.
# f(7.0, 1.0, -6.0, 4.0);;
- : float = 11.
# let comp_dis(a, b, c : float * float * float) : float =
    b *. b -. 4.0 *. a *. c
;;
val comp_dis : float * float * float -> float = <fun>
# let roots(a, b, c : float * float * float) : float * float =
   let dis : float = comp_dis(a, b, c)
         and two_a : float = 2.0 *. a
   in
```

```
    if (dis <= 0.0) || (a = 0.0)
    then failwith("erreur roots : 0 ou 1 racine reelle")
    else ((-.b -. sqrt(dis)) /. two_a,
                (-.b +. sqrt(dis)) /. two_a)
;;
val roots : float * float * float -> float * float = <fun>
# roots(1.0, -6.0, 4.0) ;;
- : float * float = (0.763932022500210195, 5.23606797749979)
```

**Corrigé de l'exercice 51**

Il y a 7 jours dans la semaine. Si l'on suppose que seules des valeurs valides de date sont manipulées, il y a donc 7 cas possibles (8 si l'on tient compte des possibles valeurs invalides, voire 9 si l'on distingue pour les tests les valeurs invalides inférieures ou égales à 0 des valeurs supérieures ou égales à 8). Le raisonnement est similaire pour les mois, ce qui donne a minima 12 cas possibles (voire 13 ou 14 selon l'existence ou non valeurs invalides, et la manière dont on les teste). Pour simplifier, on suppose par la suite que toutes les valeurs manipulées sont valides (si elles ne le sont pas, le même raisonnement s'applique, avec un nombre de cas un peu différent).

Si l'on écrit directement une fonction unique, il y a donc $7 * 12 = 84$ cas possibles, qu'il faudrait tous tester pour s'assurer de la validité de la fonction.

En revanche, on peut choisir d'écrire trois fonctions :

1. une fonction qui convertit un numéro de jour de la semaine, ce qui donne 7 cas de test possibles ;
2. une fonction qui convertit un numéro de mois, ce qui donne 12 cas de test possibles ;
3. la fonction `convert`, qui se contente d'appeler les deux fonctions précédentes pour retourner un couple composé de leurs résultats : un test suffit afin de vérifier que les fonctions sont appelées correctement.

Dans ce cas, il y a donc $7 + 12 + 1 = 20$ cas de test. Cette solution est donc bien meilleure que la première solution envisagée, car bien plus facile à tester.

**Corrigé de l'exercice 52**

Trois cas sont distingués dans la fonction `honors`, puisque les notes sont supposées valides. Il est nécessaire de contrôler les notes en paramètre de la fonction `result`. Si les notes sont valides, la moyenne est calculée, et le couple formé de la moyenne et de la mention constitue le résultat de la fonction. Enfin, la fonction `best_score` consiste à calculer les résultats de chacun des étudiants, à comparer leurs moyennes et à retourner le meilleur résultat.

**NB.** Il est important d'utiliser une variable locale dans la fonction `result`, pour éviter la duplication de code. Sans variable locale, l'expression définissant le résultat de la fonction s'écrirait :

```
(average_3_marks(mark_1, mark_2, mark_3),
            honors(average_3_marks(mark_1, mark_2, mark_3)))
```

ce qui d'une part nuit à la lisibilité de la fonction, mais surtout, fait que *le calcul de moyenne est effectué deux fois*. Pour diverses raisons [1], ***si une valeur résultant d'un calcul doit être utilisée plusieurs fois, on ne la calcule pas plusieurs fois, on la mémorise !***

```
let honors(m : float) : string =
  if m < 10.0
  then "ajourne"
  else
    if m < 18.0
    then "admis"
    else "admis avec felicitations"
;;

let result(mark_1, mark_2, mark_3 : float * float * float) :
                                                  float * string =
  if not(valid(mark_1, mark_2, mark_3))
  then failwith("erreur result : notes invalides")
  else
    let mark : float = average_3_marks(mark_1, mark_2, mark_3) in
      (mark, honors(mark))
;;

let best_score (stud1, stud2 : (float * float * float) *
                          (float * float * float)) : float * string =
  let (mark_1, honor_1) : float * string = result(stud1)
      and (mark_2, honor_2) = result(stud2)
  in
    if mark_1 > mark_2
    then (mark_1, honor_1)
    else (mark_2, honor_2)
;;
```

1. Ces raisons sont liées à la non-duplication de code, comme cela a été évoqué en section 4.1.3 page 120, et aussi à la complexité.

# Chapitre 5

# Fonctions récursives

**Mots-clés :**

— récursivité, fonctions récursives,
— pile d'exécution,
— terminaison,
— complexité,

**Objectifs :**

— comprendre la notion de récursivité,
— savoir simuler l'exécution d'une fonction récursive,
— savoir écrire des fonctions récursives pour des calculs linéaires simples.

Nous avons vu au chapitre 4 qu'une fonction peut faire appel à des fonctions définies antérieurement. Il faut noter que *si une fonction $f$ ne peut utiliser que des fonctions définies antérieurement*, le nombre total d'exécutions de fonctions qui sont engendrées par l'exécution de `f` est borné [1]. On peut en déduire

1. Soit `f`, la fonction que l'on souhaite exécuter, et qui fait éventuellement appel à des fonctions `f_1`, $\cdots$, `f_n` définies au préalable. Pour simplifier, supposons que les numéros des noms des fonctions correspondent à l'ordre de leurs définitions. La fonction `f_1` est donc la première définie, et elle n'appelle aucune autre fonction. Le nombre de calculs effectués lors d'une exécution de `f_1` est donc lié à la taille de son code, puisque chaque calcul est décrit dans le corps de `f_1`. La deuxième fonction `f_2` ne peut appeler que `f_1` ; bien sûr, elle peut l'appeler éventuellement plusieurs fois. En fait, le nombre maximum d'exécutions de `f_1` qui seraient engendrées par l'exécution de `f_2` est borné par le nombre d'appels de la fonction `f_1` que l'on trouve dans le corps de la fonction `f_2`. En conséquence, le nombre de calculs effectués lors d'une exécution de `f_2` est lié aux tailles des codes des fonctions `f_1` et `f_2`. Par exemple, si 3 appels de la fonction `f_1` sont décrits dans le corps de la fonction `f_2`, le nombre de calculs effectués lors de l'exécution de `f_2` est borné par le nombre de calculs décrits dans le corps de `f_2` plus 3 fois le nombre de calculs décrits dans le corps de `f_1`. Ce raisonnement se généralise pour toutes les fonctions `f_1`, $\cdots$, `f_n`, et donc *in fine* pour `f`.

que *le nombre maximum de calculs pouvant être effectués lors d'une exécution de la fonction $f$ est borné, et cette borne est liée à la « taille » du code de la fonction $f$ et des fonctions qu'elle utilise.* En d'autres termes, plus on souhaite faire de calculs, plus la taille du code à écrire doit être importante.

La *récursivité* permet de s'abstraire de cette contrainte : grâce à cette notion, le *nombre maximum d'exécutions de fonctions, et donc de calculs* engendrés par l'exécution d'une fonction, n'est pas lié qu'à la taille du code définissant la fonction et les fonctions qu'elle appelle, mais ce nombre peut être *lié aussi à la valeur de son paramètre.*

## 5.1 Notions essentielles

### 5.1.1 Définition

Considérons la notion bien connue en mathématiques de *factorielle* d'un entier naturel. Plus précisément, la factorielle de $n$, avec $n >= 0$, notée $n!$, est définie par $0! = 1$, et $n! = \prod_{i=1}^{n} i$, ou encore, $n! = 1 * 2 * \cdots * (n-1) * n$, pour $n > 0$. Par exemple, $1! = 1$, $2! = 2$, $3! = 6$, $4! = 24$ et $5! = 120$.

Le nombre de calculs à effectuer [1] pour calculer $n!$ dépend de la valeur de $n$. Compte-tenu de ce qui a été dit en introduction de ce chapitre, il n'est donc *pas possible d'écrire un code unique permettant de calculer la valeur de $n!$ pour tout $n$, en n'utilisant que la possibilité d'appeler des fonctions définies antérieurement.*

Considérons la suite définie ci-après, bien connue en mathématiques ; il s'agit de la *définition par récurrence* de la suite des factorielles [2] (pour tout $n$, $f(n) = n!$) :

$$f(n) = \begin{cases} 1 & si \quad n = 0 \\ n * f(n-1) & si \quad n >= 1 \end{cases}$$

La définition de la suite $f$ est une *définition récursive*, c'est-à-dire qu'*elle s'exprime par rapport à elle-même* (le $n^{ième}$ terme $f(n) = n * f(n-1)$, pour tout $n > 0$, est défini en fonction de termes précédents de la même suite).

La récursivité est une notion essentielle en Algorithmique - Programmation. Dans un premier temps, nous définissons une **fonction récursive** comme une fonction qui **fait appel à elle-même**, et éventuellement à d'autres fonctions

1. Contrairement à la somme $1 + 2 + \cdots + n$ des $n$ premiers entiers naturels, pour laquelle on sait que $\sum_{i=0}^{n} i$ est égale à $n * (n+1)/2$, il n'existe pas de formule unique comportant un nombre constant d'opérations pour décrire la factorielle de tout entier.

2. Bien sur, les deux définitions sont équivalentes. Il est facile de montrer que $0! = f(0)$, $1! = f(1)$ et $n! = \prod_{i=1}^{n} i = n * \prod_{i=1}^{n-1} i = n * (n-1)! = n * f(n-1)$ pour tout $n \geq 2$.

non récursives. Une définition plus générale de la récursivité est abordée en section 5.3.1 page 160.

La possibilité d'écrire des fonctions récursives existe dans de nombreux langages de programmation. En `OCaml`, une définition de fonction récursive utilise le mot-clé `rec`. La fonction `factorial_v1` ci-après permet de calculer $f(n)$ pour $n$ positif.

```
# let rec factorial_v1(n : int) : int =
    if n = 0
    then 1
    else n * factorial_v1(n - 1)
;;
val factorial_v1 : int -> int = <fun>
# factorial_v1(4);;
- : int = 24
# factorial_v1(5) ;;
- : int = 120
```

### 5.1.2 Exécution

Le principe de l'exécution d'une fonction récursive est exactement le même que celui décrit au chapitre 4 précédent. Déroulons à la main l'exécution de `factorial_v1(4)`.

▽ évaluation de `factorial_v1(4)` :

1. passage de paramètre : `n` vaut `4` ;
2. évaluation de `4 = 0` ;
3. évaluation de `4 * factorial_v1(3)`, qui commence par :
   ▽ évaluation de `factorial_v1(3)` :
   (a) passage de paramètre : `n` vaut `3` ;
   (b) évaluation de `3 = 0` ;
   (c) évaluation de `3 * factorial_v1(2)`, qui commence par :
      ▽ évaluation de `factorial_v1(2)` :
      i. passage de paramètre : `n` vaut `2` ;
      ii. évaluation de `2 = 0` ;
      iii. évaluation de `2 * factorial_v1(1)`, qui commence par :
         ▽ évaluation de `factorial_v1(1)` :
         A. passage de paramètre : `n` vaut `1` ;
         B. évaluation de `1 = 0` ;

C. évaluation de `1 * factorial_v1(0)`, qui commence par :
   ▽ évaluation de `factorial_v1(0)` :
   — passage de paramètre : `n` vaut `0` ;
   — évaluation de `0 = 0`
   — le résultat a pour valeur `1`

D. △ la valeur de `factorial_v1(0)` est `1` ;
   la valeur de `1 * factorial_v1(0)` est donc `1 * 1`, donc `1` ;

iv. △ la valeur de `factorial_v1(1)` est `1` ;
   la valeur de `2 * factorial_v1(1)` est donc `2 * 1`, donc `2` ;

(d) △ la valeur de `factorial_v1(2)` est `2` ;
   la valeur de `3 * factorial_v1(2)` est donc `3 * 2`, donc `6` ;

4. △ la valeur de `factorial_v1(3)` est `6` ;
   la valeur de `4 * factorial_v1(3)` est donc `4 * 6`, donc `24` ;

△ la valeur de `factorial_v1(4)` est `24`

*Le mécanisme d'évaluation, par exemple basé sur l'utilisation d'une pile d'exécution*[1]*, est donc exactement le même pour toute fonction, qu'elle soit récursive ou non, qu'elle fasse appel à des fonctions récursives ou non.*

La commande `#trace` de l'interpréteur est particulièrement utile pour suivre l'exécution de fonctions récursives, en particulier lors de tests. Bien sûr, il faut être attentif à bien associer le début d'une exécution et la fin correspondante.

```
# #trace factorial_v1 ;;
factorial_v1 is now traced.
# factorial_v1(4);;
factorial_v1 <-- 4
factorial_v1 <-- 3
factorial_v1 <-- 2
factorial_v1 <-- 1
factorial_v1 <-- 0
factorial_v1 --> 1
factorial_v1 --> 1
factorial_v1 --> 2
factorial_v1 --> 6
factorial_v1 --> 24
- : int = 24
```

Les cinq premières lignes correspondent aux débuts d'exécution de la fonction `factorial_v1` avec les paramètres `4`, `3`, `2`, `1`, `0`. Les informations relatives

1. *Cf.* section 4.2.1 page 121.

à ces débuts d'exécution sont empilées successivement sur la pile d'exécution (lors de l'exécution avec le paramètre 0, les informations relatives à l'exécution de `factorial_v1` avec le paramètre 4 sont donc en bas de pile, celles relatives à l'exécution de `factorial_v1` avec le paramètre 0 sont en haut de pile). L'exécution de `factorial_v1` avec le paramètre 0 n'entraîne aucune nouvelle exécution, le résultat, en l'occurence 1, est retourné directement (ce qui correspond à la sixième ligne) ; cette exécution est donc terminée et les informations correspondantes sont supprimées du sommet de la pile. Le nouveau sommet de la pile correspond donc à l'exécution de `factorial_v1` avec le paramètre 1, dont le résultat, en l'occurence 1, peut maintenant être calculé, ce qui termine cette exécution (ce qui correspond à la septième ligne). Le nouveau sommet de pile correspond dont à l'exécution de `factorial_v1` avec le paramètre 2, et ainsi de suite. Les résultats apparaissent donc ici dans l'ordre inverse des débuts d'exécution.

### 5.1.3 Terminaison

Une fonction récursive s'appelle elle-même : il est donc très important d'éviter qu'elle ne s'appelle « à l'infini » ! Dit autrement, il faut être très attentif aux **cas de terminaison**, c'est-à-dire les cas **pour lesquels il n'y a pas d'appel récursif**. La **condition de terminaison** est la condition qui **caractérise ces cas** de terminaison.

Par exemple, la fonction `myloop` ci-après n'a pas de cas de terminaison.

```
# let rec myloop(n : int) : int =
    myloop(n) + 1
;;
val myloop : int -> int = <fun>
# myloop(5) ;;
Stack overflow during evaluation (looping recursion?).
```

La réponse de l'interpréteur est caractéristique : elle signifie que le nombre d'exécutions engendrées par l'appel `myloop(5)` a été tel que la pile d'exécution a été saturée[1] : il était ainsi impossible de mémoriser les informations nécessaires pour de nouvelles exécutions de la fonction `myloop`. Si l'on trace la fonction, on obtient :

```
# #trace myloop ;;
myloop is now traced.
```

1. La taille de la pile d'exécution varie suivant les langages de programmation ; il est d'ailleurs souvent possible de contrôler sa taille. Mais quelle que soit la taille prévue, une pile d'exécution ne peut pas mémoriser les informations nécessaires pour une infinité d'exécutions de fonctions !

```
# myloop(5) ;;
myloop <-- 5
myloop <-- 5
myloop <-- 5
myloop <-- 5
myloop <-- 5
myloop <-- 5
...
```

La fonction fait exactement ce qui est écrit : pour calculer `myloop(n)`, elle doit calculer `myloop(n) + 1`, donc lancer l'exécution de `myloop(n)`, et ainsi de suite. Les débuts d'exécution s'enchaînent donc jusqu'à saturation de la pile.

Appeler la fonction `factorial_v1` avec un paramètre négatif produit aussi un enchaînement « infini » de débuts d'exécutions [1].

```
# factorial_v1(-1) ;;
factorial_v1 <-- -1
factorial_v1 <-- -2
factorial_v1 <-- -3
factorial_v1 <-- -4
factorial_v1 <-- -5
...
```

En effet, l'enchaînement stoppe quand la condition de terminaison est vérifiée, c'est-à-dire quand la valeur du paramètre est égale à `0` ; mais puisque l'appel initial se fait sur une valeur négative, chaque nouveau début d'exécution se fait sur une valeur négative, dont la valeur absolue croît à chaque nouvelle exécution : la condition de terminaison n'est donc jamais vérifiée [2].

***L'une des premières questions à se poser lors de la définition d'une fonction récursive est : quelle est sa condition de terminaison ?*** *Toute exécution d'une fonction récursive doit se terminer, quelle que soit la valeur du paramètre.* Cela signifie que l'exécution de la fonction sur n'importe quel paramètre doit toujours entraîner à un moment donné une exécution avec un paramètre tel que la condition de terminaison est vérifiée.

Par exemple, on peut compléter la définition de la fonction `factorial_v1` en ajoutant un test de validité du paramètre : c'est ce qui est fait dans la fonction `factorial_v2` ci-après.

---

1. Pour l'interpréteur `ocaml`, l'appui simultané sur les touches `ctrl c` met fin à l'exécution en cours, ce qui permet d'arrêter un enchaînement d'exécutions.

2. Plus précisément, comme le type `int` est cyclique en `OCaml`, c'est-à-dire que la valeur précédant la plus petite valeur est la plus grande, la fonction pourrait finir, en théorie, par être appelée avec la valeur `0` comme paramètre. En pratique, une erreur *Stack overflow* se produit auparavant.

```
let rec factorial_v2(n : int) : int =
  if n < 0
  then failwith("erreur factorial_v2 : parametre negatif")
  else
    if n = 0
    then 1
    else n * factorial_v2(n-1)
;;
```

La fonction est correcte, mais ce n'est pas la plus *efficace* : le *test de validité est fait à chaque nouvelle exécution*, alors que *c'est inutile* si la fonction est appelée initialement avec un paramètre positif. De manière générale, ***il faut éviter tout calcul inutile***. En l'occurence, cela n'a pas d'effet perceptible sur le temps de calcul, mais cela en a dans d'autres cas (*cf.* la fonction `fibo_v1` dans la section 5.1.4 suivante). Une manière de faire consiste à utiliser *deux fonctions*, l'une *principale*, l'autre *auxiliaire* :

1. la fonction récursive est la fonction auxiliaire ;

2. la fonction principale effectue le test de validité du paramètre, et appelle la fonction récursive le cas échéant. C'est cette nouvelle fonction qui répond au problème posé initialement.

Par exemple, la fonction `factorial` ci-après calcule la valeur du $n^{ième}$ terme de la suite des factorielles (la fonction `factorial_v1` est renommée `factorial_aux`).

```
let rec factorial_aux(n : int) : int =
  if n = 0
  then 1
  else n * factorial_aux(n-1)
;;
let factorial(n : int) : int =
  if n < 0
  then failwith("erreur factorial : parametre negatif")
  else factorial_aux(n)
;;
```

Dans cet exemple, la fonction récursive est une fonction auxiliaire, qui pourrait être définie comme une fonction locale, si elle n'a d'autre vocation que d'être appelée par la fonction `factorial`. Comme dit précédemment, nous écrivons les fonctions auxiliaires, récursives ou non, comme des fonctions à part entière, afin de pouvoir en particulier en tracer les exécutions lors des tests. Bien sûr, il serait sans doute souvent opportun d'en faire des fonctions locales, afin de garantir la vérification de la validité de leurs paramètres, en évitant qu'elles soient appelées directement de manière incontrôlée.

### 5.1.4 Complexité

Plusieurs aspects doivent être pris en compte dans la conception d'une fonction. Le premier, que nous avons déjà évoqué, est la correction de la fonction [1]. Si la fonction est correcte, il est généralement nécessaire d'étudier sa *complexité*. Informellement :

1. la *complexité en temps* correspond au temps nécessaire pour calculer le résultat en fonction du paramètre ; ce temps est lié au nombre d'opérations élémentaires effectuées lors de ce calcul ;
2. la *complexité en espace* correspond à la place mémoire nécessaire pour effectuer le calcul.

Par exemple, si l'on calcule le nombre de comparaisons et de multiplications effectuées lors d'un appel de la fonction `factorial` :

— si $n = 0$, il y a une comparaison ;

— si $n > 0$, il y a un enchaînement de $n + 1$ exécutions de la fonction : la dernière a 0 pour valeur du paramètre, toutes les autres effectuent deux opérations de base (une comparaison et une multiplication) : il y a donc $n + 1$ comparaisons et $n$ multiplications.

En fait, la complexité en temps de la fonction `factorial` est linéairement proportionnelle à la valeur de son paramètre [2].

Considérons maintenant la *suite de Fibonacci*, bien connue aussi en mathématiques et dans d'autres domaines. Cette suite est définie par récurrence [3] :

$$fb(n) = \begin{cases} 1 & si \quad n = 0 \\ 1 & si \quad n = 1 \\ fb(n-1) + fb(n-2) & si \quad n >= 2 \end{cases}$$

Les premiers termes de la suite sont donc : $fb(0) = 1$, $fb(1) = 1$, $fb(2) = 2$, $fb(3) = 3$, $fb(4) = 5$, $fb(5) = 8$, $fb(6) = 13$, $fb(7) = 21$, etc.

De même que pour la fonction `factorial`, on peut définir directement une fonction `fibo_v1` basée sur la définition mathématique de la suite :

---

1. Si la fonction ne répond pas au problème posé, à quoi sert-elle ?

2. En appliquant le même raisonnement pour la fonction `factorial_v2`, il y a 2 comparaisons quand $n = 0$, et $2n + 2$ comparaisons et $n$ multiplications pour $n > 0$.

3. On peut noter qu'il existe une autre définition, dans laquelle le premier terme est égal à 0, le reste de la définition étant identique.

```
# let rec fibo_v1_aux(n : int) : int =
    if n = 0
    then 1
    else
      if n = 1
      then 1
      else fibo_v1_aux(n - 1) + fibo_v1_aux(n - 2)
;;
# let fibo_v1(n : int) : int =
    if n < 0
    then failwith("erreur fibo_v1 : parametre negatif")
    else fibo_v1_aux(n)
;;
val fibo_v1 : int -> int = <fun>

# fibo_v1(6) ;;
- : int = 13
# fibo_v1(7) ;;
- : int = 21
```

On se rend compte, quand on appelle successivement la fonction avec des valeurs croissantes du paramètre [1], que le temps de calcul augmente nettement : l'interpréteur met de plus en plus de temps à répondre.

Cela provient de la définition même de la fonction `fibo_v1` : chaque exécution de la fonction peut entraîner deux nouvelles exécutions, par exemple pour `fibo_v1(6)` :

- le calcul de `fibo_v1(6)` entraîne le calcul de `fibo_v1(5)` et de `fibo_v1(4)` ;
- le calcul de `fibo_v1(5)` entraîne le calcul de `fibo_v1(4)` et de `fibo_v1(3)`, c'est-à-dire que le calcul de le calcul de `fibo_v1(4)` est exécuté 2 fois ;
- le calcul de `fibo_v1(4)` entraîne le calcul de `fibo_v1(3)` et de `fibo_v1(2)`, c'est-à-dire que le calcul de `fibo_v1(3)` est exécuté 3 fois ;
- de manière similaire, le calcul de `fibo_v1(2)` est exécuté 5 fois, le calcul de `fibo_v1(1)` est exécuté 8 fois, le calcul de `fibo_v1(0)` est exécuté 5 fois.

La figure 5.1 illustre les calculs des termes de la suite de Fibonacci effectués lors de l'exécution de `fibo_v1(6)`.

Pour calculer 7 termes de la suite ($fb(0)$, $fb(1)$, $\cdots$, $fb(6)$), la fonction `fibo_v1` (re)calcule donc 25 termes.

1. Par exemple, avec un ordinateur aux performances courantes, appelez la fonction avec comme valeurs du paramètre 34, 35, 36, etc, 44.

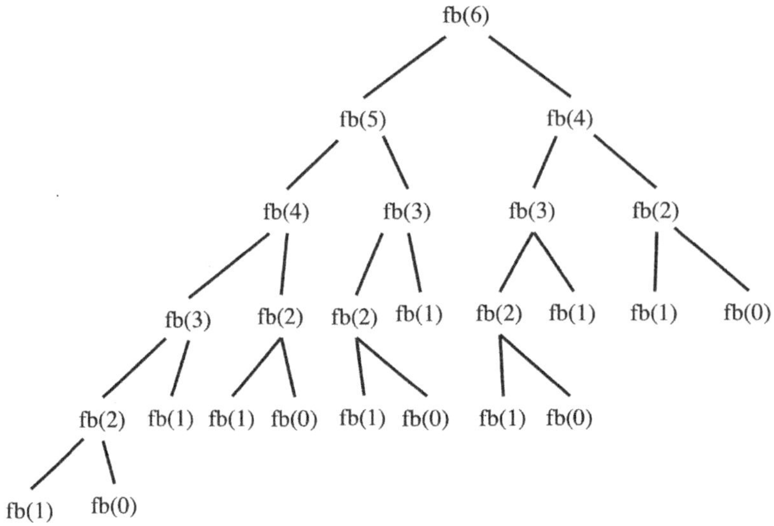


FIGURE 5.1 – Illustration des calculs effectués lors de l'exécution de `fibo_v1(6)`. Chaque terme est relié vers le bas aux deux termes nécessaires à son calcul.

Plus généralement, le nombre de calculs croît *exponentiellement* en fonction de la valeur du paramètre [1], ce qui fait qu'il devient impossible en pratique de calculer la valeur de $fb(n)$ quand $n$ croît. C'est pourquoi nous avons dit précédemment qu'il faut éviter les calculs inutiles !

Très souvent, il suffit de ***mémoriser les valeurs calculées, afin d'éviter de les recalculer*** : ceci est mis en œuvre ultérieurement pour concevoir une fonction plus efficace pour le calcul du $n^{ième}$ terme de la suite de Fibonacci, où chaque valeur n'est calculée qu'une fois.

### 5.1.5 Forme générale

Le plus souvent, la forme d'une fonction récursive étudiée dans cet ouvrage est :

1. Pour bien se rendre compte de ce qui se passe, il est conseillé de tracer les deux fonctions `fibo_v1_aux` et `fibo_v1`, et de suivre leurs exécutions pour plusieurs valeurs du paramètre, en augmentant progressivement celles-ci. En fait, l'exécution de `fibo(k + 1)` effectue environ deux fois plus de calculs que l'exécution de `fibo(k)`.

```
let rec function_name(param : parameter_type) : result_type =
   if termination_expression
   then expression_1
   else expression_2
;;
```

où `expression_1` ne comporte pas d'appels récursifs, alors que `expression_2` contient un ou plusieurs appels récursifs.

Une fonction récursive peut n'être qu'une fonction auxiliaire d'une autre fonction, en particulier s'il existe des conditions de validité du paramètre : dans ce cas, la fonction appelante a la forme :

```
let function_name(param : parameter_type) : result_type =
   if not(check_parameter_expression)
   then failwith "erreur function_name : invalid parameter"
   else expression
;;
```

où `expression` contient l'appel initial de la fonction récursive (voir aussi les fonctions `fact_term` et `fact_term_aux` en section 5.3.2 page 162, ainsi que les fonctions `hanoi` et `hanoi_aux` en section 5.3.3 page 164, où les fonctions récursives ont besoin de paramètres supplémentaires par rapport à ceux de la fonction appelante).

### 5.1.6 Tests

Comme précédemment, il est conseillé de réfléchir aux cas de tests lors de l'analyse du problème : par exemple, avant même d'écrire le corps de la fonction `factorial`, on sait déjà d'après la définition de la suite $f$ :

— qu'elle n'est définie que pour des entiers naturels;
— que le calcul n'est pas le même quand $n = 0$ ou quand $n > 0$.

Cela permet de prévoir au minimum 3 cas de tests. De plus, il est conseillé de prévoir quelques tests avec des valeurs strictement positives du paramètre. En effet, un test n'est pas une preuve : ce n'est pas parce que certains tests réussissent qu'un autre n'échouera pas.

Lors de l'élaboration des tests, il est important d'avoir à l'esprit qu'il est nécessaire de vérifier :

1. la validité de la condition de terminaison,
2. la complexité de la fonction.

En fait, la validité de la condition de terminaison fait partie intégrante de la correction de la fonction. Par exemple, les tests précédents pour la fonction `factorial` permettent de vérifier la validité de sa condition de terminaison. Il est néanmoins conseillé de porter une attention particulière aux tests relatifs à la terminaison.

L'étude de la complexité n'est pas abordée dans ce livre. Il est néanmoins conseillé de faire des tests avec différentes valeurs du paramètre, afin de vérifier expérimentalement la complexité en temps. Par exemple pour les fonctions `factorial` et `fibo_v1`, il est clair que les nombres d'exécutions récursives augmentent lorsque les valeurs des paramètres augmentent. Quelques tests effectués en augmentant progressivement la valeur du paramètre permettent d'expérimenter le comportement des fonctions. Par exemple pour la fonction `factorial`, on se rend compte qu'on obtient assez rapidement des valeurs erronées pour le résultat (car les valeurs de type `int` sont bornées), mais la variation du temps de calcul est imperceptible. C'est exactement l'inverse pour la fonction `fibo_v1`.

## 5.2 Conventions d'écriture

Comme nous l'avons dit, et comme nous le verrons dans la section 5.3 suivante, les fonctions récursives sont souvent des fonctions auxiliaires. Nous les définissons dans un premier temps comme des fonctions à part entière, et non comme des fonctions locales, afin d'en tracer l'exécution pendant la phase de vérification (vérification de correction et vérification de complexité).

## 5.3 Compléments

### 5.3.1 Récursivité simple vs récursivité générale

La suite des factorielles et la suite de Fibonacci sont des *suites linéaires* : chaque terme s'exprime par rapport aux termes précédents [1]. Calculer un terme d'une telle suite est un *calcul linéaire* : les termes peuvent être calculés les uns à la suite des autres. Pour de tels calculs, il est possible de n'utiliser que des fonctions *récursives simples* (ou *récursives linéaires*) : une fonction est **récursive simple si, quel que soit le cas d'exécution, elle s'appelle elle-même au plus une fois** (elle peut bien sûr appeler d'autres fonctions non récursives).

1. Par exemple, une suite récurrente linéaire sur $\mathbb{R}$ est de la forme :
$$u_n = a_{p-1} * u_{n-1} + a_{p-2} * u_{n-2} + \cdots + a_1 * u_{n-p+1} + a_0 * u_{n-p}$$
pour $n \geq n_0 \geq p \geq 1$.

C'est le cas de la fonction `factorial`, et, comme nous le verrons ultérieurement, il est possible de concevoir une fonction récursive simple pour calculer tout terme de la suite de Fibonacci.

La plupart des problèmes que nous étudions dans ce livre peuvent être résolus « directement » par des fonctions récursives simples. Mais il existe de nombreux problèmes pour lesquels il est utile de manipuler des fonctions récursives *quelconques* (voir par exemple la fonction d'Ackerman : exercice 59 - exercices divers, sections 5.4 et 5.5 pages 170 et 182). En toute généralité, une **fonction récursive peut appeler toute fonction (récursive ou non), sans limitation du nombre d'appels**. Une fonction peut donc s'appeler elle-même plusieurs fois, comme la fonction `fibo_v1_aux` (nous verrons des exemples plus pertinents ultérieurement). Des **fonctions peuvent aussi s'appeler mutuellement** : on parle alors de **récursivité croisée**. Un exemple simple (et un peu artificiel) est le suivant. Il s'agit de tester la parité ou la non-parité d'un entier `n`, en utilisant le principe suivant :

1. si `n` est positif :
   (a) s'il est nul, il est pair, et il n'est pas impair ;
   (b) sinon, il est pair si l'entier précédent `n - 1` est impair ; il est impair si l'entier précédent `n - 1` est pair ;
2. si `n` est strictement négatif : il est pair si son inverse est pair ; il est impair si son inverse est impair.

Ceci s'implante directement, par exemple avec les fonctions suivantes :

```
let rec
    even_aux(n : int) : bool =
      if n = 0
      then true
      else odd_aux(n-1)
  and
    odd_aux(n : int) : bool =
      if n = 0
      then false
      else even_aux(n-1)
;;

let even(n : int) : bool =
  if n < 0
  then even_aux(-n)
  else even_aux(n)
;;
```

```
let odd(n : int) : bool =
  if n < 0
  then odd_aux(-n)
  else odd_aux(n)
;;
```

En OCaml, il est nécessaire de déclarer simultanément des fonctions qui s'appellent mutuellement. C'est ce qui est fait pour les fonctions `even_aux` et `odd_aux` :

1. elles sont récursives, d'où le mot-clé `rec` ;
2. elles sont déclarées simultanément, d'où le mot-clé **and** séparant les deux fonctions.

Voici un exemple d'exécution, après avoir tracé les fonctions.

```
# even(3) ;;
even <-- 3
even_aux <-- 3
odd_aux <-- 2
even_aux <-- 1
odd_aux <-- 0
odd_aux --> false
even_aux --> false
odd_aux --> false
even_aux --> false
even --> false
- : bool = false
```

Nous n'utilisons pas la récursivité croisée dans la suite de ce livre.

### 5.3.2 Récursivité terminale

La récursivité terminale[1] est un *cas particulier de récursivité simple.* Une fonction est **récursive terminale si elle est récursive simple et si, quel que soit le cas d'exécution, soit il n'y a pas d'appel récursif, soit la dernière opération effectuée est l'appel récursif**. Par exemple, la fonction `factorial_aux` n'est pas récursive terminale. En effet, le corps de la fonction est :

```
if n = 0 then 1 else n * factorial_aux(n - 1)
```

Suite à l'appel récursif `factorial_aux(n - 1)`, le résultat de la fonction est calculé par application d'une multiplication.

En revanche, les fonctions ci-après n'utilisent que la récursivité terminale (lors d'une exécution de la fonction `fact_term_aux`, la dernière opération effectuée est l'appel récursif) ; des variables locales sont utilisées ici uniquement

1. L'intérêt de cette notion est expliqué en section 8.3.1 page 297.

pour faire apparaitre clairement l'ordre des calculs :

```
let rec fact_term_aux(n, i, fact_i : int * int * int) : int =
  if i = n
  then fact_i
  else
    let next_i : int = i + 1 in
    let fact_next_i : int = next_i * fact_i in
      fact_term_aux(n, next_i, fact_next_i)
;;
let fact_term(n : int) : int =
  if n < 0
  then failwith("erreur fact_term : parametre negatif")
  else fact_term_aux(n, 0, 1)
;;
```

De manière similaire à la fonction `factorial`, la fonction `fact_term` teste la valeur du paramètre, et appelle la fonction récursive le cas échéant. Il faut noter que le paramètre de la fonction `fact_term_aux` contient plus de valeurs que celui de la fonction `factorial_aux`. En fait, la valeur `fact_i` est toujours égale à la valeur de la factorielle de `i` : c'est vrai à l'appel initial de `fact_term_aux`, où la valeur de `i` est égale à `0` et celle de `fact_i` est égale à `1` ; c'est aussi le cas à chaque appel de la fonction, puisque `next_i` est égal à `i + 1`, et `fact_next_i` est égal à la factorielle de `i + 1`, puisque cette variable est égale à `(i + 1)` multiplié par `fact_i`, c'est-à-dire la factorielle de `i`. Voici un exemple d'exécution, après avoir tracé les fonctions :

```
# fact_term(4) ;;
fact_term <-- 4
fact_term_aux <-- (4, 0, 1)
fact_term_aux <-- (4, 1, 1)
fact_term_aux <-- (4, 2, 2)
fact_term_aux <-- (4, 3, 6)
fact_term_aux <-- (4, 4, 24)
fact_term_aux --> 24
fact_term_aux --> 24
fact_term_aux --> 24
fact_term_aux --> 24
fact_term_aux --> 24
fact_term --> 24
- : int = 24
```

Intuitivement, la différence de principe entre les fonctions `factorial` et `fact_term` peut être résumée ainsi : dans le premier cas, pour faire $n$ calculs, on commence par faire les $(n-1)$ premiers calculs (ce qui correspond à l'appel récursif), puis on en fait un (le dernier).

Dans le second cas, on commence par en faire un (le premier), puis on fait les $(n-1)$ calculs suivants (ce qui correspond à l'appel récursif). Bien sûr, les résultats sont identiques !

### 5.3.3 Conception

Nous avons utilisé l'analogie *fonction / boîte noire* et *composition de fonctions / réseau de boîtes noires* auparavant. Cette analogie prête parfois à confusion, en particulier dans le cas de la récursivité. Si l'on pousse l'analogie :

1. une définition de fonction correspond au schéma d'une boîte noire,
2. l'exécution d'une fonction correspond effectivement à une boîte noire qui effectue la tâche définie par son schéma,
3. et une boîte noire peut créer d'autres boîtes noires pour les besoins du calcul : c'est ce qui se passe quand l'exécution d'une fonction engendre une autre exécution, soit d'elle-même, soit d'une autre fonction.

Si l'on pense à un réseau de boîtes noires, il faut donc penser *« réseau dynamique »*.

Une autre analogie est la suivante. Supposons qu'on ait un certain travail à faire, et qu'il existe près de chez soi une association de bénévoles, toujours tous prêts à rendre service. Quoi qu'on demande, il y a toujours assez de bénévoles pour le faire, à condition bien sûr qu'on explique au début ce qu'il faut faire, et comment le faire. L'association est basée sur la coopération entre ses membres : chaque bénévole peut demander de l'aide à d'autres bénévoles. La seule chose que demande l'association, c'est une description précise des types de tâches à effectuer, afin d'éviter de commettre des impairs.

Considérons l'exemple suivant. Une personne vient d'acheter un bâtiment qui servait jusque là d'entrepôt. Ce bâtiment est rempli d'objets divers, dont la personne souhaite se débarrasser. Juste par curiosité, elle aimerait savoir combien d'objets contenait le bâtiment quand elle l'a acheté. Après réflexion, la personne fournit *l'organisation du travail* suivante[1] au bureau de l'association :

1. le bureau sollicite un bénévole ;
2. chaque bénévole sollicité entre dans le bâtiment ; si celui-ci est vide, il indique le nombre 0, sinon il :
   (a) prend un objet, sort de l'entrepôt,
   (b) sollicite un nouveau bénévole,
   (c) attend que le reste du travail soit fait et que le bénévole qu'il a sollicité lui indique le nombre $r$ d'objets qu'il restait dans le bâtiment ;

1. En fait, il s'agit d'un algorithme de calcul du nombre d'éléments d'un ensemble.

   (d) indique alors le nombre $r+1$ d'objets qu'il y avait dans le bâtiment quand lui-même y est entré ;
3. le bénévole sollicité par le bureau rapporte au bureau le nombre d'objets qu'il y avait initialement ;
4. le bureau donne l'information au propriétaire du bâtiment.

Plus généralement, nous savons déjà qu'une question à se poser lors de la conception d'un algorithme pour résoudre un problème est : *quels calculs effectuer ?* Il y a une deuxième question à se poser, au moins aussi importante que la première, qui est : ***comment organiser ces calculs ?*** Souvent, c'est l'oubli de cette question « d'organisation du travail », ou l'incapacité à y répondre, qui est problématique, en particulier pour bien comprendre l'utilisation de la récursivité.

L'essentiel des calculs étudiés dans ce livre sont des calculs linéaires, c'est-à-dire qu'on cherche à décrire des *séquences* (ou des *suites*) de calculs. Dans ce cas, une réflexion basique est la suivante. Pour faire une séquence de $n$ calculs :

- on commence par faire 1 calcul, puis on fait faire les $n-1$ calculs restants en utilisant éventuellement le résultat du premier calcul ; c'est le principe de la fonction `fact_term_aux` ;
- *ou* on commence par faire faire $n-1$ calculs, puis on fait *le* calcul restant, en utilisant éventuellement le résultat des précédents calculs : c'est le principe de la fonction `factorial_aux` ;
- plus généralement, on peut commencer à faire une partie de son calcul ; on fait faire ensuite les $n-1$ autres calculs, puis on finit son propre calcul : cela correspond à l'organisation du travail proposée par le propriétaire du bâtiment au bureau de l'association.

D'autres types de calculs existent. Un exemple classique est celui des *tours de Hanoï*. On dispose d'un plateau sur lequel il y a 3 piquets : appelons-les $A$, $B$ et $C$ pour les distinguer. On dispose de $n$ disques ($n > 0$) : ils sont tous de diamètres différents, et percés en leurs centres, afin qu'on puisse les enfiler sur les piquets. Initialement, ils sont tous enfilés sur le piquet $A$ par ordre de diamètre décroissant (le plus grand en bas, le plus petit en haut). Le but du jeu est de déplacer tous les disques du piquet $A$ vers le piquet $C$, en respectant les règles suivantes :

1. on ne peut déplacer qu'un disque à la fois, et ce disque est forcément le disque supérieur d'un des piquets ;
2. sur un piquet, un disque est soit le plus bas sur le piquet (auquel cas il n'est posé sur aucun autre disque), soit il est posé sur un disque de

diamètre supérieur à son propre diamètre. Par exemple, si $n = 3$, le plus petit disque peut être posé sur l'un des deux autres, mais le disque de diamètre moyen ne peut pas être posé sur le petit disque, de même que le plus grand disque ne peut être posé sur aucun des deux autres disques.

Il est bien sûr conseillé d'expérimenter avant de formaliser, afin de concrétiser le problème. Pour la formalisation, nous pouvons remarquer que :

1. le déplacement d'un disque est complètement identifié par le couple composé du nom de son piquet de départ et du nom de son piquet d'arrivée, puisque c'est toujours le disque supérieur qui est déplacé (c'est le disque supérieur du piquet de départ avant le déplacement, et c'est le disque supérieur sur le piquet d'arrivée après le déplacement) ;
2. on peut avoir le choix pour les déplacements des disques supérieurs, mais il y a *un déplacement pour lequel il n'y a pas de choix*. En effet, au départ, le plus grand disque est nécessairement le disque le plus bas sur le piquet $A$, et il doit être déplacé à un moment donné sur le piquet $C$. Compte-tenu des règles, le *seul* moyen d'effectuer ce déplacement est de le faire quand il ne reste plus sur le piquet $A$ que le plus grand disque, et qu'il n'y a pas de disque sur le piquet $C$. Cela signifie qu'à ce moment, les $n - 1$ autres disques doivent tous être sur le piquet $B$.

S'il y a une solution, elle consiste donc à déplacer les $n - 1$ disques supérieurs depuis le piquet $A$ jusqu'au piquet $B$, à déplacer le dernier disque de $A$ vers $C$, puis à déplacer les $n - 1$ disques du piquet $B$ vers le piquet $C$. On remarque d'autre part que dès que $n \geq 2$, il est nécessaire, pour déplacer les disques du piquet $A$ vers le piquet $C$, d'utiliser le piquet $B$.

On choisit de représenter chaque piquet par un caractère (`'A'`, `'B'` ou `'C'`), un déplacement par une chaîne de caractères[1] contenant les noms du piquet de départ et du piquet d'arrivée, entourés de parenthèses, et une suite de déplacements par une chaîne de caractères contenant tous les déplacements dans l'ordre. La fonction `hanoi` ci-après calcule une telle suite de déplacements pour un nombre `n` de disques (avec `n > 0`).

Plus précisément, la fonction `hanoi_string(start, finish : char * char) : string` retourne la chaîne de caractères correspondant à un déplacement du piquet `start` vers le piquet `finish` : par exemple, `hanoi_string('A', 'B') = "(A,B)"`.

1. La fonction `string_of_char` utilisée ci-après n'est pas une fonction prédéfinie `OCaml` ; elle fait partie des fonctions utilitaires définies dans la section 11.1 page 403.

La fonction `hanoi(n : int) : string` vérifie si le paramètre `n` est valide, c'est-à-dire s'il correspond à un nombre strictement positif de disques, et, dans ce cas, retourne la chaîne de caractères correspondant à la suite de déplacements des `n` disques, depuis le piquet `'A'` jusqu'au piquet `'C'`.

La fonction récursive `hanoi_aux(n, start, finish, aux : int * char * char * char) : string` calcule la chaîne de caractères correspondant au déplacement de `n` disques depuis le piquet `start` jusqu'au piquet `finish`, en utilisant le piquet `aux`. Le principe est basé sur la remarque faite précédemment :

1. les déplacements de `(n - 1)` disques depuis le piquet `start` jusqu'au piquet `aux` (en utilisant le piquet `finish`) sont d'abord calculés ;
2. puis le déplacement de `start` vers `finish` est ajouté, qui correspond au déplacement du dernier disque ;
3. puis les déplacements des `(n - 1)` disques depuis le piquet `aux` jusqu'au piquet `finish` (en utilisant le piquet `start`) sont calculés et ajoutés à la suite des déplacements précédents.
4. on peut facilement prouver par récurrence que la fonction `hanoi` calcule l'unique solution comprenant un nombre minimum de déplacements, et que ce nombre minimum est égal à $2^n - 1$.

```
let hanoi_string(start, finish : char * char) : string =
  "(" ^ string_of_char(start) ^ "," ^ string_of_char(finish) ^ ") "
;;

let rec hanoi_aux(n, start, finish, aux :
                        int * char * char * char) : string =
  if n = 1
  then hanoi_string(start, finish)
  else
    let s1 : string = hanoi_aux(n-1, start, aux, finish)
        and s2 : string = hanoi_string(start, finish)
        and s3 : string = hanoi_aux(n-1, aux, finish, start)
    in
      s1 ^ s2 ^ s3
;;

let hanoi(n : int) : string =
  if n <= 0
  then failwith("erreur hanoi : parametre negatif")
  else hanoi_aux(n, 'A', 'C', 'B')
;;
```

Voici des exécutions pour $n = 1$, $n = 2$, $n = 3$.

```
# hanoi(1) ;;
- : string = "(A,C) "
# hanoi(2) ;;
- : string = "(A,B) (A,C) (B,C) "
# hanoi(3) ;;
- : string = "(A,C) (A,B) (C,B) (A,C) (B,A) (B,C) (A,C) "
```

## 5.4 Exercices

### Exercices d'application

**Exercice 53**

Écrivez une fonction récursive `pow(n, p : int * int) : int`, qui calcule $n^p$. Le calcul est effectué pour `n` quelconque et `p` positif : dans ce cas, on rappelle que $n^p = \underbrace{n * n * ... * n}_{p\ fois}$.

Tracez la fonction `pow`, et testez-la avec différentes valeurs.

**Exercice 54**

La *suite de Syracuse* est une suite d'entiers naturels définie de la manière suivante : le terme initial est un entier strictement positif $a$. Le terme suivant vaut $3 * a + 1$ si a est impair, et $a/2$ si a est pair. On recommence l'opération et on obtient ainsi une suite d'entiers, appelée la suite de Syracuse de $a$. Par exemple, la suite de Syracuse de 5 est 5 16 8 4 2 1. La *conjecture de Syracuse*[1] dit que toute suite de Syracuse atteint l'entier 1.

1. Écrivez une fonction `syracuse` permettant de tester la conjecture de Syracuse.
2. Tracez la fonction `syracuse` et testez-la avec différents entiers. Que constatez-vous ?

**Exercice 55**

Dans cet exercice, on souhaite calculer le nombre de jours séparant deux dates. Une analyse du problème a été réalisée, qui a mené aux choix suivants :

— une date est réprésentée sous la forme d'un triplet d'entiers `(jour, mois, année)` ;

— l'idée de base du calcul consiste à définir une fonction `tomorrow` qui calcule la date suivant une date donnée ; pour connaître le nombre de jours séparant deux dates, il suffit donc de connaître le « nombre de

1. Cette conjecture n'est toujours pas résolue en 2020, et fait encore l'objet de recherches.

lendemains » qui ont eu lieu depuis la plus petite date (dans l'ordre d'antériorité) jusqu'à la plus grande date.
— la définition de la fonction `tomorrow` n'est pas triviale, elle est donc définie à partir d'autres fonctions décrites ci-après.

Pour toutes ces fonctions, il est demandé de tester chaque fonction définie, et d'expliquer les raisons de vos choix pour ces tests.

1. Définissez le type `t_triplint = int * int * int`.
2. Définissez la fonction `nb_days_in_month(month, is_leap_year : int * bool) : int` permettant de connaître le nombre de jours d'un mois donné (`month` correspond au numéro de mois, `is_leap_year` est un booléen qui est vrai si l'année est bissextile, faux sinon). On suppose ici que la valeur `month` est valide, c'est-à-dire comprise entre `1` et `12`.
3. Définissez la fonction `check_date(date : t_triplint) : bool` permettant de savoir si une date est valide (vous pourrez bien entendu utiliser la fonction `leap_year` définie au chapitre 2).
4. Définissez la fonction `tomorrow(date : t_triplint) : t_triplint` permettant de connaître la date du lendemain d'une date donnée (que l'on suppose valide).
5. Définissez la fonction `sort_dates(date_1, date_2 : t_triplint * t_triplint) : t_triplint * t_triplint` permettant d'ordonner deux dates en ordre croissant (dates que l'on suppose valides).
6. Définissez la fonction `gap_dates(date_1, date_2 : t_triplint * t_triplint) : int` permettant de connaître le nombre de jours séparant deux dates quelconques `date_1` et `date_2`; la fonction vérifie la validité des dates, et produit une erreur le cas échéant.

## Exercices de compréhension / conception

### Exercice 56

On considère les fonctions `mystery_aux` et `mystery` définies ci-après. Déroulez l'exécution de la fonction `mystery` sur plusieurs valeurs significatives, de manière à bien comprendre ce qu'elle fait et comment elle le fait.

```
let rec mystery_aux(n : int) : int * int =
 if n = 1
 then (1, 1)
 else
    let (x, y) : int * int = mystery_aux(n-1) in
       (y, x + y)
;;
```

```
let mystery(n : int) : int =
   if n < 0
   then failwith("erreur mystery : parametre negatif")
   else
      if n = 0
      then 1
      else
         let (x, y) : int * int = mystery_aux(n) in
            y
;;
```

### Exercice 57

On souhaite écrire une fonction `number_of_divisors(x : int) : int` permettant de déterminer le nombre de diviseurs positifs d'un entier strictement positif `x`. Pour cela, on commence par définir une fonction `nb_div(y, max_d : int * int) : int`, en supposant que les paramètres `y` et `max_d` sont strictement positifs et que `max_d` est inférieur ou égal à `y`. La fonction `nb_div` calcule le nombre de diviseurs de `y` compris entre `1` et `max_d`.

On définit ensuite la fonction `number_of_divisors`. La fonction teste si son paramètre `x` est strictement positif : si ce n'est pas le cas, elle provoque une erreur. Si `x` est valide, elle appelle alors la fonction `nb_div`, avec `(x, x)` comme paramètre, de manière à calculer tous les diviseurs de `x` compris entre `1` et `x`.

1. Définissez ces deux fonctions.
2. En utilisant la fonction `number_of_divisors`, écrivez la fonction `is_prime` qui détermine si un entier donné est premier ou pas. Pour rappel, un nombre est premier s'il possède exactement 2 diviseurs strictement positifs distincts : `1` et lui-même.
3. Il est possible de définir la fonction `is_prime` de manière plus efficace. En effet, dès que l'on a trouvé plus de 2 diviseurs, on sait que le nombre n'est pas premier ; de plus, il est inutile de tester les entiers supérieurs à la racine du nombre (si un nombre est divisible par un entier supérieur à sa racine, alors il est forcément divisible par un entier inférieur à sa racine). Écrivez une nouvelle version, plus optimisée de la fonction précédente.

## Exercices divers

### Exercice 58

Analysez la fonction `mystery` précédente ; écrivez une fonction qui calcule le $n^{ième}$ terme de la suite de Fibonacci, en n'utilisant que la récursivité terminale.

**Exercice 59**
Ecrivez une fonction récursive qui permet de calculer la fonction d'Ackermann, définie de la façon suivante :

$$A(m,n) = \begin{cases} n+1 & si \quad m=0 \\ A(m-1,1) & si \quad m>0 \quad et \quad n=0 \\ A(m-1,A(m,n-1)) & si \quad m>0 \quad et \quad n>0 \end{cases}$$

Testez votre fonction pour $A(0,3)$, $A(0,4)$, $A(1,1)$ et $A(2,2)$ (les résultats respectifs sont 4, 5, 3 et 7). Tracez votre fonction et re-testez la avec les mêmes valeurs.

**Exercice 60**
On souhaite *simuler* le jeu *pierre, feuille, ciseaux*, dont la règle est décrite dans l'exercice 8 (exercices de compréhension / conception, section 1.4 page 46). Celle-ci est légèrement modifiée ici, afin que le score auquel les joueurs s'arrêtent soit le paramètre du jeu.

Il est conseillé de tracer et de tester les fonctions demandées au fur et à mesure de leur développement.

On dispose d'une fonction `rand_int(a, b : int * int) : int`, qui prend en paramètre deux valeurs de type `int`, dont la première est inférieure à la deuxième, et qui retourne une valeur quelconque comprise entre celles-ci [1]. Afin de simuler le choix d'une valeur, cette fonction est appelée avec `(0, 2)` comme paramètre : le résultat est alors converti en une valeur d'un type énuméré (à définir) correspondant aux trois valeurs possibles du jeu.
Plus précisément :

1. définissez un type énuméré `t_values` permettant de représenter les valeurs [2] *pierre*, *feuille*, *ciseaux*, que peuvent choisir les joueurs durant le jeu ;
2. définissez une fonction `value_of_int(x : int) : t_values` qui associe les trois valeurs ci-dessus aux valeurs `0`, `1` et `2` ;
3. définissez une fonction [3] `choose() : t_values`, dont le résultat est une valeur quelconque du type `t_values` ; on utilise en particulier la fonction `rand_int` évoquée précédemment ;

1. Cette fonction n'est pas une fonction prédéfinie `OCaml` : elle fait partie des fonctions utilitaires définies dans la section 11.1 page 403.

2. En anglais, le jeu s'appelle *rock - paper - scissors*.

3. On peut remarquer que cette fonction n'utilise aucune valeur en entrée pour calculer son résultat.

4. définissez une fonction `gain(val_1, val_2 : t_values * t_values) : int * int`, qui a en paramètre deux valeurs de type `t_values`, et en résultat le couple correspondant aux variations des scores de chacun des joueurs, par exemple `(0, 0)` si les valeurs sont égales, ou `(1, 0)` si la première valeur l'emporte sur la deuxième ;
5. écrivez une fonction récursive `play_rounds(max_score, score_1, score_2 : int * int * int) : int` qui :
   (a) vérifie si l'un des joueurs a gagné, c'est-à-dire que son score atteint le score maximal prévu ; dans ce cas, le résultat est le numéro du joueur gagnant (`1` ou `2`) ;
   (b) si ce n'est pas le cas, la fonction simule un tour de jeu, en utilisant des fonctions définies précédemment, et se ré-appelle avec la nouvelle valeur de paramètre correspondante ;
6. écrivez une fonction `winner(x : int) : string`, dont le résultat est une chaîne de caractères indiquant le joueur gagnant, dont le numéro est donné en paramètre ;
7. enfin, écrivez une fonction `play(max_score : int) : string`, qui simule le jeu.

**Exercice 61**

On considère la suite définie ci-après pour $n$ positif :

$$s(n) = \begin{cases} 1 & si \quad n = 0 \\ 1 & si \quad n = 1 \\ 1 & si \quad n = 2 \\ s(n-1) + s(n-2) + s(n-3) & sinon \end{cases}$$

Écrivez une fonction `s(n : int) : int` qui calcule le $n^{ième}$ terme de cette suite.

Même question pour la suite ci-après :

$$t(n) = \begin{cases} 1 & si \quad n = 0 \\ 1 & si \quad n = 1 \\ 1 & si \quad n = 2 \\ t(n-1) + t(n-3) & si \quad n >= 3 \end{cases}$$

## 5.5 Corrigés

### Corrigés des exercices d'application

#### Corrigé de l'exercice 53

Le principe du calcul est tout à fait similaire à celui de la fonction `factorial` : *cf.* section 5.1.3 page 153. La fonction `pow` teste si le paramètre est valide ; si c'est le cas, la fonction auxiliaire récursive `pow_aux` est appelée. Ci-après figurent deux versions possibles de la fonction, la première en récursivité non terminale, la seconde en récursivité terminale (*cf.* section 5.3.2 page 162). Des variables locales sont utilisées dans les deux versions pour bien distinguer les opérations effectuées. Bien sûr, on pourrait écrire directement les calculs, par exemple pour la première version : ··· `else pow_aux(n, p - 1) * n`.

```
(* premiere version : recursivite non terminale *)
# let rec pow_aux(n, p : int * int) : int =
  if p = 0
  then 1
  else
    let prev_res : int = pow_aux(n, p-1) in
      prev_res * n
;;
val pow_aux : int * int -> int = <fun>
# let pow(n, p : int * int) : int =
  if p < 0
  then failwith("erreur pow : exposant negatif")
  else pow_aux(n, p)
;;
val pow : int * int -> int = <fun>
```

Après avoir exécuté les commandes pour tracer les fonctions, quelques tests sont exécutés : le premier comporte un exposant négatif, le second comporte un exposant nul, le troisième comporte un exposant strictement positif.

```
# pow(5, -3) ;;
pow <-- (5, -3)
pow raises Failure "erreur pow : exposant negatif"
Exception: Failure "erreur pow : exposant negatif".
# pow(5, 0) ;;
pow <-- (5, 0)
pow_aux <-- (5, 0)
pow_aux --> 1
pow --> 1
- : int = 1
# pow(5, 3) ;;
pow <-- (5, 3)
pow_aux <-- (5, 3)
```

```
pow_aux <-- (5, 2)
pow_aux <-- (5, 1)
pow_aux <-- (5, 0)
pow_aux --> 1
pow_aux --> 5
pow_aux --> 25
pow_aux --> 125
pow --> 125
- : int = 125
```

Les mêmes tests sont effectués pour la version récursive terminale : remarquez la différence d'exécution de `pow(5, 3)` entre les deux versions.

```
(* Deuxieme version : recursivite terminale *)
let rec pow_aux(n, max_p, cur_val, cur_p : int * int * int * int) :
                                                                int =
  if max_p = cur_p
  then cur_val
  else
    let new_p : int = cur_p + 1 in
    let new_val : int = cur_val * n in
      pow_aux(n, max_p, new_val, new_p)
;;
let pow(n, p : int * int) : int =
  if p < 0
  then failwith("erreur pow : exposant negatif")
  else pow_aux(n, p, 1, 0)
;;

# pow(5, 3) ;;
pow <-- (5, 3)
pow_aux <-- (5, 3, 1, 0)
pow_aux <-- (5, 3, 5, 1)
pow_aux <-- (5, 3, 25, 2)
pow_aux <-- (5, 3, 125, 3)
pow_aux --> 125
pow_aux --> 125
pow_aux --> 125
pow_aux --> 125
pow --> 125
- : int = 125
```

### Corrigé de l'exercice 54

On choisit d'utiliser une fonction `even` qui teste si son paramètre de type `int` est pair. De manière similaire à la fonction `factorial` (*cf.* section 5.1.3 page 153), la fonction `syracuse` teste la validité de son paramètre, et appelle le cas échéant une fonction auxiliaire récursive qui calcule le résultat. Pour cette dernière, la condition d'arrêt est que la valeur du paramètre est égale à 1 : implicitement, on suppose donc que la conjecture de Syracuse est vraie (si la conjecture est fausse, la fonction peut « s'appeler à l'infini »). En pratique, on constate que la dernière valeur calculée est 1, quelle que soit la valeur du paramètre.

```
let even(a : int) : bool =
  (a mod 2 = 0)
;;

let rec syracuse_aux(a : int) : bool =
  if a = 1
  then true
  else
    if even(a)
    then syracuse_aux(a / 2)
    else syracuse_aux(3 * a + 1)
;;
let syracuse(a : int) : bool =
  if a <= 0
  then failwith("erreur syracuse : le parametre est negatif")
  else syracuse_aux(a)
;;
# syracuse(5) ;;
syracuse <-- 5
syracuse_aux <-- 5
syracuse_aux <-- 16
syracuse_aux <-- 8
syracuse_aux <-- 4
syracuse_aux <-- 2
syracuse_aux <-- 1
syracuse_aux --> true
syracuse_aux --> true
syracuse_aux --> true
syracuse_aux --> true
syracuse_aux --> true
syracuse_aux --> true
syracuse --> true
- : bool = true
```

### Corrigé de l'exercice 55

1), 2) et 3) Pour la fonction nb_days_in_month, il suffit de distinguer les différents cas possibles suivant le nombre de jours dans un mois : 28, 29, 30 et 31. Pour la fonction check_date : il n'y a pas de contraintes sur l'année ; en revanche, le numéro de mois doit être compris entre 1 et 12, et le numéro de jour doit être compris entre 1 et le nombre de jours du mois. Les tests à effectuer sont des tests classiques de conditionnelles. Pour la fonction `check_date`, on trace de plus la fonction, afin de vérifier les appels de fonction.

```
type t_triplint = int * int * int ;;
let nb_days_in_month(month, is_leap_year : int * bool) : int =
  if month = 2
    then
      if is_leap_year
      then 29
      else 28
    else
      if month = 4 || month = 6 || month = 9 || month = 11
      then 30
      else  31
;;
let check_date(date : t_triplint) : bool =
  let (day, month, year) : t_triplint = date in
    if (month < 1) || (month > 12)
    then false
    else (day >= 1)
              && (day <= nb_days_in_month(month, leap_year(year)))
;;
```

4) Le calcul de la date du lendemain ressemble à l'addition d'une seconde à un horaire : si l'on n'est pas au dernier jour du mois, il suffit de passer au jour suivant. Si l'on est au dernier jour du mois, et si le mois n'est pas le dernier de l'année, on passe au premier jour du mois suivant ; sinon, on passe au premier janvier de l'année suivante. Les tests sont similaires dans le principe à ceux des fonctions précédentes.

```
let tomorrow(date : t_triplint) : t_triplint =
  let (day, month, year) : t_triplint = date in
  let nb_days : int = nb_days_in_month(month, leap_year(year)) in
    if day < nb_days
    then (day + 1, month, year)
    else
      if month < 12
      then (1, month + 1, year)
      else (1, 1, year + 1)
;;
```

5) La première variante de la fonction `sort_dates` compare explicitement les composants des dates. La deuxième version utilise la possibilité offerte par `OCaml` de comparer des n-uplets.

```
let sort_dates(date_1, date_2 : t_triplint * t_triplint) :
                                            t_triplint * t_triplint =
  let (day_1, month_1, year_1) : t_triplint = date_1
          and (day_2, month_2, year_2) : t_triplint = date_2
  in
```

```
  let d1_inf_d2 : bool = (year_1 < year_2)
    || ((year_1 = year_2) && (month_1 < month_2))
    || ((year_1 = year_2) && (month_1 = month_2) && (day_1 <= day_2))
  in
    if d1_inf_d2
    then (date_1, date_2)
    else (date_2, date_1)
;;
let sort_dates(date_1, date_2 : t_triplint * t_triplint) :
                                        t_triplint * t_triplint =
  let (day_1, month_1, year_1) : t_triplint = date_1
          and (day_2, month_2, year_2) : t_triplint = date_2
  in
  let date_bis_1 : t_triplint = (year_1, month_1, day_1)
          and date_bis_2 : t_triplint = (year_2, month_2, day_2)
  in
    if date_bis_1 <= date_bis_2
    then (date_1, date_2)
    else (date_2, date_1)
;;
```

6) Le principe du calcul du nombre de jours entre deux dates est le suivant. Soit `d_1`, la plus petite des dates (la première au sens de l'antériorité), et soit `d_2` la plus grande des dates : si les dates sont égales, le nombre de jours entre `d_1` et `d_2` est nul, sinon c'est un jour de plus que le nombre de jours entre le lendemain de `d_1` et `d_2`. Si l'on fait une analogie avec les entiers : `d2 - d1 = (d2 - (d1 + 1)) + 1`. La fonction récursive `gap_dates_aux` implante cette idée. La fonction `gap_dates` vérifie si les dates sont valides ; dans ce cas, elle appelle la fonction `gap_dates_aux` sur le couple de dates ordonnées par ordre d'antériorité.

Dans la première version ci-après, la fonction `gap_dates_aux` est récursive non terminale. Pour l'exemple d'exécution, seules les fonctions `gap_dates` et `gap_dates_aux` sont tracées. L'enchaînement d'appels récursifs stoppe lorsque la condition d'arrêt est remplie, c'est-à-dire quand les deux dates sont égales ; le résultat, ici `0`, est transmis à sa fonction appelante, qui effectue alors le calcul de son résultat (`1`) et le transmet à sa fonction appelante, et ainsi de suite.

```
let rec gap_dates_aux(date_1, date_2 : t_triplint * t_triplint) :
                                                      int =
  if date_1 = date_2
  then 0
  else
    let gap_tom_date_1 : int =
              gap_dates_aux(tomorrow(date_1), date_2)
    in
      gap_tom_date_1 + 1
;;
```

```
let gap_dates(date_1, date_2 : t_triplint * t_triplint) : int =
  if not(check_date(date_1)) || not(check_date(date_2))
  then failwith("erreur gap_dates : une date est incorrecte")
  else gap_dates_aux(sort_dates(date_1, date_2))
;;

# gap_dates((5, 4, 2020), (31, 3, 2020));;
gap_dates <-- ((5, 4, 2020), (31, 3, 2020))
gap_dates_aux <-- ((31, 3, 2020), (5, 4, 2020))
gap_dates_aux <-- ((1, 4, 2020), (5, 4, 2020))
gap_dates_aux <-- ((2, 4, 2020), (5, 4, 2020))
gap_dates_aux <-- ((3, 4, 2020), (5, 4, 2020))
gap_dates_aux <-- ((4, 4, 2020), (5, 4, 2020))
gap_dates_aux <-- ((5, 4, 2020), (5, 4, 2020))
gap_dates_aux --> 0
gap_dates_aux --> 1
gap_dates_aux --> 2
gap_dates_aux --> 3
gap_dates_aux --> 4
gap_dates_aux --> 5
gap_dates --> 5
- : int = 5
```

Dans cette seconde version, la fonction gap_dates_aux est récursive terminale. Notez la différence d'exécution par rapport à la première version.

```
let rec gap_dates_aux(date_1, date_2, cur_days :
                            t_triplint * t_triplint * int) : int =
  if date_1 = date_2
  then cur_days
  else
    gap_dates_aux(tomorrow(date_1), date_2, cur_days + 1)
;;
let gap_dates(date_1, date_2 : t_triplint * t_triplint) : int =
  if not(check_date(date_1)) || not(check_date(date_2))
  then failwith("erreur gap_dates : une date est incorrecte")
  else
    let (d_1, d_2) :  t_triplint * t_triplint =
            sort_dates(date_1, date_2)
    in
      gap_dates_aux(d_1, d_2, 0)
;;

# gap_dates((5, 4, 2020), (31, 3, 2020));;
gap_dates <-- ((5, 4, 2020), (31, 3, 2020))
gap_dates_aux <-- ((31, 3, 2020), (5, 4, 2020), 0)
gap_dates_aux <-- ((1, 4, 2020), (5, 4, 2020), 1)
gap_dates_aux <-- ((2, 4, 2020), (5, 4, 2020), 2)
```

```
gap_dates_aux <-- ((3, 4, 2020), (5, 4, 2020), 3)
gap_dates_aux <-- ((4, 4, 2020), (5, 4, 2020), 4)
gap_dates_aux <-- ((5, 4, 2020), (5, 4, 2020), 5)
gap_dates_aux --> 5
gap_dates_aux --> 5
gap_dates_aux --> 5
gap_dates_aux --> 5
gap_dates_aux --> 5
gap_dates_aux --> 5
gap_dates --> 5
- : int = 5
```

## Corrigés des exercices de compréhension / conception

### Corrigé de l'exercice 56

La fonction `mystery` calcule le $n^{ième}$ terme de la suite de Fibonacci (*cf.* section 5.1.4 page 156). Plus précisément, la fonction `mystery` traite le cas d'un paramètre négatif, et répond directement pour `n = 0`. Pour `n >= 1`, elle appelle la fonction auxiliaire `mystery_aux`, qui calcule les $(n-1)^{ième}$ et $n^{ième}$ termes de la suite de Fibonacci. Dans cette suite, un terme est calculé en fonction des deux termes précédents : la fonction auxiliaire doit donc avoir en résultat un couple composé de deux termes consécutifs [1].

Pour suivre un exemple de toutes les exécutions possibles de la fonction `mystery`, il faudrait l'expérimenter avec comme paramètre : une valeur négative, la valeur `0`, la valeur `1`, une valeur supérieure ou égale à 2. Les trois premiers cas sont très simples : nous déroulons ici l'exécution avec la valeur `4` en paramètre.

▽ évaluation de `mystery(4)` :

1. passage de paramètre : `n` vaut `4` ;
2. évaluation de `(x, y)`, qui commence par :
   ▽ évaluation de `mystery_aux(4)` :
   (a) passage de paramètre : `n` vaut `4` ;
   (b) évaluation de `(x, y)`, qui commence par :
      ▽ évaluation de `mystery_aux(3)` :
      i. passage de paramètre : `n` vaut `3` ;
      ii. évaluation de `(x, y)`, qui commence par :
         ▽ évaluation de `mystery_aux(2)` :
         A. passage de paramètre : `n` vaut `2` ;

1. Pour le calcul du $n^{ième}$ terme de la suite des factorielles, la fonction ne retourne qu'un terme, car seul un terme est nécessaire pour calculer le suivant : *cf.* section 5.1.

B. évaluation de `(x, y)`, qui commence par :
▽ évaluation de `mystery_aux(1)` :
— passage de paramètre : `n` vaut `1` ;
— le résultat a pour valeur `(1, 1)`

C. △ la valeur de `mystery_aux(1)` est `(1, 1)`, donc la valeur de `(x, y) = (1, 1)` ;

D. la valeur de `(y, x + y)` est `(1, 2)` ;

iii. △ la valeur de `mystery_aux(2)` est `(1, 2)`, donc la valeur de `(x, y) = (1, 2)` ;

iv. la valeur de `(y, x + y)` est `(2, 3)` ;

(c) △ la valeur de `mystery_aux(3)` est `(2, 3)`, donc la valeur de `(x, y) = (2, 3)` ;

(d) la valeur de `(y, x + y)` est `(3, 5)` ;

3. △ la valeur de `mystery_aux(4)` est `(3, 5)`, donc la valeur de `(x, y) = (3, 5)` ;
4. la valeur de `y` est `5` ;

△ la valeur de `mystery(4)` est `5`

### Corrigé de l'exercice 57

Le principe de la première version de `nb_div` est le suivant : si `max_d` est égal à `1`, c'est un diviseur de `y`, la valeur du résultat est donc égal à `1` ; si la valeur de `max_d` est strictement supérieure à `1`, on calcule le nombre `nb_prec` de diviseurs de `y` compris entre `1` et `max_d - 1` ; il suffit alors d'ajouter ou non la valeur `1` à ce nombre, suivant que `max_d` est un diviseur de `y` ou non. La fonction `nb_div` n'est pas récursive terminale.

```
let rec nb_div(y, max_d : int * int) : int =
  if  max_d = 1
  then 1
  else
    let nb_prec : int = nb_div(y, max_d - 1) in
      if y mod max_d = 0
      then  1 + nb_prec
      else nb_prec
;;
```

Dans la version ci-après, la fonction `nb_div` appelle la fonction `nb_div_aux`, qui est récursive terminale et qui contient une valeur supplémentaire dans son paramètre : cette valeur correspond au nombre de diviseurs « rencontrés » avant l'exécution de la fonction. Initialement, ce nombre est égal à `0`, à l'appel de `nb_div_aux` par `nb_div`.

```
let rec nb_div_aux(y, max_d, cur_nb : int * int * int) : int =
  if  max_d = 1
  then cur_nb + 1
  else
    if y mod max_d = 0
    then nb_div_aux(y, max_d - 1, cur_nb + 1)
    else nb_div_aux(y, max_d - 1, cur_nb)
;;
let rec nb_div(y, max_d : int * int) : int =
  nb_div_aux(y, max_d, 0)
;;
```

La fonction `number_of_divisors` utilise l'une ou l'autre des versions précédentes. La fonction `is_prime` est définie en utilisant `number_of_divisors`.

```
let number_of_divisors(x : int) : int =
  if x <= 0
  then failwith("erreur number_of_divisors :
                 parametre non strictement positif")
  else nb_div(x, x)
;;
let is_prime(x : int) : bool =
  (number_of_divisors(x) = 2)
;;
```

Dans la version optimisée, l'idée est que l'on peut répondre à la question directement si `x = 1` ou `x = 2` ; si la valeur de `x` est strictement supérieure à 2, on cherche s'il existe un diviseur de `x` supérieur à 2 et inférieur à la valeur arrondie de la racine de `x` (à une unité près).

```
let rec nb_div_prime(y, max_d : int * int) : bool =
  if  max_d = 1
  then true
  else
    if y mod max_d = 0
    then  false
    else nb_div_prime(y, max_d - 1)
;;
let is_prime(x : int) : bool =
  if x <= 0
  then failwith("erreur is_prime : parametre non strictement positif")
  else
    if x = 1
    then false
    else
      if x = 2
      then true
      else nb_div_prime(x, 1 + int_of_float(sqrt(float_of_int(x))))
;;
```

## Corrigés des exercices divers

### Corrigé de l'exercice 58

Comme la fonction `mystery`, la fonction `fibo` ci-après distingue les mêmes cas, et appelle la fonction auxiliaire `fibo_aux` si la valeur du paramètre est supérieure ou égale à `1`. Cette fonction a 4 valeurs en paramètre :

1. `n` est similaire au paramètre de la fonction `mystery_aux` ;
2. `i` est l'indice du terme courant de la suite de Fibonacci ;
3. `prec` est la valeur du $(i-1)^{ème}$ terme de la suite ;
4. `cur` est la valeur du $i^{ème}$ terme de la suite.

On peut vérifier que cette interprétation est correcte pour l'appel initial `fibo_aux(n, 1, 1, 1)`. La fonction `fibo_aux` se contente de tester si `i = n`, auquel cas `cur` est la valeur cherchée ; sinon, `i` est strictement inférieur à `n`, et la fonction `fibo_aux` est appelée avec la valeur de paramètre qui correspond au terme suivant de la suite de Fibonacci.

```
let rec fibo_aux(n, i, prec, cur : int * int * int * int) : int =
 if i = n
 then cur
 else fibo_aux(n, i + 1, cur, prec + cur)
;;
let fibo(n : int) : int =
   if n < 0
   then failwith("erreur mystery : parametre negatif")
   else
     if n = 0
     then 1
     else fibo_aux(n, 1, 1, 1)
;;
```

### Corrigé de l'exercice 59

La fonction `ackerman` vérifie la validité du paramètre, et appelle la fonction récursive `ackerman_aux` le cas échéant. Cette dernière fonction implante directement la définition. On peut remarquer que dans un cas, la fonction s'appelle deux fois elle-même : il est intéressant de tracer les fonctions afin de bien comprendre ce que cela implique.

```
let rec ackerman_aux(m, n : int * int) : int =
  if m = 0
  then n + 1
  else
    if n = 0
    then ackerman_aux(m - 1, 1)
    else ackerman_aux(m - 1, ackerman_aux(m, n - 1))
;;
```

```
let ackerman(m, n : int * int) : int =
  if (m < 0) || (n < 0)
  then failwith("erreur ackerman : le parametre est negatif")
  else ackerman_aux(m, n)
;;
```

**Corrigé de l'exercice 60**

Il y a bien sûr plusieurs manières de concevoir et de développer un code simulant le jeu *pierre, feuille, ciseaux*. La conception a été basée sur les remarques suivantes (ce qui explique l'énoncé de l'exercice) :

1. trois valeurs sont manipulées, pour lesquelles aucune opération n'est nécessaire, en dehors des comparaisons : nous choisissons donc de définir un type énuméré `t_values` ;
2. à chaque étape de jeu, chacun des deux joueurs choisit une valeur : une fonction `choose` de choix de valeurs est développée, afin d'éviter la répétition de code ;
3. nous disposons d'une fonction produisant une valeur « au hasard », mais celle-ci manipule des valeurs de type `int` : nous choisissons donc de développer une fonction de conversion `int -> t_values` ;
4. la fonction `play` simule l'enchaînement de tours de jeu, et produit le résultat, ici une chaîne de caractères indiquant le joueur gagnant. Comme il est nécessaire de tester le paramètre, et de produire une information qui ne figure pas dans le paramètre (c.-à-d. les scores initiaux des joueurs), une fonction récursive `play_rounds` est définie, et l'exécution de `play` consiste principalement à vérifier son paramètre, à appeler la fonction `play_rounds` avec le paramètre adéquat, et à calculer le résultat final. La seule information nécessaire à la fin des tours de jeux est le numéro du joueur gagnant (NB. manipuler une information minimale est souvent un bon moyen d'éviter la répétition de code). La chaîne de caractères résultat de `play` est donc calculée à partir de ce numéro. Elle aurait pu être produite directement dans la fonction `play` ; nous avons choisi de développer une fonction `winner` pour bien identifier le calcul du résultat : c'est utile dans d'autres jeux, pour lesquels ce calcul peut être plus complexe, mais pas forcément ici où le calcul est simple.
5. la fonction `play_rounds` enchaîne les tours de jeu. Les informations nécessaires sont la valeur du score maximal, et les scores courants des joueurs : le profil de la fonction est donc : `int * int * int -> int`, le résultat de la fonction étant le numéro du joueur gagnant (il aurait été possible de choisir un booléen comme résultat ; mais comme nous souhaitons inclure le numéro du joueur gagnant dans la chaîne de caractères résultat, autant en disposer directement). Pour concevoir la fonction

play_rounds, nous nous posons en premier lieu la question de sa terminaison, qui correspond au fait que le score de l'un des joueurs atteint le score maximal ; si ce n'est pas le cas, il faut exécuter un tour de jeu, et réappeler la fonction play_rounds avec les valeurs du paramètre mis à jour. Pour un tour de jeu, il doit y avoir deux choix de valeurs de type t_values, et les scores doivent être modifiés en fonction de ces choix : nous choisissons donc d'écrire une fonction gain qui réalise cette dernière opération [1].

On peut remarquer qu'on pourrait ne pas prévoir un cas d'erreur pour la fonction value_of_int, qui n'est appelée que par la fonction choose, avec un paramètre compris entre 0 et 2. En revanche, il est indispensable de tester la validité du paramètre max_score de la fonction play. En effet, une partie « normale » s'exécute jusqu'à un score maximal strictement supérieur à 0 : c'est ce qui est considéré pour la conception des fonctions simulant le jeu. Si le paramètre max_score de la fonction play était strictement négatif, cela entraînerait une « récursion à l'infini » ; si ce paramètre était nul, cela entraînerait un résultat faux, car le joueur 1 serait considéré gagnant.

```
type t_values = ROCK | PAPER | SCISSORS ;;

let value_of_int(x : int) : t_values =
  if (x < 0) || (x > 2)
  then failwith("erreur values_of_int : parametre invalide")
  else
    if x = 0
    then ROCK
    else
      if x = 1
      then PAPER
      else SCISSORS
;;

let choose() : t_values =
  let i : int = rand_int(0, 2) in
    value_of_int(i)
;;

let gain(val_1, val_2 : t_values * t_values) : int * int =
  if (val_1 = val_2)
  then (0, 0)
  else
```

1. Comme mentionné précédemment, si l'on a des *calculs indépendants à décrire*, il est souvent *plus lisible, plus facilement testable et plus facilement maintenable de décrire chaque calcul dans une fonction* qui lui est propre, plutôt que d'écrire une fonction fourre-tout dans laquelle il est difficile de s'y retrouver.

```
    if ((val_1 = ROCK) && (val_2 = PAPER))
       || ((val_1 = PAPER) && (val_2 = SCISSORS))
       || ((val_1 = SCISSORS) && (val_2 = ROCK))
    then (0, 1)
    else (1, 0)
;;

let rec play_rounds(max_score, score_1, score_2 : int * int * int) :
                                                               int =
  if score_1 = max_score
  then 1
  else
    if score_2 = max_score
    then 2
    else
      let (gain_1, gain_2) : int * int = gain(choose(), choose()) in
        play_rounds(max_score, score_1 + gain_1, score_2 + gain_2)
;;

let winner(x : int) : string =
  "le joueur " ^ string_of_int(x) ^ " gagne"
;;

let play(max_score : int) : string =
  if max_score <= 0
  then failwith("erreur play : parametre invalide")
  else winner(play_rounds(max_score, 0, 0))
;;
```

Les valeurs 0 et 0 pour l'appel de la fonction `play_rounds` dans la fonction `play` correspondent aux scores initiaux des deux joueurs.

On peut noter que, à moins de disposer d'informations sur la fonction `rand_int`, il n'est pas possible de prouver la terminaison de la fonction : en effet, si les choix des deux joueurs sont les mêmes à chaque tour de jeu, la fonction `play_rounds` s'exécute « à l'infini », puisque les gains des deux joueurs sont nuls à chaque tour de jeu. En réalité, ce n'est bien sûr pas le cas, car la fonction `rand_int` ne retourne pas systématiquement des nombres égaux par série de deux...

### Corrigé de l'exercice 61

Le principe est le même que pour la suite de Fibonacci. Simplement, comme le $n^{ième}$ terme est défini à partir des trois termes précédents, il est nécessaire de disposer de ces valeurs quand besoin est. Les fonctions ci-après implantent des solutions comparables à celles présentées précédemment pour le calcul du $n^{ième}$ terme de la suite de Fibonacci.

```
(* recursivite non terminale *)
let rec s_aux(n : int) : int * int * int =
 if n = 2
 then (1, 1, 1)
 else
    let (x, y, z) : int * int * int = s_aux(n-1) in
       (y, z, x + y + z)
;;

let s(n : int) : int =
   if n < 0
   then failwith("erreur mystery : parametre negatif")
   else
      if n = 0
      then 1
      else
        if n = 1
        then 1
        else
          let (x, y, z) : int * int * int = s_aux(n) in
             z
;;

(*recursivite terminale *)
let rec s_aux(n, i, x, y, z : int * int * int * int * int) : int =
 if i = n
 then z
 else s_aux(n, i + 1, y, z, x + y + z)
;;

let s(n : int) : int =
   if n < 0
   then failwith("erreur mystery : parametre negatif")
   else
     if n = 0
     then 1
     else
       if n = 1
       then 1
       else s_aux(n, 2, 1, 1, 1)
;;
```

Pour la suite $t(n)$, comme $t(n) = t(n-1) + t(n-3)$, une erreur fréquente est de considérer qu'il n'y a besoin que de 2 valeurs pour calculer une valeur. Or, s'il n'y a besoin que de $t(n-1)$ et $t(n-3)$ pour calculer $t(n)$, il y a besoin de $t(n-2)$ et de $t(n)$ pour calculer $t(n+1)$. Il n'est donc pas possible d'oublier des valeurs lors du calcul (en l'occurence, $t(n-2)$ quand on calcule $t(n)$), car même si l'on n'en a pas besoin à ce moment, on en a besoin dans un calcul ultérieur. La fonction `t(n : int) : int` est parfaitement similaire à la fonction `s(n : int) : int` ci-dessus. Il y a simplement une modification dans le calcul décrit par la fonction auxiliaire.

```
(* recursivite non terminale *)
let rec t_aux(n : int) : int * int * int =
 if n = 2
 then (1, 1, 1)
 else
    let (x, y, z) : int * int * int = t_aux(n-1) in
       (y, z, x + z)
;;

(*recursivite terminale *)
let rec t_aux(n, i, x, y, z : int * int * int * int * int) : int =
 if i = n
 then z
 else t_aux(n, i + 1, y, z, x + z)
;;
```

# Chapitre 6

# Listes

**Mots-clés :**
- listes sur un type,
- structure de données récursive,
- fonctions de manipulation de listes,

**Objectifs :**
- comprendre les listes et leur nature récursive,
- comprendre des algorithmes de manipulation de listes,
- savoir utiliser des listes pour formaliser un problème simple,
- savoir écrire des fonctions récursives pour manipuler des listes.

Nous avons vu que, grâce à la récursivité, le nombre de calculs exécutés par une fonction peut dépendre de la valeur de son paramètre : il est donc possible d'effectuer « autant de calculs que l'on veut ».

Mais les possibilités étudiées jusqu'à présent pour la définition de *types ne permettent pas*, pour une fonction, *de manipuler un nombre « quelconque » de valeurs en paramètre et / ou en résultat*[1].

1. Ce problème est similaire à celui évoqué pour les fonctions non récursives : nous avons vu que, sans la récursivité, le nombre de calculs « de base » pouvant être être effectués par une fonction est lié à la taille du code. De même, le nombre de champs d'un type structuré, par exemple, est lié à la taille de sa déclaration. Plus généralement, si l'on ne manipule que les possibilités de définition de types vues jusqu'à présent, le nombre de valeurs de base pouvant composer un paramètre ou un résultat est liée à la taille de la déclaration du paramètre et aux tailles des types intervenant dans cette déclaration. De plus, leur manipulation explicite nécessite de *nommer explicitement* chacune de ces valeurs : la taille du code dépend donc du nombre de valeurs manipulées.

Considérons par exemple que, dans un cadre d'enseignement, l'on souhaite écrire une fonction qui calcule la moyenne à une épreuve pour un ensemble d'apprenants. Plusieurs problèmes se posent :

1. supposons que le *nombre exact* d'apprenants soit connu :
   (a) si l'on n'utilise que les types vus jusqu'à présent (*cf.* chapitre 1), il faut donc utiliser un type produit ou un type structuré pour représenter l'ensemble des notes des apprenants. On se rend compte facilement que la « taille » de la fonction est liée au nombre d'apprenants : par exemple, regardez comment généraliser la fonction `average_3_marks` de la section 2.1.1.1 (page 56) pour calculer la moyenne de 32 notes ;
   (b) la notion de *tableau* permet de manipuler un nombre connu de valeurs, sans que la « taille » de la fonction ne soit liée à ce nombre de valeurs : *cf.* chapitre 9 ;
2. supposons que l'on connaisse le *nombre maximum* d'apprenants, mais que ce nombre puisse varier suivant l'épreuve. Par exemple dans un lycée, le nombre d'élèves par classe peut varier : faut-il écrire une fonction par classe ? Et même si l'on ne considère qu'une classe, si un élève est malade le jour d'un contrôle, faut-il écrire une fonction spécifique pour ce jour là ? Une manière de faire, si l'on connaît le nombre maximum de valeurs pouvant être manipulées, consiste à se ramener au cas précédent, en associant à chaque valeur une autre information, qui indique si la valeur doit être prise en compte dans le calcul. Par exemple, si l'on sait qu'il y a au maximum 40 élèves par classe, mais qu'il n'y a que 36 élèves présents, il suffit de fournir 36 notes, chacune avec l'indication que la note doit être prise en compte, et 4 notes quelconques, chacune avec l'indication que la note ne doit pas être prise en compte. Il est alors possible de calculer la moyenne, même si la représentation des informations utiles, et donc la description des calculs, est complexifiée. De plus, il faut noter que cette manière de faire est particulièrement inefficace si le nombre de valeurs à prendre en compte est très variable ;
3. supposons que le *nombre* d'apprenants ne soit *pas borné a priori*, par exemple que l'épreuve concerne un enseignement à distance, auquel peut s'inscrire toute personne de tout pays. Si l'on cherche à se ramener au cas précédent, quel nombre maximum d'apprenants faut-il considérer : un nombre arbitraire, ou la taille maximale théorique de la population mondiale, ou un autre nombre choisi sur quels critères ? En fait, la *récursivité* permet ici aussi de résoudre ces problèmes. S'il est possible de décrire récursivement des calculs en définissant des fonctions récursives, il est aussi possible de *décrire récursivement des valeurs en définissant*

*des types récursifs.* Dans notre exemple, nous avons en fait besoin de manipuler un *ensemble* de notes [1]. Informellement, un ensemble de valeurs peut être défini récursivement ainsi :

(a) l'ensemble vide ne contient aucune valeur ;

(b) un ensemble contenant $n$ valeurs (avec $n > 0$) consiste en fait en l'ajout de 1 valeur à un ensemble contenant $n-1$ valeurs : par exemple, un ensemble contenant 1 valeur consiste en l'ajout de cette valeur à l'ensemble vide ; un ensemble contenant deux valeurs consiste en l'ajout d'une valeur à un ensemble contenant 1 valeur, etc.

La notion de *liste* étudiée dans ce chapitre est un autre exemple de type pouvant être défini récursivement : *cf.* section 6.3.1 page 206.

# 6.1 Notions essentielles

## 6.1.1 Définition

Fondamentalement, une **liste sur un type est une suite de valeurs de ce type**. C'est une notion importante en Algorithmique. Elle existe nativement, sous diverses formes, dans de nombreux langages de programmation, par exemple en `OCaml` ; d'autres langages possèdent des mécanismes permettant de définir et de manipuler des listes.

En `OCaml`, une liste est délimitée par des crochets `[` et `]`, et les valeurs sont séparées par des points-virgules, par exemple :

```
# [3; 6; 1];;
- : int list = [3; 6; 1]
```

Dans cet exemple, la *liste* est `[3; 6; 1]`, son *type* est `int list` ; le mot-clé `list` indique qu'il s'agit d'un type de listes, et le nom de type `int` précise qu'il s'agit de listes définies sur le type `int`. Dit autrement, le type `int list` est l'ensemble de toutes les listes contenant des valeurs de type `int`.

```
# ["hello"; "world"];;
- : string list = ["hello"; "world"]
```

L'interpréteur a reconnu une liste de chaînes de caractères ; le type est `string list`.

Par la suite, nous utilisons aussi le terme *élément* pour désigner une valeur contenue dans une liste : par exemple, les valeurs `3`, `6` et `1` sont les trois éléments de la liste `[3; 6; 1]`. Plus précisément, il existe un ordre sur ces éléments : `3` est le premier élément de la liste, `6` est le deuxième élément et `1` est le troisième et dernier élément.

1. Mathématiquement, il s'agit d'un *multi-ensemble*, dans lequel la même valeur peut apparaître plusieurs fois.

Comme dit précédemment, les éléments d'une liste sont tous du même type :

```
# [3 ; 4.0];;
Error: This expression has type float but an expression was expected
of type int
```

Une **liste vide ne contient pas de valeurs** :

```
# [];;
- : 'a list = []
```

L'interpréteur a reconnu *une* liste vide, mais il ne sait pas de quel type *précis* est cette liste. Comme elle ne contient pas de valeurs, il ne peut pas déduire le type précis de la liste à partir des valeurs contenues dans celle-ci. C'est la raison pour laquelle il indique que le type de cette liste est `'a list` car, en `OCaml`, `'a` désigne n'importe quel type. Par abus de langage, nous parlons parfois de « la » liste vide [1].

Il est bien sûr possible de :

1. définir un type de liste sur n'importe quel autre type ;
2. définir explicitement un type de listes en lui donnant un nom [2] ;
3. définir des variables non mutables de type liste.

Par exemple, considérons le type structuré `t_point` défini dans la section 1.1.3.3 page 27.

```
# [{x = 0.0 ; y = 0.0} ; {x = 1.0 ; y = 0.0} ; {x = 0.0 ; y = 1.0}] ;;
- : t_point list = [{x = 0.; y = 0.}; {x = 1.; y = 0.}; {x = 0.; y =
1.}]
# type t_curve = t_point list ;;
type t_curve = t_point list
```

1. Bien sûr, le problème ne se pose pas quand des variables sont déclarées, puisque, selon nos conventions, le type de la variable doit être indiqué à sa déclaration :

```
# let myl1 : int list = [] ;;
val myl1 : int list = []
# let myl2 : char list = [] ;;
val myl2 : char list = []
# myl1 = myl2 ;;
Error: This expression has type char list but an expression was expected
of type int list. Type char is not compatible with type int
```

2. Ceci permet de choisir un nom :
— adapté au problème, comme par exemple `t_curve` plutôt que `t_point list`, si l'on développe une application graphique dans laquelle des courbes sont manipulées ;
— et / ou plus lisible que le nom « de base », qui reflète la définition du type, comme par exemple `(int * int) list list` ; plus la définition du type est élaborée, plus le nom « de base » peut devenir compliqué à lire.

```
# let m : t_curve = [{x = 2.0 ; y = 3.0}; {x = 4.0 ; y = 1.0}] ;;
val m : t_curve = [{x = 2.; y = 3.}; {x = 4. ; y = 1.}]
```

Il est aussi possible de définir des listes, dans lesquelles les éléments sont des listes :

```
# [[(1, 2); (3, 4)]; [(2, 3); (4, 5); (2, 4)] ; []] ;;
- : (int * int) list list = [[(1, 2); (3, 4)]; [(2, 3); (4, 5); (2,
4)]; []]
```

Le type indiqué par l'interpréteur doit se lire : `((int * int) list) list`, c'est-à-dire que la valeur définie est une liste dont chaque élément est une liste de couples d'entiers.

### 6.1.2 Opérations de base

`OCaml` offre plusieurs opérateurs et fonctions de manipulation des listes. Néanmoins, nous utilisons exclusivement les opérateurs et fonctions décrits ci-après. Il est à noter que :

- les fonctions ne sont pas des fonctions prédéfinies en `OCaml` : elles font partie des fonctions utilitaires (*cf.* section 11.1 page 403) ;
- les opérateurs et les fonctions s'appliquent à des listes construites sur des types quelconques, c'est-à-dire des `'a list` en `OCaml` comme indiqué précédemment.

#### • Comparateurs

Les comparateurs usuels (`<`, `=`, `<=`, `>`, `>=`, `=`, `<>`) permettent de comparer deux *listes de même type*. Elles sont comparées selon l'ordre lexicographique usuel. Plus précisément, considérons deux listes `a = [a_0; a_1; ···; a_n]` et `b = [b_0; b_1; ···; b_m]` de même type :

1. `a < b` si et seulement si :
   (a) soit il existe `k` compris entre `0` et le minimum de `m` et `n`, vérifiant `a_k < b_k`, avec `a_i = b_i` pour tout `i` compris entre `0` et `k-1` ;
   (b) soit `m > n` et `a_i = b_i` pour tout `i` compris entre `0` et `n` ;
2. `a = b` si tous les composants de `a` et de `b` sont deux à deux égaux, c'est-à-dire que `n = m`, et `a_i = b_i` pour tout `i` compris entre `0` et `n` ;
3. `a > b` si et seulement si `b < a`.

On peut noter que selon cet ordre, la liste vide est la plus petite de toutes les listes de même type. Par exemple :

```
# [] < [2] ;;
- : bool = true
# [] < [3; 5; 7] ;;
- : bool = true
```

```
# [0; 3] < [2 ; 1] ;;
- : bool = true
# [3; 5; 7] < [3; 6] ;;
- : bool = true
# ["hello"; "world"; "!"] < ["hello"; "worlds"; "!"] ;;
- : bool = true
```

### • Longueur d'une liste

```
len(x : 'a list) : int
```

La longueur d'une liste est son nombre d'éléments. La fonction `len(x : 'a list) : int` retourne la longueur d'une liste `x`, par exemple :

```
# len([]) ;;
- : int = 0
# len([2; -1; 3]) ;;
- : int = 3
# len(["hello"; "my"; "world"; "!"]) ;;
- : int = 4
```

### • Accès aux éléments d'une liste

```
fst(x : 'a list) : 'a
lst(x : 'a list) : 'a
nth(x, k : 'a list * int) : 'a
```

Chacune des fonctions suivantes [1] a pour résultat un élément d'une liste, si cette liste est non vide ; *si la liste est vide, une erreur est engendrée* :

1. la fonction `fst(x : 'a list) : 'a` retourne le *premier* élément de la liste paramètre [2],
2. la fonction `lst(x : 'a list) : 'a` retourne le *dernier* élément de la liste paramètre,
3. la fonction `nth(x, k : 'a list * int) : 'a` retourne le $(k+1)^{ème}$ élément de la liste paramètre. Il faut noter que :
   — les positions [3] des éléments d'une liste sont numérotées à partir de `0` ; la position du dernier élément d'une liste `x` est donc `len(x) - 1` ;

---

1. Il y a une correspondance entre les noms des fonctions et ce qu'elles font : `fst` vient de *first*, `lst` vient de *last*, `nth` vient de $n^{ième}$ en anglais.

2. NB. Il existe une fonction prédéfinie `fst` en `OCaml`, qui n'a rien à voir avec la fonction `fst` utilisée ici. Cette fonction prédéfinie est donc *masquée* dès que les fonctions utilitaires de manipulation de listes sont compilées : il n'est alors plus possible de l'utiliser à partir de son simple nom (ceci dit, il reste possible de l'appeler, mais nous ne détaillons pas la manière de le faire, car nous n'utilisons jamais cette fonction prédéfinie).

3. La position d'un élément est appelée aussi *l'indice* de l'élément.

— la fonction n'est *définie que si la position* **k** *est valide*, c'est-à-dire qu'elle est comprise entre `0` et `len(x) - 1`.

Par exemple :

```
# fst([]) ;;
Exception: Failure "error fst : list is empty".
# fst([3; 2; -5; 1]) ;;
- : int = 3
# lst([3; 2; -5; 1]) ;;
- : int = 1
# nth([3; 2; -5; 1], 2) ;;
- : int = -5
# nth([3; 2; -5; 1], 4) ;;
Exception: Failure "error nth : index out of bounds".
```

Les deux premières égalités ci-après sont vraies pour toute liste `x` non vide (bien sûr, il faut que la liste `x` ait été déclarée au préalable) ; la troisième égalité est vraie pour toute liste contenant un élément :

```
# fst(x) = nth(x, 0) ;;
- : bool = true
# lst(x) = nth(x, len(x) - 1) ;;
- : bool = true
# fst(["one element"]) = lst(["one element"]) ;;
- : bool = true
```

**• Définition d'une liste comprenant un élément et ceux d'une autre liste**

```
add_fst(x, elt : 'a list * 'a) : 'a list
add_lst(x, elt : 'a list * 'a) : 'a list
add_nth(x, elt, k : 'a list * 'a * int) : 'a list
```

Chacune des fonctions suivantes[1] a pour résultat une liste, qui comprend un élément et les éléments d'une autre liste. Informellement, on parle « d'ajout d'un élément à une liste », mais cette formulation est impropre : *une liste est non mutable*, elle ne peut pas être modifiée (cette particularité est précisée ultérieurement).

On peut noter qu'il n'y a *pas de précondition pour les deux premières fonctions* :

1. la fonction `add_fst(x, elt : 'a list * 'a) : 'a list` a pour résultat une liste dont le premier élément est `elt` et les éléments suivants sont ceux de la liste `x` ;

1. Le nom des fonctions contient `add` pour *ajout* en anglais.

2. la fonction `add_lst(x, elt : 'a list * 'a) : 'a list` a pour résultat une liste dont les premiers éléments sont ceux de la liste `x`, et le dernier élément est `elt` ;
3. la fonction `add_nth(x, elt, k : 'a list * 'a * int) : 'a list` a pour résultat une liste contenant les éléments de la liste `x` ainsi que l'élément `elt`, qui est à l'indice `k` dans la liste résultat. Cette fonction a donc une *précondition* : `0 <= k <= len(x)` (puisque la longueur de la liste résultat est `len(x) + 1`).

**NB.** Pour chaque fonction, tous les éléments de la liste paramètre `x` se retrouvent dans le même ordre dans la liste résultat. Par exemple :

```
# add_fst([], 7) ;;
- : int list = [7]
# add_fst([3; 2; -5; 1], 7);;
- : int list = [7; 3; 2; -5; 1]
# add_lst([3; 2; -5; 1], 7);;
- : int list = [3; 2; -5; 1; 7]
# add_nth([3; 2; -5; 1], 7, 2) ;;
- : int list = [3; 2; 7; -5; 1]
# add_nth([3; 2; -5; 1], 7, 5) ;;
Exception: Failure "error add_nth : index out of bounds".
```

Les égalités ci-après sont vraies pour toute liste `x` non vide et toute valeur `y` (bien sûr, il faut que la liste `x` et la variable `y` aient été déclarées au préalable) ; la dernière égalité est vérifiée aussi par les fonctions `add_lst` et `add_nth` :

```
# add_nth(x, y, 0) = add_fst(x, y) ;;
- : bool = true
# add_nth(x, y, len(x)) = add_lst(x, y) ;;
- : bool = true
# add_fst([], y) = add_lst([], y) ;;
- : bool = true
# len(add_fst(x, y)) = len(x) + 1 ;;
- : bool = true
```

**• Définition d'une liste comprenant les éléments d'une autre liste, sauf un**

```
rem_fst(x : 'a list) : 'a list
rem_lst(x : 'a list) : 'a list
rem_nth(x, k : 'a list * int) : 'a list
```

Chacune des fonctions suivantes[1] a pour résultat une liste qui comprend tous les éléments d'une liste, sauf un. Informellement, on parle de « suppression d'un élément d'une liste », mais cette formulation est impropre, une liste étant non mutable.

Les trois fonctions ont pour précondition le fait que *la liste paramètre doit contenir au moins un élément*, c'est-à-dire qu'elle ne soit pas vide. Pour la dernière fonction, il faut en plus que l'indice de l'élément « supprimé » soit valide.

1. la fonction `rem_fst(x : 'a list) : 'a list` a pour résultat une liste contenant tous les éléments de la liste `x`, sauf le premier ;
2. la fonction `rem_lst(x : 'a list) : 'a list` a pour résultat une liste contenant tous les éléments de la liste `x`, sauf le dernier ;
3. la fonction `rem_nth(x, k : 'a list * int) : 'a list` a pour résultat une liste contenant les éléments de la liste `x`, sauf celui d'indice `k` ; *k doit être valide*, c'est-à-dire qu'il doit être compris entre `0` et `len(x) - 1`.

**NB.** Pour chaque fonction, tous les éléments de la liste paramètre `x` se retrouvent dans le même ordre dans la liste résultat. Par exemple :

```
# rem_fst([]) ;;
Exception: Failure "error rem_fst : list is empty".
# rem_fst([3; 2; -5; 1]) ;;
- : int list = [2; -5; 1]
# rem_lst([3; 2; -5; 1]) ;;
- : int list = [3; 2; -5]
# rem_nth([3; 2; -5; 1], 2) ;;
- : int list = [3; 2; 1]
# rem_nth([3; 2; -5; 1], 4) ;;
Exception: Failure "error rem_nth : index out of bounds".
```

La première égalité ci-après est vraie pour toute liste `x` non vide (déclarée au préalable), et pour chacune des trois fonctions `rem_fst`, `rem_lst` et `rem_nth` ; la deuxième égalité est vraie pour toute liste contenant un élément, et pour chacune des trois fonctions :

```
# len(rem_fst(x)) = len(x) - 1 ;;
- : bool = true
# rem_fst(["one element"]) = [] ;;
- : bool = true
```

### • Une liste est non mutable

Une erreur courante consiste à penser que l'application d'une fonction de calcul d'une liste (par exemple `add_fst` ou `rem_lst`) peut modifier la liste

1. Les noms des fonctions contiennent `rem`, pour *remove*.

paramètre. Il faut bien comprendre qu'une liste, de même que toute valeur de tout type étudié jusqu'à présent, est non mutable. On peut l'observer sur la séquence suivante :

```
# let x : int list = [3; 2; -5; 1] ;;
val x : int list = [3; 2; -5; 1]
# rem_fst(x) ;;
- : int list = [2; -5; 1]
# x ;;
- : int list = [3; 2; -5; 1]
# add_lst(x, 7) ;;
- : int list = [3; 2; -5; 1; 7]
# x ;;
- : int list = [3; 2; -5; 1]
```

Ce comportement [1] est parfaitement similaire aux comportements suivants pour des valeurs d'autres types.

```
# let b : bool = true ;;
val b : bool = true
# not(b) ;;
- : bool = false
# b ;;
- : bool = true
# let i : int = 3 ;;
val i : int = 3
# i + 1 ;;
- : int = 4
# i ;;
- : int = 3
```

### 6.1.3 Manipulation de listes : algorithmes de base

Les fonctions précédentes, utilisées dans des fonctions généralement récursives, permettent de manipuler les listes. Nous étudions ci-après trois cas de base (voir aussi la section 6.3 page 206).

#### Parcours de liste

On souhaite définir une fonction `sum_int_list` calculant la somme des éléments de listes d'entiers. La signature de la fonction est donc : `sum_int_list(x : int list) : int`. Si l'on imagine le déroulement de l'ensemble du calcul, il est nécessaire de *parcourir tous les éléments* d'une liste :

1. Pour mémoire, écrire `let x : int list = rem_fst(x) ;;` ne modifie pas la liste `x` ; cela définit une *nouvelle* variable qui a le même nom que la première variable de nom `x`, mais qui n'a pas la même valeur (*cf.* sections 1.2 et 1.3.1.1, pages 34 et 37). Conformément à notre convention « un nom, une notion », nous n'utilisons jamais le même nom pour deux variables différentes.

1. en fait, la première question à se poser est : « et s'il n'y a pas d'éléments ? », car dans ce cas, il n'y a pas d'éléments à parcourir ! En l'occurence, si la liste est vide, la somme attendue est 0, puisque 0 est, mathématiquement, l'élément neutre pour l'addition ;
2. si la liste est non vide, on peut remarquer que les fonctions de manipulation définies précédemment ne permettent de ne manipuler *qu'un élément à la fois*. L'idée de base, pour une fonction parcourant les éléments d'une liste non vide, est donc de *parcourir un élément* (par exemple le premier ou le dernier), puis de *parcourir le reste* de la liste. *C'est là que la récursivité intervient, puisque le reste de la liste est une liste* ! Pour notre exemple, on peut choisir la formulation suivante : la somme des éléments d'une liste est égale à la première valeur de la liste, à laquelle on ajoute la somme des éléments du reste de la liste. Ceci se traduit directement dans la fonction ci-après [1] [2] :

```
# let rec sum_int_list(x : int list) : int =
    if x = []
    then 0
    else
      let (f, r) : int * int list = (fst(x), rem_fst(x)) in
        f + sum_int_list(r)
;;
val sum_int_list : int list -> int = <fun>
# sum_int_list([]) ;;
- : int = 0
# sum_int_list([3 ; 0 ; -1 ; 2]) ;;
- : int = 4
```

Pour bien faire apparaître les différentes opérations, les variables locales f et r sont définies, qui correspondent respectivement au premier élément de la liste x et au reste de la liste. Telle que la fonction est écrite, il faut bien comprendre

1. Pour rappel, en OCaml, le mot-clé rec est indispensable pour indiquer qu'une fonction est récursive. À défaut, le compilateur, lors de l'analyse de la fonction, ne reconnaît pas le nom de la fonction, par exemple :

```
# let myval(n : int) : int =
    if n <= 0
    then 0
    else 1 + myval(n - 1)
;;
Error: Unbound value myval
```

D'autres langages de programmation ne distinguent pas les fonctions récursives des fonctions non récursives. Ceci dit, il est possible d'utiliser le mot-clé rec pour toute fonction, même non récursive.

2. On peut noter que la définition de la fonction sum_int_list est effectivement indépendante du nombre d'entiers contenus dans la liste x.

que la somme des éléments de `r` est calculée *avant* d'additionner le premier élément. Le déroulement ci-après illustre cela (la fonction `sum_int_list` est tracée en utilisant la commande `#trace` de l'éditeur `ocaml`).

```
# sum_int_list([3 ; 0 ; -1 ; 2]) ;;
sum_int_list <-- [3; 0; -1; 2]
sum_int_list <-- [0; -1; 2]
sum_int_list <-- [-1; 2]
sum_int_list <-- [2]
sum_int_list <-- []
sum_int_list --> 0
sum_int_list --> 2
sum_int_list --> 1
sum_int_list --> 1
sum_int_list --> 4
- : int = 4
```

D'autres fonctions équivalentes peuvent être définies, par exemple en choisissant plutôt de manipuler le dernier élément d'une liste, et / ou en utilisant la récursivité terminale. Ces *schémas de calcul* se retrouvent dans de nombreux algorithmes : *cf.* section 6.3 page 206. Les fonctions de base utilisées sont essentiellement les fonctions d'accès (`fst`, `lst`, `nth`) et les fonctions calculant une liste contenant tous les éléments d'une liste sauf un (`rem_fst`, `rem_lst`, `rem_nth`). Voici par exemple une version de la fonction `sum_int_list` écrite en utilisant la récursivité terminale :

```
# let rec sum_int_list_aux(x, v : int list * int) : int =
    if x = []
    then v
    else
      let (f, r) : int * int list = (fst(x), rem_fst(x)) in
      let new_v : int = f + v in
        sum_int_list_aux(r, new_v)
;;
val sum_int_list_aux : int list * int -> int = <fun>
# let sum_int_list(x : int list) : int =
  sum_int_list_aux(x, 0)
;;
val sum_int_list : int list -> int = <fun>
```

Voici une exécution de ces fonctions, après les avoir tracées.

```
# sum_int_list([3 ; 0 ; -1 ; 2]) ;;
sum_int_list <-- [3; 0; -1; 2]
sum_int_list_aux <-- ([3; 0; -1; 2], 0)
sum_int_list_aux <-- ([0; -1; 2], 3)
sum_int_list_aux <-- ([-1; 2], 3)
sum_int_list_aux <-- ([2], 2)
sum_int_list_aux <-- ([], 4)
```

```
sum_int_list_aux --> 4
sum_int_list_aux --> 4
sum_int_list_aux --> 4
sum_int_list_aux --> 4
sum_int_list_aux --> 4
sum_int_list --> 4
- : int = 4
```

### Calcul d'une liste représentant une suite récurrente linéaire [1]

On souhaite définir une fonction `fact_seq(n : int) : int list` permettant de calculer la liste dont les éléments sont les `n + 1` termes de la suite des factorielles (*cf.* section 5.1.1 page 150). En suivant un raisonnement proche de celui suivi pour le calcul de la somme d'une liste d'entiers, on distingue en fait deux cas quand `n` est positif :

1. soit `n = 0`, auquel cas la liste correspondante est `[1]`, puisque $0! = 1$ ;
2. soit `n > 0`, auquel cas la suite correspondante contient les éléments de la suite des `n` premières factorielles, et $n!$ en dernier élément.

En tenant du fait que `n` peut être négatif, on obtient les fonctions suivantes :

```
# let rec fact_seq_aux(n : int) : int list =
    if n = 0
    then [1]
    else
      let fact_list_n_1 : int list = fact_seq_aux(n - 1) in
      let fact_n_1 : int = lst(fact_list_n_1) in
        add_lst(fact_list_n_1, n * fact_n_1)
;;
val fact_seq_aux : int -> int list = <fun>
# let fact_seq(n : int) : int list =
    if n < 0
    then failwith("erreur fact_seq : parametre negatif")
    else fact_seq_aux(n)
;;
val fact_seq : int -> int list = <fun>
# fact_seq(5) ;;
- : int list = [1; 1; 2; 6; 24; 120]
```

Ici aussi, les variables locales `fact_list_n_1` et `fact_n_1` sont définies pour bien identifier les différentes étapes de calcul. La liste `fact_list_n_1` est d'abord calculée. Elle contient la suite des factorielles jusque $(n-1)!$, qui est le dernier élément de la liste : la variable `fact_n_1` correspond à cette valeur. Il

1. Schématiquement, une suite récurrente linéaire est une liste dont les termes sont définis par rapport aux termes précédents, comme par exemple la suite des factorielles, ou la suite de Fibonacci : *cf.* chapitre 5.

est alors possible de calculer $n!$, et de définir la liste dont les premiers éléments sont les n premières factorielles, et le dernier élément est $n!$. On applique ici le principe « éviter les calculs inutiles » : c'est la raison pour laquelle on utilise, pour calculer $n!$, la valeur de $(n-1)!$ qui a déjà été calculée et mémorisée dans la liste `fact_list_n_1`.

Les fonctions suivantes sont écrites en utilisant la récursivité terminale.

```
# let rec fact_seq_aux(n, i, fact_list_i : int * int * int list) :
                                                    int list =
    if i = n
    then fact_list_i
    else
      let fact_i : int = lst(fact_list_i) and new_i : int = i + 1 in
      let new_fact_list : int list =
                add_lst(fact_list_i, new_i * fact_i)
      in
        fact_seq_aux(n, new_i, new_fact_list)
;;
val fact_seq_aux : int * int * int list -> int list = <fun>
# let fact_seq(n : int) : int list =
    if n < 0
    then failwith("erreur fact_seq : parametre negatif")
    else fact_seq_aux(n, 0, [1])
;;
val fact_seq : int -> int list = <fun>
```

Ces fonctions sont très proches des fonctions `fact_term_aux` et `fact_term`, qui calculent le $n^{ième}$ terme de la suite des factorielles, en utilisant la récursivité terminale (*cf.* section 5.3.2 page 162).

On peut noter que dans ce type de calcul, les fonctions de base utilisées sont essentiellement les fonctions d'accès (`fst`, `lst`, `nth`) et les fonctions calculant une liste contenant un élément ainsi que tous les éléments d'une liste (`add_fst`, `add_lst`, `add_nth`).

### Calcul d'une liste à partir d'une autre liste

On souhaite écrire une fonction qui calcule une liste contenant les carrés des éléments d'une liste d'entiers donnée en paramètre. Il y a plusieurs manières d'écrire cette fonction. Par exemple, si l'on reprend le premier schéma de calcul utilisé pour la première version de la fonction `sum_int_list` ci-dessus :

```
# let rec square_list(x : int list) : int list =
    if x = []
    then []
    else
```

```
      let (f, r) : int * int list = (fst(x), rem_fst(x)) in
      let square_f : int = f * f
            and square_r : int list = square_list(r)
      in
        add_fst(square_r, square_f)
;;
val square_list : int list -> int list = <fun>
# square_list([3 ; 0 ; -1 ; 2]) ;;
- : int list = [9; 0; 1; 4]
```

L'idée est la suivante :

1. soit la liste x est vide, et la liste résultat est vide ;
2. soit la liste contient au moins un premier élément f ; r est le reste de liste. La liste résultat contient le carré de f en premier élément, suivi des éléments de la liste des carrés correspondant à la liste r.

Voici une version récursive terminale de la même fonction [1] :

```
let rec square_list_aux(x, res : int list * int list) : int list =
  if x = []
  then res
  else
    let (f, r) : int * int list = (fst(x), rem_fst(x)) in
    let new_square : int = f * f in
      square_list_aux(r, add_lst(res, new_square))
;;
let square_list(x : int list) : int list =
  square_list_aux(x, [])
;;
```

On peut noter que dans ce type de calcul, les fonctions de base utilisées sont essentiellement les fonctions d'accès (`fst`, `lst`, `nth`), les fonctions calculant une liste contenant tous les éléments d'une autre liste sauf un (`rem_fst`, `rem_lst`, `rem_nth`) pour parcourir la liste `x`, et les fonctions calculant une liste contenant un élément ainsi que tous les éléments d'une liste (`add_fst`, `add_lst`, `add_nth`) pour construire la liste résultat.

## 6.2 Conventions d'écriture

• Comme pour d'autres fonctions récursives, les fonctions qui manipulent des listes sont généralement écrites en faisant apparaître en premier la condition de terminaison.

1. Rappel : il est conseillé d'expérimenter les fonctions en les traçant, afin de bien comprendre leur fonctionnement.

• Nous utilisons la plupart du temps des variables locales pour expliciter les parcours de liste, par exemple :

```
let (f, r) : int * int list = (fst(x), rem_fst(x)) in
```

où x est une liste.

Par exemple, supposons que l'on souhaite calculer la moyenne des notes d'un élève, où chaque note est affectée d'un coefficient qui lui est propre. L'ensemble des notes peut être représenté par une liste sur le type float, de même que l'ensemble des coefficients ; le résultat du calcul est de type float. Le fait d'utiliser des listes permet d'associer chaque note et son coefficient : le $i^{ème}$ coefficient correspond à la $i^{ème}$ note. Bien sûr, pour que ce soit cohérent, les longueurs de la liste de notes et de la liste de coefficients doivent être égales. La condition de terminaison correspond à l'existence d'une liste vide.

```
# let rec average_marks_aux(mark_list, coef_list :
                            float list * float list) : float =
  if ((mark_list = []) && (coef_list <> []))
                              || ((mark_list <> []) && (coef_list = []))
  then failwith("erreur average_marks_aux : listes incompatibles")
  else
    if (mark_list = [] && coef_list = [])
    then 0.0
    else
      let (mark, rem_mark) : float * float list
                          = (fst(mark_list), rem_fst(mark_list))
          and (coef, rem_coef) : float * float list
                          = (fst(coef_list), rem_fst(coef_list))
      in
      let sum_marks : float = average_marks_aux(rem_mark, rem_coef) in
        mark *. coef +. sum_marks
;;
val average_marks_aux : float list * float list -> float = <fun>
# let average_marks(mark_list, coef_list : float list * float list) :
                                                              float =
  let sum_mark : float = average_marks_aux(mark_list, coef_list)
        and sum_coef : float = sum_float_list(coef_list)
  in
    sum_mark /. sum_coef
;;
val average_marks : float list * float list -> float = <fun>
# average_marks([10.0 ; 12.0 ; 15.0], [3.0 ; 3.0 ; 6.0]) ;;
- : float = 13.
```

La fonction average_marks utilise la fonction average_marks_aux pour calculer la somme des notes pondérées par les coefficients, ainsi que la fonction sum_float_list (non définie ici, mais similaire à la fonction sum_int_list : *cf.* section 6.1.3 page 198) pour calculer la somme des coefficients. Il est alors possible de calculer la moyenne pondérée [1].

La fonction average_marks_aux est écrite de manière à faire ressortir les trois cas possibles pour le résultat [2] :

1. le cas d'erreur est détecté quand une liste est vide mais pas l'autre : il est alors impossible d'associer une note et un coefficient ;
2. si les listes sont toutes deux vides, la somme pondérée des notes est égale à 0.0, puisque 0.0 est l'élément neutre pour l'addition ;
3. le dernier cas correspond au fait que les listes sont toutes deux non vides : il est alors possible, pour chaque liste, de distinguer le premier élément du reste de la liste, d'effectuer les calculs sur les restes des deux listes et d'en déduire le résultat.

Le principe du parcours est identique à celui de la première version de la fonction sum_int_list, généralisé au parcours simultané de deux listes.

• Dans la mesure du possible, nous évitons d'utiliser la fonction len, pour diverses raisons qui sont explicitées ultérieurement. Par exemple, cette fonction pourrait être utilisée dans la fonction average_marks afin de tester la validité des listes paramètres : il n'y aurait plus alors que deux cas possibles pour la fonction average_marks_aux. En fait, on peut s'en passer ici, car *si les listes n'ont pas même longueur, le cas où une liste est vide mais pas l'autre apparaît*

1. Cette version *n'est pas la plus efficace*. En effet, la liste coef_list est parcourue deux fois : une fois lors de l'exécution de la fonction average_marks_aux, et une fois lors de l'exécution de la fonction sum_float_list. Or, il est possible de calculer simultanément la somme pondérée des notes et la somme des coefficients. Dans ce cas, la fonction average_marks_aux retourne ces deux valeurs : cette solution fait l'objet d'un exercice en section 6.4.

2. Une autre écriture aurait consisté à faire ressortir les quatre possibilités pour les listes, qui peuvent être chacune vide ou non. Les conditions auraient été simplifiées, mais le cas d'erreur apparaîtrait deux fois. Ceci dit, cela permet de préciser les raisons de l'erreur :

```
if mark_list = []
then
   if coef_list = []
   then 0.0
   else failwith("erreur average_marks_aux : moins de notes que de
           coefficients")
else
   if coef_list = []
   then failwith("erreur average_marks_aux : moins de coefficients que de
           notes")
   else
     ...
```

*forcément lors du parcours des listes.* Plus encore, et nous y revenons dans la section 6.3 suivante, la conception d'une fonction récursive est simplifiée quand on raisonne « de manière locale ». En l'occurence, cela revient à ne pas raisonner par rapport à l'ensemble des valeurs contenues dans les listes, mais simplement par rapport à ce que l'on peut tester ou calculer en une opération (par exemple la comparaison par rapport à la liste vide, ou l'application d'une fonction de base de manipulation de liste). En pratique, quand on se pose la question « il y a deux listes en paramètre, quels sont les cas possibles pour le résultat ? », on aboutit aux cas suivants :

1. les deux sont vides : on peut conclure (terminaison) ;
2. l'une est vide mais pas l'autre : on peut conclure (erreur) ;
3. les deux listes sont non vides : on peut faire un calcul sur le reste des listes, et conclure en tenant compte des premiers éléments de ces listes [1].

• Dans la mesure du possible, pour les mêmes raisons que pour la fonction `len`, nous évitons aussi d'utiliser les fonctions `nth`, `add_nth`, `rem_nth`. On peut noter que l'accès au $i^{ème}$ élément est une opération de base pour les tableaux, que nous étudions au chapitre 9.

## 6.3 Compléments

### 6.3.1 Une structure linéaire récursive

Fondamentalement, il n'y a pas de différence [2] entre un $n$-uplet dont tous les composants ont le même type `t` et une liste de longueur $n$ sur le type `t` : il s'agit toujours d'une suite de $n$ valeurs de type `t`.

D'un point de vue théorique, l'ensemble $E^n$ des $n$-uplets dont tous les composants appartiennent à l'ensemble $E$ est le produit cartésien $E^n = \prod_{i=1}^{n} E$ de $E$ avec lui-même $n$ fois (*cf.* section 1.1.3.2 page 25) ; par convention, notons $E^0 = \{()\}$, où $()$ désigne un 0-uplet.

On peut définir l'ensemble des listes $L(E)$ sur l'ensemble $E$ comme l'ensemble $L(E) = \bigcup_{n=0}^{\infty} E^n$, ce qui correspond à l'ensemble de tous les $n$-uplets dont les composants sont à valeur dans $E$, pour tout $n$.

1. Plus généralement, on a souvent plusieurs possibilités : faire un calcul sur les premiers éléments, faire un calcul sur le reste des listes (ces deux calculs peuvent être indépendants : dans ce cas, leur ordre est indifférent), et conclure par un calcul combinant ces résultats. Symétriquement, on peut aussi faire un calcul sur les derniers éléments, faire un calcul sur le reste des listes (avec la même remarque si les calculs sont indépendants), et conclure en combinant les résultats.

2. Même s'ils correspondent à des types différents en `OCaml`, comme pour plusieurs langages de programmation.

En fait, cette définition de l'ensemble des listes $L(E)$ sur un ensemble $E$ peut s'exprimer de manière *récursive.*

$$E(n) = E^n = \begin{cases} \{()\} & si \quad n = 0 \\ \{(e), \forall e \in E\} & si \quad n = 1 \\ E \times E(n-1) & si \quad n > 1 \end{cases}$$

$$L(E,n) = \begin{cases} E(0) & si \quad n = 0 \\ E(n) \bigcup L(E, n-1) & si \quad n >= 1 \end{cases}$$

où $L(E)$ est la limite de $L(E, n)$ quand $n$ tend vers l'infini.

Une liste de longueur $n$ est donc un élément de $E^n$. Du fait de la définition récursive de $E^n$, soit une liste est vide, soit elle contient un élément suivi des éléments d'une liste (éventuellement vide). Ceci explique qu'on puisse *manipuler les listes en n'utilisant que la liste vide [], la possibilité de tester si une liste est vide, et les fonctions* `fst`, `add_fst` *et* `rem_fst`. Aucune autre fonction n'est indispensable : en fait, *toutes les autres fonctions de base définies en section 6.1.2 (page 193) peuvent être définies en utilisant cet ensemble de fonctions*[1].

De même, il est possible de définir les listes de la manière suivante : soit une liste est vide, soit elle contient les éléments d'une liste (éventuellement vide) suivis d'un élément (la définition mathématique, non donnée ici, est similaire à la définition précédente). Ceci explique qu'on puisse manipuler les listes en n'utilisant que la liste vide `[]`, la possibilité de tester si une liste est vide, et les fonctions `lst`, `add_lst` et `rem_lst`. Aucune autre fonction n'est indispensable : comme précédemment, toutes les autres fonctions de base définies en section 6.1.2 peuvent être définies en utilisant cet ensemble de fonctions.
Ainsi, de nombreux algorithmes de manipulation de liste consistent :

1. à distinguer les cas d'une liste vide, et d'une liste non vide ;
2. pour une liste non vide, à effectuer un calcul sur un élément (le premier ou le dernier), à « traiter » récursivement le reste de la liste, et à « combiner » les résultats des calculs sur l'élément et sur le reste de la liste.

**NB.** Une *liste vide correspond souvent à un cas de terminaison* pour un algorithme, puisqu'il s'agit du cas de terminaison de la définition récursive des listes. Il est donc *important, quand on conçoit un algorithme* manipulant des listes, d'avoir à l'esprit que ces listes peuvent être vides. C'est important aussi *quand on conçoit les tests* de l'algorithme.

---

1. Un exercice est consacré à cette remarque en section 6.4.

Enfin, on peut remarquer qu'une liste est une structure récursive *linéaire*, ce qui fait que de nombreux algorithmes de manipulation de listes peuvent être écrits sous forme de fonctions récursives *terminales*.

### 6.3.2 Conception

Une liste correspond à une *suite de valeurs de même type*. On peut donc utiliser des listes dès lors qu'un problème fait apparaître des suites de valeurs de même type, et en particulier quand le nombre de valeurs peut être quelconque. Ce peut être pour manipuler une suite de points représentant une courbe polygonale (*cf.* ci-après), pour représenter la suite des patients que reçoit un médecin au cours d'une journée de travail, pour représenter un mot (qui est une suite de caractères) ou un texte (qui est une suite de mots), etc.

Dans tous ces exemples, l'ordre inhérent à une suite est important : si l'on inverse des lettres d'un mot, on a un autre mot ! Ceci dit, rien n'empêche d'utiliser les listes pour représenter des *ensembles* de valeurs de même type : l'ordre des éléments de la liste n'a pas d'importance par rapport au problème posé, et peut être choisi arbitrairement. Par exemple, supposons qu'un personnage d'un jeu vidéo dispose d'un ensemble d'accessoires dont il peut se servir : cet ensemble peut être représenté par une liste d'accessoires. De même, une « liste de courses » n'a souvent de la liste que le nom, car les achats correspondant peuvent être effectués selon différents ordres, voire dans n'importe quel ordre.

Supposons que l'on s'intéresse à des jeux de cartes. Si on cherche à représenter un paquet de cartes à jouer en dehors de tout jeu, l'ordre des cartes n'a pas d'importance. Pour de nombreux jeux, une fois qu'on a mélangé le paquet, l'ordre des cartes et des joueurs est important lorsque l'on distribue les cartes. Quand au paquet de cartes qu'un joueur a dans sa main, l'ordre peut être important ou non suivant le jeu : à la bataille, les cartes sont jouées selon leur ordre dans le paquet du joueur, mais ce n'est pas le cas au tarot, par exemple.

Considérons l'exemple suivant. On souhaite manipuler des objets géométriques dans le plan $\mathbb{R}^2$. Chaque objet consiste en un ensemble de courbes polygonales simples ouvertes. Une courbe polygonale est une courbe composée d'une séquence de segments de droite consécutifs qui ne s'intersectent pas entre eux en dehors de leurs extrémités. Plus précisément, appelons « sommet » un point extrémité d'un segment composant la courbe ; pour une courbe polygonale simple ouverte comprenant au moins un segment, il existe exactement deux sommets qui ne sont extrémités que d'un seul segment (ce sont les extrémités de la courbe), tous les autres sommets sont extrémités d'exactement deux segments. Il y a bien sûr des conditions géométriques devant être satisfaites, pour assurer que deux segments ne s'intersectent pas, mais, pour simplifier, nous ne nous y intéressons pas ici.

De ce fait, il suffit, pour représenter une courbe polygonale, de représenter la suite des sommets de la courbe : chaque paire de sommets consécutifs correspond à un segment.

On choisit de formaliser le problème ainsi [1] :

```
type t_point = float * float ;;
type t_curve = t_point list ;;
type t_object = t_curve list ;;
```

On admet qu'une courbe polygonale puisse être vide (c.-à-d. elle ne comporte aucun sommet) ou dégénérée (c.-à-d. elle ne comporte qu'un sommet). On s'intéresse au calcul de la « longueur » de l'objet, qui est la somme des longueurs des courbes composant l'objet.

Cette définition de la longueur d'un objet donne une indication sur la manière de calculer le résultat. On peut donc définir la fonction `object_length` suivante :

```
let rec object_length(o : t_object) : float =
  if o = []
  then 0.0
  else
    let (c, r) : t_curve * t_object = (fst(o), rem_fst(o)) in
      curve_length(c) +. object_length(r)
;;
```

Il s'agit d'une simple adaptation de la fonction `sum_int_list`, puisque il s'agit fondamentalement d'un simple parcours de la liste de courbes `o`, et même plus précisément du calcul d'une somme de nombres, où chaque nombre correspond à un élément de liste `o`. *La fonction `curve_length` n'est pas encore définie : cela n'empêche pas de concevoir la fonction `object_length`*, cela empêche juste pour l'instant de la compiler et de l'exécuter.

La fonction `curve_length(c : t_curve) : float` pourrait être écrite directement aussi, en supposant que l'on dispose d'une fonction `seg_length` calculant la longueur d'un segment défini par ses deux points extrémités [2]. Simplement, il faut tenir compte du cas où la liste paramètre est vide, du cas où la liste ne contient qu'un point, et du cas où la liste contient deux points

1. On peut noter que l'ordre des points dans une liste de type `t_curve` est important, puisqu'une courbe est définie par une suite de points. En revanche, l'ordre des courbes dans une liste de type `t_object` n'a aucune importance.

2.

```
let seg_length((x1, y1), (x2, y2) : t_point * t_point) : float =
    let dx : float = x2 -. x1 and dy : float = y2 -. y1 in
        sqrt(dx *. dx +. dy *. dy)
;;
```

et plus. Dans les deux premiers cas, la longueur est nulle. Une « erreur » fréquemment commise consiste à écrire :

```
let rec curve_length(c : t_curve) : float =
  if (c = []) || (rem_fst(c) = [])
  then 0.0
  else
    let (p1, r) : t_point * t_curve = (fst(c), rem_fst(c)) in
    let p2 : t_point = fst(r) in
      seg_length(p1, p2) +. curve_length(r)
;;
```

La fonction est correcte pour `OCaml` ; mais si l'on inverse l'ordre des tests en écrivant

```
if (rem_fst(c) = []) || (c = []) ...
```

la fonction n'est plus correcte pour `OCaml`, puisqu'elle provoque une erreur quand elle est appliquée à la liste vide [1]. C'est en cela que nous considérons ici que c'est une « erreur ». En effet, les ordres d'évaluation des opérations dans une expression varient suivant le langage de programmation utilisé ; comme dit dans le chapitre 1, un objectif suivi ici est de s'abstraire le plus possible de ce type de particularités liées à l'utilisation d'un langage spécifique.

De plus, cette fonction effectue des calculs inutiles. Les deux tests sont systématiquement appliqués (la liste paramètre est-elle vide ou contient-elle un élément ?) : or, si la liste `c` contient deux points, la liste `r` en contient forcément un. Il est préférable ici d'écrire une fonction auxiliaire [2].

```
let rec curve_length_aux(p1, c : t_point * t_curve) : float =
  if c = []
  then 0.0
  else
    let (p2, r) : t_point * t_curve = (fst(c), rem_fst(c)) in
      seg_length(p1, p2) +. curve_length_aux(p2, r)
;;
```

1. En effet, une évaluation *paresseuse* est effectuée, c'est-à-dire que les sous-expressions de l'expression booléenne sont évaluées jusqu'à pouvoir conclure. Pour l'expression `(c = []) || (rem_fst(c) = [])`, si la liste `c` est vide, la première sous-expression `(c = [])` vaut `true`, et il est possible de conclure que l'expression toute entière vaut `true` sans avoir besoin d'évaluer la deuxième sous-expression `(rem_fst(c) = [])`. Pour l'évaluation de l'expression `(rem_fst(c) = []) || (c = [])`, la première sous-expression `(rem_fst(c) = [])` est évaluée, sans que la sous-expression `(c = [])` n'ait été évaluée au préalable : si la liste est vide, cela produit une erreur. Pour d'autres langages, toutes les sous-expressions sont systématiquement évaluées : dans ce cas, si la liste `c` est vide, l'évaluation de chacune des deux expressions engendre une erreur si la liste `c` est vide.

2. Cette manière de faire est similaire à celle de la fonction `mystery` de l'exercice 56 (*cf.* exercices de compréhensions / conception, section 5.4 page 169), qui calcule la valeur du $n^{ième}$ terme de la suite de Fibonacci, et pour laquelle il est nécessaire de distinguer les trois cas $n = 0$, $n = 1$, $n \geq 2$.

```
let curve_length(c : t_curve) : float =
  if c = []
  then 0.0
  else curve_length_aux(fst(c), rem_fst(c))
;;
```

La fonction curve_length teste si la liste de points est vide ; si ce n'est pas le cas, elle distingue le premier point du reste de la liste, qui sont fournis en paramètre à la fonction curve_length_aux. Cette fonction a donc systématiquement un point p1 et une liste de points c en paramètre : en fait, la fonction curve_length_aux calcule la longueur d'une courbe dont le premier point est p1 et les points suivants sont les éléments de c. Si la liste c est vide, la courbe est dégénérée (elle ne contient que le point p1) et sa longueur est nulle ; sinon, le deuxième point p2 est « extrait », la longueur de la courbe est donc la longueur du segment dont les points extrémités sont p1 et p2, à laquelle il faut ajouter la longueur de la courbe « privée » de ce segment.

## 6.4 Exercices

### Exercices d'application

#### Exercice 62

Définissez une variable non mutable j égale à la liste ['z'; 'a'; 'y'; 'b'; 'x'; 'c']. En utilisant les fonctions de manipulation de listes, répondez aux questions suivantes : quelle est la longueur de j ? son premier élément ? son dernier élément ? que se passe-t-il si vous cherchez à accéder à son $4^{eme}$ élément ? à son $6^{eme}$ élément ?

Sans utiliser l'interpréteur, quel est, à votre avis, la valeur de rem_lst(j) ? que vaut la liste j après qu'on lui ait appliqué la fonction rem_fst ? Vérifiez vos réponses avec l'interpréteur.

Définissez une variable non mutable k dont la valeur est celle de j privée de son premier élément ; définissez une variable non mutable m dont le premier élément est la valeur 'g', les éléments suivants étant ceux de j.

#### Exercice 63

Sans utiliser la fonction len, définissez la fonction my_len_chr : char list -> int permettant de calculer la longueur d'une liste de caractères.
Tracez et testez votre fonction, et vérifiez sur quelques exemples que vous obtenez bien les mêmes résultats avec la fonction len : 'a list -> int.

### Exercice 64

Écrivez la fonction `check_int_in_int_list(elt, lint : int * int list) : bool` dont le résultat est `true` si l'entier `elt` apparaît dans la liste `lint`, et `false` sinon.

### Exercice 65

1. On suppose que l'on dispose des fonctions `min_2_int` et `max_2_int` calculant respectivement la plus petite valeur et la plus plus grande valeur de deux valeurs de type `int`. Écrivez la fonction `min_list` (resp. `max_list`) calculant la plus petite (resp. la plus grande) valeur d'une liste d'éléments de type `int`.
2. On suppose que l'on dispose d'une fonction `minmax_2_int` calculant le couple contenant la plus petite valeur et la plus grande valeur (dans cet ordre) de deux valeurs de type `int`. Écrivez la fonction `minmax_list` qui retourne le couple contenant la plus petite valeur et la plus grande valeur (dans cet ordre) d'une liste d'éléments de type `int` *en n'effectuant qu'un unique parcours* de la liste.

### Exercice 66

Définissez la fonction `palindrome` permettant de savoir si une liste de caractères correspond à un palindrome ou non. On rappelle qu'un palindrome est un mot qui se lit dans les deux sens (par exemple, `kayak`, `été` ou `ressasser` sont des palindromes). Comme pour toute fonction récursive, il est recommandé de la tracer lors des premiers tests.

### Exercice 67

Définissez la fonction `check_sorted_list` permettant de savoir si une liste d'entiers est triée ou non, c'est-à-dire si chaque élément de la liste est inférieur au suivant. Traçez la fonction et testez-la sur plusieurs exemples significatifs.

### Exercice 68

Définissez la fonction `append` permettant de concaténer 2 listes `m1` et `m2` en une seule, c'est-à-dire qui met les deux listes bout à bout (la première partie de `append(m1,m2)` contient les éléments de `m1`, la deuxième partie contient les éléments de `m2`, dans les ordres respectifs de `m1` et `m2`).

## Exercices de compréhension / conception

### Exercice 69

On considère les fonctions `mystery_1` et `mystery_1_aux` définies ci-après. Simulez leurs exécutions sur plusieurs listes choisies (et expliquez pourquoi vous les avez choisies). Que font-elles ?
Comment appelleriez-vous la fonction `mystery_1` ? Quel message d'erreurs choisiriez-vous ?

```
let rec mystery_1_aux(p, x : int * int list) : int =
  if x = []
  then p
  else mystery_1_aux(fst(x), rem_fst(x))
;;
let mystery_1(x : int list) : int =
  if x = []
  then failwith("erreur mystery_1")
  else mystery_1_aux(fst(x), rem_fst(x))
;;
```

### Exercice 70

On considère les fonctions `mystery_2` et `mystery_2_aux` définies ci-après (la fonction `append` est définie dans l'exercice 68 : elle permet de concaténer deux listes, c'est-à-dire de les mettre bout à bout). La fonction `mystery_2` n'a de sens que si elle s'applique à deux listes triées par ordre croissant. Simulez leurs exécutions sur plusieurs listes choisies (et expliquez pourquoi vous les avez choisies). Que font-elles ? Comment appelleriez-vous la fonction `mystery_2` ?

```
let rec mystery_2_aux(x1, x2, x :
                int list * int list * int list) : int list =
  if x1 = []
  then append(x, x2)
  else
    if x2 = []
    then append(x, x1)
    else
      let (p1, r1) : int * int list = (fst(x1), rem_fst(x1))
          and (p2, r2) : int * int list = (fst(x2), rem_fst(x2))
      in
        if p1 < p2
        then mystery_2_aux(r1, x2, add_lst(x, p1))
        else mystery_2_aux(x1, r2, add_lst(x, p2))
;;
let mystery_2(x1, x2 : int list * int list) : int list =
  mystery_2_aux(x1, x2, [])
;;
```

**Exercice 71**

Claude est propriétaire d'un petit magasin. Tous les jours, Claude note soigneusement, pour chaque personne passant en caisse, l'ordre de passage de la personne en caisse, ainsi que l'ensemble des achats effectués par cette personne : pour chaque article acheté sont mémorisés la quantité achetée, le prix hors taxe et un taux de TVA. Par exemple, la $3^{ème}$ personne passant en caisse a acheté deux articles, le premier (resp. le deuxième) en deux exemplaires (resp. quatre), chacun coûtant 3€50 (resp. 7€25), et de taux de TVA [1] égal à `20 %` (resp. `5,5%`).

1. Que choisiriez-vous pour représenter les informations relatives à un article acheté ?
2. Comment représenteriez-vous l'ensemble des informations relatives à une personne passant en caisse ?
3. Comment représenteriez-vous les informations relatives à l'ensemble des clients d'une journée ?
4. Écrivez une fonction qui calcule le montant des achats d'une personne.
5. Écrivez une fonction qui calcule le montant des achats des clients d'une journée.

**Exercice 72**

On s'intéresse à la manipulation de jeux de cartes. Il est donc nécessaire de pouvoir représenter des cartes à jouer, ainsi que des paquets de cartes à jouer. On ne s'intéresse pas à un jeu précis, seulement aux cartes en tant que telles. On souhaite réaliser deux fonctions : l'une qui calcule un paquet usuel de 52 cartes, l'autre qui prend en paramètre un paquet de cartes et qui a pour résultat un paquet de cartes dans un ordre « aléatoire » :

1. quelles solutions imaginez-vous pour représenter des cartes ? Dit autrement, quel(s) type(s) définiriez-vous ? Quel(s) type(s) définiriez-vous pour représenter des paquets de cartes ? Quels sont les intérêts et inconvénients des différentes solutions envisagées ?
2. définissez un type énuméré permettant de décrire les couleurs des cartes (en anglais, *coeur* se dit *heart*, *carreau* se dit *diamond*, *trèfle* se dit *club*, *pique* se dit *spade*) ;
3. définissez un type structuré `t_card` permettant de représenter une carte par sa couleur et son rang. Pour le rang, on choisit une représentation par des valeurs de type `int`, avec le codage suivant : l'as correspond à `1`, les rangs suivants sont représentés par les entiers correspondants, le valet (resp. la dame, le roi) est codé par l'entier `11` (resp. `12`, `13`) ;

1. Il y a actuellement 4 taux : `20%`, `10%`, `5,5%`, `2,1%`.

4. définissez une fonction card_of_int qui convertit un entier compris entre 1 et 52 en une carte (bien sûr, deux cartes distinctes sont associées à deux entiers distincts) ;
5. on définit le type t_card_pack = t_card list ; écrivez une fonction init_card_pack() : t_card_pack dont le résultat est un paquet de 52 cartes ;
6. définissez une fonction shuffle(p : t_card_pack) : t_card_pack calculant un paquet de cartes dans un ordre aléatoire à partir d'un paquet de cartes donné. On peut utiliser la fonction utilitaire rand_int(a, b : int * int) : int dont le résultat est une valeur aléatoire comprise entre les deux valeurs a et b ;
7. que faudrait-il changer dans les fonctions précédentes pour manipuler, non plus des paquets de 52 cartes, mais des paquets de 32 cartes ?

## Exercices divers

### Exercice 73

Écrivez une variante de la fonction average_marks(mark_list, coef_list : float list * float list) : float (*cf.* section 6.2 page 203), qui effectue le calcul de la moyenne des notes contenues dans la liste mark_list, pondérée par les coefficients contenus dans la liste coef_list. Cette fonction doit effectuer le calcul en parcourant *une seule fois* ces deux listes (donc, sans utiliser la fonction sum_float_list).

### Exercice 74

Sans utiliser d'autres fonctions que les fonctions fst, add_fst et rem_fst, définissez les fonctions my_add_lst_chr : char list * char -> char list et my_rem_lst_chr : char list -> char list permettant respectivement de calculer une liste de caractères contenant en premier les éléments d'une liste et en dernier un caractère donnés en paramètre, et de calculer une liste de caractères contenant tous les éléments d'une liste paramètre sauf le dernier. Tracez et testez vos fonctions, et vérifiez sur quelques exemples que vous obtenez bien les mêmes résultats avec les fonctions add_lst et rem_lst.

### Exercice 75

On appelle *écriture d'un nombre entier positif* la liste de caractères correspondant à son écriture dans une certaine base (*cf.* section 1.3.2.1 page 41).

1. Écrivez une fonction char_list_of_int10(x : int) : char list calculant l'écriture en base 10 d'un entier x supposé positif. Par exemple, char_list_of_int10(103) est égale à ['1'; '0'; '3'].

2. Que faut-il modifier pour obtenir la fonction `char_list_of_int` qui calcule l'écriture d'un entier positif dans une base quelconque ?
3. Écrivez la fonction `int10_of_char_list(x : char list) : int` qui calcule l'entier positif à partir de son écriture en base `10`.
4. Que faut-il modifier pour calculer un entier positif à partir de son écriture dans une base quelconque ?

**Exercice 76**
Pour rappel, la suite de Syracuse d'un entier $n > 0$ est définie de la manière suivante :

$$u_0 = n \text{ et pour tout } k > 0,\ u_k = \begin{cases} u_{k-1}/2 & \textit{si } u_{k-1} \textit{ est pair} \\ 3 * u_{k-1} + 1 & \textit{sinon} \end{cases}$$

et la conjecture de Syracuse dit que toute suite de Syracuse contient l'entier 1. Définissez la fonction `syracuse_list` permettant de calculer, pour un entier `n` donné, une liste contenant la suite de Syracuse correspondante. Le calcul se termine dès que la valeur 1 est atteinte. Testez la conjecture sur plusieurs valeurs entières.

**Exercice 77**
On considère la suite de Fibonacci, définie par :

$$f_0 = 1, f_1 = 1, \forall i > 1, f_i = f_{i-1} + f_{i-2}$$

En vous inspirant d'une des fonctions vues en exercice au chapitre 5, définissez une fonction calculant la liste contenant $n$ premiers termes de la suite de Fibonacci.

**Exercice 78**
Définissez la fonction `index_min` permettant de connaître la position à laquelle se trouve le plus petit élément d'une liste d'entiers.

Définissez la fonction `index_min_max` permettant de connaître les positions auxquelles se trouvent le plus petit et le plus grand éléments d'une liste d'entiers.

## 6.5 Corrigés

### Corrigés des exercices d'application

#### Corrigé de l'exercice 62

```
# let j : char list = ['z'; 'a'; 'y'; 'b'; 'x'; 'c'] ;;
val j : char list = ['z'; 'a'; 'y'; 'b'; 'x'; 'c']
# len(j) ;;
- : int = 6
# fst(j) ;;
- : char = 'z'
# lst(j) ;;
- : char = 'c'
# nth(j, 3) ;;
- : char = 'b'
# nth(j, 5) ;;
- : char = 'c'
# rem_lst(j) ;;
- : char list = ['z'; 'a'; 'y'; 'b'; 'x']
# rem_fst(j) ;;
- : char list = ['a'; 'y'; 'b'; 'x'; 'c']
# j ;;
- : char list = ['z'; 'a'; 'y'; 'b'; 'x'; 'c']
# let k : char list = rem_fst(j) ;;
val k : char list = ['a'; 'y'; 'b'; 'x'; 'c']
# let m : char list = add_fst(j, 'g') ;;
val m : char list = ['g'; 'z'; 'a'; 'y'; 'b'; 'x'; 'c']
```

Une erreur courante est de confondre le numéro de l'élément et son indice dans la suite : par convention ici, le premier élément d'une liste a pour indice 0. L'accès au $i^{ème}$ élément de la liste `j` se fait par `nth(j, i - 1)`.

Une autre erreur courante est de croire que l'application d'une fonction de base à une liste peut modifier celle-ci. Une liste est non mutable.

#### Corrigé de l'exercice 63

En fait, soit la liste est vide, auquel cas sa longueur est `0` ; soit la liste contient au moins un élément, et sa longueur est `1` de plus que la longueur de la liste « privée » de cet élément. Cela se traduit immédiatement dans la fonction suivante :

```
# let rec my_len_chr(cl : char list) : int =
    if cl = []
    then 0
    else 1 + my_len_chr(rem_fst(cl))
;;
val my_len_chr : char list -> int = <fun>
```

```
# #trace my_len_chr ;;
my_len_chr is now traced.
# my_len_chr(['z'; 'a'; 'y']) ;;
my_len_chr <-- ['z'; 'a'; 'y']
my_len_chr <-- ['a'; 'y']
my_len_chr <-- ['y']
my_len_chr <-- []
my_len_chr --> 0
my_len_chr --> 1
my_len_chr --> 2
my_len_chr --> 3
- : int = 3
```

La version ci-après utilise la récursivité terminale.

```
# let rec my_len_chr_aux(cl, ln : char list * int) : int =
    if cl = []
    then ln
    else my_len_chr_aux(rem_fst(cl), ln + 1)
;;
val my_len_chr_aux : char list * int -> int = <fun>
# let rec my_len_chr(cl : char list) : int =
    my_len_chr_aux(cl, 0)
;;
val my_len_chr : char list -> int = <fun>
# #trace my_len_chr_aux ;;
my_len_chr_aux is now traced.
# #trace my_len_chr ;;
my_len_chr is now traced.
# my_len_chr(['z'; 'a'; 'y']) ;;
my_len_chr <-- ['z'; 'a'; 'y']
my_len_chr_aux <-- (['z'; 'a'; 'y'], 0)
my_len_chr_aux <-- (['a'; 'y'], 1)
my_len_chr_aux <-- (['y'], 2)
my_len_chr_aux <-- ([], 3)
my_len_chr_aux --> 3
my_len_chr_aux --> 3
my_len_chr_aux --> 3
my_len_chr_aux --> 3
my_len_chr --> 3
- : int = 3
```

### Corrigé de l'exercice 64

Soit la liste est vide, auquel cas l'entier n'y apparaît pas ; soit la liste est non vide, auquel cas, soit l'entier est égal au premier élément de la liste, soit il n'est pas égal et s'il apparait dans la liste, c'est qu'il fait partie des autres éléments.

```
# let rec check_int_in_int_list(elt, lint : int * int list) : bool =
    if lint = []
    then false
    else
      let (f, r) : int * int list = (fst(lint), rem_fst(lint)) in
        if elt = f
        then true
        else check_int_in_int_list(elt, r)
;;
val check_int_in_int_list : int * int list -> bool = <fun>
# check_int_in_int_list(3, [2; 4; 1; 0]) ;;
- : bool = false
# check_int_in_int_list(3, [3; 2; 4; 1; 0]) ;;
- : bool = true
# check_int_in_int_list(3, [2; 4; 3; 1; 0]) ;;
- : bool = true
# check_int_in_int_list(3, [2; 4; 1; 0; 3]) ;;
- : bool = true
```

Pour ce type de fonction, il faut tester au moins deux cas : la valeur n'apparaît pas dans la liste, ou la valeur y apparaît ; dans ce dernier cas, il est conseillé de tester les cas où la valeur cherchée est le premier élément de la liste, ou le dernier élément de la liste, ou un élément quelconque.

On peut noter que cette fonction est récursive terminale. Bien sûr, d'autres versions sont possibles.

### Corrigé de l'exercice 65

1) Considérons le calcul du minimum d'une liste (le raisonnement est tout à fait similaire s'il s'agit de calculer le maximum d'une liste). Il est important, quand on manipule des listes, d'avoir toujours à l'esprit le fait qu'une liste peut être vide : dans ce cas, la liste ne contient pas d'éléments, et ne contient donc pas de minimum : il s'agit donc d'un cas d'erreur, le minimum ne peut pas être calculé. En revanche, si la liste est non vide, elle contient au moins un élément : s'il est le seul, cet élément est le minimum ; s'il reste des éléments, le résultat de la fonction est le minimum entre ce premier élément et le minimum des valeurs restantes (il s'agit d'une simple généralisation du raisonnement ayant conduit à la définition de la fonction `min_3_int` : cf. section 4.2.2.2 page 124). En fait, il y a 3 cas à distinguer, selon que la longueur de la liste est `0` (auquel cas on peut conclure), `1` (auquel cas on peut conclure aussi) ou supérieure ou égale à 2 (auquel cas il faut effectuer d'autres calculs avant de conclure ; mais ces calculs se font forcément sur une liste non vide). On se retrouve dans le même cas que celui du calcul du $n^{ième}$ terme de la suite de Fibonacci, pour laquelle nous avons vu qu'il est efficace d'utiliser une fonction auxiliaire pour distinguer le cas où $n$ est nul (traité dans la fonction) et les autres cas (traités dans la fonction

auxiliaire) : *cf.* fonction mystery de l'exercice 56 (exercices de compréhension / conception, sections 5.4 et 5.5, pages 169 et 179). Similairement, si la liste est vide, ce cas est traité dans la fonction ; si la liste est non vide, le paramètre de la fonction auxiliaire peut être composé du premier élément de la liste et du reste de la liste, afin de simplifier l'écriture de la fonction.

```
# let rec min_list_aux(mymin, mylist : int * int list) : int =
    if mylist = []
    then mymin
    else
      let (f, r) : int * int list = (fst(mylist), rem_fst(mylist)) in
      let min_f_r : int = min_list_aux(f, r) in
        min_2_int(mymin, min_f_r)
;;
val min_list_aux : int * int list -> int = <fun>
# let min_list(mylist : int list) : int =
    if mylist = []
    then failwith("erreur min_list : liste vide")
    else min_list_aux(fst(mylist), rem_fst(mylist))
;;
val min_list : int list -> int = <fun>
# min_list([3 ; 2 ; -1 ; 4]) ;;
- : int = -1
# min_list([]) ;;
Exception:
Failure "erreur min_list :  liste vide".
# min_list([-1 ; 4 ; 2]) ;;
- : int = -1
# min_list([4; 2 ; -1]) ;;
- : int = -1
```

Voici une version alternative de la fonction min_list_aux, qui est récursive terminale.

```
# let rec min_list_aux(mymin, mylist : int * int list) : int =
    if mylist = []
    then mymin
    else
      let (f, r) : int * int list = (fst(mylist), rem_fst(mylist)) in
      let mynewmin : int = min_2_int(mymin, f) in
        min_list_aux(mynewmin, r)
;;
val min_list_aux : int * int list -> int = <fun>
```

2) Pour calculer simultanément le minimum et le maximum d'une liste, il suffit d'appliquer le raisonnement précédent, en ayant à l'esprit que la fonction retourne deux valeurs : le minimum et le maximum ; il en est bien sûr de même pour la fonction auxiliaire (on peut noter que seules les fonctions min_2_int et

max_2_int sont utilisées, mais pas la fonction minmax_2_int). Il est ici aussi conseillé de tester la fonction sur plusieurs cas : sur une liste à 0 élément, une liste à 1 élément, une liste à 2 éléments distincts, une liste avec plusieurs éléments, où le maximum et le minimum se trouvent à différentes places, dont la première et la dernière places, qui jouent souvent un rôle particulier dans les algorithmes sur les listes.

```
# let rec minmax_list_aux((mymin, mymax), mylist :
                          (int * int) * int list) : int * int =
    if mylist = []
    then (mymin, mymax)
    else
      let (f, r) : int * int list = (fst(mylist), rem_fst(mylist)) in
      let (min_f_r, max_f_r) : int * int =
              minmax_list_aux((f, f), r)
      in
        (min_2_int(mymin, min_f_r), max_2_int(mymax, max_f_r))
;;
val minmax_list_aux : (int * int) * int list -> int * int = <fun>
# let minmax_list(mylist : int list) : int * int =
    if mylist = []
    then failwith("erreur minmax_list : liste vide")
    else
      let f : int = fst(mylist) in
        minmax_list_aux((f, f), rem_fst(mylist))
;;
val minmax_list : int list -> int * int = <fun>
# minmax_list([4; 2; 9; 3; -1]) ;;
- : int * int = (-1, 9)
(* version recursive terminale *)
let rec minmax_list_aux((mymin, mymax), mylist :
                          (int * int) * int list) : int * int =
  if mylist = []
  then (mymin, mymax)
  else
    let (f, r) : int * int list = (fst(mylist), rem_fst(mylist)) in
    let mynewmin : int = min_2_int(mymin, f) and mynewmax : int =
                    max_2_int(mymax, f)
    in
      minmax_list_aux((mynewmin, mynewmax), r)
;;
```

### Corrigé de l'exercice 66

Il y a en fait trois possibilités. La liste peut être vide : dans ce cas, est-ce un palindrome ? L'énoncé ne mentionne rien à ce sujet. La liste peut contenir un élément. Dans ce cas, le premier caractère est toujours égal au dernier, c'est un palindrome. La liste peut contenir plus de deux éléments : dans ce cas, c'est un palindrome si le premier caractère est égal au dernier, ET si la suite formée des autres caractères est un palindrome. Pour conclure sur le cas de la liste vide, on peut remarquer qu'une liste qui contient exactement deux caractères égaux est un palindrome ; or, la suite constituée des autres caractères est vide, c'est donc aussi un palindrome (plus formellement, la bonne raison est qu'une liste vide vérifie toutes les propriétés sur ses éléments, puisqu'elle n'en a pas).

```
let rec palindrome(cl : char list) : bool =
  if cl = []
  then true
  else
    let (fi, re) : char * char list = (fst(cl), rem_fst(cl)) in
      if re = []
      then true
      else
        if fi <> lst(re)
        then false
        else palindrome(rem_lst(re))
;;
```

Il est nécessaire de distinguer les 3 cas dans la fonction récursive, puisque l'appel récursif se fait sur une liste dont la longueur est diminuée de deux unités par rapport à la longueur de la liste initiale (donc même si la longueur de la liste initiale est supérieure ou égale à 2, l'appel récursif peut se faire sur une liste vide). Pour les tests, il est conseillé d'utiliser des listes de longueur paire et de longueur impaire, qui sont des palindromes ou qui ne le sont pas, et bien sûr de suivre l'exécution de la fonction en la traçant au préalable.

### Corrigé de l'exercice 67

En fait, la structure du calcul est assez proche de celle du calcul du minimum d'une liste. Si la liste est vide, on peut conclure (la liste est triée, car une liste vide vérifie toutes les propriétés sur ses éléments). Si la liste est non vide, elle contient au moins un élément. Si le reste de la liste est vide, on peut conclure (une liste à un élément est triée), sinon il faut que le premier élément soit inférieur au premier élément du reste de la liste, et que le reste de la liste soit trié. Comme pour la fonction calculant le minimum, il est préférable d'utiliser une fonction auxiliaire.

```
# let rec check_sorted_list_aux(myint, mylist : int * int list) :
                                                          bool =
    if mylist = []
    then true
    else
      let (f, r) : int * int list = (fst(mylist), rem_fst(mylist)) in
        if myint > f
```

```
        then false
        else check_sorted_list_aux(f, r)
;;
val check_sorted_list_aux : int * int list -> bool = <fun>
# let check_sorted_list(mylist : int list) : bool =
    if mylist = []
    then true
    else check_sorted_list_aux(fst(mylist), rem_fst(mylist))
;;
val check_sorted_list : int list -> bool = <fun>
# check_sorted_list([]) ;;
- : bool = true
# check_sorted_list([1; 3; 3; 4; 5; 9 ; 10]) ;;
- : bool = true
# check_sorted_list([1; 3; 3; 4; 2 ; 5; 9 ; 10]) ;;
- : bool = false
```

### Corrigé de l'exercice 68

```
# let rec append(m1, m2 : int list * int list) : int list =
    if m2 = []
    then m1
    else
      let newm1 : int list = add_lst(m1, fst(m2))
                  and newm2 : int list = rem_fst(m2)
      in
        append(newm1, newm2)
;;
val append : int list * int list -> int list = <fun>
# append([3; 5; 8], [4; 7; 9; 10]) ;;
- : int list = [3; 5; 8; 4; 7; 9; 10]
```

## Corrigés des exercices de compréhension / conception

### Corrigé de l'exercice 69

Si la liste paramètre est vide, la fonction `mystery_1` engendre une erreur. Considérons le cas où la liste paramètre contient un élément.

$\bigtriangledown$ évaluation de `mystery_1([3])` :

1. passage de paramètre : `x` vaut `[3]` ;
2. évaluation de `x = []` ;
3. $\bigtriangledown$ évaluation de `mystery_1_aux(3, [])` :
   (a) passage de paramètre : `p` vaut `3`, `x` vaut `[]` ;
   (b) évaluation de `x = []` ;
   (c) le résultat a pour valeur `3`

4. △ la valeur de `mystery_1_aux(3, [])` est 3 ;

△ la valeur de `mystery_1([3])` est 3

Considérons le cas d'une liste à 4 éléments (comme la valeur des éléments n'intervient pas dans les fonctions, nous choisissons la liste `[1; 2; 3; 4]`).

▽ évaluation de `mystery_1([1; 2; 3; 4])` :

1. passage de paramètre : `x` vaut `[1; 2; 3; 4]` ;
2. évaluation de `x = []` ;
3. ▽ évaluation de `mystery_1_aux(1, [2; 3; 4])` :
   (a) passage de paramètre : `p` vaut 1, `x` vaut `[2; 3; 4]` ;
   (b) évaluation de `x = []` ;
   (c) ▽ évaluation de `mystery_1_aux(2, [3; 4])` :
      i. passage de paramètre : `p` vaut 2, `x` vaut `[3; 4]` ;
      ii. évaluation de `x = []` ;
      iii. ▽ évaluation de `mystery_1_aux(3, [4])` :
         A. passage de paramètre : `p` vaut 3, `x` vaut `[4]` ;
         B. évaluation de `x = []` ;
         C. ▽ évaluation de `mystery_1_aux(4, [])` :
            — passage de paramètre : `p` vaut 4, `x` vaut `[]` ;
            — évaluation de `x = []` ;
            — le résultat a pour valeur 4
         D. △ la valeur de `mystery_1_aux(4, [])` est 4 ;
      iv. △ la valeur de `mystery_1_aux(3, [4])` est 4 ;
   (d) △ la valeur de `mystery_1_aux(2, [3; 4])` est 4 ;
4. △ la valeur de `mystery_1_aux(1, [2; 3; 4])` est 4 ;

△ la valeur de `mystery_1([1; 2; 3; 4])` est 4

Cette fonction calcule le dernier élément d'une liste d'entiers. Elle pourrait s'appeler `lst_int`, et le message d'erreur pourrait être `"erreur lst_int : pas de dernier element dans une liste vide"`.

**Corrigé de l'exercice 70**
Pour bien faire, il faudrait commencer par dérouler quelques exécutions avec des listes en paramètre contenant chacune 0, 1 et 2 éléments. Nous ne déroulons ici qu'une exécution.
▽ évaluation de `mystery_2([1; 4], [0; 2; 6; 9])` :
— passage de paramètre : `x1` vaut `[1; 4]`, `x2` vaut `[0; 2; 6; 9]`,;
— ▽ évaluation de `mystery_2_aux([1; 4], [0; 2; 6; 9], [])` :

1. passage de paramètre : `x1` vaut `[1; 4]`, `x2` vaut `[0; 2; 6; 9]`, `x` vaut `[]` ;
2. évaluation de `x1 = []`, puis de `x2 = []` ; `p1` vaut `1` et `p2` vaut `0` ;
3. ▽ évaluation de `mystery_2_aux([1; 4], [2; 6; 9], [0])` :
   (a) passage de paramètre : `x1` vaut `[1; 4]`, `x2` vaut `[2; 6; 9]`, `x` vaut `[0]` ;
   (b) évaluation de `x1 = []`, puis de `x2 = []` ; `p1` vaut `1` et `p2` vaut `2` ;
   (c) ▽ évaluation de `mystery_2_aux([4], [2; 6; 9], [0; 1])` :
      i. passage de paramètre : `x1` vaut `[4]`, `x2` vaut `[2; 6; 9]`, `x` vaut `[0; 1]` ;
      ii. évaluation de `x1 = []`, puis de `x2 = []` ; `p1` vaut `4` et `p2` vaut `2` ;
      iii. ▽ évaluation de `mystery_2_aux([4], [6; 9], [0; 1; 2])` :
         A. passage de paramètre : `x1` vaut `[4]`, `x2` vaut `[6; 9]`, `x` vaut `[0; 1; 2]` ;
         B. évaluation de `x1 = []`, puis de `x2 = []` ; `p1` vaut `4` et `p2` vaut `6` ;
         C. ▽ évaluation de `mystery_2_aux([], [6; 9], [0; 1; 2 ; 4])` :
            — passage de paramètre : `x1` vaut `[]`, `x2` vaut `[6; 9]`, `x` vaut `[0; 1; 2; 4]` ;
            — évaluation de `x1 = []` ;
            — la valeur du résultat est `[0; 1; 2 ; 4; 6; 9]` :
         D. △ la valeur de `mystery_2_aux([], [6; 9], [0; 1; 2 ; 4])` est `[0; 1; 2 ; 4; 6; 9]` ;
      iv. △ la valeur de `mystery_2_aux([4], [6; 9], [0; 1; 2])` est `[0; 1; 2 ; 4; 6; 9]` ;
   (d) △ la valeur de `mystery_2_aux([4], [2; 6; 9], [0; 1])` est `[0; 1; 2 ; 4; 6; 9]` ;

4. △ la valeur de `mystery_2_aux([1; 4], [2; 6; 9], [0])` est `[0; 1; 2 ; 4; 6; 9]` ;

— △ la valeur de `mystery_2_aux([1; 4], [0; 2; 6; 9], [])` est `[0; 1; 2 ; 4; 6; 9]` ;

△ la valeur de `mystery_2([1; 4], [0; 2; 6; 9])` est `[0; 1; 2 ; 4; 6; 9]`

La fonction `mystery_2` résout le problème classique de *fusion de deux listes triées*, c'est-à-dire qu'elle calcule la liste triée contenant les éléments de deux listes triées, dans le cas particulier ici de listes d'entiers, en utilisant la méthode efficace d'interclassement des éléments. Il s'agit d'une version qui utilise la récursivité terminale. La fonction `mystery_2` pourrait s'appeler `merge_sorted_lists`.

### Corrigé de l'exercice 71

1. Il y a trois informations relatives à un article acheté :
   — l'énoncé ne donne aucune information précise sur la nature d'une quantité : des valeurs entières sont utilisées dans l'exemple, mais si la quantité est un poids, ou une capacité, peut-être des valeurs de type `float` seraient-elles plus indiquées que des valeurs de type `int`. Nous choisissons d'utiliser le type `float` ;
   — la manière de représenter des prix a déjà été discutée dans un autre exercice. Nous choisissons ici d'utiliser le type `float`, de même que pour représenter des taux de TVA (par exemple, la valeur `0.2` correspond à un taux de `20%`).

   Un article acheté pourrait être représenté par un triplet de flottants, ou par une structure contenant trois champs. Nous choisissons cette deuxième possibilité, pour la lisibilité qu'elle offre en permettant de nommer les champs.
2. Nous choisissons de représenter un client par une structure contenant deux champs : le premier correspond à l'ordre de passage à la caisse de la personne, le second est une liste qui correspond à l'ensemble des achats effectués par le client.
3. Une liste de descriptifs de clients permet de représenter les informations d'une journée.
4. Nous choisissons d'écrire une fonction `purch_price` calculant le montant relatif à un article acheté. La fonction `amount` prend le descriptif d'un client en paramètre, mais en fait, il suffit d'avoir la liste des achats de ce client : c'est pourquoi nous utilisons une fonction auxiliaire `amount_aux`, qui est une simple variante d'une fonction de calcul de somme des valeurs d'une liste.

5. Il s'agit ici aussi d'une simple variante d'une fonction de calcul de somme des valeurs d'une liste.

```
(* question 1 *)
type t_purchase = {quantity : float ; price : float ; tax : float} ;;
(* question 2 *)
type t_customer = {number : int ; purch_list : t_purchase list} ;;
(* question 3 *)
type t_day_customers = t_customer list ;;
(* question 4 *)
let purch_price(pch : t_purchase) : float =
  pch.quantity *. pch.price *. (1.0 +. pch.tax)
;;
let rec amount_aux(pch_list : t_purchase list) : float =
  if pch_list = []
  then 0.0
  else
    let (f, r) : t_purchase * t_purchase list =
         (fst(pch_list), rem_fst(pch_list))
    in
      purch_price(f) +. amount_aux(r)
;;
let amount(c : t_customer) : float =
  amount_aux(c.purch_list)
;;
(* question 5 *)
let rec day_amount(day_custlist : t_day_customers) : float =
  if day_custlist = []
  then 0.0
  else
    let (c, r) : t_customer * t_day_customers =
         (fst(day_custlist), rem_fst(day_custlist))
    in
      amount(c) +. day_amount(r)
;;
```

### Corrigé de l'exercice 72

(Questions 1, 2, 3, 4) En fait, pour représenter un jeu de 52 cartes, il faut 52 valeurs distinctes. Si le type choisi contient plus de 52 valeurs, il faut garantir la cohérence des valeurs utilisées. Il faudrait aussi savoir quels calculs pourraient être appliqués à ces cartes, puisque certains types pourraient être plus adaptés que d'autres selon les calculs envisagés. Dans le cas présent, l'énoncé dit peu de choses, puisqu'on cherche simplement à représenter :

— 52 valeurs distinctes ; il faut noter que le type choisi pour représenter les cartes est a priori indifférent pour la fonction de mélange de paquets de

cartes, puisque cette fonction ne devrait pas tenir compte de la valeur des cartes.
- des « paquets » de ces valeurs. On peut imaginer que le nombre de cartes peut différer d'un paquet à l'autre. Des listes de cartes semblent donc adaptées, puisque l'énoncé précise qu'on souhaite pouvoir calculer un paquet de cartes contenant des cartes dans un ordre « aléatoire » : l'ordre des cartes dans un paquet semble donc important, et les listes représentent naturellement des suites de valeurs de longueur quelconque.

Il reste donc à étudier la représentation de cartes à jouer. Comme rien n'est indiqué sur l'usage que l'on en fera (en dehors de ce qui a déjà été discuté ci-dessus), tout type à (au moins) 52 valeurs peut faire l'affaire !

On pourrait choisir, parmi d'autres solutions :

- de définir un type énuméré, où chaque valeur correspond à une carte d'un jeu de 52 cartes ; la fonction calculant un paquet de 52 cartes pourrait être simplement une fonction constante retournant une liste contenant les 52 valeurs du type énuméré.
- d'utiliser le type `int`. Il faut simplement faire attention à ne manipuler que des valeurs valides, puisque le type `int` contient plus de 52 valeurs. Si l'on choisit de représenter les valeurs de cartes par des entiers compris entre `0` et `51`, on peut par exemple :
  - interdire d'utiliser d'autres valeurs, en ajoutant des préconditions aux fonctions de manipulation, ou en contrôlant leurs utilisations ;
  - accepter n'importe quelle valeur de type `int`, en considérant que la valeur d'une carte est donnée *modulo* 52.

  L'intérêt du type `int` par rapport à un type énuméré est que des fonctions (et opérations) de calcul sont définies pour ce type, qui pourraient être utiles pour certains jeux de cartes.
- de définir des types spécifiques, afin de représenter les informations « essentielles » d'une carte : sa couleur et son rang. C'est la solution qui est développée dans les autres questions. Ceci dit, il y a aussi différentes possibilités dans ce cas, les questions suivantes n'explorent qu'une solution possible.

```
(* question 2 *)
type t_card_color = HEART | DIAMOND | CLUB | SPADE ;;
(* question 3 *)
(* on choisit de nommer le type des rangs d'une carte *)
(* de maniere similaire au type des couleurs *)
type t_card_rank = int ;;
type t_card = {color : t_card_color ; rank : t_card_rank} ;;
```

```
(* question 4 *)
let card_color_of_int(i : int) : t_card_color =
  if i = 1
  then HEART
  else
    if i = 2
    then DIAMOND
    else
      if i = 3
      then CLUB
      else SPADE
;;
let card_rank_of_int(i : int) : t_card_rank =
  i
;;
let card_of_int(i : int) : t_card =
  if not((1 <= i) && (i <= 52))
  then failwith("erreur card_of_int : valeur hors [1, 52]")
  else
    {color = card_color_of_int(((i - 1) / 13) + 1) ;
           rank = card_rank_of_int(((i - 1) mod 13) + 1)}
;;
( * version alternative *)
let card_of_int(i : int) : t_card =
  if not((1 <= i) && (i <= 52))
  then failwith("erreur card of int : valeur hors [1, 52]")
  else
    {color = card_color_of_int(((i - 1) mod 4) + 1) ;
           rank = card_rank_of_int(((i - 1) / 4) + 1)}
;;
```

Si l'utilisation des fonctions `card_color_of_int` et `card_rank_of_int` est contrôlée, par exemple si elles ne sont appelées que par la fonction `card_of_int`, il est inutile de prévoir des cas d'erreur pour ces deux fonctions, sinon c'est indispensable de le faire. La fonction `card_of_int` n'est définie que pour un paramètre `i` compris entre `1` et `52` (on suppose que la fonction peut être utilisée sans précaution particulière, d'où sa précondition). Or, les valeurs comprises entre `0` et `51` peuvent être séparées en 4 intervalles `[0, 12]`, `[13, 25]`, `[26, 38]`, `[39, 51]`, que l'on peut choisir d'associer avec les `13` cartes d'une couleur. C'est ce que réalise la fonction `card_of_int` en utilisant les deux opérations de la division entière. La version alternative effectue un calcul similaire, mais en considérant `13` intervalles contenant chacun `4` valeurs : un intervalle correspond donc aux `4` cartes de même rang et de couleurs différentes.

(Question 5) La fonction `init_card_pack` définie ci-après appelle simplement la fonction auxiliaire `init_card_pack_aux` avec le paramètre `52`, qui est le nombre de cartes contenues dans le résultat. La fonction auxiliaire est récursive : elle repose sur l'idée que pour créer une liste de `nb` cartes, il suffit de créer une liste de `nb - 1` cartes et d'en ajouter une.

```
let rec init_card_pack_aux(nb : int) : t_card list =
  if nb = 0
  then []
  else
    let c : t_card = card_of_int(nb)
         and deck_aux : t_card list = init_card_pack_aux(nb - 1)
    in
      add_fst(deck_aux, c)
;;
let init_card_pack() : t_card list =
  init_card_pack_aux(52)
;;
```

(Question 6) On peut imaginer plusieurs solutions pour mélanger un jeu de cartes : il suffit par exemple d'observer la manière de faire de certains joueurs. La solution ici consiste à tirer une carte au hasard dans le paquet, à mélanger le reste du paquet, et à ajouter la carte initialement tirée en première position. Nous choisissons de ne pas écrire une fonction réservée au mélange de paquets de 52 cartes, car ce mécanisme peut être appliqué à des paquets contenant un nombre quelconque de cartes : la fonction `shuffle` appelle la fonction `shuffle_aux` avec en paramètre le paquet de cartes à mélanger et sa longueur (ce qui évite de compter le nombre de cartes à chaque étape).

```
(* card_nb est le nombre d'elements de la liste deck *)
let rec shuffle_aux(deck, card_nb : t_card list * int) : t_card list =
  if card_nb = 0
  then []
  else
    let rem_nb : int = card_nb - 1 in
    let x : int = rand_int(0, rem_nb) in
    let c : t_card = nth(deck, x)
         and rem_deck : t_card list = rem_nth(deck, x)
    in
      add_fst(shuffle_aux(rem_deck, rem_nb), c)
;;

let shuffle(deck : t_card list)  : t_card list =
  shuffle_aux(deck, len(deck))
;;
```

(Question 7) Il y a peu de changements à effectuer pour réaliser les mêmes opérations pour un paquet de 32 cartes. Il faut modifier `card_rank_of_int`, puisque les cartes de rang compris entre 2 et 6 ne font pas partie du paquet. La fonction `init_card_pack_aux` peut être la même que précédemment. Elle est définie ici en utilisant la récursivité terminale. La fonction `shuffle` n'a pas à être modifiée :

```
let card_rank_of_int(i : int) : t_card_rank =
  if i = 1
  then 1
  else i + 5
;;
let card_of_int(i : int) : t_card =
  if not((1 <= i) && (i <= 32))
  then failwith("erreur card of int : valeur hors [1, 32]")
  else
    {color = card_color_of_int(((i - 1) / 8) + 1) ;
              rank = card_rank_of_int(((i - 1) mod 8) + 1)}
;;

let rec init_card_pack_aux(deck, nb : t_card list * int) :
                                               t_card list =
  if nb = 0
  then deck
  else
    let c : t_card = card_of_int(nb) in
    let new_deck : t_card list = add_fst(deck, c) in
      init_card_pack_aux(new_deck, nb - 1)
;;
let init_card_pack() : t_card list =
  init_card_pack_aux([], 32)
;;
```

## Corrigés des exercices divers

### Corrigé de l'exercice 73

En fait, il suffit de remarquer que *le résultat de la fonction récursive* `average_marks_aux` doit comprendre *deux* valeurs : la somme pondérée des notes, et la somme des coefficients. La modification de la fonction, par rapport à la version d'origine, est immédiate une fois cette remarque faite. Bien sûr, il faut modifier la fonction `average_marks` en conséquence.

```
# let rec average_marks_aux(mark_list, coef_list :
                           float list * float list) : float * float =
    if ((mark_list = []) && (coef_list <> []))
                           || ((mark_list <> []) && (coef_list = []))
    then failwith("erreur average_marks_aux : listes incompatibles")
    else
      if (mark_list = [] && coef_list = [])
      then (0.0, 0.0)
      else
```

```
        let (mark, rem_mark) : float * float list =
                         (fst(mark_list), rem_fst(mark_list))
               and (coef, rem_coef) : float * float list =
                         (fst(coef_list), rem_fst(coef_list))
        in
        let (sum_marks, sum_coef) : float * float =
               average_marks_aux(rem_mark, rem_coef)
        in
          (mark *. coef +. sum_marks, coef +. sum_coef)
;;
val average_marks_aux :
          float list * float list -> float * float = <fun>
# let average_marks(mark_list, coef_list :
                          float list * float list) : float =
    let (sum_mark, sum_coef) : float * float =
           average_marks_aux(mark_list, coef_list)
    in
      sum_mark /. sum_coef
;;
val average_marks : float list * float list -> float = <fun>
# average_marks([10.0 ; 12.0 ; 15.0], [3.0 ; 3.0 ; 6.0]) ;;
- : float = 13.
```

### Corrigé de l'exercice 74

On se base ici sur la définition récursive des listes :

— pour la fonction `my_add_lst_chr` :

1. si la liste est vide, ajouter en dernier équivaut à ajouter en premier,
2. si la liste contient un élément ou plus, ajouter en dernier à la liste paramètre revient à ajouter en dernier à la liste privée du premier élément, puis à rajouter ce premier élément ;

— pour la fonction `my_rem_lst_chr` :

1. si la liste est vide, il y a une erreur ; on choisit de traiter ce cas à part, et donc d'utiliser une fonction auxiliaire pour les autres cas ci-après ;
2. si la liste ne contient qu'un élément, la liste résultat est vide ;
3. si la liste contient plus d'un élément, supprimer le dernier élément de la liste paramètre consiste à supprimer le dernier élément de la liste privée de son premier élément, puis à rajouter ce premier élément.

Pour les tests, il faut bien être attentif à tester les cas particuliers (liste vide, liste à un élément) et le cas général d'une liste à plusieurs éléments.

```
let rec my_add_lst_chr(x, elt : char list * char) : char list =
  if x = []
  then add_fst(x, elt)
  else
    let (f, r) : char * char list  = (fst(x), rem_fst(x)) in
    let y : char list = my_add_lst_chr(r, elt) in
      add_fst(y, f)
;;
let rec my_rem_lst_chr_aux(elt, rem : char * char list) : char list =
  if rem = []
  then rem
  else
    let y : char list = my_rem_lst_chr_aux(fst(rem), rem_fst(rem)) in
      add_fst(y, elt)
;;
let my_rem_lst_chr(x : char list) : char list =
  if x = []
  then failwith("erreur my_rem_lst_chr : liste vide")
  else my_rem_lst_chr_aux(fst(x), rem_fst(x))
;;
```

### Corrigé de l'exercice 75

1) Le chiffre le plus à droite de l'écriture d'un entier positif correspond au reste de la division entière de ce nombre par `10`. Les chiffres précédents correspondent au quotient de la division entière du nombre par 10. Il faut faire attention au cas particulier du nombre `0`, puisque c'est le seul nombre pour lequel on a un caractère `0` qui n'a pas de chiffres à sa gauche. On suppose que le nombre paramètre est positif (à défaut, il suffit d'ajouter une précondition aux fonctions ci-après).

```
let rec char_list_of_int10_aux(number : int) : char list =
  if  number = 0
  then []
  else
    let (q, r) : int * int = (number / 10, number mod 10) in
    let q_list : char list = char_list_of_int10_aux(q) in
      add_lst(q_list, char_of_int(r + int_of_char('0')))
;;
let char_list_of_int10(number : int) : char list =
  if number = 0
  then ['0']
  else char_list_of_int10_aux(number)
;;
```

2) Pour obtenir l'écriture d'un entier positif en une base `b` quelconque, il suffit de modifier les fonctions précédentes pour que la base fasse partie du paramètre de la fonction. Bien sûr, les caractères utilisés pour l'écriture sont

les chiffres et les caractères qui les suivent (si la base b est supérieure à 10).

```
let rec char_list_of_int_aux(number, base : int * int) : char list =
  if  number = 0
  then []
  else
    let (q, r) : int * int = (number / base, number mod base) in
    let q_list : char list = char_list_of_int_aux(q, base) in
      add_lst(q_list, char_of_int(r + int_of_char('0')))
;;
let char_list_of_int(number, base : int * int) : char list =
  if number = 0
  then ['0']
  else char_list_of_int_aux(number, base)
;;
```

3) et 4) Si l'on obtient l'écriture d'un entier positif par une suite de divisions, on obtient l'entier à partir de son écriture par une suite de multiplications. La fonction ci-après calcule le nombre associé à une liste de chiffres correspondant à son écriture dans une base quelconque (il suffit donc de considérer que la base est 10 pour en déduire facilement la réponse à la question 3). Cette fonction se base sur la séparation de la liste en deux : la partie gauche, qui contient tous les chiffres sauf le dernier, et le dernier chiffre. L'entier correspondant à la partie gauche doit être multiplié par la valeur de la base, et additionné à l'entier correspondant au dernier chiffre, pour obtenir le nombre correspondant à la liste.

```
let rec int_of_char_list_aux(number, base : char list * int) : int =
  if  number = []
  then 0
  else
    let (q, r) : char list * char = (rem_lst(number), lst(number)) in
    let val_r : int = int_of_char(r) - int_of_char('0')
            and val_q : int = int_of_char_list_aux(q, base)
    in
      val_q * base + val_r
;;
let int_of_char_list(number, base : char list * int) : int =
  if number = ['0']
  then 0
  else int_of_char_list_aux(number, base)
;;
```

Bien sûr, cette fonction n'est correcte que si la liste en paramètre correspond à un entier positif : s'il est nécessaire que la fonction vérifie cela, il suffit d'ajouter un test vérifiant si le caractère r est bien un chiffre correspondant à la base.

**Corrigé de l'exercice 76**

Il existe différentes manières d'écrire cette fonction. Voici en premier une version récursive terminale. Le paramètre de la fonction `syracuse_list_aux` contient les valeurs déjà calculées (initialement, elle ne contient que le paramètre de la fonction `syracuse_list`) : la dernière valeur de cette liste est donc la valeur courante, qui permet de décider si la valeur 1 est atteinte, ou si le calcul d'au moins un nouveau terme est nécessaire. Il faut noter que la fonction est récursive terminale, puisque pour chaque cas, il y a au plus un appel récursif et dans ce cas, cet appel est la dernière opération décrite.

```
let rec syracuse_list_aux(cur_list : int list) : int list =
  let cur_val : int = lst(cur_list) in
    if cur_val = 1
    then cur_list
    else
      if cur_val mod 2 = 0
      then syracuse_list_aux(add_lst(cur_list, cur_val / 2))
      else syracuse_list_aux(add_lst(cur_list, 3 * cur_val + 1))
;;

let syracuse_list(n : int) : int list =
  if n <= 0
  then failwith("erreur syracuse_list : parametre negatif")
  else syracuse_list_aux([n])
;;
```

Voici une autre version de cette fonction.

```
let rec syracuse_list_aux(n : int) : int list =
  if n = 1
  then [1]
  else
    let new_val : int =
             if n mod 2 = 0
             then n / 2
             else 3 * n + 1
    in
    let new_list : int list = syracuse_list_aux(new_val) in
      add_fst(new_list, n)
;;

let syracuse_list(n : int) : int list =
  if n <= 0
  then failwith("erreur syracuse_list : parametre negatif")
  else syracuse_list_aux(n)
;;
```

### Corrigé de l'exercice 77

La fonction ci-après est inspirée directement de la fonction `mystery` de l'exercice 56 (exercices de compréhension / conception, sections 5.4 et 5.5, pages 169 et 179).

```
let rec fibo_list_aux(n : int) : int * int * int list =
  if n = 1
  then (1, 1, [1; 1])
  else
    let (x, y, res_list) : int * int * int list = fibo_list_aux(n-1) in
    let z : int = x + y in
      (y, z, add_lst(res_list, z))
;;

let fibo_list(n : int) : int list =
   if n < 0
   then failwith("erreur fibo_list : parametre negatif")
   else
     if n = 0
     then [1]
     else
       let (x, y, res) : int * int * int list = fibo_list_aux(n) in
         res
;;
```

En fait, il est inutile d'avoir en résultat de la fonction `fibo_list_aux` les deux dernières valeurs calculées de la suite, puisqu'elles figurent dans la liste résultat de cette fonction.

Il suffirait de les extraire en utilisant par exemple les fonctions `lst` et `rem_lst`.

### Corrigé de l'exercice 78

La fonction calcule la position du plus petit élément d'une liste d'entiers : son paramètre est donc de type `int list` et son résultat est de type `int`. En fait, cette fonction est très proche de la fonction calculant le minimum d'une liste d'entiers.

```
let rec index_min_aux(mylist : int list) : int =
  let (f, r) : int * int list = (fst(mylist), rem_fst(mylist)) in
    if r = []
    then 0
    else
      let indmin_r : int = index_min_aux(r) in
        if f <= nth(r, indmin_r)
        then 0
        else 1 + indmin_r
;;
```

```
let index_min(mylist : int list) : int =
  if mylist = []
  then failwith("erreur index_min : liste parametre vide")
  else index_min_aux(mylist)
;;
```

Comme la fonction `index_min_aux` a pour résultat l'indice du minimum d'une liste non vide, la fonction `nth` est utilisée pour accéder à la valeur de l'élément à partir de son indice. Il est possible de se passer de la fonction `nth`, si la fonction `index_min_aux` a pour résultat le couple composé de la valeur et de l'indice du minimum.

```
let rec index_min_aux(mylist : int list) : int * int =
  let (f, r) : int * int list = (fst(mylist), rem_fst(mylist)) in
    if r = []
    then (f, 0)
    else
      let (min_r, indmin_r) : int * int = index_min_aux(r) in
        if f <= min_r
        then (f, 0)
        else (min_r, 1 + indmin_r)
;;

let index_min(mylist : int list) : int =
  if mylist = []
  then failwith("erreur index_min : liste parametre vide")
  else
    let (min, indmin) : int * int = index_min_aux(mylist) in
      indmin
;;
```

La fonction récursive terminale ci-après calcule les indices du minimum et du maximum d'une liste dont les éléments sont de type `int`. Comme d'habitude dans ce type de fonctions, les valeurs courantes sont en paramètre de la fonction auxiliaire. Plus précisément, pour la fonction `index_min_max_aux` : `mylist` est la liste courante (initialement, elle est égale à la liste paramètre de la fonction `index_min_max` sans le premier élément) ; `min` et `max` sont les valeurs du minimum et du maximum dans la partie de liste étudiée au préalable (initialement, ces valeurs sont égales à la valeur du premier élément de la liste paramètre de la fonction `index_min_max`) ; `indmin` et `indmax` sont les positions correspondantes (initialement, ce sont les indices `0` et `0`) ; `cur_ind` est la position du premier élément de la liste `mylist` (s'il existe).

```
let rec index_min_max_aux(mylist, (min, max), (indmin, indmax),
   cur_ind : int list * (int * int) * (int * int) * int) : int * int =
  if mylist = []
  then (indmin, indmax)
  else
    let (f, r) : int * int list = (fst(mylist), rem_fst(mylist))
             and new_ind : int = cur_ind + 1
    in
      if f < min
      then index_min_max_aux(r, (f, max), (cur_ind, indmax), new_ind)
      else
        if f > max
        then
          index_min_max_aux(r, (min, f), (indmin, cur_ind), new_ind)
        else
          index_min_max_aux(r, (min, max), (indmin, indmax), new_ind)
;;

let index_min_max(mylist : int list) : int * int =
  if mylist = []
  then failwith("erreur index_min_max : liste parametre vide")
  else
    let m : int = fst(mylist) in
      index_min_max_aux(rem_fst(mylist), (m, m), (0, 0), 1)
;;
```

# Troisième partie

# Itérativité

# Chapitre 7

# Variables mutables, affectation

**Mots-clés :**
- types et variables mutables,
- affectation,
- instruction, bloc,
- entrées - sorties

**Objectifs :**
- comprendre la notion de type et de variable mutables,
- savoir définir des types mutables,
- savoir manipuler des variables mutables,
- savoir formaliser en utilisant des types mutables et / ou non mutables.

Les notions présentées dans les deux premières parties de ce livre suffisent pour écrire tout algorithme : il est donc tout à fait possible de se passer des notions présentées dans cette dernière partie. Ceci dit, ces notions présentent deux particularités qui peuvent être intéressantes suivant le contexte d'utilisation :

1. pour la *conception*. Jusqu'à présent, nous avons considéré que nous manipulons des valeurs, et qu'une fonction calcule une valeur résultat en fonction d'une valeur paramètre ; comme dit ci-dessus, cela suffit. Mais il arrive souvent que l'on raisonne, non en termes de valeur et de calcul, mais en termes de *modification*. Supposons par exemple que l'on représente les informations propres à une personne : nom, prénom, adresse précise composée de plusieurs informations (rue, code postal, ville), numéro(s) de téléphone, âge, etc. Les valeurs de certaines informations peuvent différer au cours du temps : une personne peut déménager, l'âge augmente à chaque anniversaire, etc.

(a) Avec les notions vues jusqu'à présent, il est parfaitement possible de décrire et de manipuler les informations propres à une personne, en représentant les valeurs de ces informations. Si on prévoit qu'une information évolue, par exemple l'âge, il est facile d'écrire une fonction calculant le descriptif d'une personne après un anniversaire à partir du descriptif de la personne avant son anniversaire (ces deux descriptifs étant bien sûr différents, puisqu'ils ne sont pas composés des mêmes valeurs).

(b) Si l'on souhaite raisonner en termes de *modification*, *l'âge* d'une personne, qui évolue à chaque anniversaire, *n'est plus une valeur, mais une suite de valeurs*, telle que *à un instant donné, l'âge n'a qu'une valeur*. Et il est probable que, pour manipuler les informations relatives à une personne, on souhaite écrire une fonction qui *modifie* l'âge de la personne lorsque c'est son anniversaire, sans bien sûr modifier les autres informations. En contrepartie, certains *risques d'erreurs* sont *accrus*, ne serait-ce que du fait de possibles confusions lors d'une conception. Par exemple, quand on parle de l'âge d'une personne, à quoi fait-on référence : à l'âge actuel ? à un âge antérieur ?

2. pour la *complexité*. Par exemple, nous avons vu précédemment que l'exécution de fonctions composées, y compris récursives, se base souvent sur la gestion d'une pile d'exécution. Or, certains langages, comme `OCaml`, offrent des mécanismes qui permettent, dans certains cas, de se passer de la gestion de la pile d'exécution et de diminuer le coût d'exécution [1] (en termes de temps de calcul et de place mémoire utilisée pour ces calculs) : *cf.* chapitre 8.

Enfin, les notions étudiées dans cette partie sont utilisées couramment en conception et en développement de logiciels, il est donc indispensable de les connaître aussi.

L'objectif de ce chapitre est essentiellement d'introduire la notion de variable mutable, afin de la comprendre et de savoir l'utiliser dans des cas simples. Les chapitres 8 et 9 suivants développent cette notion, ainsi que d'autres notions qui lui sont intimement liées (itérativité, tableaux).

---

1. La pertinence de cet argument s'émousse au fil du temps, du fait des progrès en *compilation*. Dit autrement, lorsqu'un code est analysé pour le traduire en langage exécutable sur une machine, il est possible de faire de nombreuses *optimisations*, concernant par exemple l'utilisation ou non de la pile d'exécution.

## 7.1 Notions essentielles

### 7.1.1 Variables mutables : définition

Nous avons vu qu'*une variable non mutable correspond à une valeur*. En `OCaml`, c'est l'association d'un nom et d'une valeur d'un certain type. Par exemple, `let x : int = 3` définit la variable de nom `x`, de type `int` et de valeur 3.

Intuitivement, **une variable mutable est un « contenant », qui contient une valeur à un instant donné**. Comme une variable mutable est un « contenant » (pensez à un tiroir, à un sac...), il est possible d'*y mettre une valeur à la place de la valeur qui y était précédemment*. Une variable mutable peut donc contenir successivement différentes valeurs, mais elle n'en contient qu'une à un moment précis.

Cette image a ses limites, car, pour éviter de nombreuses erreurs de programmation, la plupart des langages imposent des restrictions sur la manière de se servir de ces « contenants ».

En `OCaml`, un **type mutable** peut être considéré comme **l'ensemble de tous les « contenants » pouvant contenir des valeurs d'un même type**. Le mot-clé caractérisant cette notion est `ref` (de même que `list` est le mot-clé caractérisant les types de listes). Par exemple :

```
# ref 8 ;;
- : int ref = {contents = 8}
# let x : int ref = ref 9 ;;
val x : int ref = {contents = 9}
# ref (3, 4) ;;
- : (int * int) ref = {contents = (3, 4)}
# let y : (int * int) ref = ref (10, 2) ;;
val y : (int * int) ref = {contents = (10, 2)}
# let z : int list ref = ref [2; 6; 3; 1] ;;
val z : int list ref = {contents = [2; 6; 3; 1]}
```

Plus précisément :

— `ref 8` est un élément du type mutable `int ref`. C'est donc un contenant (mot-clé `ref`), pouvant contenir une valeur entière (type `int`) ; l'interpréteur répond qu'il a reconnu une valeur de type `int ref`, et qui contient en l'occurence la valeur 8 ;

— une variable mutable est déclarée de la même manière qu'une variable non mutable ; ici, la variable `x` est de type `int ref`, et elle contient la valeur 9 de type `int` ;

— il est possible de définir un type mutable sur n'importe quel type. Par exemple, `ref (3, 4)` est un élément du type mutable `(int * int) ref`, qui contient le couple `(3, 4)` ;

— similairement, il est possible de définir des variables mutables de tout type. Par exemple, la variable `z` a pour type `int list ref`, qu'il faut lire `(int list) ref` : c'est donc un « contenant » qui peut contenir toute liste d'entiers, et qui, ici, contient la liste `[2; 6; 3; 1]`.

En `OCaml`, la désignation de la valeur contenue dans une variable d'un type mutable utilise le symbole `!` :

```
# !x ;;
- : int = 9
# !y ;;
- : int * int = (10, 2)
# !z ;;
- : int list = [2; 6; 3; 1]
# !x = x ;;
Error: This expression has type int ref
 but an expression was expected of type int
```

La réponse de l'interpréteur pour la dernière expression ci-dessus illustre le fait que le contenu n'est pas le contenant !

En résumé, une déclaration de variable mutable s'écrit :

```
let var_name : type_name ref = ref expression
```

où `expression` est une expression [1] de type `type_name`, et la valeur contenue dans cette variable est désignée par :

```
!var_name
```

Le *contenu d'une variable mutable peut être utilisé dans toute expression compatible avec son type*, par exemple :

```
# !x * 3 + 2 ;;
- : int = 29
# !x ;;
- : int = 9
# let (v1, v2) : int * int = !y ;;
val v1 : int = 10
val v2 : int = 2
# add_fst(!z, 5) ;;
- : int list = [5; 2; 6; 3; 1]
```

1. Comme une variable mutable peut contenir successivement différentes valeurs, la valeur de l'expression dans la déclaration de la variable est appelée sa *valeur initiale*. Certains langages n'imposent pas de définir une valeur initiale lors de la déclaration d'une variable mutable : il est néanmoins fortement conseillé *d'initialiser* systématiquement toute variable mutable, c'est-à-dire de définir explicitement sa valeur initiale.

```
# add_fst(!z, 5) = !z ;;
- : bool = false
# !z ;;
- : int list = [2; 6; 3; 1]
```

On peut noter que les contenus des variables mutables `x` et `z` ne sont bien sûr pas modifiés par leurs utilisations dans différentes expressions.

De même qu'il est *possible de définir des types mutables à partir de types préexistants*, il est possible de *définir des types à partir de types mutables préexistants*. Par exemple, le type `t_person` défini ci-après permet de représenter quelques informations relatives à des personnes : on peut noter que les champs `address` et `age` du type `t_person` sont mutables. Suivent des exemples de déclarations de valeurs de ces types. La réponse de l'interpréteur est donnée pour la dernière déclaration :

```
type t_address = {num : int ; street : string ;
               postal_code : string ; city : string} ;;
type t_identity = {name : string ; forename : string} ;;
type t_person = {ident : t_identity ; address : t_address ref ;
                                            age : int ref} ;;
let myad : t_address = {num = 3 ; street = "chemin de la poste";
                postal_code = "23000"; city = "Gueret"} ;;
let myid : t_identity = {name = "Dubois" ; forename = "Aristide"} ;;

# let myp : t_person = {ident = myid ; address = ref myad ;
                                            age = ref 35} ;;
val myp : t_person =
   {
   ident = {name = "Dubois"; forename = "Aristide"};
   address =
       {contents = {num = 3; street = "chemin de la poste";
                            postal_code = "23000"; city = "Gueret"}
       };
   age = {contents = 35}
   }
```

**NB1.** Attention à la terminologie et aux risques de confusion. Le contenant n'est pas le contenu, il est donc indispensable de bien distinguer les deux. Dans la mesure du possible, nous appelons le contenant *élément d'un type mutable* ou *variable mutable*, suivant le cas. Nous évitons de parler de la « valeur d'une variable mutable », qui peut prêter à confusion entre l'élément du type mutable et la *valeur contenue dans* cette variable. Il faut donc être attentif à bien identifier de quoi on parle réellement [1].

1. Dans certains langages de programmation, il n'existe que des variables mutables, par exemple dans le langage impératif C. Bien sûr, la distinction entre contenant et contenu existe

**NB2.** Dans le cadre de ce cours, les opérateurs de comparaison ne sont pas appliqués à des « objets » mutables, que ce soient des variables mutables, ou des champs mutables d'un élément de type structuré, par exemple ; nous n'utilisons ces opérateurs que pour des valeurs de types non mutables.

### 7.1.2 Affectation

**L'opération permettant de modifier la valeur contenue dans une variable mutable est l'affectation**, dont le symbole est `:=`
Une **instruction d'affectation** est une **expression s'écrivant** sous la forme :

```
var_name := expression
```

où `var_name` est une variable d'un type mutable `type_name ref` et `expression` est une expression de type `type_name`. Par exemple, la suite ci-après contient une instruction d'affectation :

```
# x ;;
- : int ref = {contents = 9}
# x := !x * 2 ;;
- : unit = ()
# x ;;
- : int ref = {contents = 18}
```

On note que la réponse de l'interpréteur, lors de l'affectation de la valeur `!x * 2` à la variable `x`, est : `- : unit = ()`
Ceci signifie qu'en `OCaml`, une affectation est une expression dont la valeur est `()`, qui est la seule valeur[1] du type `unit`. De manière plus intuitive, une expression d'affectation modifie le contenu de la variable mutable concernée,

---

aussi, simplement elle s'exprime de manière plus implicite que dans les langages séparant clairement variables non mutables et variables mutables, comme `OCaml` et `Scala`, par exemple. On peut aussi noter que tout ce qui a été réalisé dans les chapitres précédents pourrait être réalisé en n'utilisant que des variables mutables, l'instruction d'affectation et la notion de bloc : *cf.* ci-après. Il suffit en fait de définir une variable mutable pour chaque variable non mutable, et de n'en jamais changer le contenu. Néanmoins, n'utiliser que des variables mutables peut complexifier la conception et accroître les risques d'erreur de conception et de développement. C'est pourquoi de nombreux langages impératifs rajoutent des mécanismes pour contrôler l'usage des variables mutables, le passage de paramètres, etc. Enfin, on peut noter que certains langages proposent des notions proches de celle de variable non mutable, comme par exemple la notion de constante en `ADA` : mais la valeur d'une constante `ADA` doit être connue à la compilation, ce qui n'est pas le cas d'une variable non mutable en `OCaml`, dont la valeur peut n'être connue qu'à l'exécution.

1. La valeur `()` correspond intuitivement à une valeur *vide*, ou à *rien*. Le type `unit` est proche par exemple du type `NoneType` en langage `Python`, qui ne contient aussi qu'une valeur `None` signifiant intuitivement *aucune valeur*.

mais cette expression n'a pas de valeur en elle-même, contrairement à une expression telle qu'on a pu en étudier jusqu'à présent [1].

Nous appelons par la suite **instruction une expression de type** `unit` [2], et nous gardons le terme *expression* pour toute expression de type quelconque.

On peut noter qu'une instruction d'affectation peut concerner toute variable mutable, ou tout composant mutable, par exemple :

```
# myp.age := 36 ;;
- : unit = ()
# myp ;;
- : t_person =
      {
      ident = {name = "Dubois"; forename = "Aristide"};
      address =
         {contents = {num = 3; street = "chemin de la poste";
                              postal_code = "23000"; city = "Gueret"}
         };
         age = {contents = 36}
      }
```

### 7.1.3 Paramètres mutables

Jusqu'à présent, toute fonction prend en paramètre une valeur d'un type non mutable, et rend un résultat calculé à partir du paramètre. La notion de variable et / ou de paramètre mutable complexifie cette manière simple de considérer une fonction. En effet, si une fonction prend en paramètre un élément d'un type mutable, elle peut modifier la valeur contenue dans ce paramètre, par exemple :

```
# let min_mut(x, p, q : int ref * int * int) : unit =
    if p < q
    then x := p
    else x := q
;;
val min_mut : int ref * int * int -> unit = <fun>
```

1. Le fait qu'une instruction d'affectation n'ait pas de valeur en elle-même existe dans d'autres langages de programmation, comme `ADA` par exemple. Dans d'autres langages, comme `C`, la valeur d'une instruction d'affectation est égale à la valeur affectée à la variable mutable. Ceci peut être simulé en `OCaml` en utilisant une fonction réalisant l'affectation, et dont le résultat est la valeur affectée : *cf.* paragraphe suivant.

2. Par exemple, dans le code :

```
if !x < 0
then x := - !x
else ()
```

la conditionnelle est une instruction, définie à partir de l'instruction d'affectation et de l'instruction `()` : cette dernière signifie que rien n'est effectué si le contenu de `x` est supérieur ou égal à `0`.

```
# let myx : int ref = ref 3 ;;
val myx : int ref = {contents = 3}
# min_mut(myx, 4, -2) ;;
- : unit = ()
# myx ;;
- : int ref = {contents = -2}
```

La fonction `min_mut` prend en paramètre `x`, qui est mutable, et `p` et `q` qui ne le sont pas ; l'exécution de la fonction modifie la valeur contenue dans le paramètre effectif associé à `x` (`myx` dans l'exemple), en y mettant la valeur minimum de `p` et `q` (4 et -2 dans l'exemple). On peut noter que le type de chaque « branche » de l'expression conditionnelle est `unit`, puisque qu'il s'agit d'instructions d'affectation : c'est d'ailleurs aussi le type du résultat de la fonction, défini par l'expression conditionnelle.

Notons qu'en toute généralité, l'exécution d'une fonction peut modifier les valeurs contenues dans des paramètres mutables, tout en retournant un résultat calculé de type quelconque (*cf.* par exemple la fonction `exchange_2_positive_int` ci-après). Par exemple, la fonction `affect` ci-après simule le comportement d'une affectation dans certains langages de programmation [1] :

```
# let affect(x, v : 'a ref * 'a) : 'a =
    (
    x := v ;
    v
    )
;;
val affect : 'a ref * 'a -> 'a = <fun>
# let x : int ref = ref 9 ;;
val x : int ref = {contents = 9}
# affect(x, !x * 2) ;;
- : int = 18
# x ;;
- : int ref = {contents = 18}
```

### 7.1.4 Bloc

Nous appelons **bloc** une **suite d'instructions, qui se termine par une expression de type quelconque**. La **valeur du bloc** est celle de **sa dernière expression**.

Un bloc est délimité par une parenthèse ouvrante et une parenthèse fermante ; si un bloc ne comprend qu'une expression, les parenthèses sont inutiles. Les expressions composant un bloc sont séparées par des points-virgules.

1. Pour mémoire, en `OCaml`, `'a` désigne n'importe quel type.

Considérons par exemple la fonction ci-après :

```
# let min_max_mut(x, y, p, q : int ref * int ref * int * int) : unit =
    if p < q
    then
      (
      x := p ;
      y := q
      )
    else
      (
      x := q ;
      y := p
      )
;;
val min_max_mut : int ref * int ref * int * int -> unit = <fun>
# let myx : int ref = ref 5 and myy : int ref = ref 9 ;;
val myx : int ref = {contents = 5}
val myy : int ref = {contents = 9}
# min_max_mut(myx, myy, 4, -2) ;;
- : unit = ()
# (myx, myy) ;;
- : int ref * int ref = ({contents = -2}, {contents = 4})
```

Chaque branche de la conditionnelle est définie par un bloc, qui ne comprend que des instructions : la valeur de chaque bloc est donc de type `unit`, ce qui est cohérent avec le type du résultat de la fonction, défini par la valeur de la conditionnelle.

**NB.** En `OCaml`, le *point-virgule* est utilisé pour *séparer deux instructions*, et non pour terminer une instruction. Attention donc à certaines erreurs provenant d'une mauvaise utilisation du point-virgule :

```
# let min_mut(x, p, q : int ref * int * int) : unit =
 if p < q
 then x := p ;
 else x := q ;
;;
Error: Syntax error
```

L'interpréteur considère que la conditionnelle s'arrête après l'instruction `x := p ;`, et que ce qui suit est une autre instruction, puisqu'un point-virgule sépare deux instructions. Comme aucune instruction ne commence par `else`, une erreur est signalée.

Voici un autre exemple de fonction. Son exécution échange les valeurs contenues dans les paramètres effectifs associés à ses paramètres formels `x` et `y`.

```
# let exchange_2_int(x, y : int ref * int ref) : unit =
    let z : int = !y in
      (
      y := !x ;
      x := z
      )
;;
val exchange_2_int : int ref * int ref -> unit = <fun>
# let myx : int ref = ref 5 and myy : int ref = ref 9 ;;
val myx : int ref = {contents = 5}
val myy : int ref = {contents = 9}
# exchange_2_int(myx, myy) ;;
- : unit = ()
# (myx, myy) ;;
- : int ref * int ref = ({contents = 9}, {contents = 5})
```

Ici aussi, le bloc entre parenthèses ne contient que des instructions : sa valeur est donc de type `unit`. La valeur du résultat de la fonction est de type `unit`, ce qui est cohérent avec le fait que la valeur du bloc définit la valeur du résultat de la fonction.

En toute généralité, l'expression terminant un bloc peut être de type quelconque. Par exemple, la fonction ci-après échange aussi les valeurs contenues dans ses paramètres, mais seulement si ces valeurs sont toutes deux positives : le résultat booléen indique si l'échange est fait ou non. Plus précisément, chaque branche de la conditionnelle est définie par un bloc : le premier se réduit à une expression, le second comporte deux instructions et une expression. La valeur de chaque bloc est définie par la valeur de l'expression correspondante ; la valeur de la conditionnelle, qui définit la valeur du résultat de la fonction, est donc définie par la valeur de l'un de ces deux blocs.

```
# let exchange_2_positive_int(x, y : int ref * int ref) : bool =
    if (!x < 0) || (!y < 0)
    then false
    else
      let z : int = !y in
        (
        y := !x ;
        x := z ;
        true
        )
;;
val exchange_2_positive_int : int ref * int ref -> bool = <fun>
# let myx : int ref = ref 5 and myy : int ref = ref 9 ;;
val myx : int ref = {contents = 5}
val myy : int ref = {contents = 9}
# exchange_2_positive_int(myx, myy) ;;
- : bool = true
```

```
# (myx, myy) ;;
- : int ref * int ref = ({contents = 9}, {contents = 5})
# let myxn : int ref = ref 4 and myyn : int ref = ref (-3) ;;
val myxn : int ref = {contents = 4}
val myyn : int ref = {contents = -3}
# exchange_2_positive_int(myxn, myyn) ;;
- : bool = false
# (myxn, myyn) ;;
- : int ref * int ref = ({contents = 4}, {contents = -3})
```

### 7.1.5 Entrées - sorties

Il est parfois utile d'afficher des valeurs à l'écran au cours de l'exécution d'une fonction, ou de saisir des valeurs au clavier. Toutes les fonctions ci-après sont des fonctions prédéfinies du langage OCaml, sauf la fonction read_char (c'est une fonction utilitaire, décrite en section 11.1 page 403).

Fonctions d'affichage :

| Signature | affichage à l'écran |
|---|---|
| print_int : int -> unit | affiche un entier |
| print_char : char -> unit | affiche un caractère |
| print_float : float -> unit | affiche un flottant |
| print_string : string -> unit | affiche une chaîne de caractères |
| print_newline : unit -> unit | affiche un saut de ligne |

Fonctions de saisie :

| Signature | lecture au clavier |
|---|---|
| read_line : unit -> string | lit une chaîne de caractères |
| read_int : unit -> int | lit un entier |
| read_float : unit -> float | lit un flottant |
| read_char : unit -> char | lit un caractère |

Par exemple, la fonction myline_print ci-après affiche une suite de caractères '*', dont le nombre est donné en paramètre, suivie d'un saut de ligne. La fonction myline_aux effectue la saisie d'un entier positif, avant d'appeler la fonction myline_print avec ce nombre en paramètre. La fonction myline affiche un message avant d'appeler la fonction myline_aux.

```
# let rec myline_print(x : int) : unit =
    if x = 0
    then print_newline()
    else
      (
      print_char('*') ;
```

```
      myline_print(x - 1)
      )
;;
val myline_print : int -> unit = <fun>
# let myline_aux() : unit =
    let n : int = read_int() in
      if n < 0
      then failwith("erreur myline_aux : saisie d'un entier negatif")
      else myline_print(n)
;;
val myline_aux : unit -> unit = <fun>
# let myline() : unit =
    (
    print_string("veuillez saisir un nombre entier positif") ;
    print_newline() ;
    myline_aux()
    )
;;
val myline : unit -> unit = <fun>
# myline() ;;
veuillez saisir un nombre entier positif
10
**********
- : unit = ()
```

Il faut noter que :

- la fonction `read_line` lit une chaîne de caractères saisie au clavier, c'est-à-dire la suite de caractères tapés jusqu'au retour à la ligne exclu ; si le retour à la ligne est directement saisi, la chaîne de caractères résultat est vide ;
- les fonctions `read_int` et `read_float` engendrent une erreur si la valeur saisie ne correspond pas [1] à une valeur de type `int` ou `float` (avec la particularité qu'une valeur flottante saisie ne contient pas nécessairement un point).
- la fonction `read_char` impose la saisie d'au moins un caractère. Si plus d'un caractère est saisi, le premier caractère définit le résultat de la fonction, les autres sont ignorés.

Par exemple :

```
# read_int() ;;
c34
Exception: Failure "int_of_string".
```

1. Une lecture au clavier effectue la saisie d'une chaîne de caractères, suivie éventuellement de l'application d'une opération de conversion : `int_of_string` pour `read_int`, `float_of_string` pour `read_float` : *cf.* messages d'erreur dans les exemples.

```
# read_float() ;;

Exception: Failure "float_of_string".
# read_float() ;;
3
- : float = 3.
# read_char() ;;

erreur read_char : aucun caractere saisi

erreur read_char : aucun caractere saisi
rgrts
- : char = 'r'
```

Pour ce dernier exemple, il y a deux saisies d'un retour à la ligne, avant la saisie de la chaîne de caractères `"rgrts"`.

## 7.2 Conventions d'écriture

### 7.2.1 Déclarations de variables

De manière générale, nous choisissons de déclarer les variables mutables en début des définitions des fonctions.

En application de notre convention « un nom, une notion », nous n'utilisons jamais deux noms différents pour désigner la même variable mutable. Cette possibilité, offerte par `OCaml`, peut ne pas exister dans certains langages de programmation.

Plus précisément, nous savons qu'en `Ocaml`, une variable est l'association entre un nom et un élément d'un certain type. De même que l'on peut associer deux noms à la même valeur d'un type non mutable, on peut associer deux noms au même élément d'un type mutable. Dans la séquence ci-après, `m_1` et `m_3` sont synonymes : ils désignent le même contenant. Modifier le contenu de `m_1` équivaut à modifier le contenu de `m_3`, et réciproquement.

```
# let m_1 : int ref = ref 4 and m_2 : int ref = ref 4 ;;
val m_1 : int ref = {contents = 4}
val m_2 : int ref = {contents = 4}
# let m_3 : int ref = m_1 ;;
val m_3 : int ref = {contents = 4}
# m_1 := 5 ;;
- : unit = ()
# !m_1 ;;
- : int = 5
# !m_2 ;;
- : int = 4
```

```
# !m_3 ;;
- : int = 5
```

Ce type de déclaration est donc évité par la suite.

### 7.2.2 Parenthésage

Reprenons l'exemple de la variable `myp` de type `t_person` : *cf.* section 7.1.1 page 243. Cette variable comprend un champ mutable `age`. Si l'on souhaite accéder à la valeur contenue dans ce champ, il est nécessaire de parenthéser l'expression :

```
# !myp.age ;;
Error: This expression has type t_person
 but an expression was expected of type 'a ref
```

Ici, le compilateur comprend que l'opérateur `!` s'applique à la variable `myp` : comme celle-ci n'est pas mutable, un message d'erreur est engendré.

```
# !(myp.age) ;;
- : int = 36
```

Ici, l'opérateur `!` s'applique au champ mutable `myp.age`, ce qui est correct.

De manière générale, nous parenthésons systématiquement les expressions auxquelles nous souhaitons appliquer cet opérateur. Par exemple, on ne garde dans le type `t_pers` ci-après qu'un numéro pour identifier une personne, ainsi que son âge. Maintenant, `myp` est une variable mutable dont le contenu est de type `t_pers`, et `mypl` est une liste dont les éléments sont de type `t_pers`.

```
# type t_pers = {num : int ; age : int ref} ;;
type t_pers = { num : int; age : int ref; }
# let myp : t_pers ref = ref {num = 2 ; age = ref 23} ;;
val myp : t_pers ref = {contents = {num = 2; age = {contents = 23}}}
# !myp ;;
- : t_pers = {num = 2; age = {contents = 23}}
# (!myp).num ;;
- : int = 2
# (!myp).age ;;
- : int ref = {contents = 23}
# !((!myp).age) ;;
- : int = 23
# let mypl : t_pers list = [{num = 2 ; age = ref 23};
                                             {num = 4; age = ref 32}] ;;
val mypl : t_pers list =
  [{num = 2; age = {contents = 23}}; {num = 4; age = {contents = 32}}]
# fst(mypl) ;;
- : t_pers = {num = 2; age = {contents = 23}}
# (fst(mypl)).num ;;
- : int = 2
# !((fst(mypl)).age) ;;
- : int = 23
```

On peut noter que certaines expressions sont sur-parenthésées : par exemple, l'expression `(!myp).num` est équivalente à l'expression `!myp.num`. C'est néanmoins la première expression que nous choisissons d'écrire, afin d'éviter d'avoir à se souvenir de toutes les règles de priorité entre les différents opérateurs à disposition, et pour éviter certaines erreurs difficilement décelables (en fait, pour les mêmes raisons déjà évoquées dans la section 1.1.4 (page 28) à propos des expressions dans lesquelles interviennent différents opérateurs avec différentes priorités).

### 7.2.3 Bloc

Un bloc est délimité par des parenthèses ouvrantes et fermantes. De manière générale, nous évitons d'écrire deux instructions sur la même ligne. De plus, afin d'alléger l'écriture, si le bloc ne contient qu'une expression (que ce soit une instruction ou une expression de type quelconque), les parenthèses sont omises. Toutes les expressions d'un bloc sont séparées par un point-virgule.

Toutes les expressions d'un bloc sont des instructions, sauf éventuellement la dernière expression, qui peut être d'un type quelconque. Si ce n'est pas le cas, le compilateur signale des avertissements. Dans tous les cas, la valeur de la dernière expression (que ce soit ou non une instruction) définit la valeur du bloc. Par exemple :

```
# myx ;;
- : int ref = {contents = 5}
# (
  myx := 4 ;
  true
  )
;;
- : bool = true
# (
   true ;
   myx := 4
   )
;;
Warning 10: this expression should have type unit.
- : unit = ()
```

### 7.2.4 if then else

Il est possible, en `OCaml` comme dans d'autres langages de programmation, d'omettre la définition de la deuxième alternative d'une expression `if then else`, si celle-ci a la valeur `()` du type `unit`. Par exemple, les deux fonctions suivantes sont équivalentes.

```
let read_if_v1(x, b : int ref * bool) : unit =
  if b
  then
    (
    print_string("saisissez une valeur de type int") ;
    print_newline() ;
    x := read_int()
    )
  else ()
;;
let read_if_v2(x, b : int ref * bool) : unit =
  if b
  then
    (
    print_string("saisissez une valeur de type int") ;
    print_newline() ;
    x := read_int()
    )
;;
```

Nous utilisons toujours la définition complète d'une expression `if then else`, pour des raisons de lisibilité, mais aussi de conception, afin de toujours penser à bien envisager tous les cas possibles (on peut noter que la plupart des langages de programmation offrent cette possibilité).

## 7.3 Exercices

### Exercices d'application

#### Exercice 79

A votre avis, quelles seraient les réponses de l'interpréteur pour chaque expression de la suite indiquée ci-après ? En particulier, d'où viendraient les éventuelles erreurs détectées par l'interpréteur ? Vérifiez vos réponses à l'aide de l'interpréteur.

```
let a : int ref = ref 8 ;;
let b : int = 5 ;;
let c : int ref = ref 2 ;;
a ;;
b ;;
c ;;
!a ;;
!b ;;
!c ;;
!a + b ;;
a ;;
b ;;
```

```
a := !a + b ;;
a ;;
b ;;
b := !a + b ;;
a ;;
b ;;
a := b * !c ;;
a ;;
b ;;
c ;;
c := 3 + !a + 20 ;;
a ;;
c ;;
c := 3 + a + 20 ;;
a ;;
c ;;
```

**Exercice 80**

A votre avis, quelles seraient les réponses de l'interpréteur pour chaque expression de la suite indiquée ci-après ? En particulier, d'où viendraient les éventuelles erreurs détectées par l'interpréteur ? Vérifiez vos réponses à l'aide de l'interpréteur.

```
let inc(px : int ref) : unit =
  px := !px + 1
;;
let x : int ref = ref 3 ;;
inc(x) ;;
x ;;
let y : int = 3 ;;
inc(y) ;;
y ;;
```

On considère la variable `myp` de type `t_pers` définie ci-après. Utilisez la fonction `inc` afin d'augmenter d'un an l'âge dans le descriptif `myp`. Même question pour le descriptif contenu dans la variable `myp_r` de type `t_pers ref`.

```
type t_pers = {num : int ; age : int ref} ;;
let myp : t_pers = {num = 2 ; age = ref 23} ;;
let myp_r : t_pers ref = ref {num = 5 ; age = ref 12} ;;
```

**Exercice 81**

Écrivez une fonction `shift_left` qui, étant données trois variables mutables `x`, `y` et `z` de type `int ref`, effectue une *rotation* vers la gauche de ces trois variables. Par exemple, si `!x = 3`, `!y = 7` et `!z = 11`, les valeurs contenues dans les trois variables à la fin de l'exécution de la fonction sont :

`!x = 7`, `!y = 11` et `!z = 3`.

NB. le type du résultat de la fonction est `unit` : en effet, la fonction ne calcule pas de résultat à proprement parler, elle se contente de modifier le contenu de variables mutables.

Écrivez une fonction `shift_right` qui, étant données trois variables mutables `x`, `y` et `z` de type `int ref`, effectue une rotation vers la droite de ces trois variables.

Testez vos fonctions.

**Exercice 82**
À votre avis, quelle sera la réponse de l'interpréteur pour le bloc ci-après, suivant les saisies effectuées au clavier ? Vérifiez vos réponses à l'aide de l'interpréteur.

```
(
print_string("Quel est votre nom : ");
let nom : string = read_line() in
  (
   print_newline() ;
   print_string("Bonjour ") ;
   print_string(nom);
   print_string(",");
   print_newline();
   print_string("J'espère que vous passez une bonne journée.");
   print_newline();
   )
)
;;
```

**Exercice 83**
Écrivez une fonction récursive `print_list(m : int list) : unit` qui affiche chaque élément d'une liste d'entiers suivi par trois tirets. Testez votre fonction et vérifiez l'affichage produit sur plusieurs exemples.

**Exercice 84**
On considère la fonction `myline_print` définie en section 7.1.5 page 251. Écrivez la fonction `get_print_name_age`, qui demande à l'utilisateur de saisir son prénom et son âge, et qui les affiche à l'écran, entourés de caractères `*`. Testez votre code. Par exemple, si le prénom et l'âge saisis sont `Eric` et `19`, la fonction affiche :

```
************
* Eric, 19 *
************
```

NB. La fonction utilitaire `string_length : string -> int` retourne la longueur de la chaîne de caractères passée en paramètre (*cf.* section 11.1 page 403).

## Exercices de compréhension / conception

### Exercice 85

On souhaite développer des types et des fonctions permettant de simuler la gestion (très simplifiée) de comptes bancaires.

Chaque client d'une banque est identifié par un numéro qui lui est propre, et qui lui est attribué automatiquement par cette banque ; les seules autres informations mémorisées sont le nom et le prénom du client. Chaque compte bancaire d'une banque est identifié par un numéro qui lui est propre, et qui lui est attribué automatiquement par cette banque à sa création ; les seules autres informations mémorisées sont le numéro du client titulaire du compte, et le montant du compte. Chaque client d'une banque peut être titulaire de plusieurs comptes dans cette banque. Le montant d'un compte peut être positif ou négatif.

1. Définissez un type `t_customer` permettant de représenter les informations relatives à un client ; définissez un type `t_account` permettant de représenter les informations relatives à un compte ; définissez un type `t_bank` permettant de représenter les informations nécessaires à une banque.
2. Écrivez une fonction `init_bank() : t_bank` dont le résultat est le descriptif des informations d'une banque à sa création (c.-à-d. qu'il n'y a encore aucun client ni aucun compte créé).
3. Écrivez une fonction `new_customer(b, nm, fnm : t_bank * string * string) : unit` qui ajoute un nouveau client de nom `nm` et de prénom `fnm` à la banque `b`.
4. Écrivez une fonction `new_account(b, nb_cust : t_bank * int) : unit` qui crée un nouveau compte pour le client de numéro `nb_cust` de la banque `b`.
5. Définissez les fonctions `increase_account(b, nb_acc, amnt : t_bank * int * int) : unit` et `decrease_account(b, nb_acc, amnt : t_bank * int * int) : unit`, qui respectivement augmente et diminue le montant du compte de numéro `nb_acc` de la banque `b` d'un montant `amnt` strictement positif.
6. Définissez la fonction `remove_account(b, nb_acc : t_bank * int) :`

int, qui supprime le compte de numéro nb_acc de la banque b, et dont le résultat est le montant du compte lors de sa suppression.

Chaque fonction doit bien sûr être testée sur plusieurs exemples choisis.

**Exercice 86**

Un concepteur de jeux vidéos souhaite étudier la pertinence d'une fonctionnalité d'un jeu à trois joueurs, qu'il souhaite réaliser. Dans ce jeu, chaque joueur dispose, entre autres, d'un certain nombre de points de vie, d'une somme d'argent et d'une arme. À certains moments du jeu, un joueur peut choisir entre :

- acheter une arme plus performante, qui remplace alors l'arme actuelle,
- affronter les autres joueurs ayant fait ce choix, avec un résultat qui dépend de leurs armes respectives.

Ces moments se déroulent « à l'aveugle » : aucun joueur n'a alors d'informations sur les choix des autres joueurs, ni sur les moyens dont ils disposent.

Le concepteur a imaginé certaines règles pour la gestion de ces moments de jeu. Il souhaite disposer d'une première version des fonctions implantant ces règles, afin de vérifier par simulation la pertinence de celles-ci, c'est-à-dire : ces règles offrent-elles suffisamment de possibilités de jeu ? ne forcent-elles pas les joueurs à adopter tous le même comportement ? etc.

Pour l'instant, le concepteur a défini certains aspects du jeu, mais pas tous. Il s'agit donc de développer une version « beta » de la fonctionnalité gérant ces moments de jeu, en respectant certaines contraintes relatives aux aspects déjà définis.

Au fur et à mesure des développements, il est bien sûr nécessaire de *tester soigneusement les fonctions réalisées.*

1. Les armes. Elles ne sont pas clairement définies. Les seules contraintes identifiées pour l'instant sont les suivantes :

   (a) elles sont en nombre fini, et il existe un ordre strict sur ces armes ; cet ordre correspond à la *valeur* de l'arme, qui permet de savoir quelle arme l'emporte sur quelles autres armes.

   (b) une arme est de type t_weapon ; une valeur de type t_param_weapon décrit les informations relatives à l'ensemble des armes. Pour cette version de test, vous pouvez définir ces types comme vous le souhaitez ;

   (c) étant donnée une arme w, la fonction next_weapon(w, par_w : t_weapon * t_param_weapon) : t_weapon a pour résultat l'arme de valeur immédiatement supérieure à celle de w (si elle existe) ; de même, la fonction previous_weapon(w, par_w : t_weapon * t_param_weapon) : t_weapon a pour résultat l'arme de valeur immédiatement inférieure à celle de w (si elle existe) ;

(d) la fonction weapon_value(w, par_w : t_weapon * t_param_weapon) : int associe un entier à chaque arme, représentant sa valeur.

(e) la fonction weapon_price(w, par_w : t_weapon * t_param_weapon) : int retourne le prix de l'arme, car chaque arme a un prix, qu'un joueur doit payer quand il l'achète (après reprise éventuelle de l'arme dont il dispose avant cette acquisition) ;

(f) définissez ces types et ces fonctions.

2. Les joueurs. Les informations minimales relatives à un joueur sont son prénom, ses points de vie, la somme d'argent dont il dispose et son arme :
   (a) un joueur est une valeur de type t_player. Une valeur de type t_param_player décrit les caractéristiques initiales de tout joueur au début du jeu (hormis son prénom), c'est-à-dire qu'au début du jeu, tous les joueurs disposent du même nombre de points de vie, de la même somme et de la même arme. Définissez ces deux types ;
   (b) la fonction init_player(fn, par_p : string * t_param_player) : t_player a pour résultat un joueur de prénom fn, avec ses caractéristiques de début de jeu.
   (c) la fonction is_dead(p : t_player) : bool indique si un joueur doit sortir du jeu, ce qui est le cas quand il n'a plus de points de vie, ou quand la somme dont il dispose n'est plus positive ;
   (d) écrivez ces deux fonctions.

3. Le descriptif du jeu. Pour cette version « beta », le descriptif du jeu contient simplement les descriptifs des trois joueurs, ainsi que le descriptif des caractéristiques initiales des joueurs et le descriptif des armes. Définissez le type t_play permettant de représenter un descriptif de jeu. Écrivez la fonction init_play(fn1, fn2, fn3, par_p, par_w : string * string * string * t_param_player * t_param_weapon) : t_play permettant d'initialiser le descriptif d'un jeu à partir des prénoms des trois joueurs, et des descriptifs des paramètres des joueurs et des armes.

4. Pour les moments de jeu que l'on souhaite simuler, chaque joueur a le choix entre acheter une arme de valeur supérieure, ou se battre avec les autres joueurs ayant fait ce choix. Définissez le type énuméré t_choice permettant de représenter les valeurs de ces choix, ainsi que la fonction choice_player() : t_choice, qui produit aléatoirement un choix. En effet, pour cette version « beta », on souhaite simplement simuler le choix

de joueurs, et non donner la possibilité à de vrais joueurs d'exprimer des choix.

5. De même, pour cette version « beta », on souhaite simplement écrire les fonctions permettant aux joueurs d'exprimer leurs choix, et de traiter les conséquences de ces choix pour les joueurs, suivant qu'ils aient choisi d'acheter une arme de niveau supérieur, ou de s'affronter. La fonction `play_one_round` ci-après réalise une simulation d'un de ces moments de jeu.
   Les trois fonctions appelées dans la fonction `play_one_round` font l'objet des questions suivantes. La fonction `assign_3_players` simule le choix de chaque joueur, et répartit les joueurs en conséquence dans les paramètres mutables `buy_list` et `fight_list`. Les fonctions `apply_buy` et `apply_fight` traitent les conséquences des choix des joueurs, suivant qu'ils aient choisi d'acheter ou de s'affronter.
6. Le choix et la répartition des joueurs :
   (a) écrivez la fonction `assign_1_player(p, c, b_l, f_l : t_player * t_choice * t_player list ref * t_player list ref) : unit` permettant de répartir un joueur `p` en fonction de son choix `c` (`b_l` et `f_l` contiennent les listes des joueurs ayant choisi respectivement l'achat et l'affrontement) ;
   (b) écrivez la fonction `assign_3_players(p1, p2, p3, b_l, f_l : t_player * t_player * t_player * t_player list ref * t_player list ref) : unit`, qui simule le choix des joueurs et les répartit en conséquence.
7. L'achat. Les joueurs achètent indépendamment les uns des autres. Comme acheter évite d'affronter les autres joueurs, le concepteur a imaginé des règles où acheter ne peut pas servir de refuge : en particulier, un joueur qui ne peut pas acheter une arme de valeur supérieure est pénalisé. Si un joueur n'a pas d'argent, ou si son arme est de valeur maximale, son arme est rétrogradée en l'arme de valeur directement inférieure à son arme actuelle (si ce n'est pas possible car l'arme du joueur est de valeur minimale, un point de vie lui est enlevé). Sinon, l'achat est effectué (avec remboursement du prix de l'arme actuelle du joueur). Écrivez la fonction `apply_1_buy(p, par_w : t_player * t_param_weapon) : unit`, traitant l'achat d'un joueur. Écrivez la fonction `apply_buy(b_l, par_w : t_player list * t_param_weapon) : unit` traitant tous les achats.
8. L'affrontement. On s'intéresse maintenant à la fonction `apply_fight (f_l, par_w : t_player list * t_param_weapon) : unit`, où la liste `f_l` contient les joueurs devant s'affronter, et `par_w` contient le descriptif des armes. Bien sûr, le traitement est différent suivant le nombre de

joueurs qui s'affrontent. Il y a donc quatre cas à distinguer. Chaque cas est traité par une fonction particulière :

(a) aucun joueur n'a choisi l'affrontement : il n'y a donc rien à faire. Par souci d'harmonisation avec les autres cas, écrivez la fonction `fight_0() : unit` qui réalise ceci ;

(b) un joueur a choisi l'affrontement. Dans ce cas, il reçoit un bonus en argent, en récompense de son courage : ce bonus est le prix de l'arme du joueur. Écrivez la fonction `fight_1(p, par_w : t_player * t_param_weapon) : unit` réalisant ceci ;

(c) deux joueurs ont choisi l'affontement. Deux cas de figure sont possibles :

   i. si les armes sont d'égales valeurs, elles se neutralisent l'une l'autre, c'est-à-dire que chaque arme est rétrogradée dans l'arme de valeur immédiatement inférieure (si une arme est de valeur minimale, une somme équivalente à son prix est prélevé sur l'argent dont dispose le joueur) ;

   ii. si une arme est supérieure à l'autre, le joueur ayant perdu l'affrontement perd un point de vie ; il écope aussi d'une taxe équivalente au prix de son arme : cette taxe est versée au gagnant.

   Écrivez la fonction `sort_2_player(p1, p2, par_w : t_player * t_player * t_param_weapon) : t_player * t_player` dont le résultat est le couple comprenant les joueurs `p1` et `p2` ordonnés suivant la valeur de leurs armes, par ordre *décroissant*. Écrivez la fonction `fight_equal(p, par_w : t_player * t_param_weapon) : unit` qui traite un joueur, en cas d'affrontement à armes égales. Écrivez la fonction `fight_1_over_1(max, min, par_w : t_player * t_player * t_param_weapon) : unit`, qui traite le cas d'un affrontement inégal. Écrivez la fonction `fight_2(p1, p2, par_w : t_player * t_player * t_param_weapon) : unit`, qui traite l'affrontement de deux joueurs ;

(d) trois joueurs ont choisi l'affrontement. Commencez par écrire la fonction `sort_3_player(p1, p2, p3, par_w : t_player * t_player * t_player * t_param_weapon) : t_player * t_player * t_player` qui a pour résultat le triplet contenant les trois joueurs par ordre décroissant de valeur de leurs armes.

   Les principes régissant l'affrontement généralisent simplement ceux présentés précédemment pour l'affrontement de deux joueurs : des armes d'égales valeurs se neutralisent ; un joueur battu perd un point de vie par joueur qui l'a battu, et verse un montant égal au prix de son arme à chaque joueur qui l'a battu. Quatre cas de figure sont possibles (dans les quatre fonctions ci-après, les paramètres `max`, `mid` et `min` correspondent aux trois joueurs, classés en fonction des valeurs de leurs armes) :

i. les armes des trois joueurs sont du même niveau, elles se neutralisent. Écrivez la fonction `fight_3_equal(max, mid, min, par_w : t_player * t_player * t_player * t_param_weapon) : unit` qui réalise ceci ;

ii. deux joueurs ont des armes d'égales valeurs, supérieure à la valeur de l'arme du troisième joueur. En application des principes expliqués précédemment, les armes des deux premiers joueurs se neutralisent ; le troisième joueur perd deux points de vie, et verse à chacun des deux autres joueurs une somme équivalente au prix de son arme. Écrivez la fonction `fight_2_over_1(max, mid, min, par_w : t_player * t_player * t_player * t_param_weapon) : unit` qui réalise ceci ;

iii. un joueur a une arme de valeur supérieure à celles des deux autres joueurs, qui sont, elles, d'égales valeurs. Les mêmes principes s'appliquent : les armes d'égales valeurs se neutralisent. De plus, chaque joueur perdant perd un point de vie, et verse au gagnant une somme équivalente au prix de son arme. Écrivez la fonction `fight_1_over_2(max, mid, min, par_w : t_player * t_player * t_player * t_param_weapon) : unit` qui réalise ceci ;

iv. les trois armes sont toutes de valeurs différentes : écrivez la fonction `fight_1_over_1_over_1(max, mid, min, par_w : t_player * t_player * t_player * t_param_weapon) : unit` qui réalise ceci.

Écrivez la fonction `fight_3(p1, p2, p3, par_w : t_player * t_player * t_player * t_param_weapon) : unit` traitant l'affrontement de trois joueurs.

Écrivez la fonction `apply_fight`.

*Code de la fonction `play_one_round` :*

```
let play_one_round(p : t_play) : bool =
  let buy_list : (t_player list) ref = ref []
           and fight_list : (t_player list) ref = ref []
  in
    (
    assign_3_players(p.p1, p.p2, p.p3, buy_list, fight_list) ;
    apply_buy(!buy_list, p.param_w) ;
```

```
    apply_fight(!fight_list, p.param_w) ;
    is_dead(p.p1) || is_dead(p.p2) || is_dead(p.p3)
    )
;;
```

# 7.4 Corrigés

## Corrigés des exercices d'application

### Corrigé de l'exercice 79

```
# let a : int ref = ref 8 ;;
val a : int ref = {contents = 8}
# let b : int = 5 ;;
val b : int = 5
# let c : int ref = ref 2 ;;
val c : int ref = {contents = 2}
# a ;;
- : int ref = {contents = 8}
# b ;;
- : int = 5
# c ;;
- : int ref = {contents = 2}
# !a ;;
- : int = 8
# !b ;;
Error: This expression has type int but an expression was expected of
type 'a ref
# !c ;;
- : int = 2
# !a + b ;;
- : int = 13
# a ;;
- : int ref = {contents = 8}
# b ;;
- : int = 5
# a := !a + b ;;
- : unit = ()
# a ;;
- : int ref = {contents = 13}
# b ;;
- : int = 5
```

```
# b := !a + b ;;
Error: This expression has type int but an expression was expected of
type 'a ref
# a ;;
- : int ref = {contents = 13}
# b ;;
- : int = 5
# a := b * !c ;;
- : unit = ()
# a ;;
- : int ref = {contents = 10}
# b ;;
- : int = 5
# c ;;
- : int ref = {contents = 2}
# c := 3 + !a + 20 ;;
- : unit = ()
# a ;;
- : int ref = {contents = 10}
# c ;;
- : int ref = {contents = 33}
# c := 3 + a + 20 ;;
Error: This expression has type int ref
but an expression was expected of type int
# a ;;
- : int ref = {contents = 10}
# c ;;
- : int ref = {contents = 33}
```

### Corrigé de l'exercice 80

```
# let inc(px : int ref) : unit =
    px := !px + 1
;;
val inc : int ref -> unit = <fun>
# let x : int ref = ref 3 ;;
val x : int ref = {contents = 3}
# inc(x) ;;
- : unit = ()
# x ;;
- : int ref = {contents = 4}
# let y : int = 3 ;;
val y : int = 3
```

```
# inc(y) ;;
Error: This expression has type int but an expression was expected
    of type int ref
# y ;;
- : int = 3
# type t_pers = {num : int ; age : int ref} ;;
type t_pers = { num : int; age : int ref; }
# let myp : t_pers = {num = 2 ; age = ref 23} ;;
val myp : t_pers = {num = 2; age = {contents = 23}}
# inc(myp.age) ;;
- : unit = ()
# myp ;;
- : t_pers = {num = 2; age = {contents = 24}}
# let myp_r : t_pers ref = ref {num = 5 ; age = ref 12} ;;
val myp_r : t_pers ref = {contents = {num = 5; age = {contents = 12}}}
# inc((!myp_r).age) ;;
- : unit = ()
# myp_r ;;
- : t_pers ref = {contents = {num = 5; age = {contents = 13}}}
```

### Corrigé de l'exercice 81

```
# let shift_left(x, y, z : int ref * int ref * int ref) : unit =
 let a : int = !x in
    (
    x := !y ;
    y := !z ;
    z := a ;
    )
;;
val shift_left : int ref * int ref * int ref -> unit = <fun>
# let shift_right(x, y, z : int ref * int ref * int ref) : unit =
  let a : int = !z in
    (
    z := !y ;
    y := !x ;
    x := a ;
    )
;;
val shift_right : int ref * int ref * int ref -> unit = <fun>
# let myx : int ref = ref 3 and myy : int ref = ref 7
                                and myz : int ref = ref 11 ;;
val myx : int ref = {contents = 3}
val myy : int ref = {contents = 7}
val myz : int ref = {contents = 11}
# shift_left(myx, myy, myz) ;;
- : unit = ()
```

```
# (myx, myy, myz) ;;
- : int ref * int ref * int ref =
      ({contents = 7}, {contents = 11}, {contents = 3})
# shift_right(myx, myy, myz) ;;
- : unit = ()
# (myx, myy, myz) ;;
- : int ref * int ref * int ref =
      ({contents = 3}, {contents = 7}, {contents = 11})
```

On constate que les applications successives de `shift_left` et de `shift_right` font que les valeurs des variables mutables sont identiques à leurs valeurs initiales. Ce serait similaire pour une application de `shift_right`, suivie de l'application de `shift_left`. Les deux fonctions sont *inverses* l'une de l'autre.

### Corrigé de l'exercice 82

```
#  (
    print_string("Quel est votre nom : ");
    let nom : string = read_line() in
      (
       print_newline() ;
       print_string("Bonjour ") ;
       print_string(nom);
       print_string(",");
       print_newline();
       print_string("J'espère que vous passez une bonne journée.");
       print_newline();
       )
    )
;;
Quel est votre nom : myname

Bonjour myname,
J'espère que vous passez une bonne journée.
- : unit = ()
```

### Corrigé de l'exercice 83

```
# let rec print_list(m : int list) : unit =
    if m = []
    then print_newline()
    else
      (
      print_int(fst(m)) ;
      print_string("---");
      print_list(rem_fst(m)) ;
      )
;;
val print_list : int list -> unit = <fun>
```

```
# print_list([]) ;;

- : unit = ()
# print_list([3; 2; 7]) ;;
3---2---7---
- : unit = ()
```

### Corrigé de l'exercice 84

```
# let get_print_name_age() : unit =
    let forename : string ref = ref " " and
        age : string ref = ref " " and len : int ref = ref 0
    in
      (
      print_string("quel est votre prenom ?") ;
      print_newline() ;
      forename := read_line() ;
      print_string("quel est votre age ?") ;
      print_newline() ;
      age := string_of_int(read_int()) ;
      len := 6 + string_length(!forename) + string_length(!age) ;
      myline_print(!len) ;
      print_string("* ") ;
      print_string(!forename) ;
      print_string(", ") ;
      print_string(!age) ;
      print_string(" *") ;
      print_newline() ;
      myline_print(!len) ;
      )
;;
val get_print_name_age : unit -> unit = <fun>
# get_print_name_age() ;;
quel est votre prenom ?
Eric
quel est votre age ?
19
************
* Eric, 19 *
************
- : unit = ()
```

## Corrigés des exercices de compréhension / conception

### Corrigé de l'exercice 85

1) et 2) Nous choisissons les définitions de types suivantes. Le type `t_customer` est composé de trois champs non mutables, correspondants au numéro du client

et à ses nom et prénom. De même, le type `t_account` regroupe trois champs : les deux premiers sont non mutables, et correspondent au numéro de compte et au numéro du client titulaire du compte; le troisième est mutable, et correspond au montant du compte (exprimé en centimes). Le type `t_bank` regroupe quatre champs, tous mutables. Le premier contient un entier qui permet de définir le premier numéro disponible pouvant être affecté à un nouveau client ; le second contient la liste des clients ; le troisième contient un entier qui permet de définir le premier numéro disponible pouvant être affecté à un nouveau compte ; le dernier contient la liste des comptes. Les choix faits pour les champs entre « mutable » et « non mutable » proviennent des raisons suivantes :

1. un numéro est affecté à chaque nouveau client ; a priori, il n'y a pas de raison qu'un client change de numéro. En revanche, une personne peut légalement demander un changement d'identité. On peut penser que ce cas est suffisamment rare pour que la banque le gère spécifiquement : par exemple, le descriptif du client peut être retiré de la liste des clients, et ajouté avec le même numéro et la nouvelle identité. Ceci dit, il n'y a aucune indication à ce sujet dans l'énoncé : pour gérer correctement cette possibilité, il faudrait savoir ce que souhaitent faire les banques dans ce cas.
2. un compte est identifié par un numéro et affecté à un client, identifié par son numéro : a priori, il n'y a pas de raisons que ces informations changent. En revanche, le montant du compte est susceptible d'être modifié, lors de retraits ou de dépôts ;
3. les quatre informations regroupées dans le type `t_bank` sont susceptibles d'évoluer, quand la banque a de nouveaux clients, ou que des clients ouvrent ou ferment des comptes. C'est pourquoi tous les champs sont mutables.

Pour la fonction `init_bank`, on choisit d'initialiser les deux champs « numériques » à la valeur `0` : il est bien sûr parfaitement possible d'effectuer un autre choix.

```
type t_customer = {num : int ; name : string ; forename : string} ;;
type t_account = {num : int ; num_cust : int ; amount : int ref} ;;
type t_bank = {nb_cust : int ref ; lr_cust : t_customer list ref ;
           nb_acc : int ref ; lr_acc : t_account list ref} ;;
let init_bank() : t_bank =
  {nb_cust = ref 0 ; lr_cust = ref [] ; nb_acc = ref 0 ;
                                         lr_acc = ref []}
;;
```

3) et 4) Nous choisissons de définir une fonction `init_customer`, qui définit une valeur de type `t_customer`, et de l'utiliser dans la fonction `new_customer`. Cette dernière consiste simplement à calculer un nouveau numéro disponible

pour le nouveau client, et à calculer la nouvelle liste de clients afin qu'elle inclue aussi ce nouveau client.

C'est strictement similaire pour la fonction `new_account`.

Ici, les tests consistent simplement à appliquer plusieurs fois de suite la fonction `new_customer`, afin de vérifier que les clients sont bien ajoutés, avec des numéros croissants consécutifs. Il en est de même pour la fonction `new_account`.

```
let init_customer(nb, nm, fnm : int * string * string) : t_customer =
  {num = nb ; name = nm ; forename = fnm}
;;
let new_customer(b, nm, fnm : t_bank * string * string) : unit =
  let new_nb : int = !(b.nb_cust) + 1 in
    (
    b.nb_cust := new_nb ;
    b.lr_cust := add_fst(!(b.lr_cust), init_customer(new_nb, nm, fnm))
    )
;;
let init_account(nb_acc, nb_cust : int * int) : t_account =
  {num = nb_acc ; num_cust = nb_cust ; amount = ref 0}
;;
let new_account(b, nb_cust : t_bank * int) : unit =
  let new_nb : int = !(b.nb_acc) + 1 in
    (
    b.nb_acc := new_nb ;
    b.lr_acc := add_fst(!(b.lr_acc), init_account(new_nb, nb_cust))
    )
;;
```

5) Les fonctions `increase_account` et `decrease_account` sont strictement similaires : il faut vérifier que le montant est strictement positif, et modifier le compte en conséquence. Pour ce faire, nous avons choisi d'utiliser une seule fonction `modify_account(b, nb_acc, amnt : t_bank * int * int) : unit`, où le montant peut être positif ou négatif. Cette fonction commence par chercher le compte à partir de son numéro, dans la liste des comptes de la banque, en utilisant la fonction `search_account` : c'est une simple recherche dans une liste pour y trouver une valeur donnée, similaire à d'autres qui ont pu être faites au chapitre 6. Si l'on est suffisamment à l'aise pour ce type de fonction de recherche, les tests peuvent consister essentiellement à tester la fonction `modify_account` (en cherchant à modifier un compte inexistant, le premier compte, le dernier compte, un compte quelconque, avec des montants parfois positifs et parfois négatifs).

```
let rec search_account(l_acc, nb_acc : t_account list * int) :
                                                        t_account =
  if l_acc = []
  then failwith("erreur search_account : numero de compte incorrect")
  else
```

```
    let (f, r) : t_account * t_account list =
                          (fst(l_acc), rem_fst(l_acc))
    in
      if f.num = nb_acc
      then f
      else search_account(r, nb_acc)
;;
let modify_account(b, nb_acc, amnt : t_bank * int * int) : unit =
  let account : t_account = search_account(!(b.lr_acc), nb_acc) in
    account.amount := !(account.amount) + amnt
;;
let increase_account(b, nb_acc, amnt : t_bank * int * int) : unit =
  if amnt <= 0
  then failwith("erreur increase_account : montant negatif")
  else modify_account(b, nb_acc, amnt)
;;
let decrease_account(b, nb_acc, amnt : t_bank * int * int) : unit =
  if amnt <= 0
  then failwith("erreur decrease_account : montant negatif")
  else modify_account(b, nb_acc, -amnt)
;;
```

6) La fonction `remove_account` commence par calculer la liste de comptes privée du compte à supprimer, ainsi que le montant de ce compte, en utilisant la fonction auxiliaire `remove_account_aux` : cette fonction effectue principalement une simple recherche dans la liste paramètre `l_acc`, mais elle doit « profiter » de cette recherche pour calculer la liste privée du compte recherché. Dans les deux cas de figure où la liste paramètre n'est pas vide :

— si le premier élément de la liste est le compte cherché, la liste privée de ce compte est « le reste » de la liste, c'est-à-dire la liste `r` ;
— sinon, le premier élément de la liste n'est pas à supprimer. On doit donc extraire le compte à supprimer de la liste `r` : simplement, il ne faut pas oublier d'ajouter le premier élément `f` au résultat de cette extraction, puisque `f` doit figurer dans la liste résultat.

Ici, les tests consistent aussi à chercher à supprimer un compte inexistant, le premier compte, le dernier compte, un compte quelconque.

```
let rec remove_account_aux(l_acc, nb_acc : t_account list * int) :
                                              t_account list * int =
  if l_acc = []
  then failwith("erreur remove_account_aux : numero compte incorrect")
  else
    let (f, r) : t_account * t_account list =
                  (fst(l_acc), rem_fst(l_acc))
    in
      if f.num = nb_acc
      then (r, !(f.amount))
```

```
      else
        let (new_r, amnt) : t_account list * int =
                remove_account_aux(r, nb_acc)
        in
          (add_fst(new_r, f), amnt)
;;
let remove_account(b, nb_acc : t_bank * int) : int =
  let (new_l_acc, acc_amount) : t_account list * int =
                remove_account_aux(!(b.lr_acc), nb_acc)
  in
    (
    b.lr_acc := new_l_acc ;
    acc_amount
    )
;;
```

**Corrigé de l'exercice 86**

1) Compte-tenu du manque de précisions dont on dispose actuellement sur les armes, il existe de nombreuses possibilités pour les représenter. Sachant qu'on cherche à développer une version « beta », nous choisissons ici de représenter une arme par un entier : la valeur d'une arme est simplement l'entier correspondant à l'arme. Comme les armes sont en nombre fini, mais non indiqué dans l'énoncé, on choisit de représenter l'ensemble des armes par un intervalle d'entiers : une valeur de type `t_param_weapon`, décrivant l'ensemble des armes, contient simplement deux valeurs, correspondant aux bornes de l'intervalle. Pour la fonction indiquant le prix d'une arme, nous choisissons pour les tests deux versions pour la fonction `weapon_price` :

- une fonction dont le résultat est la valeur du paramètre ; en effet, compte-tenu de l'énoncé, il paraît logique que le prix d'une arme croisse en fonction de sa valeur ;
- une fonction constante, afin que l'on puisse distinguer, pendant les tests, la prise en compte de la valeur d'une arme de la prise en compte du prix d'une arme (une erreur possible serait d'utiliser la fonction `weapon_value` à la place de la fonction `weapon_price`, ou vice-versa).

Dans la version finale du jeu, il est vraisemblable que plus d'informations soient associées à une arme. Une arme serait sans doute décrite par une valeur d'un type structuré, contenant toutes ces informations, et une valeur de type `t_param_weapon` serait vraisemblablement une liste ou un tableau (*cf.* chapitre 9) contenant l'ensemble de ces descriptifs.

```
type t_weapon = int ;;
type t_param_weapon = {min_weapon : t_weapon ;
                                        max_weapon : t_weapon} ;;
let next_weapon(w, par_w : t_weapon * t_param_weapon) : t_weapon =
  if w = par_w.max_weapon
```

```
  then failwith("erreur next_weapon : pas d'arme superieure")
  else w + 1
;;
let previous_weapon(w, par_w : t_weapon * t_param_weapon) : t_weapon =
  if w = par_w.min_weapon
  then failwith("erreur previous_weapon : pas d'arme inferieure")
  else w - 1
;;
(* on suppose que la valeur de w est controlee *)
(* avant appel de weapon_value et weapon_price *)
let weapon_value(w, par_w : t_weapon * t_param_weapon) : int =
  w
;;
let weapon_price(w, par_w : t_weapon * t_param_weapon) : int =
  w
;;
let weapon_price(w, par_w : t_weapon * t_param_weapon) : int =
  1
;;
```

2) Le prénom d'un joueur ne change pas au cours du jeu, contrairement à ses trois autres caractéristiques. Les types sont choisis en conséquence. La fonction `init_player` consiste simplement à initialiser les champs du joueur avec le prénom paramètre, et les autres informations contenues dans le paramètre `par_p`.

```
type t_player = {forename : string ; life : int ref ; money : int ref ;
             weapon : t_weapon ref} ;;

type t_param_player = {init_life : int ; init_money : int ;
                                       init_weapon : t_weapon} ;;

let init_player(fn, par_p : string * t_param_player) : t_player =
  {forename = fn ; life = ref (par_p.init_life) ;
             money = ref (par_p.init_money) ;
             weapon = ref (par_p.init_weapon)}
;;

let is_dead(p : t_player) : bool =
  (!(p.life) <= 0) || (!(p.money) < 0)
;;
```

3) Pour le type `t_play`, il suffit de rassembler les informations nécessaires, qui n'évoluent pas au cours du jeu (par exemple, ce sont les trois mêmes joueurs tout au long du déroulement du jeu, même si leurs propres caractéristiques peuvent évoluer).

```
type t_play = {p1 : t_player ; p2 : t_player ; p3 : t_player ;
             param_p : t_param_player ; param_w : t_param_weapon} ;;
```

```
let init_play(fn1, fn2, fn3, par_p, par_w : string * string * string
              * t_param_player * t_param_weapon) : t_play =
  {p1 = init_player(fn1, par_p) ; p2 = init_player(fn2, par_p) ;
    p3 = init_player(fn3, par_p) ; param_p = par_p ; param_w = par_w}
;;
```

4) Code relatif aux choix.

```
type t_choice = BUY | FIGHT ;;

let choice_player() : t_choice =
  if rand_int(0, 3) = 0
  then BUY
  else FIGHT
;;
```

6) Choix et répartition des joueurs.

```
let assign_1_player(p, c, b_l, f_l : t_player * t_choice *
                    t_player list ref * t_player list ref) : unit =
  if c = BUY
  then b_l := add_lst(!b_l, p)
  else f_l := add_lst(!f_l, p)
;;

let assign_3_players(p1, p2, p3, b_l, f_l : t_player * t_player *
        t_player * t_player list ref * t_player list ref) : unit =
  (
  assign_1_player(p1, choice_player(), b_l, f_l) ;
  assign_1_player(p2, choice_player(), b_l, f_l) ;
  assign_1_player(p3, choice_player(), b_l, f_l)
  )
;;
```

7) Traitement des achats.

```
let apply_1_buy(p, par_w : t_player * t_param_weapon) : unit =
  if (!(p.money) = 0) && (!(p.weapon) = par_w.min_weapon)
  then p.life := !(p.life) - 1
  else
    if (!(p.money) = 0) || (!(p.weapon) = par_w.max_weapon)
    then p.weapon := previous_weapon(!(p.weapon), par_w)
    else
      (
      p.money := !(p.money) + weapon_price(!(p.weapon), par_w) ;
      p.weapon := next_weapon(!(p.weapon), par_w) ;
      p.money := !(p.money) - weapon_price(!(p.weapon), par_w)
      )
;;
```

```
let rec apply_buy(b_l, par_w : t_player list * t_param_weapon) : unit =
  if b_l = []
  then ()
  else
    let (newp, newb_l) : t_player * t_player list =
            (fst(b_l), rem_fst(b_l))
    in
      (
      apply_1_buy(newp, par_w) ;
      apply_buy(newb_l, par_w)
      )
;;
```

8) a) Aucun joueur n'a choisi l'affrontement.

```
let fight_0() : unit =
  ()
;;
```

b) Un joueur a choisi l'affrontement.

```
let fight_1(p, par_w : t_player * t_param_weapon) : unit =
  p.money := !(p.money) + weapon_price(!(p.weapon), par_w)
;;
```

c) Deux joueurs ont choisi l'affrontement. En fait, il y a deux actions possibles lors d'un affrontement entre deux joueurs : soit leurs armes sont de valeurs égales, et elles sont rétrogradées, soit un joueur gagne et l'autre perd. Plus encore, l'analyse de l'énoncé pour le cas où trois joueurs s'affrontent montrent qu'on retrouve ces deux règles. On choisit donc d'écrire une fonction `fight_equal(p, par_w : t_player * t_param_weapon) : unit`, qui gère le cas d'un joueur dont l'arme est rétrogradée, et une fonction `fight_1_over_1 (max, min, par_w : t_player * t_player * t_param_weapon) : unit`, qui gère le cas d'un affrontement à armes inégales.

```
let sort_2_player(p1, p2, par_w : t_player * t_player *
                       t_param_weapon) : t_player * t_player =
  if weapon_value(!(p1.weapon), par_w) >
                       weapon_value(!(p2.weapon), par_w)
  then (p1, p2)
  else (p2, p1)
;;

let fight_equal(p, par_w : t_player * t_param_weapon) : unit =
  if !(p.weapon) = par_w.min_weapon
  then p.money := !(p.money) - weapon_price(!(p.weapon), par_w)
  else p.weapon := previous_weapon(!(p.weapon), par_w)
;;

let fight_1_over_1(max, min, par_w : t_player * t_player *
                                           t_param_weapon) : unit =
  let d_money : int = weapon_price(!(min.weapon), par_w) in
```

```
    (
    max.money := !(max.money) + d_money ;
    min.life := !(min.life) - 1 ;
    min.money := !(min.money) - d_money
    )
;;

let fight_2(p1, p2, par_w : t_player * t_player *
                                        t_param_weapon) : unit =
  let (max, min) : t_player * t_player =
        sort_2_player(p1, p2, par_w)
  in
    if weapon_value(!(max.weapon), par_w) =
            weapon_value(!(min.weapon), par_w)
    then
      (
      fight_equal(p1, par_w) ;
      fight_equal(p2, par_w)
      )
    else fight_1_over_1(max, min, par_w)
;;
```

d) Trois joueurs ont choisi l'affrontement. Il suffit d'appeler les fonctions fight_equal et fight_1_over_1 selon les cas, éventuellement plusieurs fois.

```
let sort_3_player(p1, p2, p3, par_w : t_player * t_player * t_player
               * t_param_weapon) : t_player * t_player * t_player =
  let (max, min) : t_player * t_player =
         sort_2_player(p2, p3, par_w)
  in
    if weapon_value(!(p1.weapon), par_w) >
           weapon_value(!(max.weapon), par_w)
    then (p1, max, min)
    else
      if weapon_value(!(p1.weapon), par_w) <
            weapon_value(!(min.weapon), par_w)
      then (max, min, p1)
      else (max, p1, min)
;;

let fight_3_equal(max, mid, min, par_w : t_player * t_player *
                              t_player * t_param_weapon) : unit =
  (
  fight_equal(max, par_w) ;
  fight_equal(mid, par_w) ;
  fight_equal(min, par_w)
  )
;;
```

```
let fight_2_over_1(max, mid, min, par_w : t_player * t_player *
                               t_player * t_param_weapon) : unit =
    (
    fight_equal(max, par_w) ;
    fight_equal(mid, par_w) ;
    fight_1_over_1(max, min, par_w) ;
    fight_1_over_1(mid, min, par_w)
    )
;;

let fight_1_over_2(max, mid, min, par_w : t_player * t_player *
                               t_player * t_param_weapon) : unit =
    (
    fight_1_over_1(max, mid, par_w) ;
    fight_1_over_1(max, min, par_w) ;
    fight_equal(mid, par_w) ;
    fight_equal(min, par_w) ;
    )
;;

let fight_1_over_1_over_1(max, mid, min, par_w : t_player *
                   t_player * t_player * t_param_weapon) : unit =
    (
    fight_1_over_1(max, mid, par_w) ;
    fight_1_over_1(max, min, par_w) ;
    fight_1_over_1(mid, min, par_w) ;
    )
;;

let fight_3(p1, p2, p3, par_w : t_player * t_player * t_player *
                                          t_param_weapon) : unit =
  let (max, mid, min) : t_player * t_player * t_player =
                             sort_3_player(p1, p2, p3, par_w) in
    if weapon_value(!(max.weapon), par_w) =
                               weapon_value(!(mid.weapon), par_w)
    then
      if weapon_value(!(mid.weapon), par_w) =
                weapon_value(!(min.weapon), par_w)
      then fight_3_equal(max, mid, min, par_w)
      else fight_2_over_1(max, mid, min, par_w)
    else
      if weapon_value(!(mid.weapon), par_w) =
                weapon_value(!(min.weapon), par_w)
      then fight_1_over_2(max, mid, min, par_w)
      else fight_1_over_1_over_1(max, mid, min, par_w)
;;
```

La fonction `apply_fight` appelle simplement les fonctions définies précédemment, en tenant compte du nombre d'éléments dans la liste `f_l`.

```
let apply_fight(f_l, par_w : t_player list * t_param_weapon) : unit =
  let ln : int = len(f_l) in
    if ln = 0
    then fight_0()
    else
      let (p1, f_l_1) : t_player * t_player list =
              (fst(f_l), rem_fst(f_l))
      in
        if ln = 1
        then fight_1(p1, par_w)
        else
          let (p2, f_l_2) : t_player * t_player list =
                  (fst(f_l_1), rem_fst(f_l_1))
          in
            if ln = 2
            then fight_2(p1, p2, par_w)
            else fight_3(p1, p2, fst(f_l_2), par_w)
;;
```

# Chapitre 8

# Instructions itératives

**Mots-clés :**
- instruction itérative, boucle
- `for`, `while`
- condition de continuation, condition de terminaison
- corps d'une boucle

**Objectifs :**
- savoir manipuler des instructions itératives,
- savoir simuler l'exécution d'une boucle.

Les **instructions itératives** (ou **boucles**) existent dans la plupart des langages de programmation, avec diverses variantes. De manière schématique, si la récursivité permet de décrire toute « combinaison » quelconque de calculs [1], les instructions itératives permettent de **décrire des *suites* « linéaires » de calculs** (plus précisément, l'itérativité [2] est équivalente à la récursivité terminale : *cf.* section 8.3.1 page 297). Ces instructions nécessitent la plupart du temps de manipuler des *variables mutables* (*cf.* chapitre 7), qui vont stocker les résultats intermédiaires au fur et à mesure des calculs.

Les instructions itératives ne nécessitent pas de gestion de pile d'exécution pour être exécutées. En conséquence, *dans certains cas, leur utilisation peut s'avérer plus efficace en pratique que l'utilisation de fonctions récursives.*

1. *Cf.* section 5.3 page 160. En particulier, les exemples des tours de Hanoï (*cf.* section 5.3.3 page 164) et de la fonction d'Ackerman (*cf.* exercice 59 - exercices divers, sections 5.4 et 5.5 pages 170 et 182) sont traités en utilisant des fonctions récursives quelconques.

2. Par analogie avec la récursivité, nous utilisons ici le mot *itérativité*, bien que celui-ci ne figure pas dans le dictionnaire français.

Nous étudions les instructions `for` et `while` proposées par le langage `OCaml` ; ces instructions sont très répandues dans de nombreux langages de programmation, sous diverses variantes.

Comme dit précédemment, ces instructions permettent de décrire des séquences de calculs :

— pour une boucle `for`, le nombre de calculs effectués est fixé au départ ;
— pour une boucle `while`, le nombre de calculs n'est pas connu au départ ; la poursuite des calculs est contrôlée par une condition de continuation quelconque (dit autrement, l'arrêt des calculs est contrôlé par une condition de terminaison quelconque).

# 8.1 Notions essentielles

## 8.1.1 Boucle for

**Une boucle `for` permet de décrire une suite de calculs dont le nombre est fixé**. Un exemple caractéristique est le calcul du $n^{ième}$ terme de la suite des factorielles. La fonction itérative [1] ci-après décrit ce calcul (vérification de la validité du paramètre comprise).

```
let fact_iter(n : int) : int =
  if n < 0
  then failwith("erreur fact_iter : parametre negatif")
  else
    let res : int ref = ref 1 in
      (
      for i = 1 to n
      do res := !res * i
      done ;
      !res
      )
;;
```

L'instruction itérative `for i = 1 to n do res := !res * i done` signifie que :

1. l'entier `i`, appelé *l'indice de boucle*, prend successivement toutes les valeurs comprises entre `1` et `n`, dans cet ordre, c'est-à-dire que les valeurs successives associées à `i` *croissent* de `1` à `n` ;
2. pour chaque valeur de `i`, l'instruction `res := !res * i` est exécutée [2].

1. On peut noter que la fonction n'est pas récursive : le mot-clé `rec` est inutile.

2. Cette fonction implante directement la définition de la factorielle. En fait, il suffirait de faire varier l'indice de `2` à `n`, puisque $0! = 1!$.

L'exécution de l'instruction itérative pour `n < 0` est triviale. Si `n >= 0`, deux cas sont à distinguer :

1. `n = 0`. Dans ce cas :
   (a) la variable `res` est déclarée, elle contient la valeur `1` ;
   (b) l'indice `i` prend toutes les valeurs comprises entre `1` et `n = 0` par ordre croissant, c'est-à-dire aucune ici, puisque `1 > 0`. L'instruction `res := !res * i` n'est donc jamais exécutée. Informellement, on dit que l'instruction itérative n'est pas exécutée, ou qu'il n'y a pas de passage dans la boucle.
   (c) le contenu de `res`, inchangé depuis son initialisation, est le résultat de la fonction ; c'est donc `1` en l'occurence.
2. `n > 0`. Supposons par exemple que `n = 2` :
   (a) la variable `res` est déclarée, elle contient la valeur `1` ;
   (b) l'indice `i` prend toutes les valeurs comprises entre `1` et `2` par ordre croissant :
      i. l'instruction `res := !res * i` est exécutée pour `i = 1` ; compte-tenu du fait que `res` contient initialement la valeur `1`, la valeur contenue après exécution de l'instruction est `1 * 1 = 1` ;
      ii. l'instruction `res := !res * i` est exécutée pour `i = 2` ; comme `res` contient la valeur `1` avant exécution, la valeur contenue après exécution est `1 * 2 = 2` ;
   (c) le contenu de `res` est le résultat de la fonction ; c'est donc `2` en l'occurence.

La syntaxe pour une instruction itérative `for` en `OCaml` est la suivante :

```
for index_name = expression_min to expression_max
do
  statement block
done
```

où :

— l'indice `index_name` est défini par `index_name = expression_min to expression_max`. Ceci signifie que contrairement à certains langages de programmation, il ne faut pas déclarer un indice de boucle avant son utilisation dans une instruction itérative, puisque sa déclaration fait partie de l'instruction itérative. Compte-tenu de notre convention « un nom - une valeur », `index_name` ne doit pas être un nom de variable ou de paramètre de la fonction dans laquelle apparaît l'instruction itérative ;

— `expression_min` et `expression_max` sont deux expressions de type `int`, dans lesquelles l'indice `i` ne peut pas être utilisé [1] ;
— `statement block` est un bloc (*cf.* section 7.1.4 page 248), parfois appelé le *corps* de l'instruction itérative ; il ne comprend que des instructions ; comme les mots-clés `do` et `done` délimitent le bloc, il est inutile de le délimiter par des parenthèses.

Concernant l'exécution, l'indice de boucle prend successivement toutes les valeurs entières croissantes depuis la valeur de `expression_min` jusqu'à la valeur de `expression_max`, et, pour chacune de ces valeurs de l'indice, la suite d'instructions `statement block` est exécutée.

Il existe une variante de l'instruction `for`, caractérisée par le mot-clé `downto`, pour laquelle l'indice de boucle prend successivement toutes les valeurs entières *décroissantes* depuis la valeur de `expression_max` jusqu'à la valeur de `expression_min` (comme précédemment, la suite d'instructions `statement block` est exécutée pour chacune de ces valeurs de l'indice) :

```
for index_name = expression_max downto expression_min
do
  statement block
done
```

Le bloc suivant réalise l'affichage des entiers compris entre 40 et 50, par ordre décroissant de valeurs.

```
#
(
for i = 50 downto 40
do
  print_int(i) ;
  print_string(" ")
done ;
print_newline()
)
;;
50 49 48 47 46 45 44 43 42 41 40
- : unit = ()
```

1. OCaml vérifie à la compilation que c'est bien le cas :

```
# for i = 1 to 2 * i
do print_int(i)
done
;;
Error: Unbound value i
```

Voici un autre exemple, où l'on s'intéresse au calcul d'une suite de points $2D$ de la courbe définie par l'équation du second degré $s(x) = x^2 - x + 1$. Supposons que l'on souhaite calculer `n` points consécutifs pour des valeurs de `x` appartenant à l'intervalle $[x_0, x_1]$ (avec `n >= 2`). La fonction `myfunc` décrit le calcul de $s(x)$ en fonction de $x$ ; la fonction `compute_curve` décrit le calcul de la liste de points [1]. Plus précisément, le premier point de la liste résultat est $x_0$, le dernier point est $x_1$, les abscisses des points intermédiaires sont régulièrement espacées entre $x_0$ et $x_1$.

```
type t_point = {x : float ; y : float} ;;

let myfunc(x : float) : float =
  x *. x -. x +. 1.0
;;
let compute_curve(x0, x1, n : float * float * int) : t_point list =
  let myx : float ref = ref x0
           and p : t_point ref = ref {x = x0 ; y = myfunc(x0)}
           and indmax : int = n - 1
  in
  let dx : float = (x1 -. x0) /. float_of_int(indmax)
     and res : (t_point list) ref = ref [!p]
  in
    (
    for i = 1 to indmax
    do
      myx := !myx +. dx ;
      p := {x = !myx ; y = myfunc(!myx)} ;
      res := add_lst(!res, !p)
    done ;
    !res
    )
;;
```

L'idée est de considérer `indmax = n - 1` intervalles de même longueur `dx` dans l'intervalle délimité par les valeurs `x0` et `x1`. Les variables mutables `myx` et `p` sont utilisées pour bien faire apparaître les différents calculs effectués : `myx` contient successivement les `n` abscisses des points calculés, `p` contient successivement les `n` points calculés. Initialement, la valeur contenue dans `myx` est la première valeur `x0` de l'intervalle ; à la fin, la valeur contenue dans `myx` est la dernière valeur `x1` de l'intervalle (sous réserve des erreurs d'approximation dûes à l'utilisation de valeurs de type `float`) ; à chaque étape, cette valeur augmente de `dx`.

1. Pour simplifier les explications, on simplifie l'écriture de la fonction en supposant qu'elle n'est appelée qu'avec des valeurs de `n` supérieures ou égales à 2.

La variable `res` contient successivement les listes de points calculées : initialement, elle ne contient que le point correspondant à la borne inférieure de l'intervalle ; à la fin de l'exécution de la fonction, elle contient la liste des `n` points calculés.

Supposons que la fonction soit exécutée pour `x0 = 0.0`, `x1 = 2.0`, `n = 5` :

1. à l'initialisation des variables locales, `myx` contient `0.0`, `p` contient le point `{x = 0.0 ; y = 1.0}`, `indmax = 4`, `dx = 0.5` et `res` contient le point décrit précédemment ;
2. la boucle est ensuite exécutée :
   (a) `i = 1` : `myx` contient `0.5`, `p` contient le point `{x = 0.5 ; y = 0.75}`, `res` contient les 2 points décrits précédemment ;
   (b) `i = 2` : `myx` contient `1.0`, `p` contient le point `{x = 1.0 ; y = 1.0}`, `res` contient les 3 points décrits précédemment ;
   (c) `i = 3` : `myx` contient `1.5`, `p` contient le point `{x = 1.5 ; y = 1.75}`, `res` contient les 4 points décrits précédemment ;
   (d) `i = 4` : `myx` contient `2.0`, `p` contient le point `{x = 2.0 ; y = 3.0}`, `res` contient les 5 points décrits précédemment ;
3. la valeur du bloc, et donc celle retournée par la fonction, est la valeur contenue dans `res`, c'est-à-dire la liste des 5 points décrits précédemment.

Cette fonction peut être adaptée pour le calcul de suites de points pour d'autres fonctions mathématiques [1].

### 8.1.2 Boucle `while`

**Une instruction `while` permet de décrire une suite de calculs, dont le nombre dépend d'une *expression de continuation* qui est évaluée**

1. Dans cette version de la fonction, la valeur de l'abscisse est calculée *incrémentalement* (la valeur contenue dans `myx` est déduite de la valeur précédente en y ajoutant `dx`), alors que la valeur de l'ordonnée est calculée directement par appel à la fonction `myfunc`. C'est souvent le cas dans le calcul de suites de points d'une courbe. Ceci dit, il est possible ici de calculer l'ordonnée de manière incrémentale, puisque $s(x + dx) = s(x) + 2 * x * dx + dx^2 - dx$. Il est aussi possible de calculer l'abscisse de manière non incrémentale, par un calcul direct, en remplaçant l'affectation `myx := !myx +. dx` par `myx := x0 +. float_of_int(i) *. dx`. Il faut remarquer ici que, en général, le mode de calcul (incrémental ou direct) n'est pas anodin : comme on travaille avec des valeurs de type `float`, des erreurs d'approximation peuvent se produire lors des calculs : cf. section 1.3.2.2 page 43. Par exemple, le calcul direct induit souvent une erreur moins importante qu'un calcul incrémental. Ceci dit, l'importance de cette erreur est à relativiser par l'utilisation que l'on en fait : pour le calcul de courbe effectué ici, cette erreur est négligeable ; il faudrait être beaucoup plus attentif à cette erreur dans un autre cadre d'utilisation. Nous n'en disons pas plus, car l'étude de ces problèmes numériques sort du cadre de ce livre.

**à chaque passage de boucle**. Il est donc en général impossible de connaître *a priori* le nombre de calculs effectués.

Supposons par exemple que l'on cherche à savoir si une valeur de type `int` apparaît dans une liste de valeurs de même type. Si on ne sait pas si la valeur apparaît dans la liste, *a fortiori* on ne sait pas *où* elle apparaît, si c'est le cas ; on ne sait donc pas *a priori* combien d'éléments de la liste doivent être testés pour répondre à la question.

```
let check_value_in_list(v, v_list : int * int list) : bool =
  let found : bool ref = ref false and mylist : (int list) ref =
          ref (v_list) and the_end : bool ref = ref (v_list = [])
  in
    (
    while not(!the_end)
    do
      if v = fst(!mylist)
      then
        (
        found := true ;
        the_end := true
        )
      else
        (
        mylist := rem_fst(!mylist) ;
        the_end := (!mylist = [])
        )
    done ;
    !found
    )
;;
```

La fonction `check_value_in_list` teste si la valeur `v` apparaît dans la liste `v_list`. À chaque étape :

1. la variable mutable `found` contient la réponse à ce test pour l'ensemble des valeurs testées antérieurement. Initialement, elle contient la valeur `false` ; en effet, la valeur recherchée n'apparaît pas dans les valeurs testées antérieurement, puisqu'il n'y en a aucune ;
2. `mylist` contient la liste des valeurs non encore testées ; initialement, elle contient la liste paramètre ;
3. `not(!the_end)` est l'expression de continuation : elle répond à la question : *faut-il exécuter le corps de la boucle ?*. Dit autrement, `the_end` contient la réponse à la question : *faut-il arrêter l'exécution de l'instruction itérative ?* Initialement, le contenu de `the_end` est `true` si la liste paramètre est vide (il n'y a pas de valeurs à tester), `false` sinon.

Supposons que la fonction soit exécutée[1] pour `v = 3` et `v_list = [4 ; 8 ; 5 ; 3 ; 7 ; 9]` :

1. à l'initialisation des variables locales, `found` contient `false`, `mylist` contient `[4 ; 8 ; 5 ; 3 ; 7 ; 9]` and `the_end` contient `false` ;
2. la boucle est ensuite exécutée :
   (a) `not(the_end) = true` : comme `3 <> 4`, seuls les contenus de `mylist` et `the_end` sont modifiés ; elles contiennent alors respectivement `[8 ; 5 ; 3 ; 7 ; 9]` et `false` ;
   (b) `not(the_end) = true` : comme `3 <> 8`, seuls les contenus de `mylist` et `the_end` sont modifiés ; elles contiennent alors respectivement `[5 ; 3 ; 7 ; 9]` et `false` ;
   (c) `not(the_end) = true` : comme `3 <> 5`, seuls les contenus de `mylist` et `the_end` sont modifiés ; elles contiennent alors respectivement `[3 ; 7 ; 9]` et `false` ;
   (d) `not(the_end) = true` : comme `3 = 3`, seuls les contenus de `found` et `the_end` sont modifiés ; elles contiennent alors respectivement `true` et `true` ;
   (e) `not(the_end) = false` : fin de l'exécution de l'instruction itérative ;
3. la valeur du bloc, et donc celle retournée par la fonction, est la valeur contenue dans `found`, c'est-à-dire `true`, indiquant que la valeur a été trouvée.

La syntaxe d'une instruction itérative `while` en `OCaml` est :

```
while continuation_expression
do
  statement block
done
```

où :
- `continuation_expression` est une expression booléenne ;
- `statement block` est un bloc, appelé parfois le *corps* de la boucle ; il ne contient que des instructions (de même que pour l'instruction `for`, il est inutile de délimiter le bloc par des parenthèses).

Concernant l'exécution, l'expression booléenne est évaluée *avant* chaque passage dans la boucle :

1. Sur ce modèle, simulez l'exécution pour `v = 3` et `v_list = [4 ; 8 ; 5 ; 7 ; 9]`.

— si la valeur de `continuation_expression` est égale à `false`, cela entraîne la fin de l'exécution de l'instruction itérative ;
— si la valeur de `continuation_expression` est égale à `true`, un nouveau passage de boucle est effectué, qui consiste à exécuter la suite d'instructions `statement block`.
À la fin de l'exécution du corps de la boucle, l'exécution de l'instruction itérative se poursuit en recommençant à l'étape d'évaluation de l'expression booléenne.

**Expression de terminaison.** *L'expression de terminaison est l'inverse de l'expression de continuation.* Dans l'exemple ci-dessus, `!the_end` est l'expression de terminaison, inverse de `not(!the_end)`. Une erreur fréquente dans l'écriture d'une instruction `while` consiste à écrire une expression booléenne telle que l'expression de terminaison ne prend jamais la valeur `true` : dans ce cas, l'instruction itérative s'exécute jusqu'à ce qu'une erreur se produise, ou que l'on interrompe l'exécution de la fonction ayant produit l'exécution de l'instruction : on parle alors de *« boucle infinie »*. C'est pourquoi, lorsqu'on *conçoit* une boucle `while`, il est important de s'assurer que l'expression de terminaison prend la valeur `true` à un moment de l'exécution (ou symétriquement, de s'assurer que l'expression de continuation prend la valeur `false` à un moment de l'exécution).

Afin d'avoir ceci à l'esprit lors de la conception d'une boucle `while`, nous écrivons souvent les instructions itératives `while` sous la forme :

```
while not(termination_expression)
do
  statement block
done
```

**Complexité.** Une autre erreur consiste à effectuer plus de calculs que nécessaire. Par exemple, le nombre de passages dans la boucle de la fonction `check_value_in_list` est borné par la longueur de la liste paramètre. Il serait donc possible d'écrire :

```
let check_value_in_list(v, v_list : int * int list) : bool =
  let found : bool ref = ref false and mylist : (int list) ref =
                ref (v_list) and indmax : int = len(v_list) - 1
  in
    (
    for i = 0 to indmax
    do
      if v = fst(!mylist)
      then found := true
```

```
    else mylist := rem_fst(!mylist)
  done ;
  !found
  )
;;
```

Tous les éléments de la liste sont donc testés systématiquement, et, à chaque fois qu'une valeur égale à la valeur recherchée est trouvée, la valeur `true` est affectée à `found`. Il suffit donc que la valeur cherchée apparaisse au moins une fois pour que `found` contienne la valeur `true` à la fin de l'exécution de l'instruction itérative ; dans le cas contraire, elle contient la valeur `false`.

Cette variante de la fonction est *moins efficace* que la première. En effet, si l'élément recherché figure en première position dans la liste, la première version de la fonction retourne immédiatement le résultat ; en revanche, la deuxième version de la fonction teste tous les éléments de la liste, quelle que soit la position de l'élément recherché : des *calculs inutiles* sont donc effectués.

Voici un autre exemple d'utilisation d'une instruction itérative `while`. Suite à un tremblement de terre qui a altéré la source qui l'approvisionne, le contenu d'un étang diminue aléatoirement.

Plus précisément, chaque mois, l'eau contenue dans l'étang peut perdre entre 0 et 10% de son volume. On suppose que l'étang est inutilisable pour les activités de loisirs quand il a perdu 75% de son volume en eau. On souhaite écrire une fonction [1] `simul_pond` qui calcule le temps total (en mois) pendant lequel l'étang reste utilisable.

D'après l'énoncé, il est tout à fait possible que la variation du volume de l'étang soit nulle chaque mois : en théorie, il est donc impossible de prévoir *a priori* le nombre maximum de mois pendant lesquels l'étang reste utilisable [2].

Compte-tenu du volume de l'étang, on choisit de le représenter par une valeur de type `int`, correspondant au nombre de mètres-cubes d'eau contenus dans l'étang (la fonction ci-après peut être adaptée immédiatement si l'on préfère utiliser le type `float`).

---

1. Pour simplifier les explications, la validité du volume paramètre, qui doit être strictement supérieur à `0`, n'est pas vérifiée par la fonction.

2. En fait, si la diminution de volume suit une loi de probabilité que l'on connaît, il est possible de prévoir *a priori* le nombre de mois durant lesquels l'étang reste utilisable. En pratique, la fonction `rand_int`, utilisée dans la fonction `simul_pond`, fait appel à un générateur pseudo-aléatoire : il devrait donc être possible d'estimer *a priori* un nombre maximum d'étapes de calcul, à condition de connaître les caractéristiques de ce générateur.

Ceci dit, conformément à l'énoncé, on suppose ici qu'on n'a aucune information sur la perte de volume subie par l'étang, en dehors des bornes `0` et `10` de la variation du pourcentage de volume.

```
let simul_pond(v : int) : int =
  let min_v : int = (25 * v) / 100 and nbm : int ref = ref 0
          and dv : int ref = ref 0 and current_v : int ref = ref v
          and the_end : bool ref = ref false
  in
    (
    while not(!the_end)
    do
      nbm := !nbm + 1 ;
      dv := rand_int(0, 10) ;
      current_v := ((100 - !dv) * !current_v) / 100 ;
      the_end := (!current_v <= min_v)
    done ;
    !nbm
    )
;;
```

La variable `min_v` est égale au volume minimal. Les variables mutables `nbm`, `dv`, `current_v` et `the_end` contiennent à chaque étape le nombre de mois écoulés depuis le début de la simulation (initialement, ce nombre est `0`), la valeur aléatoire de pourcentage de perte de volume [1], la valeur courante du volume (initialement, ce nombre est égal au volume paramètre), et la valeur de l'expression de terminaison, c.-à-d. de l'expression *la valeur courante du volume est inférieure à 25 % du volume initial* (initialement, cette valeur est `false`).

### 8.1.3 Conception

Nous avons dit précédemment qu'une instruction itérative permet de décrire une suite de calculs. En particulier, chacune des fonctions ci-dessus décrit le calcul conjoint de suites, où chaque terme de chaque suite est défini en fonction de termes précédents de cette suite, et / ou de termes d'autres suites, d'indices inférieurs au sien, voire d'indices égaux (dans ce cas, il existe un ordre sur les suites permettant de calculer chaque terme en fonction de termes précédemment calculés).

C'est évident pour la fonction `fact_iter`, qui calcule une suite récurrente simple. La fonction `compute_curve` calcule les suites $(m_i)_{0\leq i\leq n-1}$, $(p_i)_{0\leq i\leq n-1}$, $(r_i)_{0\leq i\leq n-1}$, avec [2] :

---

1. Pour mémoire, la fonction utilitaire `rand_int(a, b : int * int) : int` a pour résultat une valeur aléatoire comprises entre `a` et `b`.

2. Les significations de $x_0$, $dx$, $s$ ont été données lors de la définition de la fonction `compute_curve`.

1. $m_i = \begin{cases} x_0 & si \quad i = 0 \\ m_{i-1} + dx & si \quad i >= 1 \text{ et } i <= n-1 \end{cases}$
2. $p_i = \begin{cases} (x_0, s(x_0)) & si \quad i = 0 \\ (m_i, s(m_i)) & si \quad i >= 1 \text{ et } i <= n-1 \end{cases}$
3. $r_i = \begin{cases} [p_0] & si \quad i = 0 \\ add\_lst(r_{i-1}, p_i) & si \quad i >= 1 \text{ et } i <= n-1 \end{cases}$

Une formalisation similaire pourrait être faite à propos des fonctions `check_value_in_list` et `simul_pond`.

Lorsqu'on conçoit une fonction utilisant une instruction itérative, on n'explicite pas forcément les suites que l'on calcule. Néanmoins, il est important d'avoir cette idée de *suite* à l'esprit, car elle sous-entend les questions suivantes :

1. *Initialisation*. Quelles sont les valeurs initiales qui servent de base aux calculs ultérieurs ? Il peut arriver qu'une valeur initiale n'ait aucune importance, comme par exemple la valeur contenue dans la variable `dv` de la fonction `simul_pond`, puisque aucune autre valeur ne dépend de cette valeur initiale. En revanche, la valeur initiale est importante dans la plupart des cas (comme par exemple pour les valeurs contenues dans les autres variables de la fonction `simul_pond`).
2. *Récurrence*. Comment calculer chaque valeur en fonction des valeurs précédemment calculées ? Pour le calcul d'une valeur, a-t-on bien à disposition toutes les valeurs nécessaires ? Est-ce cohérent avec l'initialisation ? Par exemple, échanger deux instructions (c'est-à-dire inverser leur ordre, et donc leur ordre d'exécution) dans le corps d'une instruction itérative, peut être sans conséquence, comme l'échange des deux premières instructions de la boucle de la fonction `simul_pond`. En revanche, échanger la deuxième instruction et la troisième instruction (et donc inverser leur ordre d'exécution) est incorrect, car, du fait de l'initialisation de la variable `dv`, le premier passage dans la boucle utiliserait un pourcentage de variation de volume non aléatoire pour le calcul du volume courant. Si ces instructions sont échangées, il faut alors que `dv` ait une valeur aléatoire à l'initialisation.
3. *Terminaison*. Ce problème a déjà été cité précédemment dans le paragraphe consacré à la boucle `while`, mais en fait, il concerne les deux instructions itératives. Par exemple, la fonction `compute_curve` utilise une boucle `for`. Il suffirait d'une légère modification dans la définition de l'indice pour que le résultat soit incorrect, en remplaçant par exemple `i = 1 to indmax` par `i = 1 to n` : la fonction produirait un résultat, mais le dernier point ne correspondrait pas à l'abscisse `x1`. En revanche, dans la

*deuxième* version de la fonction `check_value_in_list`, qui utilise aussi une boucle `for`, remplacer `i = 0 to indmax` par `i = 0 to len(v_list)` engendrerait une erreur à l'exécution. En effet, cela induirait un passage de plus dans la boucle : au dernier passage, il y aurait une tentative d'accéder au premier élément d'une liste vide, ce qui produirait bien sûr une erreur.

Dit autrement, il est très facile de se tromper dans la conception d'une fonction itérative : il est donc important d'être très attentif aux trois aspects mentionnés ci-dessus, pour éviter des erreurs de conception. Si la fonction est correcte, il importe alors d'être attentif aux aspects liés à la complexité.

### 8.1.4 Tests

En fait, la conception de tests pour des fonctions itératives est similaire à ce qui a déjà été expliqué dans les chapitres précédents :

1. *ensemble de cas.* Par exemple, pour la fonction `check_value_in_list`, il convient de tester le cas où la liste paramètre est vide, le cas où la valeur n'appartient pas à la liste, et le cas où la valeur appartient à la liste (et dans ce cas, éventuellement les cas particuliers où la valeur recherchée est en premier ou en dernier élément, et un cas où la valeur recherchée occupe une position quelconque dans la liste) ;
2. *paramètres indépendants.* Par exemple pour la fonction `compute_curve`, les paramètres `x0` et `x1` sont indépendants du paramètre `n`. Pour `x0` et `x1`, on peut imaginer de tester les cas `x0 < x1`, `x0 = x1`, `x0 > x1`. Pour `n`, supposé supérieur ou égal à 2, il faut tester au minimum les cas `n = 2`, afin de vérifier qu'on obtient bien en résultat les deux points correspondant à `x0` et `x1`, et `n > 2` ; pour ce dernier cas, on peut imaginer de tester au moins `n = 3`, afin de vérifier qu'on a en plus le point correspondant au milieu de l'intervalle borné par `x0` et `x1`. Bien sûr, on peut envisager plus de cas, mais, comme les paramètres sont indépendants, au moins 2 et 3 cas pour chaque (groupe de) paramètre entraînent au moins 6 tests, si l'on veut tester toutes les combinaisons (il n'est pas possible ici de séparer les calculs en utilisant des fonctions auxiliaires qui donneraient lieu à moins de cas de tests). On peut noter à cette occasion qu'il est souvent utile d'*automatiser* les tests [1].
3. *initialisation, récurrence, terminaison.* Supposons pour simplifier que le corps de la fonction à tester suive le « schéma de base » ci-après, qui correspond au schéma des fonctions précédemment étudiées (dans ces

1. Au lieu d'exécuter manuellement un ensemble de tests, une fonction de test est écrite, dont l'exécution entraîne l'exécution d'un ensemble de tests. Mais ceci sort de notre cadre.

fonctions, `end_statement` se réduit à l'indication du résultat de la fonction).

```
initialization
for_or_while_statement
end_statement
```

Il convient *a minima* :

- de tester l'initialisation, avec un paramètre tel (s'il en existe) qu'il n'y a aucun passage dans la boucle (par exemple `v_list = []` pour la fonction `check_value_in_ list`). Un tel paramètre n'existe pas forcément : par exemple, telle que la fonction `simul_pond` est écrite, il y a toujours au moins un passage dans la boucle (c'est similaire pour la fonction `compute_curve`) ;
- de tester la récurrence : il convient *a minima* de tester avec un paramètre produisant un unique passage dans la boucle, s'il en existe (par exemple une liste contenant une valeur pour la fonction `check_value_in_list`). Ce n'est pas toujours possible : pour `simul_pond`, la variation de volume est aléatoire, et peut être nulle ; même un volume paramètre égal à `1` ne garantit pas qu'il n'y a qu'un passage dans la boucle. Bien sûr, il est conseillé de tester la récurrence en augmentant progressivement le nombre de passages dans la boucle.
- de rechercher s'il existe des valeurs de paramètre pouvant entraîner une boucle infinie. Par exemple pour la fonction `simul_pond`, il suffit de remplacer l'opérateur `<=` de la dernière instruction du corps de l'instruction itérative `the_end := (!current_v <= min_v)` par l'opérateur `<` pour créer potentiellement une boucle infinie. En effet, si le volume paramètre `v` est égal à `1` par exemple, la valeur de `min_v` est égale à `0`. Or, la plus petite valeur de `current_v` est aussi égale à `0` : la condition `0 < 0` n'est jamais vérifiée, on a donc une boucle infinie.

Enfin, il faut noter qu'il n'existe pas de commande de l'interpréteur `ocaml` permettant de suivre le déroulement de l'exécution d'une instruction itérative ; en d'autres termes, il n'y a pas d'équivalent de la commande `#trace` pour les fonctions récursives. Il est donc nécessaire, si l'on souhaite suivre les étapes de l'exécution d'une instruction itérative :

- soit d'inclure des instructions d'affichage permettant de suivre l'évolution des valeurs des variables ; c'est une solution minimale, rapidement fastidieuse, qui nécessite de « polluer » et de « dépolluer » le code par des instructions n'ayant rien à voir avec ce que l'on souhaite développer ;
- soit d'utiliser un debogueur. Nous n'en disons pas plus ici, car cela sort de notre cadre.

### 8.1.5 Une opération courante : la saisie contrôlée

Saisir des valeurs au clavier est utile pour de nombreuses applications. Or, il est très facile de se tromper en saisissant des valeurs. On souhaite donc souvent *contrôler la saisie*, en imposant que les valeurs saisies vérifient une certaine condition. Par exemple, on peut souhaiter saisir un caractère correspondant à un chiffre, saisir un entier positif, etc. La fonction `get_int` ci-après effectue une *saisie contrôlée* d'un entier compris dans un intervalle, dont les bornes sont les paramètres de la fonction. L'idée de base est de « boucler » tant que la valeur saisie ne satisfait pas la condition, et d'ignorer les valeurs ne satisfaisant pas celle-ci. Cette fonction peut être facilement adaptée pour d'autres saisies contrôlées.

```
let get_int(min, max : int * int) : int =
  let myval : int ref = ref 0
      and expected_int : bool ref = ref false
  in
    (
    while not(!expected_int)
    do
      print_string("saisissez une valeur entiere entre ") ;
      print_int(min) ;
      print_string(" et ") ;
      print_int(max) ;
      print_newline() ;
      myval := read_int() ;
      expected_int:= (!myval >= min) && (!myval <= max)
    done ;
    !myval
    )
;;
```

Les variables `myval` et `expected_int` sont utilisées pour stocker les valeurs saisies et les valeurs successives de l'expression de terminaison. La suite d'instructions exécutée à chaque passage de boucle comporte trois actions :

1. affichage d'un message précisant ce qui est attendu,
2. saisie d'une valeur,
3. vérification de la validité de cette valeur.

## 8.2 Conventions d'écriture

### 8.2.1 `for` *vs* `while`

Nous utilisons l'instruction itérative `for` dès lors que cela est possible, c'est-à-dire lorsque le nombre de calculs devant être exécuté est connu *a priori*.

Dans le cas contraire, nous utilisons une boucle `while` : cela inclut le cas où seule une borne supérieure du nombre de calculs est connue *a priori* (cf. section 8.1.2 page 286).

### 8.2.2 Alignement

Les mots-clés `for` ou `while`, `do` et `done` sont alignés afin de repérer rapidement la structure de l'instruction itérative, et vérifier qu'elle est complète. Si le bloc est composé d'une unique instruction qui tient sur une ligne, elle est mise à la suite du mot-clé `do`, sinon le bloc commence à la ligne suivante avec un décalage sur la droite.

### 8.2.3 Composition de fonctions *vs* fonction « longue »

Une instruction itérative décrit une suite de calculs. Or une suite de calculs suivie d'une autre suite de calculs forme une suite de calculs. Dit autrement, une « erreur » courante en phase de conception consiste à décrire dans la même fonction des suites de calculs plus ou moins indépendants, qui pourraient être mieux décrits par une composition de fonctions. Cette erreur se traduit par la conception de fonctions *longues* [1]. Une fonction longue pose deux problèmes :

1. problème de lisibilité, et donc de compréhension. Plus le texte d'une fonction est long, plus il est difficile de comprendre précisément ce qu'elle fait et comment elle le fait. Ceci est vrai même en phase de conception : écrire une fonction longue accroît souvent le risque d'erreurs de conception. En fait, ce sont les mêmes problèmes qui ont déjà été mentionnés dans la section 4.1.3 page 120 ;
2. problème pour la vérification de correction. Ce problème a déjà été expliqué dans le chapitre 4. Par exemple, le nombre de cas de tests d'une fonction peut devenir très important si elle décrit des calculs indépendants. De plus, il est souvent plus difficile de trouver une erreur dans une fonction longue que dans une fonction courte (c'est le problème de l'aiguille dans la botte de foin).

En pratique, le critère précis permettant de distinguer entre fonction acceptable et fonction longue fait partie des conventions d'écriture propres à chaque entreprise ou groupe de développeurs.

### 8.2.4 Parenthèses

Comme dit précédemment, il est inutile de délimiter le bloc d'une instruction itérative par des parenthèses, les mots-clés `do` et `done` en font office. En

1. On considère ici la fonction en tant que texte, la longueur est la taille du texte.

revanche, des variables locales sont définies pour être utilisées dans un bloc, qui doit être délimité par des parenthèses s'il comprend au moins deux instructions, ou (plus d')une instruction suivie d'une expression.

### 8.2.5 Variables locales

Compte-tenu de la convention *un nom - une notion*, il n'y a jamais de déclaration de variable locale dans le corps d'une instruction itérative, puisque, si le corps est exécuté plusieurs fois, la variable est re-définie plusieurs fois. L'utilisation de variables mutables rend inutile ce type de déclarations.

## 8.3 Compléments

### 8.3.1 `for`, `while` et récursif terminal

#### 8.3.1.1 `for` et `while`

Toute instruction itérative `for` peut être traduite en une instruction itérative `while`. Par exemple, une traduction de la fonction `fact_iter` est :

```
let fact_iter_while(n : int) : int =
  if n < 0
  then failwith("erreur fact_iter : parametre negatif")
  else
    let res : int ref = ref 1 and index : int ref = ref 1 in
      (
      while (!index <= n)
      do
        res := !res * !index ;
        index := !index + 1
      done ;
      !res
      )
;;
```

La traduction consiste donc à ajouter la déclaration d'une variable locale mutable de type `int ref`, qui joue le rôle d'indice de boucle, et à gérer son initialisation et sa variation.

En toute généralité, une instruction `for` s'écrit :

```
for index_name = expression_min to expression_max
do
   statement block
done
```

Pour la traduire automatiquement en instruction `while`, la définition d'une variable `index_name : int ref = ref my_int_value` est ajoutée, et le code de l'instruction est remplacé par :

```
index_name := expression_min ;
while !index_name <= expression_max
do
   statement block ;
   index_name := !index_name + 1
done
```

La valeur `my_int_value` n'a aucune importance, puisque la « vraie » initialisation de l'indice est effectuée juste avant l'instruction itérative. En effet, en toute généralité, il est possible que cette valeur initiale résulte d'un calcul décrit dans la fonction elle-même [1].

La traduction de la variante de l'instruction `for`, pour laquelle l'indice décroît, est tout à fait similaire.

En revanche, il n'est pas possible de traduire toute instruction `while` en instruction `for`. Comme nous l'avons vu en section 8.1.2 (page 286) avec l'exemple de la fonction `check_value_in_list`, une telle traduction est théoriquement possible lorsqu'une borne supérieure du nombre de passages dans la boucle est connue *a priori*, mais cela peut nuire gravement à l'efficacité des calculs. De même, l'exemple de la fonction `simul_pond` montre qu'il existe des cas pour lesquels une telle borne supérieure n'est pas connue *a priori*, et rend donc impossible la traduction de l'instruction `while` en une instruction `for`.

En conclusion, il serait donc possible que n'utiliser que l'instruction itérative `while`. Néanmoins, quand cela est possible, nous privilégions l'utilisation de l'instruction `for` pour des raisons de lisibilité (écriture un peu allégée, et surtout distinction entre la description de calculs dont le nombre est connu *a priori*, de la description de calculs dont le nombre est inconnu *a priori)*.

#### 8.3.1.2 `while` et récursif terminal

En fait, l'itérativité est équivalente à la récursivité terminale [2]. Dit autrement, il est possible de traduire directement une fonction récursive terminale

1. Avec d'autres conventions que celles que nous avons choisies, la variable `index_name` pourrait être déclarée juste avant la boucle avec la valeur de `expression_min`.

2. *Cf.* la définition de la récursivité terminale dans la section 5.3.2 page 162. Pour rappel, la récursivité terminale est un cas particulier de récursivité : par exemple, aucune fonction de la section 5.1 n'est récursive terminale, ni les fonctions `even_aux` et `odd_aux` de la section 5.3.1 (page 160), ni la fonction `hanoi_aux` de la section 5.3.3 (page 164).

en fonction comportant une boucle while, et réciproquement. Par exemple, une traduction tout à fait mécanique[1] de la fonction simul_pond est :

```
let rec simul_pond_recterm_aux(v, min_v, nbm, dv, current_v,
             the_end : int * int * int * int * int * bool) : int =
  if the_end
  then nbm
  else
    let new_nbm : int = nbm + 1 and new_dv : int = rand_int(0, 10) in
    let new_current_v : int = ((100 - new_dv) * current_v) / 100 in
    let new_the_end : bool = (new_current_v <= min_v) in
      simul_pond_recterm_aux(v, min_v, new_nbm, new_dv,
                             new_current_v, new_the_end)
;;
let simul_pond_recterm(v : int) : int =
  simul_pond_recterm_aux(v, (25 * v) / 100, 0, 0, v, false)
;;
```

La fonction simul_pond_recterm appelle la fonction simul_pond_ recterm _aux avec des paramètres correspondant aux valeurs initiales contenues dans les variables de la fonction simul_pond. La fonction simul_pond_recterm_aux traduit la boucle while de la fonction simul_pond (des variables locales sont utilisées afin de bien faire apparaître toutes les opérations). L'expression de terminaison est évaluée ; si sa valeur est true, le résultat est le nombre de mois écoulés depuis le début de la simulation, sinon les opérations correspondant au déroulement d'un nouveau mois sont effectuées, avant l'appel récursif terminal (qui correspond pour l'instruction itérative while à la fin d'un passage de boucle, ce qui entraîne le recommencement du processus).

Une traduction moins mécanique pourrait être :

```
let rec simul_pond_recterm_aux(v, min_v, nbm : int * int * int) :
                                                              int =
  if v <= min_v
  then nbm
  else
    let new_nbm : int = nbm + 1 and dv : int = rand_int(0, 10) in
    let new_v : int = ((100 - dv) * v) / 100 in
      simul_pond_recterm_aux(new_v, min_v, new_nbm)
;;
let simul_pond_recterm(v : int) : int =
  simul_pond_recterm_aux(v, (25 * v) / 100, 0)
;;
```

Réciproquement, voici une traduction itérative de la version récursive terminale de la fonction square_list, qui calcule la liste composée des carrés des éléments d'une liste d'entiers (*cf.* section 6.1.3 page 198).

1. Par exemple, on peut remarquer que le paramètre v de la fonction simul_pond_recterm_aux n'est pas utilisé.

```
let square_list_iter(x : int list) : int list =
  let r_mut : (int list) ref = ref x and res_mut : (int list) ref =
   ref [] and f_mut : int ref = ref 0 and square_mut : int ref = ref 0
  in
    (
    while not(!r_mut = [])
    do
      f_mut := fst(!r_mut) ;
      r_mut := rem_fst(!r_mut) ;
      square_mut := !f_mut * !f_mut ;
      res_mut := add_lst(!res_mut, !square_mut)
    done ;
    !res_mut
    )
;;
```

Chaque variable mutable dans `square_list_iter` correspond à une variable ou un paramètre non mutable de la fonction récursive `square_list_aux` (excepté `x` pour simplifier, puisque dans cette fonction, `x` et `r` correspondent chacun à un état du parcours de la liste paramètre).

La fonction `square_list` appelle la fonction `square_list_aux` avec les valeurs initiales `x` et `[]`, c'est pourquoi les variables mutables `r_mut` et `res_mut` sont initialisées avec ces valeurs. Les variables `f_mut` et `square_mut` sont initialisées avec des valeurs quelconques, car ces valeurs ne sont pas utilisées par la suite.

L'expression booléenne conditionnant la continuation de l'exécution de l'instruction itérative `while` est bien sûr l'inverse de l'expression de terminaison de la fonction récursive `square_list_aux`.

Le corps de l'instruction itérative est la traduction directe des expressions composant l'alternative `else` de la fonction `square_list_aux` : les nouvelles valeurs de `f_mut`, `r_mut`, `square_mut` sont les valeurs des variables `f`, `r` et `new_square` de la fonction `square_list_aux`, la nouvelle valeur de `res_mut` est celle définie dans l'appel récursif ; comme précédemment, l'appel récursif correspond à la fin du corps de la boucle.

### 8.3.2 Imbrication de boucles

Le corps d'une instruction itérative peut contenir tout type d'instruction : en particulier, le bloc d'une instruction itérative peut lui-même contenir des instructions itératives : on parle alors d'*instructions itératives imbriquées*, ou de boucles imbriquées. L'instruction itérative contenant le bloc est dite *externe*, les instructions itératives contenues dans le bloc sont dites *internes*. Considérons les deux fonctions ci-après :

```
let star_line(n : int) : unit =
  (
  for i = 1 to n
  do print_char('*')
  done ;
  print_newline()
  )
;;
let star_triangle(n : int) : unit =
  for i = 1 to n
  do star_line(i)
  done
;;
```

À l'exécution, la fonction `star_triangle` affiche une suite de lignes composées de caractères « étoile », où les longueurs des lignes croissent, depuis la première ligne qui comporte une étoile jusqu'à la dernière qui en comporte `n` (bien sûr, si `n` est inférieur ou égal à `0`, l'exécution de la fonction n'a aucun effet).

```
# star_triangle(5) ;;
*
**
***
****
*****
- : unit = ()
```

La fonction `star_triangle_imbric` ci-après est équivalente à la fonction `star_triangle`, c'est-à-dire qu'elle produit les mêmes résultats pour les mêmes valeurs de paramètre :

```
let star_triangle_imbric(n : int) : unit =
  for i = 1 to n
  do
    for j = 1 to i
    do print_char('*')
    done ;
    print_newline()
  done
;;
```

En fait, l'appel de fonction `star_line(i)` dans la boucle de la fonction `star_triangle` a simplement été remplacé par le corps de la fonction `star_line`, adapté en tenant compte du fait que son paramètre est `i` : bien sûr, il a fallu modifier le nom de l'indice de boucle (qui est nommé `j`, et non plus `i`), pour éviter toute confusion entre les indices des deux boucles, en application de notre principe « un nom - une notion » [1].

1. En fait, `OCaml` permet d'écrire ce qui suit :

L'exécution de la fonction suit les principes exposés précédemment : le bloc de l'instruction itérative externe est exécuté pour chaque valeur comprise entre `1` et `n`. Pour chacune de ces valeurs, l'instruction itérative interne est exécutée, ce qui affiche une suite d'étoiles de longueur égale à cette valeur, suivie d'un retour à la ligne.

Concernant les tests, il n'est bien sûr pas possible de tester indépendamment la correction de la boucle interne [1]. Ce problème n'est pas perceptible dans l'exemple très simple ci-dessus ; pour des fonctions plus complexes, le fait de ne pouvoir faire de tests séparés peut entraîner, comme cela a déjà été mentionné en d'autres occasions, une augmentation du nombre de tests à réaliser, et une recherche plus difficile d'éventuelles erreurs.

À ce propos, il arrive très couramment que des erreurs résultent de confusions entre les indices des boucles externes et internes (confusion lors de la conception, fautes de frappe, etc).

## 8.4 Exercices

### Exercices d'application

#### Exercice 87

Écrivez une fonction `print_letters() : unit` qui affiche les lettres minuscules selon l'ordre alphabétique (les lettres sont séparées par un espace), puis

---

```
let star_triangle_imbric(n : int) : unit =
    for i = 1 to n
    do
        for i = 1 to i
        do print_char('*')
        done ;
    print_newline()
    done
;;
```

sans qu'il n'y ait de confusion dans la déclaration `for i = 1 to i`. En effet, l'indice `i` de la boucle interne est déclaré en fonction de l'indice `i` de la boucle externe, qui est le seul `i` connu au moment de la déclaration. Ceci dit, nous n'utilisons jamais cette possibilité :

— contraire au principe « un nom - une notion », elle peut facilement prêter à confusion lors de la conception ou de la lecture ;

— cette possibilité peut ne pas exister dans certains langages de programmation.

Il faut noter aussi dans la fonction ci-dessus que le seul `i` connu dans la boucle interne est l'indice de la boucle interne : l'indice de la boucle externe ne peut donc pas être utilisé dans la boucle interne. Ce n'est pas important ici, mais cela pourrait l'être dans d'autres cas, par exemple pour effectuer dans la boucle interne des calculs dépendant de la valeur de l'indice de la boucle externe.

1. De même, le fait de disposer de la fonction `star_line` permet de l'utiliser pour l'écriture d'autres fonctions.

qui affiche sur la ligne suivante les lettres majuscules selon l'ordre alphabétique inverse (les lettres sont aussi séparées par un espace).

Modifiez votre fonction pour qu'elle affiche en plus une ligne composée des chiffres de `'0'` à `'9'` en ordre croissant, suivie d'une ligne composée de ces chiffres en ordre inverse.

**Exercice 88**

Écrivez une fonction qui affiche les `100` premiers entiers strictement positifs qui sont multiples de `3`.
Écrivez une autre fonction qui affiche tous les multiples de `3` inférieurs strictement à `100`.
Écrivez deux fonctions qui, au lieu d'effectuer des affichages comme les fonctions précédentes, calculent des listes contenant les valeurs calculées par les fonctions précédentes.

**Exercice 89**

On définit un code d'accès comme un triplet de caractères vérifiant :

— le second caractère est un chiffre ;
— le premier et le troisième caractères sont des lettres, dans lesquelles il y a une minuscule et une majuscule.

Écrivez les fonctions suivantes :

1. une fonction `get_letter : unit -> char` dont le résultat est une lettre minuscule ou majuscule saisie au clavier ;
2. une fonction `get_char : char * char -> char` qui saisit un caractère compris entre les deux caractères donnés en paramètre de la fonction (inclus) ;
3. une fonction `get_code : unit -> char * char * char`, qui saisit un code d'accès.

Pour ces fonctions, vous vous servirez de la fonction `read_char`, qui lit un caractère au clavier (*cf.* section 11.1 page 403).

**Exercice 90**

Écrivez une fonction qui permet à un utilisateur de saisir les notes d'une classe (une note est supposée entière). L'utilisateur ne connaît pas le nombre de notes à l'avance, la fonction s'arrête lorsque la valeur saisie vaut -1.

Les valeurs qui ne sont pas comprises entre 0 et 20 ne sont pas prises en compte. La fonction a pour résultat le nombre de notes valides, ainsi que la meilleure note, la moins bonne note, et la moyenne.

Généralisez cette fonction pour effectuer les mêmes calculs, mais pour une suite de valeurs entières quelconques saisies au clavier.

## Exercices de compréhension / conception

### Exercice 91

Exécutez la fonction `mystery_1` ci-après pour les valeurs -2, 1, 5 ; expliquez ce qu'elle calcule et comment elle le fait.

```
let mystery_1(n : int) : int =
  if n < 0
  then failwith("erreur")
  else
    if n = 0 || n = 1
    then 1
    else
      let x : int ref = ref 1 and y : int ref = ref 1
              and a : int ref = ref 0
      in
         (
         for i = 2 to n
         do
            a := !y ;
            y := !x + !y ;
            x := !a
         done ;
         !y
         )
;;
```

### Exercice 92

Que fait la fonction `mystery_2` ci-après ? NB. Pour rappel, la fonction utilitaire `rand_int(a, b)` a pour résultat une valeur entière choisie aléatoirement entre `a` et `b` inclus.

```
let mystery_2() : unit =
  let my_val : int = rand_int(0, 200)
           and the_end : bool ref = ref false and v : int ref = ref 0
  in
    while not(!the_end)
    do
      print_string("entrez une valeur entiere : ") ;
      v := read_int();
      if !v < my_val
      then print_string("too low")
      else
         if !v > my_val
```

```
        then print_string("too high")
        else
          (
          print_string("correct");
          the_end := true;
          );
      print_newline();
  done ;
;;
```

**Exercice 93**
On considère une stalactite. On estime qu'elle gagne en moyenne 0,5 cm par siècle, et on souhaite simuler la croissance de cette stalactite. Pour cela, on considère que la croissance peut varier aléatoirement d'un siècle à l'autre (en fonction par exemple de la pluviométrie) ; la variation de taille de la stalactite est en fait comprise entre 80% et 120% de la taille moyenne gagnée par siècle (NB. pour rappel, la fonction utilitaire `rand_int(a, b)` a pour résultat une valeur entière choisie aléatoirement entre `a` et `b` inclus).

La taille initiale est le paramètre de la fonction de simulation : cette taille doit être comprise entre 10 et 50 cm. Pour la simulation proprement dite : la taille est calculée tous les siècles et elle est affichée tous les 10 siècles seulement. Le calcul s'arrête quand la stalactite a doublé sa taille initiale.

Le résultat de la fonction est composé du nombre de siècles qui ont été nécessaires au doublement de sa taille, et de la taille atteinte.

**Exercice 94**
L'objectif de cet exercice d'estimer la valeur du nombre $\pi$ en utilisant la méthode de Monte-Carlo. L'idée est la suivante : on génère aléatoirement des points $p = (x, y)$ à coordonnées entières, où $x$ et $y$ appartiennent à l'intervalle $[-n, n[$. Cet espace 2D correspond donc à un carré d'aire $4n^2$.

Considérons à présent le cercle de rayon $n$, centré en $(0, 0)$. Parmi les points générés, certains sont à l'intérieur du cercle, d'autres à l'extérieur. Plus précisément, un point $p = (x, y)$ est à l'intérieur strict du cercle si $x^2 + y^2 < n^2$. Notons aussi que le cercle a une aire de $\pi * n^2$.

Le ratio entre l'aire du cercle et l'aire du carré est donc de $\pi/4$. Autrement dit, un point choisi aléatoirement dans le carré a une probabilité de $\pi/4$ de se trouver dans le cercle. En choisissant un nombre suffisamment grand de points aléatoires, on peut donc estimer la valeur de $\pi$ en calculant le ratio du nombre de points situés à l'intérieur du cercle par rapport au nombre de points au total.

1. La fonction `rand_int(a, b)` permet d'obtenir une valeur comprise entre `a` et `b`. Utilisez cette fonction afin de créer une fonction `generate_point`

`(n : int) : int * int` permettant d'obtenir un point aléatoire dans un carré de longueur $2n$, centré en $(0,0)$ (en d'autres termes, les coordonnées du point appartiennent à l'intervalle $[-n, n[$).

2. Définissez la fonction `is_inside_circle` permettant de savoir si un point $(x, y)$ à coordonnées de type `int` est situé à l'intérieur d'un cercle de rayon $n$ donné (de type `int`), centré en $(0,0)$.
3. Définissez la fonction `compute_pi` qui calcule une approximation de la valeur de $\pi$ à partir de `n` et du nombre de points aléatoires que l'on souhaite générer.
4. Expérimentez la fonction `compute_pi`, en faisant varier la valeur `n` et le nombre de points calculés, et étudiez l'influence de ces paramètres. Vous pouvez aussi étudier l'influence des inégalités (large ou stricte), en considérant par exemple les intervalles $]-n, n[$ et $[-n, n]$, et /ou l'intérieur « large » du cercle, défini par $x^2 + y^2 \leq n^2$

**Exercice 95**

L'objectif de cet exercice est d'écrire une fonction itérative `guess_number : unit -> int` qui « devine » un nombre `nb` compris entre 1 et 200, choisi par l'utilisateur. La fonction « procède » de la manière suivante : elle propose un nombre aléatoire compris entre la borne inférieure (initialement `1`) et la borne supérieure (initialement `200`). Pour chaque proposition, l'utilisateur indique si `nb` est inférieur, supérieur, ou bien égal à celui proposé par la fonction : les réponses se feront en saisissant un caractère (`'<'`, `'>'` ou `'='`). À chaque itération, la borne inférieure ou la borne supérieure est mise à jour, réduisant ainsi l'intervalle des possibilités.

Écrivez une fonction `get_answer() : char`, qui effectue une saisie contrôlée de la réponse de l'utilisateur.

Écrivez la fonction `guess_number` en supposant que l'utilisateur joue correctement, c'est-à-dire qu'il choisit bien un nombre compris entre `1` et `200`, et qu'il répond honnêtement aux propositions faites par la fonction.

Dans un second temps, modifiez votre fonction en tenant compte du fait que l'utilisateur choisit bien un nombre compris entre `1` et `200`, mais qu'il pourrait mentir en répondant aux propositions faites : dans ce cas, la fonction ne peut pas trouver la réponse, mais elle doit détecter la tricherie.

Que faudrait-il changer, si l'on suppose que l'utilisateur triche sur tous les aspects de son rôle, c'est-à-dire si, de plus, il n'est même pas sûr qu'il choisisse un nombre compris entre `1` et `200` ?

Modifiez votre code pour faire une recherche *dichotomique*, qui est plus efficace en général que la recherche aléatoire. Elle consiste à choisir systématiquement, pour la proposition faite à l'utilisateur, la valeur médiane de l'intervalle des possibilités restantes.

## Exercices divers

### Exercice 96

Simulation de production d'une exploitation laitière. On considère qu'une vache laitière produit 20 litres de lait par jour à 10 % près (c.-à-d. la production varie dans l'intervalle [18, 22]).

Lorsqu'une vache allaite son veau, ce qui se produit avec une probabilité de un douzième, seule la moitié de son lait peut être traité, le reste est bu par le veau.

Par ailleurs, chaque jour, un contrôle sanitaire est effectué, et on estime à 0,12 la probabilité (pour chaque vache) que le lait trait soit impropre à la consommation.

On utilise le type structuré `t_cow = {total : float; milking : float; usable : float}` afin de représenter la production d'une vache (volume total, volume obtenu par traite, volume utilisable).

1. Écrivez une fonction qui simule la production journalière de lait d'une vache. Le résultat est de type `t_cow`, c'est-à-dire qu'il est composé du volume de lait total de la vache, du volume de lait obtenu par traite, et du volume de lait exploitable, en tenant compte des particularités précisées précédemment.
2. Écrivez une fonction qui, à partir du nombre de vaches d'une exploitation laitière, simule la production journalière de ces vaches (le résultat est de type `t_cow`).
3. Écrivez une fonction qui simule le fonctionnement d'une exploitation de `n` vaches sur une durée de 30 jours. Le résultat est de type `t_cow` : il contient le volume de lait total des vaches, la production laitière (c.-à-d. le volume obtenu par traite sur l'ensemble du troupeau), et le volume de lait exploitable obtenu au cours de ces 30 jours.
4. Une fromagerie située à proximité de l'exploitation utilise le lait pour fabriquer des reblochons. Il faut 4 litres de lait pour fabriquer un reblochon de 500g.

   Écrivez une fonction qui permet à l'utilisateur de saisir le nombre de fromages qu'il veut fabriquer, et qui détermine par simulation le temps mis pour récolter le volume requis de lait pour un nombre donné `n` de vaches.

**Exercice 97**
Écrivez une fonction qui, étant donné un entier strictement positif `n`, affiche la table de multiplication de `n`.

En utilisant la fonction précédente, écrivez une autre fonction qui, étant donné un entier strictement positif `p`, affiche les tables de multiplication des entiers de 1 à `p` (si `p = 10`, vous aurez la quatrième de couverture de vos cahiers du primaire...).

Écrivez une fonction qui a pour résultat un entier strictement positif saisi par l'utilisateur.

En utilisant les fonctions précédentes, écrivez une fonction qui demande à l'utilisateur de saisir un entier strictement positif, et qui affiche toutes les tables de multiplication pour les entiers compris entre 1 et l'entier saisi.

Enfin, modifiez votre dernière fonction afin de n'utiliser, dans les fonctions définies précédemment, que la fonction de saisie contrôlée.

**Exercice 98**
Écrivez une fonction itérative permettant de tester la conjecture de Syracuse (cf. exercice 54, section 5.4 page 168) pour un entier donné $n$ (le résultat est un booléen qui est vrai si la conjecture est vérifiée, faux sinon). Modifiez votre fonction pour calculer la suite de Syracuse correspondant à l'entier $n$ (le résultat de la fonction est la liste d'entiers correspondant à cette suite).

## 8.5 Corrigés

### Corrigés des exercices d'application

#### Corrigé de l'exercice 87

La solution ci-après comporte une unique fonction qui effectue l'ensemble des actions demandées (comme les affichages sont indépendants, la fonction est principalement composée de deux instructions itératives l'une à la suite de l'autre).

Comme on parcourt tout l'alphabet, il y a exactement 26 lettres par ligne : une boucle `for` est donc adaptée. Plus précisément, la variation de l'indice de boucle permet, sous réserve de conversions entre caractères et entiers, de parcourir les 26 caractères. Pour la première ligne, les caractères sont affichés dans l'ordre alphabétique, qui correspond à l'ordre du code `ASCII` : l'indice varie donc en croissant. Pour la seconde ligne, l'ordre est inverse, l'indice varie donc de manière décroissante.

```
let print_letter() : unit =
  let res : int ref = ref (int_of_char('a')) in
    (
    for i = 0 to 25
    do
```

```
      print_char(char_of_int(!res + i)) ;
      print_char(' ')
    done ;
    print_newline() ;
    res := int_of_char('A') ;
    for i = 25 downto 0
    do
      print_char(char_of_int(!res + i)) ;
      print_char(' ')
    done ;
    print_newline()
    ) ;
;;
```

Il est bien sûr aussi possible d'écrire deux fonctions auxiliaires et une fonction principale. Cela devient nécessaire pour répondre à la question suivante, afin d'éviter de produire une fonction longue contenant du code dupliqué !

```
let print_char_sequence(x, n : char * int) : unit =
  let int_x : int = int_of_char(x) and indmax : int = n - 1 in
    (
    for i = 0 to indmax
    do
      print_char(char_of_int(int_x + i)) ;
      print_char(' ')
    done ;
    print_newline()
    )
;;
let print_char_sequence_reverse(x, n : char * int) : unit =
  let int_x : int = int_of_char(x) and indmax : int = n - 1 in
    (
    for i = indmax downto 0
    do
      print_char(char_of_int(int_x + i)) ;
      print_char(' ')
    done ;
    print_newline()
    )
;;
let print_letter() : unit =
  (
  print_char_sequence('a', 26) ;
  print_char_sequence_reverse('A', 26) ;
  print_char_sequence('0', 10) ;
  print_char_sequence_reverse('0', 10)
  )
;;
```

**Corrigé de l'exercice 88**

La première fonction affiche exactement 100 entiers : une boucle `for` est donc adaptée.

```
let print_mult_3() : unit =
  (
  for i = 1 to 100
  do
    print_int(3 * i) ;
    print_string("  ")
  done ;
  print_newline()
  )
;;
```

Pour la deuxième fonction demandée, le nombre de calculs n'est pas indiqué. Bien sûr, on pourrait le calculer dans cet exemple simple : le dernier multiple de 3 inférieur à `100` est `99`, et `99 / 3 = 33`. Il serait donc possible d'utiliser une boucle `for` pour effectuer le calcul (`for i = 1 to 33 do`, les instructions de la boucle étant similaires à celles de la première fonction). On choisit néanmoins d'utiliser une boucle `while`, qui peut être généralisée pour toutes valeurs du chiffre dont on calcule les multiples et pour toutes valeurs du nombre maximum[1].

```
let print_mult_3_inf_100() : unit =
  let v : int ref = ref 3 in
    (
    while !v < 100
    do
      print_int(!v) ;
      print_string("  ") ;
      v := !v + 3
    done ;
    print_newline() ;
    )
;;
```

Les autres fonctions sont tout à fait similaires aux précédentes : simplement, on utilise une variable mutable `mylist_r` contenant une liste d'entiers : initialement, la liste contenue est vide. Le contenu de la variable mutable est modifié à chaque passage de boucle, afin « d'ajouter » un nouveau multiple de 3.

```
let mult_3() : int list =
  let mylist_r : int list ref = ref [] in
    (
    for i = 1 to 100
```

1. Cet exemple précise la convention que nous avons choisi d'appliquer, qui consiste à utiliser une boucle `for` quand le nombre de calculs est connu, c'est-à-dire qu'il se déduit directement de l'énoncé, sans qu'il soit nécessaire d'effectuer des calculs plus ou moins élaborés et / ou spécifiques.

```
    do mylist_r := add_lst(!mylist_r, 3 * i)
    done ;
    !mylist_r
    )
;;

let mult_3_inf_100() : int list =
  let v : int ref = ref 3 and mylist_r : int list ref = ref [] in
    (
    while !v < 100
    do
      mylist_r := add_lst(!mylist_r, !v) ;
      v := !v + 3
    done ;
    !mylist_r
    )
;;
```

**Corrigé de l'exercice 89**
Il s'agit ici essentiellement de saisir de manière contrôlée les différents éléments d'un code d'accès.

```
let get_letter() : char =
  let res : char ref = ref 'a' and the_end : bool ref = ref false in
    (
    while not(!the_end)
    do
      print_string("saisissez une lettre : ") ;
      res := read_char() ;
      the_end := ((!res >= 'a') && (!res <= 'z')) ||
                        ((!res >= 'A') && (!res <= 'Z'))
    done ;
    !res
    )
;;
let get_char(min, max : char * char) : char =
  let res : char ref = ref 'a' and the_end : bool ref = ref false in
    (
    while not(!the_end)
    do
      print_string("saisissez un caractère compris entre ") ;
      print_char(min) ;
      print_string(" et ") ;
      print_char(max) ;
      print_string(" : ") ;
      res := read_char() ;
      the_end := (!res >= min) && (!res <= max)
    done ;
```

```
    !res
    )
;;
let get_code() : char * char * char =
  let c1 : char = get_letter() and c2 : char = get_char('0', '9')
           and c3 : char ref = ref 'a'
  in
    (
    if ((c1 >= 'a') && (c1 <= 'z'))
    then c3 := get_char('A', 'Z')
    else c3 := get_char('a', 'z') ;
    (c1, c2, !c3)
    )
;;
```

**Corrigé de l'exercice 90**

L'intervalle de notes est borné, et égal à $[0, 20]$ : c'est la raison pour laquelle il est possible de considérer que la saisie de la valeur $-1$ signifie l'arrêt de la saisie des notes. Il est aussi possible d'initialiser la valeur du minimum à 20, qui est la plus grande valeur possible : en effet, la valeur du minimum ne peut que décroître au fur et à mesure des saisies. Similairement, il est possible d'initialiser la valeur du maximum à 0, puisque le maximum ne peut que croître au cours des saisies.

Attention, la version ci-après est **incorrecte**. Elle illustre une erreur fréquemment commise, qui est expliquée ultérieurement.

Les variables mutables `cur_mark`, `nb`, `min`, `max` et `sum` contiennent respectivement la note courante, le nombre de notes saisies, la valeur minimale, la valeur maximale et la somme des notes saisies jusqu'alors. La valeur à laquelle `cur_mark` est initialisée n'a aucune importance, tant qu'elle est différente de $-1$, afin de passer au moins une fois dans la boucle (cette valeur n'est jamais utilisée) ; en revanche, les valeurs auxquelles les autres variables sont initialisées sont importantes !

```
let classmarks() : int * int * int * int =
  let cur_mark : int ref = ref 0
          and nb : int ref = ref 0 and min : int ref = ref 20
          and max : int ref = ref 0 and sum : int ref = ref 0
  in
    (
    while (!cur_mark <> -1)
    do
      print_string("saisissez une note : ") ;
      cur_mark := read_int() ;
      if (!cur_mark >= 0) && (!cur_mark <= 20)
      then
```

```
        (
        nb := !nb + 1 ;
        if !cur_mark < !min
        then min := !cur_mark
        else () ;
        if !cur_mark > !max
        then max := !cur_mark
        else () ;
        sum := !sum + !cur_mark
        )
      else
        if !cur_mark <> -1
        then
          (
          print_string("note invalide") ;
          print_newline()
          )
        else ()
    done ;
    (!nb, !max, !min, !sum / !nb)
    )
;;
```

Tous les tests effectués produisent des résultats corrects, tant qu'au moins une note valide est saisie. *L'erreur dans cette fonction provient du fait qu'il est possible de ne saisir aucune note* : la première valeur saisie peut être égale à $-1$, ou il peut y avoir d'abord des saisies de notes erronées avant de saisir la valeur $-1$. Or, pour que le minimum et le maximum soient définis, de même que la moyenne, il faut qu'une note au moins soit saisie (on peut noter de plus qu'ici, si aucune note valide n'est saisie, le calcul de la moyenne entraîne une division par 0).

Il arrive que des erreurs de conception soient commises, comme celle ci-dessus. C'est pourquoi il est très important de tester tous les cas, même les plus improbables. En fait, les tests doivent être conçus et effectués dans l'optique de *« chercher l'erreur »*.

La fonction peut être facilement corrigée, en imposant de saisir une première note valide : la valeur initiale contenue dans la variable `cur_mark` est donc initialisée avec le résultat de l'appel d'une fonction de saisie contrôlée d'une valeur entière comprise entre les valeurs 0 et 20 (*cf.* fonction `get_int` en section 8.1.5 page 295). La saisie d'une autre valeur est effectuée, non plus en début de boucle comme précédemment, mais en fin de boucle, afin de traiter toutes les valeurs saisies, y compris la première.

```
let classmarks() : int * int * int * int =
  let cur_mark : int ref = ref (get_int(0, 20))
        and nb : int ref = ref 0 and min : int ref = ref 20
```

```
        and max : int ref = ref 0 and sum : int ref = ref 0
  in
    (
    while (!cur_mark <> -1)
    do
      if (!cur_mark >= 0) && (!cur_mark <= 20)
      then
        (* le code est le meme que pour la première version *)
        else () ;
      print_string("saisissez une note : ") ;
      cur_mark := read_int()
    done ;
    (!nb, !max, !min, !sum / !nb)
    )
;;
```

Pour la fonction généralisée, tout entier peut être saisi : il faut donc distinguer la saisie d'un entier de la saisie de la « volonté de continuer ». On distingue donc deux fonctions de saisie, et la fonction générale qui lance les saisies et les calculs. On suppose que les fonctions `min_2_int` et `max_2_int` sont définies.

On impose de saisir au moins une valeur entière, sinon le minimum et le maximum ne sont pas définis (cela pourrait être différent si, par exemple, seule la somme des valeurs saisies était demandée). Comme la valeur contenue initialement dans la variable `cur_val` est la première valeur saisie, toutes les autres variables sont initialisées en conséquence, sauf la variable `the_end` qui contient le résultat de la première saisie de la « volonté de continuer » ; si c'est le cas, chaque passage dans la boucle correspond à la saisie d'une nouvelle valeur et à son « traitement », avant de demander si la saisie doit ou non s'arrêter. Il n'y a donc pas de passage dans la boucle s'il n'y a qu'une valeur entière saisie.

```
let get_again() : bool =
  let the_end : bool ref = ref false and c : char ref = ref 'a' in
    (
    while not(!the_end)
    do
      print_string("nouvelle saisie ? o / n") ;
      print_newline() ;
      c := read_char() ;
      the_end := (!c = 'o') || (!c = 'n')
    done ;
    (!c = 'o')
    )
;;
let get_value() : int =
  (
  print_string("saisissez une valeur entière : ") ;
  read_int()
  )
;;
```

```
let classmarks_gen() : int * int * int * int =
  let cur_val : int ref = ref (get_value()) in
  let nb : int ref = ref 1 and min : int ref = ref (!cur_val)
      and max : int ref = ref (!cur_val) and sum : int ref =
      ref (!cur_val) and the_end : bool ref = ref (not(get_again()))
  in
    (
    while not(!the_end)
    do
        cur_val := get_value() ;
        nb := !nb + 1 ;
        min := min_2_int(!min, !cur_val) ;
        max := max_2_int(!max, !cur_val) ;
        sum := !sum + !cur_val ;
        the_end := not(get_again())
    done ;
    (!nb, !max, !min, !sum / !nb)
    )
;;
```

## Corrigés des exercices de compréhension / conception

### Corrigé de l'exercice 91

L'exécution « à la main » ne pose aucune difficulté pour les valeurs de paramètre égales à $-2$ et $1$ : il s'agit simplement de tester les deux premières branches de l'expression conditionnelle. Pour la valeur 5 :

1. la variable mutable `x` (resp. `y`, `a`) est initialisée à `1` (resp. `1`, `0`) ;
2. la boucle est ensuite exécutée :
   (a) `i = 2` : `a` contient `1`, `y` contient `2`, `x` contient `1` ;
   (b) `i = 3` : `a` contient `2`, `y` contient `3`, `x` contient `2` ;
   (c) `i = 4` : `a` contient `3`, `y` contient `5`, `x` contient `3` ;
   (d) `i = 5` : `a` contient `5`, `y` contient `8`, `x` contient `5` ;
3. la valeur du bloc, et donc celle retournée par la fonction, est la valeur contenue dans `y`, c'est-à-dire `8`.

En l'occurence, la fonction calcule le $n^{ième}$ terme de la suite de Fibonacci $fb$. L'idée du calcul est que les variables `x` et `y` contiennent en fin de l'étape `i-1` les valeurs des termes $fb(i-2)$ et $fb(i-1)$.
La suite d'instructions `a := !y ; y := !x + !y ; x := !a ;` mémorise simplement dans la variable mutable `a` la valeur de $fb(i-1)$ contenue dans la variable mutable `y`, calcule la valeur de $fb(i)$ pour la mettre dans la variable `y`, en utilisant le fait que la variable mutable `x` contient la valeur de $fb(i-2)$, et affecte à la variable `x` la valeur de $fb(i-1)$. Les nouvelles valeurs des variables

x et y sont donc $fb(i-1)$ et $f(i)$. En sortie de la boucle, les valeurs de x et de y sont donc $fb(n-1)$ et $fb(n)$.

**Corrigé de l'exercice 92**

L'exécution dépend bien sûr de la valeur aléatoire my_val initialisée au début de l'exécution, ainsi que des saisies des valeurs contenues successivement dans la variable v. Supposons par exemple que la valeur aléatoire soit 58, et que les valeurs saisies soit choisies par *dichotomie*, c'est-à-dire qu'à chaque étape, on choisisse la valeur médiane des valeurs possibles.

1. my_val (resp. the_end, v) est initialisée à 58 (resp. false, 0) ;
2. la boucle est ensuite exécutée :
   (a) not(!the_end) vaut true : après affichage du message de saisie, la valeur 100 est saisie et définit la valeur contenue dans v ; cette valeur est supérieure à la valeur de my_val = 58, la chaîne "too high" est affichée ;
   (b) not(!the_end) vaut true : après affichage du message de saisie, la valeur 50 est saisie et définit la valeur contenue dans v ; cette valeur est inférieure à la valeur de my_val = 58, la chaîne "too low" est affichée ;
   (c) not(!the_end) vaut true : après affichage du message de saisie, la valeur 75 est saisie et définit la valeur contenue dans v ; cette valeur est supérieure à la valeur de my_val = 58, la chaîne "too high" est affichée ;
   (d) not(!the_end) vaut true : après affichage du message de saisie, la valeur 67 est saisie et définit la valeur contenue dans v ; cette valeur est supérieure à la valeur de my_val = 58, la chaîne "too high" est affichée ;
   (e) not(!the_end) vaut true : après affichage du message de saisie, la valeur 58 est saisie et définit la valeur contenue dans v ; cette valeur est égale à la valeur de my_val = 58, la chaîne "correct" est affichée ; la valeur contenue dans the_end devient true ;
   (f) not(!the_end) vaut false : sortie de boucle.
3. fin de l'exécution de la boucle, et fin de l'exécution de la fonction.

Cette fonction simule un jeu de recherche d'un nombre « caché » : « l'ordinateur » choisit un nombre, que doit trouver l'autre joueur. On peut noter que « l'ordinateur » ne triche pas : il donne la bonne réponse, adaptée à la proposition de l'autre joueur.

### Corrigé de l'exercice 93

Pour plus de lisibilité, on écrit une fonction auxiliaire, qui affiche la taille tous les 10 siècles.

```
let print_size(time, size : int * float) : unit =
  (
  print_string("au siècle ") ;
  print_int(time) ;
  print_string(", ");
  print_string("la nouvelle taille est ");
  print_float(size) ;
  print_string( "cm") ;
  print_newline()
)
;;
```

Dans la fonction de simulation, la variable mutable `nb` (resp. `new_size`, `myvar`) contient le nombre de siècles écoulés depuis le début de la simulation (resp. la taille de la stalactite à un instant donné, la variation de taille à un instant donné). La variable non mutable `max_size` est égale la taille maximale, dont le dépassement entraîne la fin de la simulation.

```
let simul(size : float) : int * float =
let nb : int ref = ref 0 and new_size : float ref = ref size and
       myvar : float ref = ref 0.0 and max_size : float = 2.0 *. size
in
  if size < 10.0 || size > 50.0
  then failwith("erreur simul : taille initiale non conforme")
  else
    (
    while (!new_size < max_size)
    do
      nb := !nb + 1 ;
      myvar := 0.5 *. (float_of_int(rand_int(80, 120)) /. 100.0) ;
      new_size := !new_size +. !myvar ;
      if !nb mod 10 = 0
      then print_size(!nb, !new_size)
      else ()
    done ;
    (!nb, !new_size)
    )
;;
```

### Corrigé de l'exercice 94

```
let generate_point(n : int) : int * int =
  (rand_int(-n, n - 1), rand_int(-n, n - 1))
;;
```

```
let is_inside_circle((x, y), n : (int * int) * int) : bool =
  (x * x + y * y) < n * n
;;
let compute_pi(nb, n : int * int) : float =
  let incircle : int ref = ref 0 in
    (
    for i = 1 to nb
    do
      if is_inside_circle(generate_point(n), n)
      then incircle := !incircle + 1
      else ()
    done ;
    (4.0 *. float_of_int(!incircle)) /. float_of_int(nb)
    )
;;
```

Comme les points ont des coordonnées entières engendrées aléatoirement, la valeur de la taille de l'intervalle caractérisé par `n` est important : plus $n$ est grand, plus il peut y avoir de valeurs entières dans l'intervalle $[-n, n[$. De même, plus le nombre de points engendrés aléatoirement est grand, plus la précision augmente pour la valeur de $\pi$.

## Corrigé de l'exercice 95

La fonction de saisie contrôlée est similaire dans son principe aux fonctions de saisie contrôlée déja écrites. La fonction `guess_number` maintient les valeurs des bornes de l'intervalle dans lequel devrait figurer la valeur recherchée (ces bornes sont contenues dans les variables mutables `min` et `max`) : initialement, ces bornes sont égales à 1 et 200 ; elles évoluent au fur et à mesure des réponses saisies.

```
let get_answer() : char =
  let answ : char ref = ref 'a' and the_end : bool ref = ref false in
    (
    while not(!the_end)
    do
      print_string("saisissez votre reponse : ") ;
      answ := read_char() ;
      if (!answ <> '>') && (!answ <> '<') && (!answ <> '=')
      then
        (
        print_string("erreur de saisie ; merci de saisir <, > ou =") ;
        print_newline()
        )
      else the_end := true
    done;
    !answ
    )
;;
```

```
let guess_number() : int =
  let the_end : bool ref = ref false and min : int ref = ref 1 and
          max : int ref = ref 200 and
          answ : char ref = ref 'a' and prop : int ref = ref 0
  in
    (
    while not(!the_end)
    do
      prop := rand_int(!min, !max) ;
      print_string("valeur proposee : ") ;
      print_int(!prop) ;
      print_newline() ;
      answ := get_answer() ;
      if !answ = '<'
      then max := !prop - 1
      else
        if !answ = '>'
        then min := !prop + 1
        else
          if !answ = '='
          then
            (
            the_end := true ;
            print_string("merci") ;
            print_newline()
            )
    done ;
    !prop
    )
;;
```

On peut détecter la tricherie quand l'intervalle des valeurs possibles est vide, c'est-à-dire quand la valeur de la borne inférieure de l'intervalle est supérieure à la valeur de la borne supérieure de l'intervalle. Rien n'est modifié par rapport à la version précédente, tant que l'intervalle est non vide.

```
let guess_number() : int =
  let the_end : bool ref = ref false and min : int ref = ref 1
           and max : int ref = ref 200 and answ : char ref = ref 'a'
           and prop : int ref = ref 0
  in
    (
    while not(!the_end)
    do
      if !min > !max
      then
        (
        the_end := true ;
        prop := 0 ;
```

```
        print_string("tricheur !") ;
        print_newline()
        )
      else
        (
        prop := rand_int(!min, !max) ;
        print_string("valeur proposee : ") ;
        print_int(!prop) ;
        print_newline() ;
        answ := get_answer() ;
        if !answ = '<'
        then max := !prop - 1
        else
          if !answ = '>'
          then min := !prop + 1
          else
            if !answ = '='
            then
              (
              the_end := true ;
              print_string("merci") ;
              print_newline()
              )
      )
    done ;
    !prop
    )
;;
```

Il n'y a rien à changer si l'utilisateur triche même sur la valeur choisie : l'intervalle des valeurs possibles finit par être vide.

Pour effectuer une recherche dichotomique, il suffit de changer le choix de la valeur contenue dans la variable `prop`, et donc de remplacer l'instruction `prop := rand_int(!min, !max)` par `prop := (!min + !max) / 2`.

## Corrigés des exercices divers

### Corrigé de l'exercice 96

1)

```
type t_cow = {total : float ; milking : float ; usable : float} ;;
let simul_one_cow() : t_cow =
  let total_milk : float = float_of_int(rand_int(18, 22)) and
    feeding : bool = (rand_int(1, 12) = 1) and improper : bool =
    (rand_int(1, 100) <= 12) and cow_milking : float ref = ref 0.0
    and cow_usable : float ref = ref 0.0
  in
```

```
    (
    if feeding
    then cow_milking := total_milk /. 2.0
    else cow_milking := total_milk ;
    if improper
    then cow_usable := 0.0
    else cow_usable := !cow_milking ;
    {total = total_milk ; milking = !cow_milking ; usable = !cow_usable}
    )
;;
```

Pour les tests, il faut exécuter la fonction plusieurs fois, afin de voir si tous les cas se présentent, c.-à-d. avec ou sans allaitement de veau, et / ou lait impropre à la consommation ou non. Le nombre de tests est bien sûr fonction des probabilités (un douzième et 12%).

2) Pour la deuxième question, il suffit de sommer les productions journalières de $n$ vaches, en appelant $n$ fois la fonction précédente.

```
let simul_n_cow(n : int) : t_cow =
  let total_milk_n : float ref = ref 0.0 and milking_n : float ref =
      ref 0.0 and usable_n : float ref = ref 0.0 and cow :
        t_cow ref = ref ({total = 0.0 ; milking = 0.0 ; usable = 0.0})
  in
    (
    for j = 1 to n
    do
      cow := simul_one_cow() ;
      total_milk_n := !total_milk_n +. (!cow).total ;
      milking_n := !milking_n +. (!cow).milking ;
      usable_n := !usable_n +. (!cow).usable
    done ;
    {total = !total_milk_n ; milking = !milking_n ; usable = !usable_n}
    )
;;
```

3) Pour la production laitière sur 30 jours, il suffit de sommer les productions journalières en appelant 30 fois la fonction précédente.

```
let simul_n_cow_30(n : int) : t_cow =
  let total_milk_30 : float ref = ref 0.0 and milking_30 : float ref =
      ref 0.0 and usable_30 : float ref = ref 0.0 and cow_n :
        t_cow ref = ref ({total = 0.0 ; milking = 0.0 ; usable = 0.0})
  in
    (
    for i = 1 to 30
    do
      cow_n := simul_n_cow(n) ;
      total_milk_30 := !total_milk_30 +. (!cow_n).total ;
      milking_30 := !milking_30 +. (!cow_n).milking ;
```

```
      usable_30 := !usable_30 +. (!cow_n).usable
    done ;
    {total = !total_milk_30 ; milking = !milking_30 ;
                                  usable = !usable_30}
    )
;;
```

4) Pour la dernière question, il est nécessaire de disposer d'une fonction de saisie contrôlée d'un entier positif, afin de saisir le nombre de reblochons devant être produit. Ensuite, il suffit de calculer le nombre de litres de lait nécessaires à la production de ces reblochons, et de simuler la production journalière des $n$ vaches jusqu'à atteindre ce nombre de litres de lait.

```
let get_int_pos() : int =
  let v : int ref = ref (-1) in
    (
    while !v < 0
    do
      print_string(" saisissez un nombre positif : ") ;
      v := read_int()
    done ;
    !v
    )
;;
let calc_reb(nb_cow : int) : int =
  let nb_reb : int = get_int_pos() and cow_usable : float ref =
      ref 0.0 and nb_day : int ref = ref 0 and cow :
      t_cow ref = ref ({total = 0.0 ; milking = 0.0 ; usable = 0.0})
  in
  let required : float = float_of_int(nb_reb * 4) in
    (
    while !cow_usable < required
    do
      nb_day := !nb_day + 1 ;
      cow := simul_n_cow(nb_cow) ;
      cow_usable := !cow_usable +. (!cow).usable
    done ;
    !nb_day
    )
;;
```

### Corrigé de l'exercice 97

On utilise une variante de la fonction get_int_pos de l'exercice précédent.

```
let print_multable(n : int) : unit =
  for i = 1 to 10
  do
    print_int(i) ;
    print_string(" * ") ;
```

```
    print_int(n) ;
    print_string(" = ") ;
    print_int(i * n) ;
    print_newline()
  done
;;
let print_multables(p : int) : unit =
    for i = 1 to p
    do
      print_multable(i) ;
      print_newline()
    done
;;
let get_print_multables() : unit =
  let p : int = get_int_pos() in
   print_multables(p)
;;
```

La variante de get_int_pos saisit un entier strictement positif. Pour ne pas faire appel à la fonction print_multables, on utilise des boucles imbriquées.

```
let get_print_multables_modified() : unit =
  let p : int = get_int_pos() in
    for i = 1 to p
    do
      for j = 1 to 10
      do
        print_int(j) ;
        print_string(" * ") ;
        print_int(i) ;
        print_string(" = ") ;
        print_int(j * i) ;
        print_newline()
      done ;
      print_newline()
    done
;;
```

### Corrigé de l'exercice 98

Ces fonctions pré-supposent que la conjecture de Syracuse est vraie. Elles calculent donc la suite de valeurs jusqu'à atteindre la valeur de 1.

```
let syracuse(a : int) : bool =
  if (a <= 0)
  then failwith("erreur syracuse : parametre negatif")
  else
    let v : int ref = ref a  in
      (
      while not(!v = 1)
```

```
      do
        if !v mod 2 = 0
        then v := !v / 2
        else v := 3 * !v + 1
      done ;
      true
      )
;;
```

La deuxième fonction ajoute simplement chaque valeur calculée à une liste qui contient initialement le paramètre de la fonction.

```
let syracuse(a : int) : int list =
  if (a <= 0)
  then failwith("erreur syracuse : parametre negatif")
  else
    let v : int ref = ref a  and res : int list ref = ref [a] in
      (
      while not(!v = 1)
      do
        if !v mod 2 = 0
        then v := !v / 2
        else v := 3 * !v + 1 ;
        res := add_lst(!res, !v)
      done ;
      !res
      )
;;
```

# Chapitre 9

# Tableaux

**Mots-clés :**
- tableau sur un type,
- instructions de manipulation de tableaux,

**Objectifs :**
- comprendre la notion de tableau,
- comprendre les particularités respectives des listes et des tableaux,
- savoir formaliser en utilisant des tableaux,
- savoir définir des fonctions de manipulation de tableaux.

La notion de tableau existe dans de nombreux langages de programmation, sous différentes variantes. Schématiquement, un **tableau permet de représenter une suite de valeurs du même type**. Un tableau est **mutable**, dans le sens où il est possible de **modifier tout ou partie du contenu du tableau**.

## 9.1 Notions essentielles

### 9.1.1 Définition et opérations de base

En `OCaml`, le contenu d'un tableau s'écrit entre les symboles `[|` et `|]`, par exemple :

```
# [| 3; 9; 10; 2 |] ;;
- : int array = [|3; 9; 10; 2|]
```

L'interpréteur `ocaml` a reconnu un tableau d'entiers : le type est `int array`.

Une variable se déclare de la manière usuelle :

```
# let v : int array = [|4; 10; 3; 2; 7 |] ;;
val v : int array = [|4; 10; 3; 2; 7|]
```

Nous dirons que le tableau v est composé de cinq *cases*. Dans cet exemple, chaque case contient un entier : par exemple la première case contient l'entier 4, et la dernière case contient l'entier 7. La *longueur* du tableau est son nombre de cases : ici, le tableau v est de longueur 5.

Les cases sont *indicées* par un entier compris entre 0 et la longueur du tableau diminuée d'une unité. Par exemple :

```
# v.(0) ;;
- : int = 4
# v.(1) ;;
- : int = 10
# v.(2) ;;
- : int = 3
# v.(3) ;;
- : int = 2
# v.(4) ;;
- : int = 7
# v.(5) ;;
Exception: Invalid_argument "index out of bounds".
```

Les cases du tableau v sont donc indicées de 0 à 4. De manière générale pour un tableau t de longueur n, t.(k) désigne le contenu de la $(k+1)^{ème}$ case du tableau t (ou la case elle-même : *cf.* ci-après) ; k est l'indice de la case, compris entre 0 et (n - 1). Comme le montre l'exemple ci-dessus, tenter d'accéder à une case dont l'indice n'est pas compris dans cet intervalle engendre une erreur.

Il n'est *pas possible de modifier la longueur d'un tableau* ; en revanche, il est *possible de remplacer le contenu de chacune des cases* du tableau (c'est en ce sens que nous disons qu'*un tableau est mutable*), par exemple :

```
# v ;;
- : int array = [|4; 10; 3; 2; 7|]
# v.(2) <- 15 ;;
- : unit = ()
# v ;;
- : int array = [|4; 10; 15; 2; 7|]
```

Pour remplacer le contenu d'une case d'un tableau, on utilise donc en OCaml le symbole d'affectation <-, et non le symbole d'affectation :=. L'instruction v.(2) <- 15 indique que la valeur 15 est mise dans la troisième case du tableau v, en remplacement de la valeur qui y était précédemment (nous dirons aussi que le contenu de la troisième case du tableau est modifié).

La fonction `arr_len(x : 'a array) : int`, appliquée à un tableau, a pour résultat le nombre d'éléments de ce tableau :

```
# arr_len(v) ;;
- : int = 5
```

La fonction `arr_make(n, x) : int * 'a -> 'a array` a pour résultat un tableau de `n` cases, chacune contenant la valeur `x` :

```
# let w : char array = arr_make(5, 'a') ;;
val w : char array = [|'a'; 'a'; 'a'; 'a'; 'a'|]
```

Ces deux fonctions sont des fonctions utilitaires : *cf.* section 11.1 page 403.

Il est bien sûr possible de définir des tableaux sur tout type préexistant. Supposons que l'on souhaite représenter des participants à un jeu de cartes comme la belote ou le tarot. Chaque participant est identifié par son prénom, il dispose en particulier de deux listes de cartes : celles qui lui restent dans la main, et qu'il doit encore jouer, et celles qu'il a déjà ramassées lors des tours de jeu précédents.

Le type `t_card` a été défini dans l'exercice 72 (exercices de compréhension / conception, sections 6.4 et 6.5, pages 213 et 223). Le type `t_player` ci-après permet de représenter des joueurs avec les informations correspondantes. La fonction `create_player` a pour résultat le descriptif d'un joueur, le paramètre étant son prénom. Le type `t_player array` permet de représenter une suite de joueurs. La fonction `create_player_array` a pour résultat un tableau contenant les descriptifs initiaux de `n` joueurs, où `n` est le paramètre de la fonction, et où les prénoms des joueurs sont saisis au clavier.

```
type t_player = {forename : string ; hand : (t_card list) ref ;
                                     won : (t_card list) ref} ;;
let create_player(myforename : string) : t_player =
  {forename = myforename ; hand = ref []; won = ref []}
;
let create_player_array(n : int) : t_player array =
  let t : t_player array = arr_make(n, create_player(" "))
          and indmax : int = n - 1
  in
    (
    for i = 0 to indmax
    do
      print_string("saisissez le prenom du joueur ") ;
      print_int(i) ;
      print_string(" : ") ;
      t.(i) <- create_player(read_line())
    done ;
    t
    )
;;
```

On peut noter que le tableau `t` est défini dans la fonction `create_player_array` par appel à la fonction `arr_make` avec une valeur quelconque. Ensuite, le tableau est *initialisé*, c'est-à-dire qu'il est parcouru entièrement afin de définir les caractéristiques initiales de tous les joueurs, et en particulier leurs prénoms. Nous revenons sur l'initialisation de tableaux en section 9.2.2 page 338.

Pour résumer les notations et opérations de base relatives aux tableaux :

| | |
|---|---|
| Notation en OCaml | `[|` *valeur_1* ; ··· ; *valeur_n* `|]` |
| Création | `arr_make(n, v : int * 'a) : 'a array` |
| Longueur | `arr_len(t : 'a array) : int` |
| Accès | `t.(i)` |
| Modification | `t.(i) <- v` |

**NB.** Il est possible de définir des tableaux de longueur nulle en `OCaml`.

```
# [||] ;;
- : 'a array = [||]
# arr_len([||]) ;;
- : int = 0
```

Il est donc nécessaire d'être attentif à ce cas particulier lors de la définition de fonctions manipulant des tableaux.

### 9.1.2 Manipulation de tableaux : algorithmes de base

#### Parcours d'un tableau

Supposons que l'on cherche à calculer la somme des valeurs contenues dans un tableau d'entiers. L'instruction itérative `for` peut être utilisée, puisque la taille d'un tableau est connue *a priori*. À chaque étape, la variable mutable `s` contient la somme des valeurs du tableau déjà parcourues ; à la fin du parcours, elle contient la somme de toutes les valeurs contenues dans le tableau. Il faut simplement être attentif au fait que les indices sont compris entre `0` et `indmax`, où `indmax` est égal à la longueur du tableau diminuée d'une unité. On peut remarquer que la fonction est correcte, même si le tableau paramètre a une longueur nulle.

```
# let sum_int_array(t : int array) : int =
    let indmax : int = arr_len(t) - 1 and s : int ref = ref 0 in
      (
      for i = 0 to indmax
      do s := !s + t.(i) ;
      done ;
      !s ;
      )
  ;;
  val sum_int_array : int array -> int = <fun>
```

```
# v ;;
- : int array = [|4; 10; 15; 2; 7|]
# sum_int_array(v) ;;
- : int = 38
```

### Recherche d'une valeur dans un tableau

Supposons par exemple que l'on recherche la première valeur négative contenue dans un tableau d'entiers (première, par rapport à l'ordre des indices). Dès que cette valeur est trouvée (si elle existe), la recherche peut s'arrêter : l'instruction `while` est donc utilisée ici.

Plus précisément, la fonction ci-après retourne un booléen et un entier : si le booléen vaut `false`, il n'y a pas de valeur négative contenue dans le tableau, et la valeur de l'entier est égale au nombre de cases du tableau ; sinon, le booléen vaut `true` et l'entier a pour valeur l'indice de la première valeur négative contenue dans le tableau.

```
# let find_neg_val_int_array(t : int array) : bool * int =
    let indmax : int = arr_len(t) - 1 and i : int ref = ref (-1) and
      found : bool ref = ref false and the_end : bool ref = ref false
    in
    (
    while not(!the_end)
    do
       i := !i + 1 ;
       if !i > indmax
       then the_end := true
       else
          (
          found := (t.(!i) < 0) ;
          the_end := !found
          )
    done ;
    (!found, !i)
    )
;;
val find_neg_val_int_array : int array -> int * bool = <fun>
# find_neg_val_int_array([|4; 10; 15; 2; 7|]) ;;
- : bool * int = (false, 5)
# find_neg_val_int_array( [| 3; 2; -5; 0; 7; -4 |]) ;;
- : bool * int = (true, 2)
```

Il s'agit donc d'un simple parcours, qui cesse dès qu'une valeur satisfait le critère de recherche, ou dès que le tableau a été entièrement parcouru. Comme on cherche à calculer l'indice de la première valeur satisfaisant le critère, il faut donc que l'indice ne soit pas modifié après le test de satisfaction du critère.

La solution adoptée ici consiste à initialiser l'indice `i` avec la valeur `-1`, et à incrémenter cette valeur avant chaque test [1].

### Calcul d'un tableau

On s'intéresse à la saisie de notes et au calcul de la moyenne à une épreuve, composée de trois sous-épreuves donnant lieu chacune à une note comprise entre `0` et `100`. On choisit de représenter une note par une valeur de type `int`, les trois notes obtenues par un étudiant par un triplet de notes, et l'ensemble des notes des étudiants par un tableau de triplets de notes. Le tableau de notes doit être saisi. On calcule ensuite un tableau, contenant sa moyenne pour chaque étudiant, ainsi que la moyenne générale à l'épreuve.

On utilise la fonction `get_int(a, b : int * int) : int` permettant d'effectuer la saisie contrôlée d'une valeur de type `int` comprise entre les valeurs `a` et `b` (*cf.* section 8.1.5 page 295). Les fonctions ci-après permettent la saisie d'une note, et la saisie des trois notes d'un étudiant.

```
let entry_one_mark(num, stud : int * int) : int =
  (
  print_string("saisie de la note ") ;
  print_int(num) ;
  print_string(" de l'etudiant numero ") ;
  print_int(stud) ;
  print_string(" : ") ;
  print_newline() ;
```

1. Une solution alternative est la suivante :

```
let find_neg_val_int_array(t : int array) : bool * int =
    let indmax : int = arr_len(t) - 1 and i : int ref = ref 0
           and found : bool ref = ref false
    in
    let the_end : bool ref = ref (!i > indmax) in
       (
       while not(!the_end)
       do
           found := (t.(!i) < 0) ;
           if !found
           then the_end := true
           else
               (
               i := !i + 1 ;
               the_end := (!i > indmax)
               )
       done ;
       (!found, !i)
       )
;;
```

```
  get_int(0, 100)
  )
;;
let entry_3_marks(stud : int) : int * int * int =
  let c1 : int = entry_one_mark(1, stud) and
      c2 : int = entry_one_mark(2, stud) and
      c3 : int = entry_one_mark(3, stud)
  in (c1, c2, c3)
;;
```

La fonction ci-après a pour résultat un tableau contenant les notes de tous les `nb_stud` étudiants (dont les numéros sont compris entre `1` et `nb_stud`). On peut noter que le tableau `t` est créé par appel à la fonction `arr_make`. Pour cet appel, la longueur transmise est correcte, mais la valeur transmise est quelconque.

```
let get_mark_array(nb_stud : int) : (int * int * int) array =
  let t : (int * int * int) array = arr_make(nb_stud, (0, 0, 0))
          and indmax : int = nb_stud - 1
  in
    (
    for i = 0 to indmax
    do t.(i) <- entry_3_marks(i + 1)
    done ;
    t
    )
;;
```

Les fonctions ci-après permettent de calculer les moyennes de tous les étudiants, ainsi que la moyenne générale à l'épreuve. Le tableau `marks` est entièrement parcouru : pour chaque triplet de notes constituant un de ses éléments, la moyenne correspondante est placée dans la case correspondante du tableau `res` ; la somme des moyennes des notes contenue dans la variable mutable `sum` est aussi augmentée de cette valeur.

Comme précédemment, le tableau `res` est créé par appel à la fonction `arr_make`, avec comme paramètres la longueur correcte (celle du tableau `marks`), mais une valeur quelconque.

On peut noter aussi qu'il est nécessaire de tenir compte du cas où la longueur du tableau `marks` est nulle, puisque la moyenne ne peut alors pas être calculée.

```
let avg_3_marks(m1, m2, m3 : int * int * int) : int =
  (m1 + m2 + m3) / 3
;;

let avg_students(marks : (int * int * int) array) : int array * int =
  let ln : int = arr_len(marks) in
```

```
  let res : int array = arr_make(ln, 0) and sum : int ref = ref 0
              and indmax : int = ln - 1
  in
    if ln = 0
    then failwith("erreur avg_students : nombre d'etudiants = 0")
    else
      (
      for i = 0 to indmax
      do
        res.(i) <- avg_3_marks(marks.(i)) ;
        sum := !sum + res.(i)
      done ;
      (res, !sum / ln)
      )
;;
```

## 9.2 Compléments

### 9.2.1 Tableaux bi-dimensionnels

Dans de nombreux langages de programmation, il existe des types prédéfinis permettant de représenter des *matrices*, c'est-à-dire des *tableaux bi-dimensionnels*, où un élément est identifié par *deux* indices, appelés couramment *indice de ligne* et *indice de colonne*. Ceci répond à des besoins très divers, comme par exemple :

— la représentation de matrices « mathématiques », par exemple pour la représentation de transformations géométriques (rotation, etc) ;
— la représentation de plateaux de jeux, par exemple pour simuler un jeu d'échecs ;
— la représentation d'images 2D. Une image numérique est constituée de pixels, où chaque pixel a une certaine couleur. Une image rectangulaire peut donc être représentée par une matrice, où la valeur de chaque élément est une couleur.

De même, de nombreux langages de programmation offrent la possibilité de définir et de manipuler des tableaux *multi-dimensionnels*, utilisés dans des applications très diverses, par exemple pour la représentation d'images 3D, etc.

En `OCaml`, les cases d'un tableau peuvent contenir elles-mêmes des tableaux. On peut donc définir un *tableau de dimension n comme un tableau dont* ***chaque case*** *contient un tableau de dimension* $(n-1)$, sachant qu'un tableau de dimension 1 (ou tableau mono-dimensionnel) est un tableau tel qu'on a pu le définir en section 9.1. Par exemple :

```
# let m1 : int array array =
  [|
    [|3; 2; 1|];
    [|4; 1; 1|];
    [|2; 3; 7|]
  |]
;;
val m1 : int array array = [|[|3; 2; 1|]; [|4; 1; 1|]; [|2; 3; 7|]|]
# m1.(1) ;;
- : int array = [|4; 1; 1|]
# m1.(1).(0) ;;
- : int = 4
# let m2 : int array array array =
  [|
    [|
      [|3; 2|];
      [|4; 2|]
    |] ;
    [|
      [|1; 4|];
      [|0; -1|]
    |]
  |]
;;
val m2 : int array array array =
  [|[|[|3; 2|]; [|4; 2|]|]; [|[|1; 4|]; [|0; -1|]|]|]
# m2.(1) ;;
- : int array array = [|[|1; 4|]; [|0; -1|]|]
# m2.(1).(0).(0) ;;
- : int = 1
# m2.(1).(1).(1) ;;
- : int = -1
```

`m1` est une matrice d'entiers; en `OCaml`, `m1.(0)`, `m1.(1)` et `m1.(2)` sont des tableaux d'entiers. L'accès à un élément de la matrice s'écrit simplement en composant les notations d'accès. Par exemple, `m1.(1).(0)` est l'entier contenu dans la case d'indice `0` du tableau `m1.(1)`.

`m2` est un tableau tri-dimensionnel, dont chaque case contient un tableau de dimension 2.

Ces deux exemples sont des cas particuliers : en toute généralité, un tableau peut contenir des tableaux de même type, mais de tailles différentes, par exemple :

```
# let m3 : int array array =
  [|
    [|1; 3; 2; 5|];
    [||];
```

```
    [|0; 4|]
  |]
;;
val m3 : int array array = [|[|1; 3; 2; 5|]; [||]; [|0; 4|]|]
```

**NB.** Nous utilisons la terminologie suivante. Soit m, un tableau bi-dimensionnel, et soit m.(i).(j), une case du tableau. L'indice i est l'*indice de ligne*, l'indice j est l'*indice de colonne*. Le tableau m.(i) est la $i^{ème}$ ligne du tableau. La suite des éléments ayant même indice de colonne j est la $j^{ème}$ colonne du tableau.

Quand on manipule un tableau multi-dimensionnel, on souhaite en général que pour une dimension donnée, tous les tableaux correspondants aient la même taille. Par exemple, pour un tableau bi-dimensionnel, on souhaite en général que toutes les lignes aient la même taille ; de même, on souhaite en général que toutes les colonnes aient la même taille, et ceci n'est pas garanti si l'on utilise un tableau de tableaux sans prendre quelques précautions lors des manipulations de ces objets.

Par la suite, nous utilisons principalement des tableaux bi-dimensionnels. Le langage OCaml fournit des fonctions spécifiques permettant de manipuler des matrices, pour faciliter le travail du programmeur et lui éviter de faire les contrôles évoqués ci-dessus. Nous utilisons ici le type et la fonction utilitaires ci-après (cf. section 11.1 page 403), qui permettent de représenter et de définir des tableaux bi-dimensionnels :

— le type 'a matrix permet de représenter des tableaux bi-dimensionnels ;
— la fonction mat_make(ln_x, ln_y, v : int * int * 'a) : 'a matrix a pour résultat une matrice de ln_x lignes et ln_y colonnes (pour ln_x et ln_y supérieurs à 0), dont toutes les cases contiennent la même valeur v.

Pour résumer les opérations de base relatives aux matrices (à noter que le nombre de colonnes n'est défini que si la matrice comporte au moins une ligne) :

| | |
|---|---|
| Création | mat_make(ln_x, ln_y, v : int * int * 'a) : 'a matrix |
| Nombre de lignes | arr_len(m) |
| Nombre de colonnes | arr_len(m.(0)) |
| Accès | m.(i).(j) |
| Modification | m.(i).(j) <- v |

Par exemple, une image peut être représentée par une matrice, où chaque élément correspond à un pixel. Pour une image en niveaux de gris, la valeur d'un élément est un entier, généralement compris entre 0 et 255. L'opération de *filtrage* permet différents effets, par exemple :

— lisser le « bruit » d'une image, c'est-à-dire les variations plus ou moins aléatoires des valeurs des pixels, souvent dûes au système de prise de vue ;
— flouter les contours des « objets » présents dans une image ;
— au contraire, faire ressortir les contours de ces « objets » ;
— etc.

Très souvent, une méthode de filtrage consiste à passer un *masque* (appelé aussi *filtre* ici) sur l'image, c'est-à-dire à calculer la valeur de chaque pixel de l'image résultat à partir des valeurs du pixel de l'image originale et de ses *voisins*, affectées de certains coefficients. Un masque est simplement une matrice, souvent carrée, contenant ces coefficients : *cf.* figure 9.1 (gauche).

Le type `t_filter` ci-après permet de représenter des matrices carrées, c'est-à-dire des matrices dont la taille des lignes est égale à celle des colonnes : le champ `ln` représente cette taille. Le champ `coeff` contient la valeur par laquelle il faut diviser la somme des valeurs des pixels concernés affectées de leurs coefficients : par exemple, il s'agit de la somme des valeurs du filtre pour le filtre `fpb`.

Suivent les définitions de certains masques classiques [1] :

```
type t_filter = {ln : int ; coeff : int ; mat : int matrix} ;;

let fpb : t_filter = {ln = 5 ; coeff = 25 ;
                      mat = mat_make(5, 5, 1)} ;;

let sb1 : t_filter = {ln = 3 ; coeff = 1 ;
   mat = [| [| -1; 0; 1|] ; [|-2; 0; 2|] ; [|-1; 0; 1|] |]} ;;
let sb2 : t_filter = {ln = 3 ; coeff = 1 ;
   mat = [| [| -1; -2; -1|] ; [|0; 0; 0|] ; [|1; 2; 1|] |]} ;;
```

Le type `t_picture` défini ci-après permet de représenter des images rectangulaires en niveaux de gris. La fonction `compute_filter_pixel` calcule la valeur du pixel `(i, j)` par « application du filtre » `filt` sur le pixel de coordonnées `(i, j)` de l'image `pict`. La fonction `apply_filter` calcule l'image résultant de l'application du filtre `filt` sur chaque pixel de l'image `pict` (excepté les pixels du bord de l'image, afin que le filtre puisse être appliqué à tout le voisinage de chaque pixel considéré) : *cf.* figure 9.1.

1. Tous les coefficients du filtre `fpb` sont égaux à `1` ; ce filtre permet de lisser les contours de l'image. Les filtres de Sobel `sb1` et `sb2` permettent de mettre en évidence les contours dans l'image.

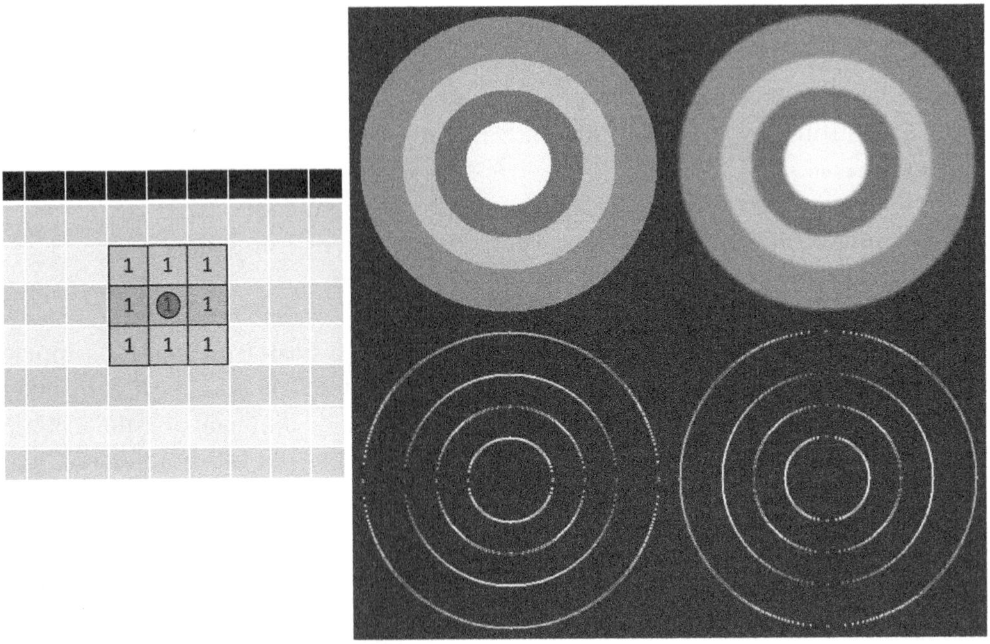


FIGURE 9.1 – (Image de gauche) Une image est composée de pixels, ici en niveaux de gris. Un masque de taille `3 x 3` est superposé à l'image : les coefficients sont ici tous égaux à `1`. Pour cet exemple, la valeur calculée pour le pixel central, marqué d'un disque, est la somme des valeurs des pixels affectés de leurs coefficients, divisée par la somme des coefficients (il s'agit en fait d'un calcul de moyenne des valeurs des pixels voisins et du pixel lui-même). (Image de droite) En haut à gauche, l'image originelle. En haut à droite, l'image à laquelle le filtre passe-bas `fpb` a été appliqué. En bas, les images obtenues par application des filtres de Sobel `sb1` et `sb2`.

Plus précisément, pour calculer la valeur résultant de l'application du filtre au pixel de coordonnées `i` et `j`, la fonction `compute_filter_pixel` parcourt tous les pixels voisins du pixel `(i, j)`, afin de calculer la somme de leurs valeurs, pondérées par les coefficients du filtre ; il ne reste plus qu'à diviser la somme calculée par la valeur associée au filtre (par exemple, il s'agit de la somme des coefficients pour le filtre `fpb`, qui effectue une simple moyenne) : *cf.* figure 9.1 (gauche). La variable `decal` est égale à la taille `ln` du filtre (c.-à-d. la taille d'une ligne ou d'une colonne du filtre), divisée par `2`. Comme le filtre est centré sur le pixel `(i, j)`, les pixels voisins sont inclus dans un carré dont les pixels extrêmes ont pour coordonnées `(i - decal, j - decal)` et `(i - decal + ln - 1, j - decal + ln - 1)`. Les indices `x` et `y` parcourent les indices du filtre, compris entre `0` et `ln - 1` ; ils permettent aussi de parcourir les pixels correspondants voisins du pixel (i, j) : c'est pourquoi les indices myi et myj sont initialisés respectivement à i - decal et j - decal.

```
type t_picture = {lnx : int ; lny : int ; mat : int matrix} ;;

let compute_filter_pixel(pict, filt, i, j : t_picture * t_filter *
                                                    int * int) : int =
  let indmax : int = filt.ln - 1 and decal : int = filt.ln / 2 in
  let myi : int = i - decal and myj : int = j - decal
      and newval : int ref = ref 0
  in
    (
    for x = 0 to indmax
    do
      for y = 0 to indmax
      do newval := !newval +
                   filt.mat.(x).(y) * pict.mat.(myi + x).(myj + y)
      done
    done ;
    abs(!newval / filt.coeff)
    )
;;
let apply_filter(pict, filt : t_picture * t_filter) : t_picture =
  let res : t_picture = {lnx = pict.lnx ; lny = pict.lny ;
                         mat = mat_make(pict.lnx, pict.lny, 0)}
  in
  let indmaxx : int = pict.lnx - 1 and indmaxy : int = pict.lny - 1
      and decal : int = filt.ln / 2
  in
    (
    for i = 0 to indmaxx
    do
      for j = 0 to indmaxy
      do
        if (i >= decal) && (j >= decal) &&
                  (i <= indmaxx - decal) && (j <= indmaxy - decal)
        then res.mat.(i).(j) <- compute_filter_pixel(pict, filt, i, j)
        else res.mat.(i).(j) <- pict.mat.(i).(j)
      done ;
    done ;
    res ;
    )
;;
```

### 9.2.2 Initialisation d'un tableau

En OCaml, la déclaration d'une variable mutable inclut la définition de la première valeur contenue dans cette variable [1]. Suivant l'usage qui en est fait, cette première valeur peut être utile par la suite. Par exemple, il est important que la valeur initiale contenue dans la variable `newval` de la fonction `compute_filter_pixel` soit 0, puisqu'il s'agit de l'élément neutre pour l'addition, et que `newval` contient à chaque étape la somme des valeurs des pixels déjà parcourus (affectés de leurs coefficients).

Il arrive aussi que la première valeur contenue dans une variable mutable ne soit pas utile.

En général, les valeurs contenues dans un tableau ou une matrice, lors de sa définition par la fonction `arr_make` ou la fonction `mat_make`, ne sont pas utiles, puisque la même valeur est stockée dans toutes les cases du tableau ou de la matrice [2] : il est donc ***important de toujours veiller à initialiser un tableau ou une matrice*** lors de sa création. En effet, un tableau est utile pour stocker des valeurs, qu'il faut définir d'une manière ou d'une autre. Par exemple, la fonction `create_player_array` définit chaque valeur contenue dans le tableau résultat par appel à la fonction `create_player`. Il en est de même pour la fonction `get_mark_array`, qui définit chaque valeur contenue par appel à la fonction `entry_3_marks`, ainsi que pour la fonction `avg_students` qui utilise la fonction `avg_3_marks`. C'est une remarque générale, transposable pour de nombreux langages de programmation.

De plus, il faut noter la particularité suivante. Lors de la définition initiale par la fonction `arr_make` ou `mat_make`, il faut avoir à l'esprit que les *contenus de toutes les cases sont strictement identiques.* Il faut donc être particulièrement attentif quand ces contenus contiennent des « parties » mutables. Considérons l'exemple ci-après : la variable `c` est mutable, elle contient initialement la valeur 2. À sa création, toutes les cases du tableau `myt` contiennent le même contenu, égal à `c`. L'instruction `myt.(1) := 7` modifie le contenu de `c` : comme toutes les cases contiennent `c`, toutes les cases du tableau `myt` contiennent `c` qui contient maintenant la valeur 7. En revanche, l'instruction `myt.(1) <- ref 2` modifie le contenu de la case d'indice 1, et ne modifie donc que cette case.

```
# let c : int ref = ref 2 ;;
val c : int ref = {contents = 2}
```

1. Ce n'est pas forcément le cas dans d'autres langages de programmation. Mais même si la variable mutable n'est pas initialisée, elle contient toujours une valeur qui, dans ce cas, n'est pas contrôlée.

2. Un contre-exemple est donné par la définition du filtre `fpb`, dans l'exemple du filtrage d'images.

```
# let myt : (int ref) array = arr_make(4, c) ;;
val myt : int ref array =
  [|{contents = 2}; {contents = 2}; {contents = 2}; {contents = 2}|]
# myt.(1) := 7 ;;
- : unit = ()
# myt ;;
- : int ref array =
[|{contents = 7}; {contents = 7}; {contents = 7}; {contents = 7}|]
# myt.(1) <- ref 2 ;;
- : unit = ()
# myt ;;
- : int ref array =
[|{contents = 7}; {contents = 2}; {contents = 7}; {contents = 7}|]
```

*L'initialisation du tableau après sa définition est donc très importante afin que chaque case ait son contenu propre.* L'instruction `for` ci-après initialise le tableau `myt`, en définissant le contenu de chaque case (notez l'opérateur `<-`), comme étant un contenant qui contient la valeur de son indice. Toutes les cases du tableau ont donc des contenus différents : l'instruction `myt.(1) := 7` n'affecte donc que le contenant contenu dans la deuxième case.

```
# for i = 0 to 3
do myt.(i) <- ref i
done ;;
- : unit = ()
# myt ;;
- : int ref array =
[|{contents = 0}; {contents = 1}; {contents = 2}; {contents = 3}|]
# myt.(1) := 7 ;;
- : unit = ()
# myt ;;
- : int ref array =
[|{contents = 0}; {contents = 7}; {contents = 2}; {contents = 3}|]
```

La remarque ci-dessus est valable dès que le tableau est créé avec une valeur initiale qui comprend des parties mutables. Reprenons par exemple la définition du tableau `t` dans la fonction `create_player_array`, en supposant que l'on définisse un tableau à deux éléments. Comme toutes les cases partagent le même contenu, la modification pour une case du contenu d'un champ mutable par une affectation (notez l'opérateur `:=`) modifie bien sûr le contenu de ce champ mutable pour toutes les cases, puisque c'est le même !

```
# let t : t_player array = arr_make(2, create_player(" ")) ;;
val t : t_player array =
  [|{forename = " "; hand = {contents = []}; won = {contents = []}};
    {forename = " "; hand = {contents = []}; won = {contents = []}}|]
# t.(0).hand := [{color = HEART ; rank = 1}] ;;
- : unit = ()
```

```
# t ;;
- : t_player array =
[|{forename = " "; hand = {contents = [{color = HEART; rank = 1}]};
   won = {contents = []}};
  {forename = " "; hand = {contents = [{color = HEART; rank = 1}]};
   won = {contents = []}}|]
```

Il ne faut donc pas oublier d'initialiser le tableau après sa création.

### 9.2.3 Listes *vs* tableaux

Les listes et les tableaux permettent tous deux de représenter des suites de valeurs. En première analyse, le choix entre listes et tableaux dans un cadre donné est lié aux opérations de base qui permettent de manipuler ces structures :

— si le nombre de valeurs manipulées à tout moment est constant, on choisit *a priori* un tableau. En effet, on peut accéder à toute valeur contenue dans un tableau à partir de l'indice de la case qui contient cette valeur ; il est possible de modifier le contenu d'une case. En revanche, ajouter et supprimer une case ne font pas partie des opérations de base de manipulation des tableaux dans de nombreux langages de programmation, même s'il est possible de définir de telles opérations plus ou moins simplement et efficacement.

— si le nombre de valeurs peut évoluer au cours du temps, on choisit *a priori* une liste. En effet, on dispose d'opérations de base permettant de créer une liste à partir d'une autre liste par ajout ou suppression d'élément. En revanche, la modification d'un élément ne fait pas partie des opérations de base de manipulation des listes (même s'il est possible de calculer une liste privée d'un élément, à laquelle on ajoute un nouvel élément remplaçant l'élément supprimé).

Par exemple, pour simuler un jeu de cartes comme la belote ou le tarot, on choisit plutôt un tableau pour représenter les joueurs, car le nombre est constant tout au long du déroulement du jeu. En revanche, on choisit plutôt des listes pour représenter les mains et les plis des joueurs, puisque les nombres de cartes évoluent au fur et à mesure du jeu.

On peut noter que si le nombre maximum de valeurs devant être manipulées simultanément est connu, il est possible d'utiliser un tableau ayant ce nombre de cases, en indiquant pour chaque case si elle contient effectivement une valeur (par exemple en associant un booléen à chaque case). Ceci dit, ce type de choix peut poser des problèmes d'efficacité, puisqu'il existe alors potentiellement un certain nombre de cases ne servant à rien.

Il serait nécessaire de mener une étude plus approfondie, mais cela dépasse le cadre de ce livre : il est en effet important d'avoir à l'esprit des arguments liés à l'implantation effective des listes et des tableaux, ainsi qu'à la complexité des opérations de base.

## 9.3 Exercices

### Exercices d'application

**Exercice 99**

En vous inspirant de fonctions de saisie contrôlée déjà écrites, définissez les fonctions `get_float(v_min, v_max : float * float) : float` et `get_int_pos() : int`, qui permettent de saisir une valeur de type `float` comprise entre deux valeurs données `v_min` et `v_max`, et de saisir un entier positif `n`.

1. Écrivez une fonction permettant de saisir et de stocker `n` valeurs flottantes comprises entre deux valeurs données `v_min` et `v_max`.
2. Écrivez une fonction dont le résultat est la somme, la moyenne, la valeur minimale et la valeur maximale des `n` valeurs de type `float` stockées dans un tableau donné.
3. Écrivez une fonction permettant de saisir un entier positif `n`, puis de saisir et de stocker `n` valeurs de type `float` comprises entre deux valeurs données `v_min` et `v_max`, et dont le résultat est constitué de ces valeurs, de la somme et de la moyenne de ces valeurs, ainsi que de la valeur minimale et de la valeur maximale.

**Exercice 100**

Écrire une fonction `mirror` qui, appliquée à un tableau d'entiers `t`, produit un tableau contenant les valeurs contenues dans `t`, mais en ordre inverse. Par exemple, le résultat de `mirror([|20; 19; 9; 7; 4|])` est `[|4; 7; 9; 19; 20|]`.

**Exercice 101**

Écrivez une fonction `shift_left(t : int array) : unit` qui effectue une rotation d'un tableau vers la gauche (c'est-à-dire un décalage circulaire vers la gauche) : par exemple, si `t = [|4; 7; 9; 19; 20|]` avant application de la fonction, `t = [|7; 9; 19; 20; 4|]` après application de la fonction. Écrivez une fonction `shift_right` qui effectue une rotation vers la droite.

### Exercice 102

On effectue des lancés successifs avec un dé à 20 faces. On arrête les lancés lorsque l'on obtient la valeur 20 pour la deuxième fois. On souhaite alors connaître le nombre de lancés effectués, ainsi que, pour chaque valeur 1, 2, etc, 20, le nombre de fois où l'on a obtenu cette valeur. Écrire une fonction permettant de réaliser cela. Pour simuler le dé, la fonction utilitaire `rand_int(a, b : int * int) : int` peut être utilisée, dont le résultat est une valeur comprise entre `a` et `b`.

## Exercices de compréhension / conception

### Exercice 103

Que calcule la fonction suivante ? Quels sont les résultats des expressions `mystery_1(-1)`, `mystery_1(0)`, `mystery_1(1)`, `mystery_1(2)`, `mystery_1(5)`, `mystery_1(-15)` ?

```
let mystery_1(n : int) : int array =
   if n < 0
   then failwith("erreur mystery_1 : parametre negatif")
   else
      let v : int array = arr_make(n + 1, 1) in
        (
        for i = 1 to n
        do v.(i) <- v.(i-1) * i ;
        done ;
        v ;
        )
;;
```

### Exercice 104

Que fait la fonction `mystery_2` ci-après ? Cette fonction n'est applicable qu'à un tableau dont les valeurs sont triées par ordre croissant, c'est-à-dire que `t.(i - 1) <= t.(i)` pour tout `i` compris entre 1 et `arr_len(t) - 1`.

```
let mystery_2(v, t : int * int array) : bool * int =
  let indmin : int ref  = ref 0
        and indmax : int ref  = ref (arr_len(t) - 1)
  in
  let myind : int ref = ref 0 and found : bool ref = ref false
        and the_end : bool ref = ref false
  in
    (
    while not(!the_end)
    do
      if !indmin > !indmax
      then the_end := true
```

```
        else
          (
          myind := (!indmin + !indmax) / 2 ;
          if v = t.(!myind)
          then
            (
            found := true ;
            the_end := true
            )
          else
            if v < t.(!myind)
            then indmax := !myind - 1
            else indmin := !myind + 1
          )
      done ;
      (!found, !myind)
      )
;;
```

**Exercice 105**

Des joueurs jouent à la roulette, leur nombre est `nb_players`. Chaque joueur dispose d'un nombre de jetons, qui est initialement le même pour tous les joueurs. On suppose que ce nombre est égal à `100` au départ du jeu. L'ensemble des jetons disponibles à un instant donné est représenté par un tableau `fortune`, où `fortune.(j)` est le nombre de jetons dont dispose le joueur de numéro `j`.

1. Écrivez une fonction `init` dont le résultat est le tableau `fortune` contenant les nombres de jetons dont disposent les joueurs à l'instant initial.
2. À chaque tour de jeu, chaque joueur mise un certain nombre de jetons sur un certain numéro : ce nombre de jetons misés est strictement positif, mais il est inférieur ou égal au nombre de jetons total dont dispose le joueur à ce moment ; le numéro choisi est compris entre `0` et `36`. Les tableaux `number` et `bet` contiennent respectivement les numéros choisis par les joueurs et les mises des joueurs à ce tour de jeu.

   En utilisant la fonction `get_int(a, b : int * int) : int`, qui permet de saisir une valeur entière comprise entre les valeurs de `a` et de `b` (*cf.* section 8.1.5 page 295), écrivez deux fonctions `choice_number` et `choice_bet` permettant de saisir les numéros et les mises choisis par les joueurs (on peut bien sûr utiliser des fonctions intermédiaires, les saisies devant être contrôlées).
3. Le tableau `total` doit contenir, pour chaque numéro possible de la roulette, le nombre total de jetons misés par les joueurs sur ce numéro ; la variable `total_bet` doit contenir la valeur totale des mises des joueurs.

Écrivez une fonction `compute_bet_per_number` permettant de calculer les valeurs contenues par ces variables.

4. La répartition des mises entre les joueurs se fait de la manière suivante (il n'y a pas de banque !). On utilise un tableau `gain` pour stocker les gains et les pertes des joueurs pour ce tour de jeu. Si le joueur `j` a joué sur le numéro `n`, et que ce numéro est gagnant, le gain du joueur `j` est : `gain.(j) <- (total_bet * mise(j)) / total(n)`. Si le joueur `j` n'a pas joué le numéro `n`, sa perte est égale à sa mise. Si aucun joueur n'a joué le numéro `n`, les jetons misés sont conservés et seront partagés entre les gagnants lors du tour de jeu suivant.
   Écrivez une fonction qui calcule le tableau `gain` pour ce tour de jeu.
5. Écrivez une fonction qui simule un nombre de tours de jeu donné (en supposant qu'aucun joueur ne perde tous ses jetons durant la partie).

**Exercice 106**

On considère le type `t_date` défini par `{d : int ; m : int ; y : int}`, et le type `t_member`, défini par `{name : string ; birth : t_date}`. Le tableau `t` de type `t_member array` contient les noms et les dates de naissance des 20 membres d'un club sportif.

1. Écrivez une fonction permettant de remplacer le $j^{eme}$ membre du club par un nouveau membre dont on connaît le nom et la date de naissance.
2. Écrivez une fonction qui compare deux dates, et qui indique si la première date est antérieure à la deuxième date.
3. Écrivez une fonction permettant de trouver le nom et la date de naissance du membre le plus jeune. Même question pour le membre le plus âgé.

## Exercices divers

**Exercice 107**

Un club de vente s'est formé, afin « d'offrir » à ses membres la possibilité d'acheter certains produits à des prix préférentiels. Le club a décidé de limiter le nombre de ses membres à 100 (et comme c'est un club recherché, ce nombre est atteint en permanence), et de proposer exactement 1000 produits à ses membres.

Chaque produit a un nom, une catégorie (Jouet, Parfumerie, Vetement, Livre, Audio-Visuel), un nombre d'exemplaires en stock, un prix. Chaque membre a un prénom, un nom, une date de naissance, un solde, qui est le montant dont il dispose pour acheter des produits.

1. Définissez les types et données nécessaires pour représenter les informations dont le club a besoin.

2. Écrivez une fonction permettant de savoir si un produit de nom `name` peut être fourni par le club, et si oui, qui fournit de plus l'indice du produit dans le tableau de produits.

3. Écrivez une fonction permettant d'ajouter `n` exemplaires du produit de nom `name` au stock du club ; si le produit recherché n'existe pas, la fonction affiche un message le signalant.

4. Écrivez une fonction permettant de modifier d'un certain taux les prix de tous les articles.

5. Écrivez une fonction permettant de réaliser l'achat par le client de nom `c_name` de `n` exemplaires du produit de nom `p_name`. Bien sûr, l'achat ne pouvant avoir lieu que si le client dispose de la somme nécessaire, le résultat de la fonction contiendra en particulier un booléen indiquant si l'achat a pu être réalisé. Si le client n'existe pas, ou si le produit n'existe pas, la fonction affiche un message le signalant.

**Exercice 108**

On souhaite écrire des fonctions testant l'inclusion d'un tableau dans un autre tableau, c'est-à-dire testant si chaque valeur du premier tableau est contenue dans le second tableau.

1. Écrivez une fonction `check_inclusion_value_array(myval, myarray : int * int array) : bool`, dont le résultat est `true` si la valeur `myval` apparaît dans le tableau `myarray`, et `false` sinon.

2. On suppose dans un premier temps que toutes les valeurs contenues dans un tableau sont distinctes. Écrivez une fonction `check_inclusion_array (myarr_1, myarr_2 : int array * int array) : bool` dont le résultat est `true` si le premier tableau est inclus dans le second, et `false` sinon. Par exemple, `[|3; 1; 7; 2; 9|]` est inclus dans `[|2; 8; 9; 3; 4; 1; 5; 6; 7|]`, mais pas dans `[|1; 7; 2; 4; 6; 9; 8|]`.

3. On considère maintenant des tableaux quelconques. Si une valeur apparaît plusieurs fois dans le premier tableau, elle doit apparaître au moins ce nombre de fois dans le second tableau pour qu'on considère que le premier tableau est inclus dans le deuxième. Écrivez une nouvelle version de la fonction précédente, réalisant ce test d'inclusion. Par exemple, `[|3; 1; 3; 3; 9|]` est inclus dans `[|1; 5; 5; 7; 3; 9; 3; 2; 2; 3|]`, mais pas dans `[|9; 3; 4; 5; 3; 1; 8; 2; 2|]`.

# 9.4 Corrigés

## Corrigés des exercices d'application

### Corrigé de l'exercice 99

1) La saisie des n valeurs contenues dans le tableau consiste à parcourir tout le tableau, et à saisir une valeur par case.

```
let get_float(v_min, v_max : float * float) : float =
  let v : float ref = ref 0.0 and the_end : bool ref = ref false in
    (
    while not( !the_end)
    do
      print_string("saisissez une valeur comprise entre ") ;
      print_float(v_min) ;
      print_string(" et ") ;
      print_float(v_max) ;
      print_string(" : ") ;
      v := read_float() ;
      the_end := ((!v >= v_min) && (!v <= v_max)) ;
      if not(!the_end)
      then
        (
        print_string("valeur erronee") ;
        print_newline()
        )
      else ()
      done ;
      !v;
      )
;;

let get_n_float(n, v_min, v_max : int * float * float) : float array =
  let t : float array = arr_make(n, 0.0) and indmax : int = n - 1 in
    (
    for i = 0 to indmax
    do t.(i) <- get_float(v_min, v_max)
    done ;
    t ;
    )
;;
```

2) et 3) Pour la fonction compute_sumavgminmax, il faut avoir à l'esprit que la longueur d'un tableau peut être nulle en OCaml : or, le minimum, le maximum et la moyenne ne sont définis que si la longueur du tableau est non nulle. Dans ce cas, la valeur contenue dans la première case du tableau sert à initialiser les variables sum, min et max. La fonction getvalues_sumavgminmax

appelle simplement les fonctions définies précédemment, ainsi que la fonction `get_int_pos` définie à l'exercice 96 (cf. exercices divers, sections 8.4 et 8.5 pages 307 et 320).

```
let compute_sumavgminmax(t : float array) :
                               float * float * float * float =
  let ln : int = arr_len(t) in
    if ln = 0
    then failwith("erreur comp_val : tableau vide")
    else
      let sum : float ref = ref t.(0) and min : float ref = ref t.(0)
         and max : float ref = ref t.(0) and indmax : int = ln - 1
      in
        (
        for i = 1 to indmax
        do
          sum := !sum +. t.(i) ;
          if !min > t.(i)
          then min := t.(i)
          else () ;
          if !max < t.(i)
          then max := t.(i)
          else () ;
        done ;
        (!sum, !sum /. float_of_int(ln), !min, !max) ;
        )
;;
let getvalues_sumavgminmax(v_min, v_max : float * float) :
                         float array * float * float * float * float =
  let n : int = get_int_pos() in
  let t : float array = get_n_float(n, v_min, v_max) in
  let (sum, avg, min, max) : float * float * float * float =
      compute_sumavgminmax(t)
  in
    (t, sum, avg, min, max)
;;
```

La correction ci-dessus répond strictement à l'énoncé. Il serait sans doute préférable, en l'occurence, d'utiliser dans la fonction `getvalues_sumavgminmax` une fonction saisissant une valeur entière strictement positive pour définir la longueur du tableau.

### Corrigé de l'exercice 100

Il faut parcourir tout le tableau paramètre, et définir la valeur contenue dans chaque case du tableau résultat à partir du contenu de la case « symétrique » du tableau paramètre.

On peut noter que le parcours du tableau paramètre peut se faire dans n'importe quel ordre.

```
let mirror(t : int array) : int array =
  let ln : int = arr_len(t) in
  let indmax : int = ln - 1 and res : int array = arr_make(ln, 0) in
    (
    for i = 0 to indmax
    do res.(i) <- t.(indmax - i) ;
    done ;
    res ;
    )
;;
```

### Corrigé de l'exercice 101

Il faut simplement être attentif à ne pas modifier une case dont la valeur n'a pas encore été recopiée dans une autre case. Pour la fonction `shift_left`, la variable mutable `c` sert pour mémoriser le contenu de la première case du tableau. Puis les contenus sont tous décalés à tour de rôle : le contenu de la deuxième case est mis dans la première, le contenu de la troisième case est mis dans la deuxième, et ainsi de suite. Il ne reste alors plus qu'à mettre le contenu de `c` dans la dernière case du tableau.

C'est similaire pour la fonction `shift_right` : après mémorisation du contenu de la dernière case du tableau, le contenu de l'avant-dernière case est transféré dans la dernière case, puis le contenu de l'avant-avant-dernière case est transféré dans l'avant-dernière case, etc.

```
let shift_left(t : int array) : unit =
  let ln : int = arr_len(t) in
  let indmax : int = ln - 1 and c : int ref = ref 0 in
    if ln <> 0
    then
      (
      c := t.(0) ;
      for i = 1 to indmax
      do t.(i - 1) <- t.(i)
      done ;
      t.(indmax) <- !c
      )
    else ()
;;
let shift_right(t : int array) : unit =
  let ln : int = arr_len(t) in
  let indmax : int = ln - 1 and c : int ref = ref 0 in
    if ln <> 0
    then
```

```
      (
      c := t.(indmax) ;
      for i = indmax downto 1
      do t.(i) <- t.(i - 1)
      done ;
      t.(0) <- !c
      )
    else ()
;;
```

### Corrigé de l'exercice 102

L'idée de base est d'utiliser un tableau de longueur 20, dont chaque case d'indice `i - 1` contient le nombre de fois où la valeur `i` a été tirée. A chaque étape, une valeur aléatoire `i` est tirée. Dès que la valeur 20 a été obtenue deux fois, la fonction arrête son exécution, c'est-à-dire dès que la case du tableau d'indice `20 - 1` = `19` contient la valeur 2. Sinon, le nombre de valeurs correspondant à la valeur courante est incrémenté de 1.

```
let simul_dice_20() : int * int array =
  let ln : int = 20 in
  let t : int array = arr_make(ln, 0) and the_end : bool ref =
        ref false and nb : int ref = ref 0 and i : int ref = ref 0
        and indmax = ln - 1
  in
    (
    while not(!the_end)
    do
       nb := !nb + 1 ;
       i := rand_int(1, ln) ;
       t.(!i - 1) <- t.(!i - 1) + 1 ;
       the_end := (t.(indmax) = 2)
    done ;
    (!nb, t) ;
    )
;;
```

## Corrigés des exercices de compréhension / conception

### Corrigé de l'exercice 103

Pour les valeurs du paramètre égales à `-1` et `-15`, la fonction engendre une erreur. Dans les autres cas, la fonction calcule un tableau de longueur `n + 1`, où chaque élément d'indice `i` contient la valeur `i!`, c'est-à-dire factorielle de `i`. Les valeurs sont calculées incrémentalement, suivant la définition $i! = (i-1)! * i$. Par exemple, `mystery_1(5)` s'exécute ainsi :

1. le tableau `v` vaut `[|1; 1; 1; 1; 1; 1|]` à l'initialisation ;

2. l'indice i prend toutes les valeurs comprises entre 1 et 5 :
   (a) i vaut 1 ; v.(1) <- 1 * 1 ; v vaut [|1; 1; 1; 1; 1; 1|] ;
   (b) i vaut 2 ; v.(2) <- 1 * 2 ; v vaut [|1; 1; 2; 1; 1; 1|] ;
   (c) i vaut 3 ; v.(3) <- 2 * 3 ; v vaut [|1; 1; 2; 6; 1; 1|] ;
   (d) i vaut 4 ; v.(4) <- 6 * 4 ; v vaut [|1; 1; 2; 6; 24; 1|] ;
   (e) i vaut 5 ; v.(5) <- 24 * 5 ;
   v vaut [|1; 1; 2; 6; 24; 120|] ;
3. le résultat de la fonction est donc [|1; 1; 2; 6; 24; 120|].

**Corrigé de l'exercice 104**
Cette fonction n'a de sens que si le tableau contient des valeurs triées par ordre croissant. Il s'agit d'une recherche *dichotomique* d'une valeur dans le tableau, similaire à une recherche que l'on peut faire dans le dictionnaire : on ouvre le dictionnaire « au milieu » : si le mot recherché ne figure pas sur la page, on ouvre ensuite le dictionnaire à la moitié des pages « précédentes » ou « suivantes », suivant que la valeur recherchée précède ou suit les valeurs de la page. Il s'agit du mode de recherche le plus efficace pour une valeur quelconque, quand il existe un « ordre de rangement » sur les valeurs dans le tableau.

Par exemple, l'exécution mystery_2(4, [| -4; -2; 1; 4; 7; 10; 15; 16; 20|]) se déroule ainsi :

1. à l'initialisation, indmin contient 0, indmax contient 8, myind contient 0, et found et the_end contiennent false ;
2. la boucle est exécutée de la manière suivante :
   (a) comme 0 <= 8, myind reçoit la valeur 4 ; comme v vaut 4 et t.(4) vaut 7, indmax reçoit la valeur 3 ;
   (b) comme 0 <= 3, myind reçoit la valeur 1 ; comme v vaut 4 et t.(1) vaut -2, indmin reçoit la valeur 2 ;
   (c) comme 2 <= 3, myind reçoit la valeur 2 ; comme v vaut 4 et t.(2) vaut 1, indmin reçoit la valeur 3 ;
   (d) comme 3 <= 3, myind reçoit la valeur 3 ; comme v vaut 4 et t.(3) vaut 4, found et the_end reçoivent la valeur true ;
3. le résultat de la fonction vaut (true, 3).

L'exécution mystery_2(3, [| -4; -2; 1; 4; 7; 10; 15; 16 ; 20|]) se déroule de manière similaire à l'exécution précédente, jusqu'au moment où indmin et indmax contiennent tous les deux la valeur 3. À ce moment, comme t.(3) = 4 > v, indmax reçoit la valeur 2, ce qui signifie que l'intervalle de recherche est vide : au passage suivant dans la boucle, the_end reçoit la valeur true, et le résultat est (false, 3) (puisque le contenu de myind n'a pas été modifié depuis sa dernière affectation).

**Corrigé de l'exercice 105**

1) La fonction init retourne un tableau initialisé avec le même nombre de jetons pour chacun des joueurs. Le paramètre nbp correspond au nombre de joueurs : on peut noter que ce nombre figure en paramètre de toutes les fonctions suivantes.

```
let init(nbp : int) : int array =
  let t : int array = arr_make(nbp, 100) in
    t
;;
```

2) Les deux fonctions suivantes permettent aux joueurs de choisir les numéros sur lesquels ils misent, ainsi que les montants des mises. On choisit ici de modifier les tableaux num et bet passés en paramètre des fonctions. Le tableau fortune est nécessaire pour la fonction choice_bet afin de vérifier que les joueurs ne misent pas plus que ce dont ils disposent.

```
let choice_number(num, nbp : int array * int) : unit =
  let maxind : int = nbp - 1 in
    for i = 0 to maxind
    do
      print_string(" joueur numero ") ;
      print_int(i) ;
      print_string(", saisissez le numero sur lequel vous misez") ;
      print_newline() ;
      num.(i) <- get_int(0, 36) ;
    done ;
;;
let choice_bet(bet, fortune, nbp : int array * int array * int) :
                                                              unit =
  let maxind : int = nbp - 1 in
    for i = 0 to maxind
    do
      print_string(" joueur numero ") ;
      print_int(i) ;
      print_string(", saisissez votre mise") ;
      print_newline() ;
      bet.(i) <- get_int(1, fortune.(i)) ;
    done ;
;;
```

3) Ici aussi, on choisit de modifier le tableau total et le paramètre mutable total_bet, en utilisant les tableaux num et bet contenant les numéros choisis par les joueurs ainsi que les montants des mises. Il faut noter que la longueur du tableau total est 37 (il contient une case par numéro possible), alors que les

tableaux num et bet ont la même longueur, égale au nombre de joueurs. Toutes les cases du tableau total sont d'abord mises à 0 ; puis, pour chaque numéro joué, le montant misé correspondant est ajouté à la case correspondante du tableau total. Le montant de total_bet est modifié en conséquence.

```
let compute_bet_per_number(num, bet, nbp, total, total_bet :
          int array * int array * int * int array * int ref) : unit =
  let maxind : int = nbp - 1 in
    (
    for i = 0 to 36
    do total.(i) <- 0
    done ;
    for i = 0 to maxind
    do
      total.(num.(i)) <- total.(num.(i)) + bet.(i) ;
      total_bet := !total_bet + bet.(i) ;
    done ;
    )
;;
```

4) Le calcul utilise les tableaux num, bet, total, la variable mutable total_bet, le numéro gagnant (paramètre n) ; on choisit de modifier le tableau gain, en paramètre de la fonction. Pour chaque joueur, il faut vérifier s'il a gagné ou perdu, en fonction du numéro qu'il a choisi et du numéro gagnant. S'il a gagné, son gain est proportionnel à sa mise, sinon il a perdu sa mise. La variable has_bet sert à indiquer s'il y a au moins un joueur gagnant, auquel cas le montant total des mises contenu dans total_bet est entièrement distribué.

```
let compute_gain(num, bet, nbp, total, total_bet, gain, n :
        int array * int array * int * int array * int ref *
                                             int array * int) : unit =
  let maxind : int = nbp - 1 and has_bet : bool ref = ref false in
    (
    for i = 0 to maxind
    do
      if num.(i) = n
      then
        (
        has_bet := true ;
        gain.(i) <- (!total_bet * bet.(i)) / total.(n) ;
        )
      else gain.(i) <- -bet.(i)
    done ;
    if !has_bet
    then total_bet := 0
    else ()
    )
;;
```

5) La fonction de simulation initialise tous les tableaux et variables nécessaires. Les tours de jeu sont ensuite exécutés (en nombre nb, donné en paramètre). La fonction appelle principalement les fonctions définies précédemment, et termine en modifiant le montant dont dispose chaque joueur, en ajoutant son gain correspondant au tour de jeu courant.

```
let simul(nb, nb_players : int * int) : int array =
  let fortune : int array = init(nb_players)
      and number : int array = arr_make(nb_players, 0)
      and bet : int array = arr_make(nb_players, 0)
      and total : int array = arr_make(37, 0)
      and total_bet : int ref = ref 0
      and gain : int array = arr_make(nb_players, 0)
      and n : int ref = ref 0 and maxind : int = nb_players - 1
  in
    (
    for i = 1 to nb
    do
      choice_number(number, nb_players) ;
      choice_bet(bet, fortune, nb_players) ;
      compute_bet_per_number(number, bet,
                            nb_players, total, total_bet) ;
      n := rand_int(0, 36) ;
      print_string("numero gagnant : ") ;
      print_int(!n) ;
      print_newline() ;
      compute_gain(number, bet, nb_players,
                            total, total_bet, gain, !n) ;
      for i = 0 to maxind
      do fortune.(i) <- fortune.(i) + gain.(i)
      done ;
    done ;
    fortune ;
    )
;;
```

**Corrigé de l'exercice 106**

1) et 2) Les deux premières fonctions ne posent aucune difficulté : il faut simplement vérifier la validité de l'entier définissant la case du tableau à modifier.

```
type t_date = {d : int ; m : int ; y : int} ;;
type t_member = {name : string ; birth : t_date} ;;
let replace(t, nm, bth, j : t_member array * string * t_date * int) :
                                                               unit =
  if not((1 <= j) && (j <= arr_len(t)))
  then failwith "erreur replace : erreur d'indice"
  else t.(j - 1) <- {name = nm ; birth = bth}
;;
```

```
let inf_date(d1, d2 : t_date * t_date) : bool =
  (d1.y < d2.y) ||
        ((d1.y = d2.y) && ((d1.m < d2.m) ||
                   ((d1.m = d2.m) && (d1.d <= d2.d))))
;;
```

3) Pour les fonctions suivantes, la recherche s'apparente au calcul de maximum et de minimum dans un tableau (le date de naissance du membre le plus jeune (resp. le plus âgé) est la plus « grande » (resp. la plus « petite »).

```
let youngest_member(t : t_member array) : t_member =
  let indmax : int = arr_len(t) - 1 in
    if indmax < 0
    then failwith "erreur youngest_member :
                            tableau de longueur nulle"
    else
      let member : t_member ref = ref (t.(0)) in
        (
        for i = 1 to indmax
        do
          if inf_date((!member).birth, (t.(i)).birth)
          then member := t.(i)
          else ()
        done ;
        !member ;
        )
;;

let oldest_member(t : t_member array) : t_member =
  let indmax : int = arr_len(t) - 1 in
    if indmax < 0
    then failwith "erreur oldest_member :
                            tableau de longueur nulle"
    else
      let member : t_member ref = ref (t.(0)) in
        (
        for i = 1 to indmax
        do
          if inf_date((t.(i)).birth, (!member).birth)
          then member := t.(i)
          else ()
        done ;
        !member ;
        )
;;
```

## Corrigés des exercices divers

### Corrigé de l'exercice 107

1) On choisit de représenter les informations relatives à un produit, à une date et à un membre en définissant des types structurés. Pour un produit, le nombre d'exemplaires en stock ainsi que le prix sont susceptibles de changer. De même, le montant dont dispose un client est susceptible d'évoluer au cours du temps. On choisit d'utiliser des tableaux pour représenter les ensembles de produits et de membres.

```
type  t_product = {name : string ; cat : string ; nb : int ref ;
                                                price : int ref} ;;
type t_date = {year : int ; month : int ; day : int} ;;
type t_member = {forename : string ; name : string ; birth : t_date ;
                                                amount : int ref} ;;
type t_products = t_product array ;;
type t_members = t_member array ;;
```

2) Il s'agit de la recherche d'un élément dans un tableau ; il faut faire bien attention à obtenir l'indice exact de l'élément, s'il figure dans le tableau.

```
let product_exists(name, tp : string * t_products) : bool * int =
  let ln: int = arr_len(tp) in
  let indmax : int = ln - 1 and found : bool ref = ref false and
     the_end : bool ref = ref false and i : int ref = ref (-1) in
    (
    while not(!the_end)
    do
      i := !i + 1 ;
      if !i > indmax
      then the_end := true
      else
        (
        found := ((tp.(!i)).name = name) ;
        the_end := !found
        )
    done;
    (!found, !i)
    )
;;
```

3) Il suffit de rechercher l'indice du produit dans le tableau en appelant la fonction précédente, et de modifier sa quantité en stock (si ce produit a été trouvé).

```
let add_product(name, nb, tp : string * int * t_products) : unit =
  let (b, i) : bool * int = product_exists(name, tp) in
    if b
    then (tp.(i)).nb := !((tp.(i)).nb) + nb
    else
```

```
      (
      print_string("produit non en stock") ;
      print_newline()
      )
;;
```

4) Il suffit ici d'un parcours systématique de tous les produits du tableau. Le taux de modification est `rate / 100`, où `rate` est de type `int` (par exemple, `rate` est égal à `105` pour une augmentation de `5 %`).

```
let mod_price(tp, rate : t_products * int) : unit =
  let ln : int = arr_len(tp) in
  let indmax : int = ln - 1 in
    for i = 0 to indmax
    do (tp.(i)).price := (!((tp.(i)).price) * rate) / 100
    done
;;
```

5) Il est nécessaire de disposer d'une fonction permettant de trouver un membre dans le tableau des membres. La fonction est tout à fait similaire à la fonction de recherche de produit.

Pour la fonction d'achat proprement dite, il faut rechercher le membre et le produit ; si l'un d'entre eux n'existe pas, les messages correspondants doivent être écrits. Si les deux existent, il faut que le produit soit en quantité suffisante ; si c'est le cas, le prix total est calculé ; si le solde du client le permet, l'achat se fait, ce qui diminue le solde du client ainsi que le nombre de produits en stock, sinon l'achat ne se fait pas.

```
let member_exists(name, tc : string * t_members) : bool * int =
  let ln: int = arr_len(tc) in
  let indmax : int = ln - 1 and found : bool ref = ref false
     and the_end : bool ref = ref false and i : int ref = ref (-1)
  in
    (
    while not(!the_end)
    do
      i := !i + 1 ;
      if !i > indmax
      then the_end := true
      else
        (
        found := ((tc.(!i)).name = name) ;
        the_end := !found
        )
    done;
    (!found, !i)
    )
;;
```

```
let buy(c_name, p_name, n, tc, tp : string * string * int *
                                    t_members * t_products) : bool =
  let (bc, ic) : bool * int = member_exists(c_name, tc)
      and (bp, ip) : bool * int = product_exists(p_name, tp)
      and price_tot : int ref = ref 0
  in
    if bc && bp
    then
      if !(tp.(ip).nb) < n
      then
        (
        print_string("pas assez de produit en stock") ;
        print_newline() ;
        false
        )
      else
        (
        price_tot := n * !(tp.(ip).price) ;
        if !(tc.(ic).amount) >= !price_tot
        then
          (
          tc.(ic).amount := !(tc.(ic).amount) - !price_tot ;
          tp.(ip).nb := !(tp.(ip).nb) - n ;
          true ;
          )
        else
          (
          print_string("montant de l'avoir insuffisant") ;
          print_newline() ;
          false
          )
        )
    else
      (
      if not(bc)
      then print_string("client inexistant")
      else () ;
      if not(bp)
      then print_string("produit inexistant")
      else () ;
      print_newline() ;
      false
      )
;;
```

**Corrigé de l'exercice 108**

1) et 2) La première fonction est une simple recherche d'une valeur dans un tableau ; la seconde fonction appelle cette première fonction pour vérifier l'appartenance de chaque valeur du premier tableau au second tableau.

```
let check_inclusion_value_array(myval, myarray : int * int array) :
                                                                bool =
  let ln : int = arr_len(myarray) in
  let indmax : int = ln - 1 and found : bool ref = ref false
      and the_end : bool ref = ref false and i : int ref = ref (-1)
  in
    (
    while not(!the_end)
    do
      i := !i + 1 ;
      if !i > indmax
      then the_end := true
      else
        (
        found := (myarray.(!i) = myval) ;
        the_end := !found
        )
    done;
    !found
    )
;;
let check_inclusion_array(myarr_1, myarr_2 : int array * int array) :
                                                                bool =
  let ln : int = arr_len(myarr_1) in
  let indmax : int = ln - 1 and included : bool ref = ref true
      and the_end : bool ref = ref false and i : int ref = ref (-1)
  in
    (
    while not(!the_end)
    do
      i := !i + 1 ;
      if !i > indmax
      then the_end := true
      else
        if check_inclusion_value_array(myarr_1.(!i), myarr_2)
        then ()
        else
          (
          included := false ;
          the_end := true ;
          )
    done;
```

```
    !included
    )
;;
```

3) Il existe plusieurs possibilités pour répondre à la dernière question. Une idée consiste à « marquer » chaque valeur du deuxième tableau qui a été mise en correspondance avec une valeur du premier tableau, afin de ne plus la considérer par la suite. Ce marquage peut être mis en oeuvre en utilisant un tableau de booléens, dont la longueur est égale à celle du deuxième tableau. Initialement, chaque case du tableau contient la valeur `false`, indiquant que aucune valeur du premier tableau n'a été mise en correspondance avec cette case. Le test d'inclusion devient alors similaire à la version précédente, avec la gestion de ce tableau de booléens en plus. Il est nécessaire de modifier aussi la fonction `check_inclusion_value_array`.

```
let check_inclusion_value_array(myval, myarray, mybool : int *
                                   int array * bool array) : bool =
  let ln : int = arr_len(myarray) in
  let indmax : int = ln - 1 and found : bool ref = ref false
     and the_end : bool ref = ref false and i : int ref = ref (-1)
  in
    (
    while not(!the_end)
    do
      i := !i + 1 ;
      if !i > indmax
      then the_end := true
      else
        if (myarray.(!i) = myval) && not(mybool.(!i))
        then
          (
          found := true ;
          the_end := true ;
          mybool.(!i) <- true ;
          )
        else () ;
    done;
    !found
    )
;;

let check_inclusion_array(myarr_1, myarr_2 : int array * int array) :
                                                          bool =
  let ln_1 : int = arr_len(myarr_1)
      and ln_2 : int = arr_len(myarr_2)
  in
```

```
  let indmax : int = ln_1 - 1 and mybool : bool array =
      arr_make(ln_2, false) and included : bool ref = ref true
      and the_end : bool ref = ref false and i : int ref = ref (-1)
  in
    (
    while not(!the_end)
    do
      i := !i + 1 ;
      if !i > indmax
      then the_end := true
      else
        if check_inclusion_value_array(myarr_1.(!i), myarr_2, mybool)
        then ()
        else
          (
          included := false ;
          the_end := true ;
          )
    done;
    !included
    )
;;
```

# Quatrième partie

# Annexes

# Chapitre 10

# Compléments

## 10.1 Graphique

### 10.1.1 Bibliothèque graphics

Interagir avec une fenêtre graphique est souvent utile pour de nombreuses applications. Pour `OCaml`, la bibliothèque `graphics` fournit des types et des fonctions permettant cette interaction [1]. En particulier, elle contient des fonctions permettant de gérer une fenêtre graphique (ouverture, etc), d'y tracer des dessins, de récupérer des informations comme la position de la souris, etc.

L'objectif de cette partie est de présenter quelques fonctions qui sont utilisées dans différents exercices ou projets décrits dans ce chapitre. Ce sont toutes des fonctions utilitaires : *cf.* section 11.1 page 403. Pour pouvoir les utiliser, il est nécessaire de disposer de la bibliothèque `graphics` (*cf.* section 11.3 page 419). De plus, il est nécessaire d'indiquer, lors de la compilation ou de l'interprétation, que cette bibliothèque est utilisée. Par exemple, si l'on travaille avec l'interpréteur `ocaml`, il est nécessaire de saisir la commande `#load "graphics.cma";;` avant toute utilisation des fonctions décrites ci-après (*cf.* section 11.2 page 412 pour plus de précisions).

Une fenêtre graphique est ouverte par l'instruction `open_graph(dx, dy)`, où `dx` et `dy` sont deux entiers donnant la taille horizontale et la taille verticale de la fenêtre, en nombre de pixels. Par exemple, `open_graph(1000, 600)` ouvre une fenêtre de taille `1000 x 600` pixels.

L'origine de la fenêtre est en bas à gauche, et correspond au pixel de coordonnées `(0, 0)`. L'autre pixel extrême de la fenêtre a pour coordonnées `(dx - 1, dy - 1)` (dans notre exemple, (999, 599)).

---

1. *cf.* `https://github.com/ocaml/graphics`, `https://ocaml.github.io/graphics/graphics/Graphics/index.html`

L'instruction `clear_graph()` efface ce qui a été tracé au préalable dans la fenêtre graphique.

Il existe implicitement un « curseur », qui est positionné à un certain endroit de la fenêtre. L'instruction `moveto(x, y)`, où `x` et `y` sont deux entiers, positionne le curseur au pixel de coordonnées `(x, y)` ; rien n'est tracé. En revanche, l'instruction `lineto(x, y)` trace un trait depuis la position courante du curseur jusqu'à la position `(x, y)`.

NB. Tous les paramètres des fonctions de tracé sont de type `int`, puisqu'ils correspondent à des coordonnées de pixels ou à des nombres de pixels.

Par exemple, les instructions suivantes :

```
# moveto(100, 100) ;;
# lineto(100, 200) ;;
# lineto(150, 200) ;;
# lineto(150, 100);;
# lineto(100, 100) ;;
```

tracent un rectangle dont le point en bas à gauche a pour coordonnées `(100, 100)` et le point en haut à droite a pour coordonnées `(150, 200)`.

La fonction `plot(x, y)` trace le pixel de coordonnées `(x, y)`.

La fonction `draw_circle(x, y, r)` trace un cercle de centre `(x, y)` et de rayon `r`. La fonction `fill_circle`, qui a les mêmes paramètres, trace le cercle et le remplit. Il existe deux fonctions similaires pour le tracé et le remplissage d'ellipses : `draw_ellipse(x, y, dx, dy)`, et `fill_ellipse(x, y, dx, dy)`, où `x` et `y` sont l'abscisse et l'ordonnée du centre de l'ellipse, `dx` est son rayon horizontal et `dy` est son rayon vertical.

La fonction `draw_rect(x, y, dx, dy)` trace un rectangle dont le point en bas à gauche a pour coordonnées `(x, y)`, et dont les dimensions des cotés sont `dx` et `dy`. La fonction `fill_rect`, dont les paramètres sont identiques, trace le rectangle et le remplit.

La fonction `draw_string(s)` trace la chaîne de caractères `s` dans la fenêtre graphique, à partir de la position du curseur.

Il est à noter que si des (parties de) tracés sont effectués en dehors de la fenêtre graphique, il ne se passe rien (ce n'est pas tracé, puisque c'est en dehors de la fenêtre, mais cela n'engendre pas non plus d'erreur).

Les couleurs sont de type `t_color`, dont voici quelques valeurs prédéfinies : `black`, `blue`, `red`, `green`, `white`, `yellow`, `cyan`, `magenta`, `grey`. La fonction `color_of_rgb(r, g, b)` a pour résultat une couleur calculée à partir de trois entiers compris entre `0` et `255`, où `r`, `g` et `b` correspondent aux composants rouge, vert et bleu de la couleur résultante. La fonction `set_color(color)` change la couleur courante, qui prend la valeur `color` (à l'ouverture de la fenêtre graphique, la valeur par défaut de la couleur est `black`).

### 10.1.2 Transformation géométrique entre différents espaces

Nous n'étudions ici que le tracé d'objets géométriques 2D. Généralement, on distingue l'espace de travail, l'espace d'affichage et la fenêtre graphique : *cf.* figure 10.1. **L'espace de travail est celui dans lequel les objets sont calculés**. Par exemple, si l'on souhaite calculer une approximation de la fonction *sinus* entre $[-\pi, \pi]$, les abscisses des points de la courbe varient entre $-\pi$ et $\pi$, et les ordonnées entre $-1$ et 1. L'espace de travail correspond à ce rectangle. **L'espace d'affichage est une partie de la fenêtre graphique, dans laquelle on souhaite dessiner les objets manipulés**. Par exemple, dans une fenêtre graphique de taille `1000` par `600`, on peut choisir de dessiner la courbe dans le rectangle dont les abscisses varient entre `50` et `int_of_float(100.0 *. 2.0 *. pi +. 50.0)`, et dont les ordonnées varient entre `100` et `300`, ce qui respecte les proportions (*cf.* ci-après).

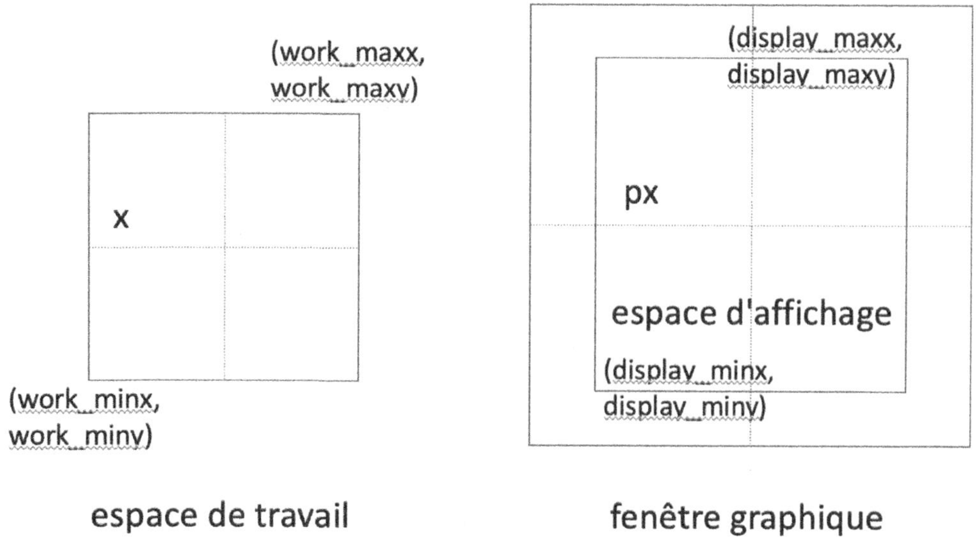


FIGURE 10.1 – Correspondance entre espaces : un point `x` compris dans l'espace de travail est affiché dans l'espace d'affichage (lui-même inclus dans la fenêtre graphique) : pour ce faire, il faut calculer le point `px` lui correspondant.

Simplement, il faut effectuer une transformation géométrique pour passer de l'espace de travail à l'espace d'affichage. Considérons que les points extrêmes de l'espace de travail sont `(work_minx, work_miny)` et `(work_maxx,` work_maxy), et que les points extrêmes de l'espace d'affichage sont (display_minx, display_miny) et (display_maxx, display_maxy). La correspondance entre l'espace de travail et l'espace d'affichage est définie par une translation et une homothétie.

La translation, caractérisée par ses coefficients translation_x et translation_y indique le déplacement par rapport à l'origine de la fenêtre graphique (en d'autres termes, display_minx est égal à translation_x, puisque l'origine de la fenêtre graphique a pour coordonnées (0, 0) ; c'est similaire pour l'autre coordonnée).

L'homothétie, caractérisée par ses coefficients dilation_x et dilation_y, donne le rapport de taille entre l'espace d'affichage et l'espace de travail (en d'autres termes, display_maxx - display_minx est égal à dilation_x * (work_maxx - work_minx) ; c'est similaire pour l'autre coordonnée).

Reprenons l'exemple du tracé de la fonction *sinus* cité ci-dessus : le coefficient de translation en x est 50, le coefficient de translation en y est 100. Cela correspond au point de coordonnées minimales $(-\pi, -1)$ de l'espace de travail. L'amplitude des abscisses dans l'espace de travail, c'est-à-dire la différence entre l'abscisse maximale et l'abscisse minimale, est de $2 \times \pi$, l'amplitude des ordonnées est de 2. Les coefficients d'homothétie en x et en y sont égaux, afin de respecter les proportions de l'espace de travail, et sont tous deux égaux à 100 : ceci correspond à un espace d'affichage rectangulaire, dont les points extrêmes ont pour coordonnées (50, 100) et (int_of_float(100.0 *. 2.0 *. pi +. 50.0), 300).

Une mise en oeuvre de ce principe de mise en correspondance de l'espace de travail et de l'espace d'affichage est décrite ci-après. Le type t_work_space permet de représenter un espace de travail, où les coordonnées des points sont de type float. Le type t_display_space permet de représenter un espace d'affichage, dont les points sont à coordonnées entières.

Le type t_graphic_parameter permet de représenter les informations utiles pour le calcul de l'affichage : le point en bas à gauche de l'espace de travail (de coordonnées origin_x et origin_y), les coefficients de translation (translation_x et translation_y), et d'homothétie (dilation_x et dilation_y).

La fonction init_graphic_parameter permet de calculer les informations utiles à l'affichage, de type t_graphic_parameter, à partir de la donnée des points extrêmes de l'espace de travail et de l'espace d'affichage.

```
type t_work_space = {w_minx : float ; w_miny : float ;
                                w_maxx : float ; w_maxy : float} ;;

type t_display_space = {d_minx : int ; d_miny : int ;
                                d_maxx : int ; d_maxy : int} ;;

type t_graphic_parameter = {origin_x : float ; origin_y : float ;
             translation_x : float ; translation_y : float ;
             dilation_x : float ; dilation_y : float} ;;

let init_graphic_parameter(work, display : t_work_space *
                             t_display_space) : t_graphic_parameter =
  let minx : float = float_of_int(display.d_minx)
       and maxx : float = float_of_int(display.d_maxx)
       and miny : float = float_of_int(display.d_miny)
       and maxy : float = float_of_int(display.d_maxy)
  in
      {origin_x  = work.w_minx ; origin_y = work.w_miny ;
      translation_x = minx ; translation_y = miny ;
      dilation_x = (maxx -. minx) /. (work.w_maxx -. work.w_minx) ;
      dilation_y = (maxy -. miny) /. (work.w_maxy -. work.w_miny)}
;;
```

Les fonctions `mydilation_x` et `mydilation_y` appliquent simplement le coefficient d'homothétie correspondant, inclus dans `param`, au paramètre `x` ou `y`. Les fonctions `mygraphic_x` et `mygraphic_y` calculent les coordonnées dans l'espace d'affichage correspondant aux coordonnées dans l'espace de travail, en fonction du paramètre `param` décrivant les informations utiles pour l'affichage.

```
let mydilation_x(x, param : float * t_graphic_parameter) : float =
  x *. param.dilation_x
;;

let mydilation_y(y, param : float * t_graphic_parameter) : float =
  y *. param.dilation_y
;;

let mygraphic_x(x, param : float * t_graphic_parameter) : int =
  int_of_float(mydilation_x(x -. param.origin_x, param) +.
                              param.translation_x)
;;

let mygraphic_y(y, param : float * t_graphic_parameter) : int =
  int_of_float(mydilation_y(y -. param.origin_y, param) +.
                              param.translation_y)
;;
```

Les fonctions ci-après sont simplement les équivalents des fonctions `plot`, `draw_rect`, `draw_circle`, `moveto` et `lineto`, qui s'appliquent à des points de l'espace de travail, et les affichent dans l'espace d'affichage. Il est bien sûr possible de définir des fonctions équivalentes pour chaque fonction de tracé évoquée dans la section 10.1.1 précédente.

```
let myplot(x, y, param : float * float * t_graphic_parameter) : unit =
  plot(mygraphic_x(x, param), mygraphic_y(y, param))
;;
let mydraw_rect(x, y, dx, dy, param : float * float * float * float *
                                       t_graphic_parameter) : unit =
  let px : int = mygraphic_x(x, param)
     and py : int = mygraphic_y(y, param)
     and pdx : int = int_of_float(mydilation_x(dx, param))
     and pdy : int = int_of_float(mydilation_y(dy, param))
  in
    draw_rect(px, py, pdx, pdy)
;;
let mydraw_circle(x, y, r, param : float * float * float *
                                       t_graphic_parameter) : unit =
  if (param.dilation_x = param.dilation_y)
  then draw_circle(mygraphic_x(x, param), mygraphic_y(y, param),
        int_of_float(mydilation_x(r, param)))
  else draw_ellipse(mygraphic_x(x, param), mygraphic_y(y, param),
    int_of_float(mydilation_x(r, param)),
    int_of_float(mydilation_y(r, param)))
;;
let mymoveto(x, y, param : float * float * t_graphic_parameter) :
                                                           unit =
  moveto(mygraphic_x(x, param), mygraphic_y(y, param))
;;
let mylineto(x, y, param : float * float * t_graphic_parameter) :
                                                           unit =
  lineto(mygraphic_x(x, param), mygraphic_y(y, param))
;;
```

Bien sûr, ces types et ces fonctions peuvent être utilisées pour toute application dans laquelle les coordonnées des points de l'espace de travail sont de type `float`.

### 10.1.3 Exemple du tracé d'une courbe

Reprenons l'exemple de la courbe de la fonction *sinus* dans l'intervalle $[-\pi, \pi]$. On distingue généralement le calcul de l'objet géométrique et son affichage. C'est ce qui est fait ici. Une *approximation* de la courbe est calculée, en calculant $n+1$ points de celle-ci, par exemple avec la fonction suivante, qui a pour résultat un tableau de points (de type `t_point = {x : float ; y : float}`) :

```
(* fonction applicable si n > = 1 *)
let compute_sin_curve(n : int) : t_point array =
  let pi : float = 3.141592653589793 in
  let angle : float ref = ref (-.pi)
    and d_angle : float = 2.0 *. pi /. float_of_int(n)
  in
  let res : t_point array =
          arr_make(n+1, {x = !angle ; y = sin(!angle)})
  in
    (
    for i = 1 to n
    do
      angle := !angle +. d_angle ;
      res.(i) <- {x = !angle ; y = sin(!angle)}
    done ;
    res
    )
;;
```

La valeur de l'angle varie de manière régulière entre $-\pi$ et $\pi$, et un point est calculé pour chacune de ses valeurs. On obtient ainsi un tableau de points, qui décrit une *ligne polygonale* approximant la courbe. Ce type de calcul peut s'appliquer au calcul d'approximations de nombreuses courbes.

La fonction ci-après effectue le tracé d'une ligne polygonale définie par un tableau de points (supposé de longueur non nulle). Elle positionne simplement le curseur au point de l'espace d'affichage correspondant au premier point de la courbe, et trace ensuite tous les segments de courbe.

```
let mydraw_polyline(cur, param : t_point array *
                                  t_graphic_parameter) : unit =
  let indmax : int = arr_len(cur) - 1 in
    (
    mymoveto(cur.(0).x, cur.(0).y, param) ;
    for i = 1 to indmax
    do mylineto(cur.(i).x, cur.(i).y, param)
    done
    )
;;
```

Ci-après figure un exemple de définition des paramètres graphiques (avec les valeurs indiquées précédemment), pour le calcul et le tracé d'une approximation de la courbe de la fonction *sinus* avec 21 points.

```
# let ws : t_work_space = {w_minx = -3.14159 ; w_miny = -1. ;
                           w_maxx = 3.14159 ; w_maxy = 1.} ;;
val ws : t_work_space =
  {w_minx = -3.14159; w_miny = -1.; w_maxx = 3.14159; w_maxy = 1.}
```

```
# let wd : t_display_space = {d_minx = 50 ; d_miny = 100 ;
      d_maxx = int_of_float(200. *. 3.14159 +. 50.) ; d_maxy = 300} ;;
val wd : t_display_space =
  {d_minx = 50; d_miny = 100; d_maxx = 678; d_maxy = 300}
# let p : t_graphic_parameter = init_graphic_parameter(ws, wd) ;;
val p : t_graphic_parameter =
  {origin_x = -3.14159; origin_y = -1.; translation_x = 50.;
   translation_y = 100.; dilation_x = 99.9493886853472304;
   dilation_y = 100.}
# mydraw_polyline(compute_sin_curve(20), p) ;;
- : unit = ()
```

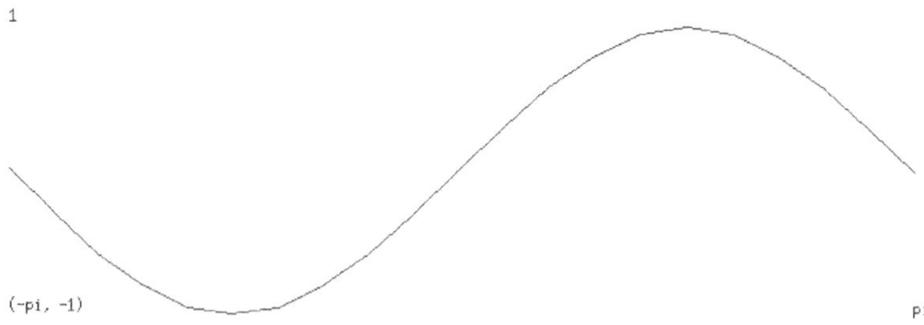


FIGURE 10.2 – Tracé de la courbe *sinus*.

### 10.1.4 Exemple du calcul d'une approximation de $\pi$

Il est parfois utile d'adapter les types et fonctions définies ci-dessus. En effet, on peut souhaiter définir un espace de travail dont les points sont à coordonnées de type `int`, et non `float`. L'espace de travail peut aussi avoir des dimensions particulières : par exemple, certains jeux utilisent une matrice comme espace de travail (*cf.* section 10.3 page 384). On peut aussi souhaiter simplement dessiner dans la fenêtre graphique (*cf.* section 10.2 page 372).

Reprenons par exemple le calcul d'une approximation de $\pi$ (*cf.* exercice 94 - exercices de compréhension / conception, sections 8.4 et 8.5, pages 304 et 315). Les points calculés à chaque étape ont des coordonnées entières. Dans ce cas, un seul type `t_space` est nécessaire pour représenter l'espace de travail et l'espace d'affichage. Il faut aussi être attentif à l'ordre des opérations entières. En particulier, si les tailles en `x` et en `y` de l'espace d'affichage sont inférieures à celles de l'espace de travail, les coefficients d'homothétie sont nuls si on les calcule directement. Il est donc préférable de modifier les types et fonctions de la manière suivante, où l'on distingue les numérateurs et les dénominateurs des coefficients d'homothétie :

```
type t_space = {minx : int ; miny : int ; maxx : int ; maxy : int} ;;

type t_graphic_parameter = {origin_x : int ; origin_y : int ;
             translation_x : int ; translation_y : int ;
             dilation_x_num : int ; dilation_x_den : int ;
             dilation_y_num : int ; dilation_y_den : int} ;;

let init_graphic_parameter(work, display : t_space * t_space) :
                                               t_graphic_parameter =
  {origin_x  = work.minx ; origin_y = work.miny ;
      translation_x = display.minx ; translation_y = display.miny ;
      dilation_x_num = (display.maxx - display.minx) ;
      dilation_x_den = (work.maxx - work.minx) ;
      dilation_y_num = (display.maxy - display.miny) ;
      dilation_y_den = (work.maxy - work.miny)}
;;

let mydilation_x(x, param : int * t_graphic_parameter) : int =
  (x * param.dilation_x_num) / param.dilation_x_den
;;

let mydilation_y(y, param : int * t_graphic_parameter) : int =
  (y * param.dilation_y_num) / param.dilation_y_den
;;

let mygraphic_x(x, param : int * t_graphic_parameter) : int =
  mydilation_x(x - param.origin_x, param) + param.translation_x
;;

let mygraphic_y(y, param : int * t_graphic_parameter) : int =
  mydilation_y(y - param.origin_y, param) + param.translation_y
;;
```

En fait, les fonctions `mygraphic_x` et `mygraphic_y` sont inchangées par rapport aux versions présentées précédemment, de même que les fonctions de tracé qui les utilisent (sous réserve de changer le type `float` des paramètres en type `int`).

Les fonctions ci-après intègrent simplement dans le code de la fonction de calcul de `pi` des appels aux fonctions de tracés, afin que les points calculés soient tracés au fur et à mesure : *cf.* figure 10.3.

```
let init_work_space(n : int) : t_space =
  {minx = -n ; miny = -n ; maxx = n ; maxy = n}
;;
let init_display_space() : t_space =
  {minx = 50 ; miny = 50 ; maxx = 650 ; maxy = 650}
;;
type t_point = {x : int ; y : int} ;;
```

```
let generate_point(n : int) : t_point =
  {x = rand_int(-n, n-1); y = rand_int(-n, n-1)}
;;
let is_inside_circle(p, n : t_point * int) : bool =
  (p.x * p.x + p.y * p.y) < n * n
;;
let compute_pi(nb, n : int * int) : float =
  let work : t_space = init_work_space(n)
       and display : t_space = init_display_space()
  in
  let param : t_graphic_parameter =
         init_graphic_parameter(work, display)
  in
  let incircle : int ref = ref 0
         and myp : t_point ref = ref {x = 0; y = 0}
  in
    (
    mydraw_rect(-n, -n, 2 * n + 1, 2 * n + 1, param) ;
    mydraw_circle(0, 0, n, param) ;
    for i = 1 to nb
    do
      myp := generate_point(n) ;
      if is_inside_circle(!myp, n)
      then
        (
        set_color(grey) ;
        myplot((!myp).x, (!myp).y, param) ;
        incircle := !incircle + 1
        )
      else
        (
        set_color(black) ;
        myplot((!myp).x, (!myp).y, param) ;
        )
    done ;
    (4.0 *. float_of_int(!incircle)) /. float_of_int(nb)
    )
;;
```

## 10.2 Exercice : simulation du jeu de bataille

Dans de nombreux jeux de cartes à plusieurs joueurs, chaque joueur dispose d'une ou plusieurs listes de cartes (les cartes qu'il lui reste à jouer, les cartes qu'il a gagnées, etc) ; les cartes en cours de jeu peuvent aussi constituer une ou plusieurs listes de cartes.

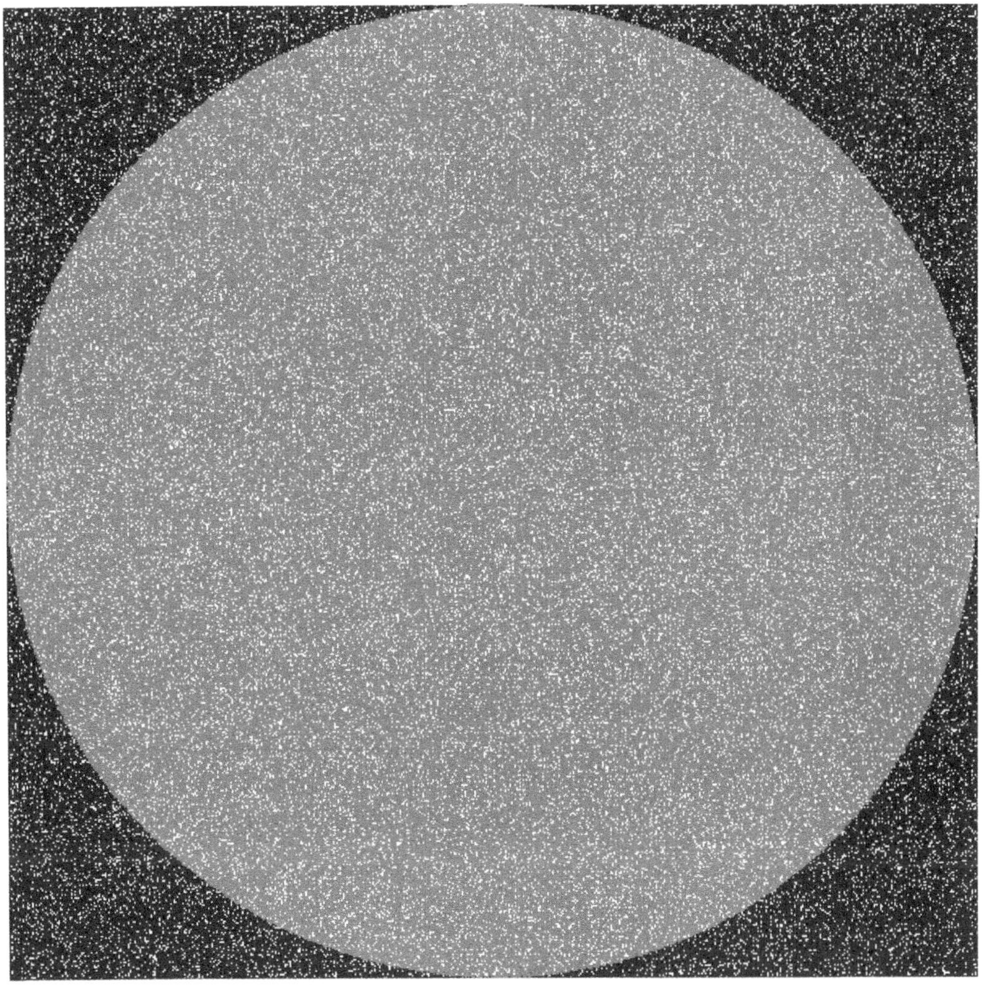

FIGURE 10.3 – La taille de la fenêtre graphique est de 700 par 700. Les paramètres effectifs de `compute_pi` sont : `nb = 800000`, `n = 1000`. Les points blancs sont des pixels pour lesquels aucun point aléatoire n'a été calculé.

Prenons l'exemple du jeu de bataille entre deux joueurs : ce jeu est certes basique, mais le simuler illustre plusieurs mécanismes, qui peuvent être adaptés pour des jeux plus élaborés. Développer une fonction de simulation est l'objectif des exercices ci-après.

*Règle du jeu.* Usuellement, le jeu de bataille à deux joueurs commence par le mélange et la distribution d'un paquet de 32 ou 52 cartes aux deux joueurs. Chaque joueur dispose donc initialement d'un paquet de 16 ou 26 cartes, dont il ne prend pas connaissance : le but du jeu est de prendre toutes les cartes du joueur adverse. Le jeu se déroule de la manière suivante. À chaque tour de jeu, chaque joueur retourne la première carte de son paquet : le joueur ayant la carte de plus haute valeur prend les deux cartes jouées et les ajoute à la fin de son paquet. En cas d'égalité, il y a *bataille* : chaque joueur dépose une deuxième carte (face cachée) sur la première jouée, puis une troisième carte (face visible) sur la deuxième ; le joueur dont la troisième carte jouée a la plus haute valeur emporte toutes les cartes, et les ajoute à la fin de son paquet. En cas d'égalité des valeurs des troisièmes cartes, le processus de bataille continue de la même manière (dépôt d'une carte face cachée, et d'une carte face visible prise en compte pour déterminer le gagnant du tour, etc).

On dispose des types `t_card_color`, `t_card_rank`, `t_card` définis dans l'exercice 72 (exercices de compréhension / conception, sections 6.4 et 6.5, pages 213 et 223), ainsi que de la fonction `card_color_of_int`, et des deux versions des fonctions `card_rank_of_int` et `card_of_int`, que l'on appelle ici `card_rank_of_int_52` et `card_of_int_52` pour la version à 52 cartes, et `card_rank_of_int_32` et `card_of_int_32` pour la version à 32 cartes.

**Exercice 109**

Calcul et mélange du paquet de cartes. Précédemment, le paquet de cartes était représenté par une liste. Nous souhaitons définir une version alternative utilisant un tableau. Cette structure est aussi adaptée pour le jeu de bataille : initialement, le paquet de cartes contient un nombre fixe de cartes ; et une fois distribué, il n'est plus utilisé.

1. Écrivez une fonction `init_card_pack(card_nb : int) : t_card array` dont le résultat est un tableau correspondant à un jeu de 52 ou 32 cartes, suivant la valeur de `card_nb`. La fonction engendre une erreur si ce `card_nb` est différent de 52 ou 32.
2. Écrivez une fonction `exchange`, qui échange les contenus de deux cases d'un tableau de cartes.
3. Écrivez une fonction `shuffle(deck, card_nb : t_card array * int) : unit`, qui simule le mélange des cartes représentées par le tableau `deck` de longueur `card_nb`. L'idée est simplement d'effectuer un certain nombre de fois l'échange de deux cartes choisies au hasard.

**Corrigé de l'exercice 109**

Il existe bien sûr plusieurs manières d'écrire la fonction `init_card_pack`. Une manière de faire consiste à écrire trois fonctions : les deux premières calculent un tableau de 52 cartes et de 32 cartes, la fonction `init_card_pack` effectue la vérification et appelle la fonction correspondante.

```
let init_card_pack_52() : t_card array =
  let t : t_card array = arr_make(52, {color = HEART ; rank = 1}) in
    (
    for i = 1 to 52
    do t.(i - 1) <- card_of_int_52(i)
    done ;
    t ;
    )
;;

(* la fonction init_card_pack_32 est similaire *)

let init_card_pack(card_nb : int) : t_card array =
  if (card_nb <> 52) && (card_nb <> 32)
  then failwith "erreur init_card_pack : nombre de cartes invalide"
  else
    if card_nb = 52
    then init_card_pack_52()
    else init_card_pack_32()
;;
```

Une autre version est la suivante, où seule la fonction `init_card_pack` est écrite. Le code est plus compact ; en revanche, le test vérifiant si le calcul concerne 52 ou 32 cartes est effectué autant de fois qu'il y a de cartes à calculer.

```
let init_card_pack(card_nb : int) : t_card array =
  if (card_nb <> 52) && (card_nb <> 32)
  then failwith "erreur init_card_pack : nombre de cartes invalide"
  else
    let t : t_card array =
         arr_make(card_nb, {color = HEART ; rank = 1})
    in
      (
      for i = 1 to card_nb
      do
        if card_nb = 52
        then t.(i - 1) <- card_of_int_52(i)
        else t.(i - 1) <- card_of_int_32(i)
      done ;
      t ;
      )
;;
```

Pour le mélange, rien dans l'énoncé n'indique le nombre d'échanges à réaliser. Nous choisissons ce nombre égal au nombre de cartes du jeu. La fonction d'échange a pour paramètres le tableau et les indices des cases dont les contenus sont échangés. Son résultat est de type `unit`, puisqu'elle *modifie* le contenu du tableau.

```
let exchange(t, i, j : t_card array * int * int) : unit =
  let c : t_card = t.(i) in
    (
    t.(i) <- t.(j) ;
    t.(j) <- c ;
    )
;;

let shuffle(deck, card_nb : t_card array * int) : unit =
  let x : int ref = ref 0 and y : int ref = ref 0
      and indmax = card_nb - 1
  in
    (
    for i = 1 to card_nb
    do
      x := rand_int(0, indmax) ;
      y := rand_int(0, indmax) ;
      exchange(deck, !x, !y) ;
    done ;
    )
;;
```

**Exercice 110**
Initialisation du jeu.

1. Définition et initialisation des joueurs. Dans le jeu de bataille, les joueurs ont chacun une liste de cartes, dont le contenu évolue à chaque tour de jeu. On suppose que chaque joueur est identifié par son prénom, qu'il doit indiquer en début de jeu. Définissez le type `t_player` permettant de représenter un joueur. Définissez la fonction `init_player(i : int) : t_player`, qui permet de définir un joueur avant toute opération de jeu : la valeur du paramètre `i` est soit `1`, soit `2`.

2. Distribution des cartes. Écrivez la fonction `distribute(deck, card_nb, player1, player2 : t_card array * int * t_player * t_player) : unit` qui distribue les cartes du paquet `deck` contenant `card_nb` cartes aux deux joueurs. La distribution se fait en donnant alternativement une carte à chaque joueur.

3. Initialisation proprement dite du jeu. Écrivez la fonction `get_card_number() : int` qui effectue une saisie contrôlée au clavier du nombre de cartes du jeu (32 ou 52). Écrivez la fonction `init_play() : t_player * t_player` qui initialise le jeu, c'est-à-dire qui utilise les fonctions précédentes pour initialiser les joueurs, saisir le nombre de cartes du jeu, calculer le jeu, le mélanger et le distribuer aux joueurs.

**Corrigé de l'exercice 110**

Le nom d'un joueur ne change pas au cours du jeu ; en revanche, sa liste de cartes évolue. On suppose que le paramètre de la fonction `init_player` est contrôlé.

```
type t_player = {name : string ; hand : t_card list ref} ;;

let init_player(i : int) : t_player =
  (
  print_string("Veuillez saisir le nom du ") ;
  print_int(i) ;
  if i = 1
  then print_string("er joueur : ")
  else print_string("eme joueur : ") ;
  {name = read_line() ; hand = ref []}
  )
;;
```

Il existe plusieurs manières d'écrire la fonction de distribution : nous choisissons simplement de parcourir le tableau en donnant alternativement une carte à chaque joueur, en utilisant la parité de l'indice.

```
let distribute(deck, card_nb, player1, player2 :
                   t_card array * int * t_player * t_player) : unit =
  let indmax : int = card_nb - 1 in
    for i = 0 to indmax
    do
      if (i mod 2 = 0)
      then player1.hand := add_lst(!(player1.hand), deck.(i))
      else player2.hand := add_lst(!(player2.hand), deck.(i))
    done
;;
```

La fonction `get_card_number` effectue une simple saisie contrôlée, et la fonction `init_play` appelle simplement les fonctions précédentes.

```
let get_card_number() : int =
  let the_end : bool ref = ref false and card_nb : int ref = ref 0 in
    (
    while not(!the_end)
    do
      print_string("Souhaitez vous jouer avec 32 ou 52 cartes ?") ;
      card_nb := read_int() ;
      the_end := (!card_nb = 32) || (!card_nb = 52) ;
    done ;
    !card_nb ;
    )
;;
let init_play() : t_player * t_player =
  let card_nb : int = get_card_number() in
```

```
  let deck : t_card array = init_card_pack(card_nb)
      and player1 : t_player = init_player(1)
      and player2 : t_player = init_player(2)
  in
    (
    shuffle(deck, card_nb) ;
    distribute(deck, card_nb, player1, player2) ;
    (player1, player2)
    )
;;
```

**Exercice 111**

Nous choisissons de commencer par réaliser une première version du jeu, dont le principe est très simple. Si l'un des deux joueurs n'a plus de cartes, l'autre gagne. Sinon, chaque joueur joue la première carte de sa liste : si les cartes sont de valeurs égales, chaque joueur remet sa carte à la fin de sa liste, sinon le joueur qui a produit la carte de plus grande valeur ajoute les deux cartes à la fin de sa liste.

La valeur des cartes correspond au rang de la carte, sauf pour l'as (dont le rang est 1) qui bat toutes les autres cartes. Le fait que la valeur d'une carte ne corresponde pas à son rang est courant pour de nombreux jeux de cartes, et cela peut être géré de différentes manières. Par exemple, cette valeur peut être ajoutée au descriptif de la carte. Nous choisissons ici de calculer la valeur en fonction du rang.

1. Écrivez une fonction `battle_value(c : t_card) : int` qui retourne un entier permettant de comparer les cartes suivant l'ordre de leurs valeurs à la bataille.
2. Écrivez une fonction `play_1_round(p1, p2 : t_player * t_player) : unit` qui effectue un tour de jeu quand chaque joueur a encore des cartes.
3. Écrivez la fonction *récursive* `play_rounds`, qui enchaîne les tours de jeu. Elle vérifie donc si les joueurs ont encore des cartes, et si oui, effectue un tour de jeu avant de recommencer le même processus ; si non, son résultat est une chaîne de caractères indiquant le joueur gagnant.
4. Écrivez la fonction `play() : string` qui simule une partie de bataille.

**Corrigé de l'exercice 111**

L'ordre des valeurs correspond à l'ordre des rangs, sauf pour l'as. Il suffit donc de lui associer une valeur supérieure au rang des autres cartes, dont les valeurs sont égales à leurs rangs. La fonction `play_1_round` implante simplement la règle du jeu.

```
let battle_value(c : t_card) : int =
   if c.rank = 1
   then 14
   else c.rank
;;

let play_1_round(p1, p2 : t_player * t_player) : unit =
  let (c1, h1) : t_card * t_card list = (
                    fst(!(p1.hand)), rem_fst(!(p1.hand)))
      and (c2, h2) : t_card * t_card list =
                   (fst(!(p2.hand)), rem_fst(!(p2.hand)))
 in
  if battle_value(c1) > battle_value(c2)
  then
    (
    p1.hand := add_lst(add_lst(h1, c2), c1) ;
    p2.hand := h2
    )
  else
    if battle_value(c2) > battle_value(c1)
    then
      (
      p1.hand := h1 ;
      p2.hand := add_lst(add_lst(h2, c1), c2)
      )
    else
      (
      p1.hand := add_lst(h1, c1) ;
      p2.hand := add_lst(h2, c2)
      )
;;
```

La fonction play_rounds se contente de tester si un joueur n'a plus de cartes ; sinon, elle appelle la fonction précédente pour effectuer un tour de jeu, et s'appelle récursivement ensuite. La fonction play se contente d'appeler la fonction d'initialisation et la fonction play_rounds. En fait, le mécanisme est très proche de celui mis en place pour le jeu *pierre-feuille-ciseau* (*cf.* exercice 60 - exercices divers, sections 5.4 et 5.5, pages 170 et 182).

```
let rec play_rounds(p1, p2 : t_player * t_player) : string =
if !(p1.hand) = []
then
  if !(p2.hand) = []
  then "egalite"
  else "le joueur 2 gagne"
else
  if !(p2.hand) =  []
  then "le joueur 1 gagne"
  else
```

```
    (
    play_1_round(p1, p2) ;
    play_rounds(p1, p2)
    )
;;
let play() : string =
  play_rounds(init_play())
;;
```

Bien sûr, la simulation va s'exécuter à l'appel de la fonction `play`, mais rien ne permet pour l'instant de suivre le déroulement du jeu. En supposant que l'on dispose d'une fonction `draw_card_list_two_player(p1, p2 : t_player * t_player) : unit` affichant une représentation des listes de cartes des deux joueurs dans une fenêtre graphique (*cf.* ci-après), il est facile de modifier les deux dernières fonctions pour visualiser les évolutions du jeu. La fonction `wait(n : int) : unit` est une fonction utilitaire qui suspend l'exécution pendant `n` secondes : elle est utilisée ici pour avoir le temps de regarder les cartes des joueurs. Son utilisation nécessite d'utiliser la bibliothèque `unix`. Le mécanisme est similaire à l'utilisation de la bibliothèque `graphics` : il faut lancer la commande `#load "unix.cma" ;;` (*cf.* section 11.2 page 412).

```
let rec play_rounds(p1, p2 : t_player * t_player) : string =
if !(p1.hand) = []
then
  if !(p2.hand) = []
  then "egalite"
  else "le joueur 2 gagne"
else
  if !(p2.hand) =  []
  then "le joueur 1 gagne"
  else
    (
    play_1_round(p1, p2) ;
    clear_graph() ;
    draw_card_list_two_player(p1, p2) ;
    wait(8) ;
    play_rounds(p1, p2) ;
    )
;;
let play() : string =
  let (player1, player2) : t_player * t_player = init_play() in
    (
    draw_card_list_two_player(player1, player2) ;
    wait(8) ;
    play_rounds(player1, player2) ;
    )
;;
```

**Exercice 112**
On peut noter qu'un cas d'égalité des joueurs est prévu dans la fonction play_rounds, alors qu'il est impossible que ce cas se présente avec la version basique ci-dessus. Dans la version usuellement jouée de la bataille, quand les deux cartes des joueurs sont égales, il y a *bataille* : chaque joueur pose une deuxième carte sur la première, puis une troisième sur la deuxième ; le joueur qui a déposé la troisième carte de plus grande valeur ajoute toutes ces cartes à la fin de sa liste. Bien sûr, les dernières cartes déposées peuvent être égales : dans ce cas les joueurs continuent à déposer deux nouvelles cartes, etc. Si l'un des joueurs n'a plus de cartes à un moment donné, alors que l'autre en a encore, il perd ; si les deux joueurs n'ont plus de cartes, il y a égalité. Modifiez la fonction play_1_round (et éventuellement d'autres fonctions) pour prendre en compte cette règle.

**Corrigé de l'exercice 112**
Une solution consiste à modifier la fonction play_1_round en lui ajoutant un nouveau paramètre mutable, dont le contenu est la liste des cartes jouées depuis le début du tour de jeu. En effet, au fur et à mesure du temps que dure une bataille, les cartes devant être affectées au joueur qui emporte ce tour de jeu s'accumulent. De plus, puisqu'une bataille peut se prolonger sur plusieurs comparaisons de cartes, la fonction est maintenant récursive. La fonction play_rounds est modifiée pour prendre en compte ce nouveau paramètre, puisqu'au début d'un tour de jeu, il n'y a encore aucune carte jouée : la liste contenue dans le paramètre est donc vide initialement.

La fonction play_1_round est modifiée afin que le début d'un échange soit similaire à ce qui se passait précédemment. Simplement, si l'un des joueurs l'emporte, il gagne toutes les cartes jouées, y compris celles contenues dans le paramètre cardlist. La fonction concat, parfois appelée aussi merge, est définie pour ce faire.

En cas d'égalité, deux nouvelles cartes sont ajoutées à celles contenues dans cardlist (ce sont les « deuxièmes » cartes dont parle l'énoncé), puis la fonction s'appelle récursivement. Bien sûr, si à un moment, l'un des joueurs n'a plus de cartes, le tour s'arrête.

```
let concat(l1, l2 : 'a list * 'a list) : 'a list =
  if l2 = []
  then l1
  else concat(add_lst(l1, fst(l2)), rem_fst(l2))
;;

let rec play_1_round(p1, p2, cardlist :
              t_player * t_player * t_card list ref) : unit =
```

```
 let c1 : t_card ref = ref (fst(!(p1.hand)))
               and c2 : t_card ref = ref (fst(!(p2.hand)))
 in
   (
   p1.hand := rem_fst(!(p1.hand)) ;
   p2.hand := rem_fst(!(p2.hand)) ;
   if battle_value(!c1) > battle_value(!c2)
   then  p1.hand :=
        concat(!(p1.hand), add_lst(add_lst(!cardlist, !c2), !c1))
   else
     if battle_value(!c2) > battle_value(!c1)
     then p2.hand :=
          concat(!(p2.hand), add_lst(add_lst(!cardlist, !c1), !c2))
     else
       (
       cardlist := add_lst(add_lst(!cardlist, !c1), !c2) ;
       if (!(p1.hand) = []) || (!(p2.hand) = [])
       then ()
       else
         (
         c1 := fst(!(p1.hand)) ;
         c2 := fst(!(p2.hand)) ;
         p1.hand := rem_fst(!(p1.hand)) ;
         p2.hand := rem_fst(!(p2.hand)) ;
         cardlist := add_lst(add_lst(!cardlist, !c1), !c2) ;
         if (!(p1.hand) = []) || (!(p2.hand) = [])
         then ()
         else play_1_round(p1, p2, cardlist)
         )
       )
    )
;;

let rec play_rounds(p1, p2 : t_player * t_player) : string =
if !(p1.hand) = []
then
  if !(p2.hand) = []
  then "egalite"
  else "le joueur 2 gagne"
else
  if !(p2.hand) =  []
  then "le joueur 1 gagne"
  else
    (
    play_1_round(p1, p2, ref []) ;
    clear_graph() ;
    draw_card_list_two_player(p1, p2) ;
```

```
    wait(8) ;
    play_rounds(p1, p2) ;
    )
;;
```

• **Fonctions annexes.** Les fonctions impliquées dans la définition de la fonction `draw_card_list_two_player` figurent ci-après. Elles dessinent directement dans la fenêtre d'affichage, ouverte avec une taille au moins égale à `850 x 600` pixels. Elles utilisent directement les fonctions de base de la bibliothèque `graphics`. Il y a bien sûr moyen de réaliser un affichage plus élaboré, par exemple en utilisant des images prédéfinies de cartes.

```
let string_of_card_color(c : t_card_color) : string =
  if c = HEART
  then "heart"
  else
    if c = DIAMOND
    then "diamond"
    else
      if c = SPADE
      then "spade"
      else "club"
;;
let string_of_card_rank(r : t_card_rank) : string =
  if r <= 0 || r >= 14
  then failwith "erreur str_card_rank : valeur de carte incorrecte"
  else
    if r = 1
    then "A"
    else
      if 2 <= r && r <= 10
      then string_of_int(r)
      else
        if r = 11
        then "J"
        else
          if r = 12
          then "Q"
         else "K"
;;
let draw_card_aux(cardcol, cardrank, x, y, dx, dy :
         string * string * int * int * int * int) : unit =
  let l1 :  int = string_length(cardrank)
         and l2 : int = string_length(cardcol)
  in
  let x11 : int = x + 5 and y11 : int = y + dy -15 in
  let x12 : int = x + dx - 5 * (l1 + 1) and y12 : int = y + 5 in
  let x2 : int = x + dx/2 - (l2 * 5) / 2 - 2 and y2 = y + dy / 2 - 5 in
    (
    if cardcol = "heart" || cardcol = "diamond"
    then set_color(red)
    else set_color(black) ;
    draw_rect(x, y, dx, dy) ;
```

```
    moveto(x11, y11) ; draw_string(cardrank) ;
    moveto(x12, y12) ; draw_string(cardrank) ;
    moveto(x2, y2) ; draw_string(cardcol)
    )
;;
let draw_card(card, x, y : t_card * int * int) : unit =
  draw_card_aux(string_of_card_color(card.color),
                string_of_card_rank(card.rank), x, y, 50, 65)
;;
let rec draw_card_list_aux(l, i, j, x, y :
            t_card list * int * int * int * int) : unit =
  if l = [] || i = 4
  then ()
  else
    if j = 13
    then draw_card_list_aux(l, i + 1, 0, x, y)
    else
      (
      draw_card(fst(l), x + j * 55, y - i * 70) ;
      draw_card_list_aux(rem_fst(l), i, j+1, x, y)
      )
;;
let draw_card_list(l, x, y : t_card list * int * int) : unit =
  draw_card_list_aux(l, 0, 0, x, y)
;;
let draw_card_list_player(l, i : t_card list * int) : unit =
  let px : int = 10 in
  let py : int = if i = 1 then 520 else 220 in
    draw_card_list(l, px, py)
;;
let draw_card_list_two_player(player1, player2 :
                    t_player * t_player) : unit =
  (
  draw_card_list_player(!(player1.hand), 1) ;
  draw_card_list_player(!(player2.hand), 2)
  )
;;
```

## 10.3 Exercice : jeu de serpent

On souhaite réaliser un jeu de serpent. Un serpent se déplace dans un environnement rectangulaire. Il se déplace automatiquement, et la direction de déplacement est contrôlée par le joueur. Si le serpent atteint les limites de son environnement, ou s'il se mord lui-même, le jeu s'arrête. La longueur du serpent peut varier, de même que sa vitesse de déplacement ; il peut ingurgiter des pastilles bonus de différents types, etc.

FIGURE 10.4 – Le serpent (en noir) dans son environnement : les limites de l'environnement sont en gris, les pastilles bonus sont en gris un peu plus clair.

Plus précisément, on considère trois structures :

- l'environnement du serpent est représenté par une matrice. Intuitivement, l'environnement est composé de parties, où chaque partie correspondant à une case de la matrice : une partie peut être vide, contenir une partie du serpent, contenir une partie de la limite de déplacement du serpent, contenir une pastille « bonus », etc ;
- le serpent est composé d'une suite de parties, où chaque partie se trouve dans une partie de l'environnement ;
- l'environnement et tout ce qu'il contient (serpent, limites de déplacement du serpent, pastilles « bonus », etc) est affiché dans une fenêtre graphique.

Dans l'exemple de la figure 10.4, la taille de la matrice est de `100 x 100` ; les coefficients d'homothétie entre la matrice et l'espace d'affichage est de `5` en `x` et de `5` en `y` : la partie de la fenêtre graphique correspondant à l'environnement du serpent est donc de taille `500 x 500`, et chaque emplacement de la matrice est représenté par un carré de `5 x 5` pixels.

### Version de base

Pour cette première partie de la réalisation, on s'intéresse au fonctionnement de base du jeu. La taille du serpent est constante ; il n'y pas de pastilles « bonus ». La conception générale est imposée, il est essentiellement demandé de concevoir et de développer les fonctions du jeu.

#### 10.3.0.1 Paramétrage

Le jeu est paramétré : en effet, des caractéristiques doivent être connues à l'initialisation du jeu : taille de la matrice, longueur initiale du serpent, etc. Il existe plusieurs manières de programmer ces paramètres, par exemple :

- définir ces paramètres comme des variables globales : ces variables peuvent alors être utilisées par toutes les fonctions définies à la suite, sans que leur utilisation n'apparaisse dans les signatures des fonctions ;
- regrouper ces paramètres au sein d'objets de types structurés, qui sont transmis comme paramètres des fonctions.

Nous choisissons cette dernière solution.

Plus précisément, il existe cinq types de paramètres pour cette version initiale du jeu, relatifs :

1. à la matrice ;
2. au serpent ;
3. à la gestion du temps ;
4. à la gestion des couleurs, pour l'affichage ;
5. à la gestion de la transformation entre la matrice et l'espace d'affichage.

**Exercice 113**
Définition des (types de) paramètres, et des fonctions d'accès correspondantes :

1. définissez un type `t_matrix_parameter` permettant de représenter les informations relatives à la taille de la matrice, ainsi qu'une fonction `init_matrix_parameter() : t_matrix_parameter` permettant de définir la taille initiale de la matrice de jeu. En effet, nous choisissons ici

d'initialiser les paramètres par des fonctions constantes. La modification des paramètres implique donc de recompiler le code. D'autres choix sont possibles, par exemple donner la possibilité au joueur de définir ces paramètres. Ces possibilités peuvent faire partie des extensions à réaliser, une fois développée cette version initiale du jeu ;

2. définissez un type `t_snake_parameter` permettant de représenter la taille initiale du serpent (c'est-à-dire le nombre de parties le composant), ainsi qu'une fonction `init_snake_parameter() : t_snake_parameter` permettant de définir cette taille initiale ;
3. le déplacement du serpent résulte d'une suite de déplacements élémentaires. Appelons `dt` le temps écoulé entre deux déplacements élémentaires : contrôler `dt` revient à contrôler la vitesse de déplacement du serpent. En particulier, réduire `dt` permet au serpent d'accélérer. Pour cette version du jeu, nous choisissons trois paramètres : le premier est le temps initial entre deux déplacements élémentaires ; le second est le temps entre deux accélérations du serpent ; le troisième est la variation de `dt` lors d'une accélération. Définissez un type `t_time_parameter` permettant de représenter ces informations (de type `float`), ainsi qu'une fonction `init_time_parameter() : t_time_parameter` permettant de les définir ;
4. chaque partie de l'environnement est affichée dans une couleur spécifique, selon qu'elle soit vide, ou qu'elle contienne une partie du serpent ou une partie des limites de l'environnement ; si le serpent atteint une limite de l'environnement, ou se mord lui-même, une quatrième couleur est utilisée pour colorer la tête du serpent lorsque cela se produit. Définissez un type `t_color_parameter` permettant de représenter ces informations, ainsi qu'une fonction `init_color_parameter() : t_color_parameter` permettant de les définir ;
5. l'espace de travail représentant l'environnement est défini ici par la matrice de jeu. Les informations nécessaires aux transformations géométriques à effectuer pour le passage entre la matrice de jeu et l'espace d'affichage dans la fenêtre graphique se réduisent donc aux coefficients de translation en `x` et en `y`, et aux coefficients d'homothétie en `x` et `y`. Par exemple, si la matrice a une taille de `100 x 100`, et que l'on souhaite que l'affichage se fasse dans la partie de la fenêtre graphique de taille `500 x 500` et dont le pixel en bas à gauche a pour coordonnées `(50, 50)`, il suffit de définir des coefficients de translation et d'homothétie égaux à `50`, `50`, `5` et `5`. Définissez un type `t_graphic_parameter` permettant de représenter ces informations, ainsi qu'une fonction `init_graphic_parameter() : t_graphic_parameter` permettant de les définir.

Tous ces paramètres sont regroupés dans une structure du type suivant :

```
type t_parameter =
  {
  matrix : t_matrix_parameter ;
  snake : t_snake_parameter ;
  time : t_time_parameter ;
  color : t_color_parameter ;
  graphic : t_graphic_parameter
  }
;;
```

Écrivez la fonction d'initialisation des paramètres du jeu.

Nous choisissons de développer des *fonctions d'accès* permettant d'extraire chacun des paramètres contenus une structure de type `t_parameter`. Par exemple, une fonction d'accès retourne la taille de la matrice en `x`, une fonction d'accès retourne la couleur du serpent, etc. Le développement de ces fonctions permet d'éviter de manipuler directement les différents champs des structures, ce qui peut faciliter les modifications qui pourraient être apportées ultérieurement. S'il y a des modifications sur ces structures, il suffit de modifier ces fonctions d'accès, mais il n'y a pas à modifier les fonctions qui les utilisent. Développez ces fonctions d'accès, qui ont toutes une signature de la forme : `myfunctionname(par : t_parameter) : parametertype`.

**Corrigé de l'exercice 113**

```
(* types et fonctions d'initialisation *)
type t_matrix_parameter = {size_x : int ; size_y : int} ;;
let init_matrix_parameter() : t_matrix_parameter =
  {size_x = 100 ; size_y = 100}
;;
type t_snake_parameter = {length : int} ;;
let init_snake_parameter() : t_snake_parameter =
  {length = 15}
;;
type t_time_parameter = {dt_init : float ;
                 dt_acc : float ; dt_ratio : float} ;;
let init_time_parameter() : t_time_parameter =
  {dt_init = 0.4 ; dt_acc = 5.0 ; dt_ratio = 0.8}
;;
type t_color_parameter = {empty : t_color ; snake : t_color ;
          frame : t_color ; problem : t_color} ;;
let init_color_parameter() : t_color_parameter =
  {empty = white ; snake = black ; frame = green ; problem = red }
;;
type t_graphic_parameter = {translation_x : int ;
      translation_y : int ; dilation_x : int ; dilation_y : int} ;;
```

```
let init_graphic_parameter() : t_graphic_parameter =
  {translation_x = 50 ; translation_y = 50 ;
                        dilation_x = 5 ; dilation_y = 5}
;;
type t_parameter =
  {
  matrix : t_matrix_parameter ;
  snake : t_snake_parameter ;
  time : t_time_parameter ;
  color : t_color_parameter ;
  graphic : t_graphic_parameter
  }
;;
let init_parameter() : t_parameter =
  {
  matrix = init_matrix_parameter() ;
  snake = init_snake_parameter() ;
  time = init_time_parameter() ;
  color = init_color_parameter() ;
  graphic = init_graphic_parameter()
  }
;;

(* les fonctions d'acces *)
let mymatrix_dx(par : t_parameter) : int =
  par.matrix.size_x
;;
let mymatrix_dy(par : t_parameter) : int =
  par.matrix.size_y
;;
let mysnake_length_init(par : t_parameter) : int =
  par.snake.length
;;
let mydt_init(par : t_parameter) : float =
  par.time.dt_init
;;
let mydt_acc(par : t_parameter) : float =
  par.time.dt_acc
;;
let mydt_ratio(par : t_parameter) : float =
  par.time.dt_ratio
;;
let mycolor_empty(par : t_parameter) : t_color =
  par.color.empty
;;
let mycolor_snake(par : t_parameter) : t_color =
  par.color.snake
;;
let mycolor_frame(par : t_parameter) : t_color =
  par.color.frame
;;
```

```
let mycolor_problem(par : t_parameter) : t_color =
  par.color.problem
;;
let mytranslation_x(par : t_parameter) : int =
  par.graphic.translation_x
;;
let mytranslation_y(par : t_parameter) :int =
  par.graphic.translation_y
;;
let mydilation_x(par : t_parameter) : int =
  par.graphic.dilation_x
;;
let mydilation_y(par : t_parameter) : int =
  par.graphic.dilation_y
;;
```

### Exercice 114

Fonctions graphiques.

1. Définissez les fonctions `mygraphic_x(x, par : int * t_parameter) : int`, et `mygraphic_y(y, par : int * t_parameter) : int` calculant les coordonnées en `x` et en `y` du pixel de la fenêtre graphique correspondant aux coordonnées `(x, y)` d'une case de la matrice.

2. En fait, chaque case de la matrice doit être affichée comme un petit rectangle dans l'espace d'affichage ; la taille du rectangle est définie par les coefficients d'homothétie. Écrivez la fonction `myplot(x, y, par : int * int * t_parameter) : unit` qui trace le petit rectangle correspondant à la case de la matrice de coordonnées `(x, y)`. Par exemple pour la case de coordonnées `(0, 0)`, le pixel en bas à gauche du rectangle correspondant a pour coordonnées `(50, 50)` et le pixel en haut à droite a pour coordonnées `(54, 54)`, si les coefficients de translation et d'homothétie sont égaux à 50, 50, 5 et 5.

3. Écrivez la fonction `myfill_rect(x, y, dx, dy, par : int * int * int * int * t_parameter) : unit`, qui trace dans la fenêtre d'affichage le rectangle correspondant au rectangle de la matrice dont le point en bas à gauche a pour coordonnées `px` et `py`, et dont les longueurs des côtés sont `dx` et `dy`.

### Corrigé de l'exercice 114

```
let mygraphic_x(x, par : int * t_parameter) : int =
  (x * mydilation_x(par)) + mytranslation_x(par)
;;
```

```
let mygraphic_y(y, par : int * t_parameter) : int =
  (y * mydilation_y(par)) + mytranslation_y(par)
;;
let myplot(x, y, par : int * int * t_parameter) : unit =
    fill_rect(mygraphic_x(x, par), mygraphic_y(y, par),
                        mydilation_x(par), mydilation_y(par))
;;
let myfill_rect(x, y, dx, dy, par :
               int * int * int * int * t_parameter) : unit =
    fill_rect(mygraphic_x(x, par), mygraphic_y(y, par),
                    dx * mydilation_x(par), dy * mydilation_y(par))
;;
```

#### 10.3.0.2 Initialisation

**Exercice 115**

La matrice de jeu. Chaque case de la matrice peut être vide, ou contenir une partie du serpent, ou contenir une partie de la bordure de l'espace dans lequel évolue le serpent. Le type énuméré `type t_value = EMPTY | SNAKE | FRAME` permet de représenter les valeurs pouvant être prises par les cases de la matrice.

1. Définissez le type `t_matrix` permettant de représenter une matrice de jeu.
2. Définissez la fonction `init_matrix(par : t_parameter) : t_matrix` dont le résultat est la matrice de jeu au début du jeu, mais sans le serpent. Dit autrement, les cases contiennent toutes la valeur `EMPTY`, sauf les cases des bords de la matrice qui contiennent la valeur `FRAME`.

**Corrigé de l'exercice 115**

```
type t_value = EMPTY | SNAKE | FRAME ;;

type t_matrix = t_value matrix ;;

let init_matrix(par : t_parameter) : t_matrix =
  let m = mat_make(mymatrix_dx(par), mymatrix_dy(par), EMPTY)
      and indmaxx : int = mymatrix_dx(par) - 1
      and indmaxy : int = mymatrix_dy(par) - 1
  in
    (
    for i = 0 to indmaxx
    do
      m.(i).(0) <- FRAME ;
      m.(i).(indmaxy) <- FRAME
    done ;
```

```
    for j = 1 to indmaxy - 1
    do
      m.(0).(j) <- FRAME ;
      m.(indmaxx).(j) <- FRAME
    done ;
    m
    )
;;
```

**Exercice 116**

Le serpent. Les types décrits ci-après permettent de représenter les directions de déplacement du serpent, et le serpent lui-même. Une partie du serpent est représentée par une structure de type `t_position`, dont le point indique la case de la matrice dans laquelle se situe cette partie.

```
type t_direction = LEFT | RIGHT | UP | DOWN ;;
type t_point = {x : int ; y : int} ;;
type t_position = {pt : t_point ; dir : t_direction} ;;
type t_snake = t_position list ;;
```

1. Définissez la fonction `mysnake_position_init(par : t_parameter) : t_point` dont le résultat indique la localisation de la tête du serpent à l'initialisation du jeu ;
2. en n'utilisant que la récursivité, définissez la fonction `init_snake(par : t_parameter) : t_snake` définissant le serpent à l'initialisation du jeu.

**Corrigé de l'exercice 116**

Nous choisissons de positionner la tête du serpent au centre de son environnement. Le calcul du serpent initial revient à calculer une liste de positions consécutives ; la longueur de cette liste est donnée par le paramètre correspondant.

NB. Les valeurs de paramètres du jeu et les traitements effectués respectent la contrainte suivante : la longueur du serpent n'est jamais inférieure à sa longueur initiale, elle-même strictement positive et inférieure à la moitié de la taille en x ou en y de la matrice de jeu.

```
let mysnake_position_init(par : t_parameter) : t_point =
  {x = mymatrix_dx(par) / 2 ; y = mymatrix_dy(par) / 2}
;;
let rec init_snake_aux(nb, p : int * t_point) : t_snake =
  if nb = 0
  then []
  else
    let pos : t_position = {pt = p ; dir = LEFT} in
      add_fst(init_snake_aux(nb - 1, {x = p.x + 1 ; y = p.y}), pos)
;;
```

```
let rec init_snake(par : t_parameter) : t_snake =
  init_snake_aux(mysnake_length_init(par), mysnake_position_init(par))
;;
```

**Exercice 117**
Initialisation du jeu.

1. En n'utilisant que la récursivité, écrivez une fonction `draw_whole_snake (s, par : t_snake * t_parameter) : unit` qui affiche le serpent.
2. Écrivez une fonction `draw_frame(par : t_parameter) : unit` qui trace la limite de déplacement du serpent.

Le type `t_play` permet de représenter l'état du jeu[1] ainsi que ses paramètres :

```
type t_play = {param : t_parameter ; dt : float ref ;
               sn : t_snake ref ; mat : t_matrix} ;;
```

1. Écrivez la fonction `insert_snake_matrix(s, m : t_snake * t_matrix) : unit`, insérant le serpent `s`, supposé être le serpent initial, dans la matrice `m`, supposée être la matrice initiale.
2. Écrivez la fonction `init_play(par : t_parameter) : t_play` qui réalise l'initialisation du jeu : son résultat est le descriptif du jeu à son début ; la fonction traite aussi l'affichage du cadre du jeu et du serpent.

**Corrigé de l'exercice 117**

```
let rec draw_whole_snake_aux(s, par : t_snake * t_parameter) : unit =
  if s = []
  then ()
  else
    let (f, r) : t_position * t_snake = (fst(s), rem_fst(s)) in
      (
      myplot(f.pt.x, f.pt.y, par) ;
      draw_whole_snake_aux(r, par) ;
      )
;;

let draw_whole_snake(s, par : t_snake * t_parameter) : unit =
  set_color(mycolor_snake(par)) ;
  draw_whole_snake_aux(s, par) ;
;;
```

1. `dt` contient l'écart de temps entre deux déplacements élémentaires, `sn` contient le serpent, `mat` est la matrice de jeu.

```
let draw_frame(par : t_parameter) : unit =
  (
  set_color(mycolor_frame(par)) ;
  myfill_rect(0, 0, mymatrix_dx(par), 1, par) ;
  myfill_rect(0, mymatrix_dy(par) - 1, mymatrix_dx(par), 1, par) ;
  myfill_rect(0, 1, 1, mymatrix_dy(par) - 2, par) ;
  myfill_rect(mymatrix_dx(par) - 1, 1, 1, mymatrix_dy(par) - 2, par) ;
  )
;;
let rec insert_snake_matrix(s, m : t_snake * t_matrix) : unit =
  if s = []
  then ()
  else
    let (head, tail) : t_position * t_snake = (fst(s), rem_fst(s)) in
      (
      m.(head.pt.x).(head.pt.y) <- SNAKE ;
      insert_snake_matrix(tail, m)
      )
;;
let init_play(par : t_parameter) : t_play =
  let s : t_snake = init_snake(par) and
              m : t_matrix = init_matrix(par)
  in
    (
    draw_frame(par) ;
    draw_whole_snake(s, par) ;
    insert_snake_matrix(s, m) ;
    {param = par ; dt = ref (mydt_init(par)) ; sn = ref s ; mat = m} ;
    )
;;
```

#### 10.3.0.3 Fonctions pour une étape de jeu

### Exercice 118

1. Écrivez une fonction `compute_new_position(pos, d : t_position * t_direction) : t_position` qui, à partir d'une position `pos` correspondant à la tête du serpent et d'une direction de déplacement `dir`, calcule la position correspondant au déplacement élémentaire de la tête du serpent (en pratique, la tête se déplace d'une case). NB. Comme on le verra, la case atteinte ne peut pas se situer en dehors de la matrice, il n'y a donc aucun test de validité à faire.
2. En fait, le déplacement du serpent est simulé en ajoutant une nouvelle partie correspondant à la position de la tête après déplacement, et en supprimant la dernière partie du serpent.

Écrivez la fonction remove_snake_tail(pl : t_play) : unit qui supprime la dernière position du serpent. La fonction efface aussi la trace de la dernière position du serpent dans la fenêtre graphique.

3. Écrivez la fonction add_snake_newhead(pl, newpos : t_play * t_position) : unit qui ajoute la position newpos en tête du serpent. La fonction affiche aussi cette nouvelle position dans la fenêtre graphique.
4. Écrivez la fonction move_snake(pl, newpos : t_play * t_position) : unit qui simule le déplacement du serpent, la nouvelle position de la tête étant la position newpos.
5. Le déplacement du serpent peut être contrôlé à la souris, ou au clavier :
   (a) Écrivez une fonction analyze(pos, par : t_position * t_parameter) : t_direction permettant de définir une direction à partir de la position de la souris par rapport à la tête du serpent. La fonction utilitaire mouse_pos() : int * int permet de récupérer la position de la souris, exprimée par rapport à la fenêtre graphique. Il est donc nécessaire de calculer la position de la tête dans la fenêtre graphique.
   (b) Écrivez une fonction alternative analyze(pos : t_position) : t_direction permettant de calculer une direction en saisissant un caractère au clavier. La fonction utilitaire key_pressed() : bool permet de savoir si un caractère a été saisi. La fonction utilitaire read_key() : char permet de récupérer un caractère, si un caractère a été saisi [1].
6. Écrivez une fonction mymessage(s, par : string * t_parameter) : unit permettant d'afficher une chaîne de caractères s dans la fenêtre graphique. En particulier, cette fonction permet de prévenir le joueur quand le jeu est fini, avec un message adéquat.

### Corrigé de l'exercice 118

```
let compute_new_position(pos, d :
                 t_position * t_direction) : t_position =
  let nx : int ref = ref (pos.pt.x)
        and ny : int ref = ref (pos.pt.y)
  in
    (
    if d = UP
    then ny := !ny + 1
```

1. NB. À l'utilisation, il ne faut saisir un caractère que pour indiquer des changements de direction, car tous les caractères saisis sont mémorisés jusqu'à leur utilisation. Pour qu'un caractère soit pris en compte, il faut que la fenêtre graphique soit sélectionnée.

```
    else
      if d = RIGHT
      then nx := !nx + 1
      else
        if d = LEFT
        then nx := !nx - 1
        else ny := !ny - 1 ;
    {pt = {x = !nx ; y = !ny} ; dir = d} ;
    )
;;
let remove_snake_tail(pl : t_play) : unit =
  let last_sn : t_position = lst(!(pl.sn)) in
    (
    pl.sn := rem_lst(!(pl.sn)) ;
    pl.mat.(last_sn.pt.x).(last_sn.pt.y) <- EMPTY ;
    set_color(mycolor_empty(pl.param)) ;
    myplot(last_sn.pt.x, last_sn.pt.y, pl.param) ;
    )
;;
let add_snake_newhead(pl, newpos : t_play * t_position) : unit =
    (
    pl.sn := add_fst(!(pl.sn), newpos) ;
    pl.mat.(newpos.pt.x).(newpos.pt.y) <- SNAKE ;
    set_color(mycolor_snake(pl.param)) ;
    myplot(newpos.pt.x, newpos.pt.y, pl.param)
    )
;;
let move_snake(pl, newpos : t_play * t_position) : unit =
  (
  add_snake_newhead(pl, newpos) ;
  remove_snake_tail(pl) ;
  )
;;
```

Pour les fonctions `analyze`, un test est ajouté pour éviter que le serpent ne se torde le cou.

```
(* calcul d'une direction a partir de la souris *)
let analyze(pos, par : t_position * t_parameter) : t_direction =
  let (i, j) : int * int = mouse_pos() in
  let (k, l) : int * int =
        (mygraphic_x(pos.pt.x, par), mygraphic_y(pos.pt.y, par))
  in
  let v : t_direction =
    if abs(i - k) < abs(j - l)
    then
      if j > l
      then UP
      else DOWN
```

```
    else
      if i < k
      then LEFT
      else RIGHT
  in
    if (pos.dir = UP && v = DOWN) || (pos.dir = DOWN && v = UP)
    then if i < k then LEFT else RIGHT
    else
      if (pos.dir = LEFT && v = RIGHT) ||
                     (pos.dir = RIGHT && v = LEFT)
      then if j > 1 then UP else DOWN
      else v
;;

(* calcul d'une position a partir du clavier *)
(* 't' -> UP, 'c' -> DOWN, 'd' -> LEFT *)
(* 'h' ou autre caractere -> RIGHT *)
let convert_direction(c : char) : t_direction =
  if c = 't'
  then UP
  else
    if c = 'c'
    then DOWN
    else
      if c = 'd'
      then LEFT
      else RIGHT
;;
let analyze(pos : t_position) : t_direction =
  let dir : t_direction ref = ref (pos.dir) in
    (
    if key_pressed()
    then dir := convert_direction(read_key())
    else ();
    if (pos.dir = UP && !dir = DOWN) ||
         (pos.dir = DOWN && !dir = UP) ||
         (pos.dir = LEFT && !dir = RIGHT) ||
         (pos.dir = RIGHT && !dir = LEFT)
    then pos.dir
    else !dir
    )
;;
let mymessage(s, par : string * t_parameter) : unit =
  (
  moveto(mygraphic_x(mymatrix_dx(par)/4, par),
                mygraphic_y(mymatrix_dy(par) /2,  par)) ;
  draw_string(s)
  )
;;
```

#### 10.3.0.4 Une étape de jeu

**Exercice 119**

Écrivez la fonction `new_step(pl : t_play) : bool`, qui simule une étape du jeu. Plus précisément, une direction de déplacement est calculée, en utilisant la fonction `analyze`. Une nouvelle position est alors calculée. En fonction du résultat du calcul, il faut traiter les cas suivants :

- le serpent atteint la limite de son environnement,
- le serpent se mord lui-même,
- le serpent se déplace normalement d'une case.

Dans les deux premiers cas, un message adapté s'affiche dans la fenêtre graphique, et la fonction retourne le résultat `true` ; sinon, la fonction retourne le résultat `false`.

**Corrigé de l'exercice 119**

```
let new_step(pl : t_play) : bool =
  let par : t_parameter = pl.param in
  let fstpos : t_position = fst(!(pl.sn)) in
  let dir : t_direction = analyze(fstpos, par) in
  let newpos : t_position = compute_new_position(fstpos, dir) in
  let status : t_value = pl.mat.(newpos.pt.x).(newpos.pt.y) in
    if status = FRAME || status = SNAKE
    then
      (
      set_color(mycolor_problem(par)) ;
      myplot(fstpos.pt.x, fstpos.pt.y, par) ;
      if status = FRAME
      then mymessage("you fall in the outer space", par)
      else mymessage("you bit yourself", par) ;
      true ;
      )
    else
      (
      move_snake(pl, newpos) ;
      false ;
      )
;;
```

#### 10.3.0.5 Le jeu

La fonction `handle_t_acc(t, t_acc, play : float ref * float ref * t_play) : unit` gère l'accélération du serpent ; la fonction `handle_time(t, dt : float ref * float) : unit` effectue une boucle, afin de faire une pause durant le temps séparant deux déplacements élémentaires.

La fonction `simulation() : unit` simule le déplacement du serpent. Étudiez leurs fonctionnements, sachant que la fonction OCaml `Sys.time()` a pour résultat le *temps processeur* : l'unité de temps est la seconde, mais le temps est un flottant (les fractions de seconde sont donc gérées).

```
let handle_t_acc(t, t_acc, play :
           float ref * float ref * t_play) : unit =
  if (!t -. !t_acc) > mydt_acc(play.param)
  then
    (
    play.dt := !(play.dt) *. mydt_ratio(play.param) ;
    t_acc := !t ;
    )
  else ()
;;

let handle_time(t, dt : float ref * float) : unit =
  let newt : float ref = ref (Sys.time()) in
    (
    while not((!newt -. !t) > dt)
    do newt := Sys.time() ;
    done ;
    t := !newt ;
    )
;;

let simulation() : unit =
  let par : t_parameter = init_parameter() in
  let pl : t_play = init_play(par) in
  let t : float ref = ref (Sys.time())
              and tacc : float ref = ref (Sys.time())
  in
  let the_end : bool ref = ref false in
    (
    while not(!the_end)
    do
      handle_time(t, !(pl.dt)) ;
      handle_t_acc(t, tacc, pl) ;
      the_end := new_step(pl) ;
    done ;
    )
;;
```

## Extensions

### Exercice 120

L'objectif est maintenant de concevoir et de développer de nouvelles possibilités, par exemple :

1. Calcul et affichage d'un score sur la fenêtre de jeu. En premier lieu, il s'agit de définir l'indicateur ou les indicateurs qui vous semblent pertinents (temps écoulé depuis le début du jeu, nombre de cases parcourues par la tête du serpent, etc) ; l'affichage du score ne doit bien sûr pas perturber l'affichage du jeu lui-même.
2. Accroissement de la longueur du serpent au fur et à mesure du temps qui passe. Il importe donc :
   (a) de définir à quels moments la longueur s'accroît ;
   (b) d'analyser les mécanismes mis en place dans la version initiale du jeu pour contrôler l'accélération du serpent : certains pourraient être adaptés pour contrôler l'accroissement ;
   (c) de définir le moyen le plus simple de faire en sorte que la longueur du serpent augmente.
3. Apparition aléatoire de « bonus », permettant au serpent de retrouver sa taille initiale lorsque le serpent en « avale » un. Il est donc intéressant de se poser les questions suivantes :
   (a) comment représenter le fait qu'un bonus est contenu dans une case de la matrice ?
   (b) comment contrôler l'apparition de ces bonus, c'est-à-dire contrôler quand et où ces bonus apparaissent ?
   (c) comment faire en sorte que le serpent retrouve sa taille initiale lorsque les conditions sont réunies ?
4. bien sûr, de nombreuses autres extensions peuvent être conçues et développées.

### Corrigé de l'exercice 120

Avant de définir une extension, il faut bien sûr la *spécifier*, c'est-à-dire identifier précisément ce qu'elle doit faire (quel résultat est attendu précisément ?) et à partir de quoi elle le fait (quel paramètre est utilisé ?). Même une fois ce travail fait, il existe de nombreuses possibilités pour concevoir et développer l'extension.

### Gestion du score

Le type `t_play` contient toutes les informations relatives à l'état actuel du jeu : comme le score évolue durant le jeu, l'ajout au type `t_play` d'un nouveau champ mutable pour contenir le score est adapté.

On peut choisir de n'afficher le score qu'à certains moments, de même qu'il n'y a une accélération qu'à certains moments. Dans ce cas, un nouveau paramètre est nécessaire, qu'il faut ajouter à l'ensemble des autres paramètres, et qu'il faut gérer comme les autres par souci d'homogénéité. Une fonction similaire à celle gérant l'accélération doit être réalisée, et appelée dans la boucle de simulation.

Une fonction d'affichage du score doit être prévue (l'affichage du score ne doit pas perturber la zone de jeu dans l'espace d'affichage). Bien sûr, le score initial est affiché à l'initialisation du jeu. L'affichage du score au cours du jeu dépend du choix relatif aux moments auxquels le score est affiché.

### Gestion de l'accroissement du serpent

Une solution possible est la suivante. Le type `t_snake_parameter` est modifié, afin d'inclure un nouveau paramètre permettant de gérer l'intervalle de temps entre deux allongements.

L'allongement peut se réaliser très simplement en modifiant la fonction `move_snake` afin de ne pas supprimer la queue du serpent lors d'un déplacement élémentaire, s'il y a accroissement : l'ajout d'un booléen dans le paramètre de la fonction permet de contrôler s'il y a ou non accroissement.

La valeur de ce booléen, transmise via la fonction `new_step`, peut être définie de la même manière que quand une accélération est décidée.

### Gestion des bonus

De nouveaux paramètres peuvent être ajoutés aux paramètres de jeu, afin de gérer le temps entre deux apparitions de bonus, le nombre de bonus apparaissant simultanément, etc.

Une fonction permettant d'insérer les bonus doit être développée. La localisation des bonus est aléatoire, mais il faut faire attention à ne pas ajouter un bonus dans une case de la matrice dont le contenu n'est pas `EMPTY`. Pour gérer le temps d'apparition entre bonus, une fonction similaire à la gestion du temps entre deux accélérations peut être développée.

Une fonction permettant de raccourcir le serpent à sa taille initiale doit aussi être développée : elle peut être réalisée en appelant la fonction `remove_snake_tail` autant de fois que nécessaire.

La fonction `new_step` doit bien sûr être modifiée afin de tenir compte du cas où la tête du serpent passe sur un bonus.

# Chapitre 11

# Aspects « techniques »

## 11.1 Fonctions utilitaires

Les fonctions dont les signatures figurent ci-après ne sont pas des fonctions prédéfinies `OCaml`. Ceci dit, ce sont souvent des redéfinitions de fonctions `OCaml`, afin de respecter les conventions d'écriture mises en œuvre dans ce cours. Les signatures des fonctions sont rappelées dans un premier temps, les codes des fonctions figurent ensuite.

### 11.1.1 Signatures des fonctions utilitaires

#### 11.1.1.1 Listes

• `len(l : 'a list) : int` retourne la longueur de la liste `l` ;

• `fst(l : 'a list) : 'a` retourne le premier élément de la liste `l` ;
• `lst(l : 'a list) : 'a` retourne le dernier élément de la liste `l` ;
• `nth(l, k : 'a list * int) : 'a` retourne le `(k + 1)`-ième élément de la liste `l` (`k` doit être compris entre `0` et `len(l) - 1`) ;

• `add_fst(l, e : 'a list * 'a) : 'a list` retourne la liste dont le premier élément est `e` et les suivants sont ceux de la liste `l` (dans l'ordre) ;
• `add_lst(l, e : 'a list * 'a) : 'a list` retourne la liste dont les premiers éléments sont ceux de la liste `l` (dans l'ordre) et le dernier élément est `e` ;
• `add_nth(l, e, k : 'a list * 'a * int) : 'a list` retourne la liste dont les `k` premiers éléments sont les `k` premiers éléments de la liste `l` (dans l'ordre), le `(k + 1)`-ème élément est `e`, et les éléments suivants sont les éléments restants de la liste `l`, dans l'ordre (`k` doit être compris entre `0` et `len(l)`) ;

• `rem_fst(l : 'a list) : 'a list` retourne la liste dont les éléments sont ceux de la liste `l` (dans l'ordre), excepté le premier élément ;
• `rem_lst(l : 'a list) : 'a list` retourne la liste dont les éléments sont ceux de la liste `l` (dans l'ordre), excepté le dernier élément ;
• `rem_nth(l, k : 'a list * int) : 'a list` retourne la liste dont les éléments sont ceux de la liste `l` (dans l'ordre), excepté le `(k + 1)`-ème élément (`k` doit être compris entre `0` et `len(l) - 1`) ;

• `concat(l1, l2: 'a list * 'a list) : 'a list` retourne la liste dont les premiers éléments sont ceux de la liste `l1` (dans l'ordre) et les éléments suivants sont ceux de la liste `l2` (dans l'ordre).

#### 11.1.1.2 Tableaux

• `arr_len(t : 'a array) : int` retourne la longueur du tableau `t` ;
• `arr_make(n, v : int * 'a) : 'a array` retourne un tableau de longueur `n`, dont toutes les cases contiennent la valeur `v` ;

• `'a matrix` est un type équivalent à `'a array array`, utilisé pour la manipulation de matrices ;
• `mat_make(n, m, v : int * int * 'a) : 'a matrix` retourne une matrice de `n` lignes et `m` colonnes, dont toutes les cases contiennent la valeur `v`.

#### 11.1.1.3 Aléatoire

• `rand_init() : unit` initialise le générateur aléatoire ;
• `rand_init_expl(n : int) : unit` initialise le générateur aléatoire, en utilisant la valeur `n` ;

• `rand_int_0(n : int) : int` retourne un entier aléatoire compris entre `0` et `n` (inclus) ;
• `rand_int(p, n : int) : int * int` retourne un entier aléatoire compris entre `p` et `n`, inclus (`p` doit être inférieur à `n`).

#### 11.1.1.4 Caractères et chaînes de caractères

• `read_char() : char` retourne la valeur du premier caractère d'une ligne lue au clavier (tous les autres caractères de la ligne sont ignorés) ;

• `string_of_char(c : char) : string` convertit un caractère `c` en chaîne de caractères ne comportant que `c` ;
• `string_length(s : string) : int` retourne le nombre de caractères de la chaîne `s`.

#### 11.1.1.5 Pause durant exécution

• `wait(n : int) : unit` interrompt l'exécution en cours durant `n` secondes.

#### 11.1.1.6 Graphique

• `open_graph(dx, dy : int * int) : unit` ouvre une fenêtre graphique de taille `dx` par `dy` pixels ;
• `close_graph() : unit` ferme la fenêtre graphique ;
• `clear_graph() : unit` efface la fenêtre graphique ;
• `resize_window(dx, dy : int * int) : unit` redimensionne la fenêtre graphique afin que sa taille soit de `dx` par `dy` pixels ;

• `moveto(x, y : int * int) : unit` déplace le curseur à la position `(x, y)` ;
• `lineto(x, y : int * int) : unit` trace un segment depuis la position courante du curseur jusqu'au point `(x, y)` ;
• `plot(x, y : int * int) : unit` dessine le point `(x, y)` ;
• `current_point() : int * int` retourne la position courante du curseur ;

• `draw_rect(x, y, dx, dy : int * int * int * int) : unit` trace un rectangle dont le point en bas à gauche est `(x, y)`, et dont les dimensions des côtés sont `dx` et `dy` ;
• `draw_circle(x, y, r : int * int * int) : unit` trace un cercle de centre `(x, y)` et de rayon `r` ;
• `draw_ellipse(x, y, dx, dy : int * int * int * int) : unit` trace une ellipse de centre `(x, y)`, de rayon horizontal `dx` et de rayon vertical `dy` ;
• `draw_poly_line(t : (int * int) array) : unit` trace une ligne polygonale dont les sommets sont contenus dans le tableau `t` ;

• `fill_rect(x, y, dx, dy : int * int * int * int) : unit` est similaire à `draw_rect`, en remplissant de plus le rectangle ;
• `fill_circle(x, y, r : int * int * int) : unit` est similaire à `draw_circle`, en remplissant de plus le cercle ;
• `fill_ellipse(x, y, dx, dy : int * int * int * int) : unit` est similaire à `draw_ellipse`, en remplissant de plus l'ellipse ;

• `fill_poly(t : (int * int) array) : unit` est similaire à `draw_poly_line`, en remplissant de plus le polygone défini par `t` ;

• `set_line_width(e : int) : unit` définit l'épaisseur du trait égal à `e` pixels ;
• `draw_string(s : string) : unit` trace une chaîne de caractères dans la fenêtre graphique ;
• `set_text_size(n : int) : unit` définit la taille des caractères ;

• `t_color` est le type des couleurs ; les couleurs `black`, `blue`, `red`, `green`, `white`, `yellow`, `cyan`, `magenta`, `grey` peuvent être utilisées directement ;
• `color_of_rgb(r, g, b : int * int * int) : t_color` retourne une couleur dont les composants rouge, vert et bleu sont respectivement `r`, `g` et `b` ;
• `set_color(color : t_color) : unit` définit la couleur courante comme étant égale à `color`.

#### 11.1.1.7 Contrôle d'évènements

• `key_pressed() : bool` retourne `true` si un caractère a été saisi, `false` sinon (les caractères sont mémorisés, et oubliés au fur et à mesure de leur utilisation) ;
• `read_key() : char` retourne la valeur du premier caractère saisi (s'il y en a eu un, c'est-à-dire si `key_pressed` a retourné la valeur `true`) ;

• `mouse_pos() : int * int` retourne la position de la souris ;
• `button_down() : bool` retourne `true` si le bouton de la souris est enfoncé, et `false` sinon.

### 11.1.2 Codes des fonctions utilitaires

#### 11.1.2.1 Listes

```
let len(l : 'a list) : int = List.length l ;;

let fst(l : 'a list) : 'a =
  match l with
    [] -> failwith "error fst : list is empty"
  | hd::_ -> hd
;;

let rec lst(l : 'a list) : 'a =
  match l with
```

```
    [] -> failwith "error lst : list is empty"
    | hd::[] -> hd
    | _::tail -> lst(tail)
;;

let nth(l, k : 'a list * int) : 'a =
  let rec nth1(l, k) =
    match l with
      []-> failwith "error nth : index out of bounds"
    | hd::tail -> if k = 0 then hd else nth1(tail, k-1)
  in
    if k < 0
    then failwith "error  nth : index must be positive"
    else nth1(l,k)
;;


let add_fst(l, e : 'a list * 'a) : 'a list = e::l ;;

let rec add_lst(l, e : 'a list * 'a) : 'a list =
  match l with
    [] -> [e]
  | hd::tail -> hd::add_lst(tail,e)
;;

let add_nth(l, e, k  : 'a list * 'a * int) : 'a list =
  let rec add_nth1(l, e, k) =
    match l with
      [] -> [e]
    | hd ::tail -> if k = 0 then e::l else hd::add_nth1(tail, e, k-1)
  in
    if k < 0
    then failwith "error add_nth : index must be positive"
    else
      if k > len(l)
      then failwith "error add_nth : index out of bounds"
      else add_nth1(l,e,k)
;;

let rem_fst(l : 'a list) : 'a list =
  match l with
    [] -> failwith "error rem_fst : list is empty"
    | _::tail -> tail
;;
```

```
let rec rem_lst(l : 'a list) : 'a list =
  match l with
    [] -> failwith "error rem_lst : list is empty"
    | [x] -> []
    | x::tail -> x::rem_lst(tail)
 ;;

let rem_nth(l, k : 'a list * int) : 'a list =
  let rec rem_nth1(l, k) =
    match l with
    | [] -> failwith "error rem_nth : index out of bounds"
    | hd:: tail -> if k = 0 then tail else hd::rem_nth1(tail, k-1)
  in
    if k < 0
    then failwith "error rem_nth : index must be positive"
    else rem_nth1(l, k)
;;

let concat(l1, l2 : 'a list * 'a list) = l1 @ l2 ;;
```

#### 11.1.2.2 Tableaux

```
let arr_len(t : 'a array) : int = Array.length t ;;

let arr_make(n, v : int * 'a) : 'a array =
  if n < 0
  then failwith("erreur arr_make ; parametre invalide")
  else Array.make n v
;;

type 'a matrix = 'a array array ;;

let mat_make(n, m, v : int * int * 'a) : 'a matrix =
  if n < 0 || m < 0
  then failwith("erreur mat_make ; parametre invalide")
  else Array.make_matrix n m v
;;
```

#### 11.1.2.3 Aléatoire

```
let rand_init() : unit = Random.self_init() ;;

let rand_init_expl(n : int) : unit = Random.init(n) ;;

let rand_int_0(n : int) : int = Random.int(n+1) ;;
```

```
let rand_int(n, p : int * int) : int = Random.int(p-n + 1) + n ;;
```

#### 11.1.2.4 Caractères et chaînes de caractères

```
let read_char() : char =
  let s : string ref = ref "" and the_end : bool ref = ref false in
    (
    while not(!the_end)
    do
      s:= read_line() ;
      if String.length(!s) = 0
      then
        (
        print_string("erreur read_char : aucun caractere saisi") ;
        print_newline() ;
        )
      else the_end := true;
    done ;
    (!s).[0] ;
    )
;;

let string_of_char(c : char) : string = Char.escaped c ;;

let string_length(s : string) : int = String.length s ;;
```

#### 11.1.2.5 Pause durant exécution

```
let wait(n : int) : unit =
 Unix.sleep(n)
;;
```

#### 11.1.2.6 Graphique

```
let open_graph(dx, dy : int * int) : unit =
  if Sys.os_type = "Unix" then
    let s = ":0 "^string_of_int(dx)^"x"^string_of_int(dy) in
      Graphics.open_graph s
  else
    let s = string_of_int(dx)^"x"^string_of_int(dy) in
      Graphics.open_graph s
;;

let close_graph() : unit = Graphics.close_graph() ;;

let clear_graph() : unit = Graphics.clear_graph() ;;
```

```
let resize_window(x, y : int * int) : unit =
                            Graphics.resize_window x y ;;

let moveto(x, y : int * int) : unit = Graphics.moveto x y ;;

let lineto(x, y : int * int) : unit = Graphics.lineto x y ;;

let plot(x, y : int * int) : unit = Graphics.plot x y ;;

let current_point() : int * int = Graphics.current_point() ;;

let draw_poly_line(t : (int * int) array) : unit =
                            Graphics.draw_poly_line t ;;

let draw_circle(x, y, r : int * int * int) : unit =
                            Graphics.draw_circle x y r ;;

let draw_ellipse(x, y, dx, dy : int * int * int * int) : unit =
          Graphics.draw_ellipse x y dx dy
;;

let draw_rect(x, y, dx, dy : int * int * int * int) : unit =
  if Sys.os_type = "Unix" then
    Graphics.draw_rect x y (dx- 1) (dy - 1)
  else
    Graphics.draw_rect x (y+1) (dx-1) (dy-1)
;;

let fill_rect(x, y, dx, dy : int * int * int * int) : unit =
  if Sys.os_type = "Unix" then
    Graphics.fill_rect x y (dx- 1) (dy - 1)
  else
    Graphics.fill_rect x y dx dy
;;

let fill_poly(t : (int * int) array) : unit =
                            Graphics.fill_poly t ;;

let fill_circle(x, y, r : int * int * int) : unit =
                            Graphics.fill_circle x y r ;;

let fill_ellipse(x, y, dx, dy : int * int * int * int) : unit =
          Graphics.fill_ellipse x y dx dy
;;
```

```
let set_line_width(e : int) : unit = Graphics.set_line_width e ;;

let draw_string(s : string) : unit = Graphics.draw_string s ;;

let set_text_size(n : int) : unit =
  let s = "-*-courier-medium-r-*-*-"^string_of_int(n)^"-*"
  in Graphics.set_font s ;;

type t_color = Graphics.color ;;

let black : t_color = Graphics.black ;;
let blue : t_color = Graphics.blue ;;
let red : t_color = Graphics.red ;;
let green : t_color = Graphics.green ;;
let white : t_color = Graphics.white ;;
let yellow : t_color = Graphics.yellow ;;
let cyan : t_color = Graphics.cyan ;;
let magenta : t_color = Graphics.magenta ;;
let grey : t_color = 128 * 256 * 256 + 128 * 256 + 128 ;;

let color_of_rgb(r, g, b : int * int * int) : t_color =
  let valid(x : int) : bool = ((0 <= x) && x <= 255) in
    if not(valid(r)) || not(valid(g)) || not(valid(b))
    then failwith("erreur color_of_rgb : valeurs invalides")
    else Graphics.rgb r g b
;;

let set_color(color : t_color) : unit = Graphics.set_color color ;;
```

#### 11.1.2.7 Contrôle d'évènements

```
let key_pressed() : bool =
  Graphics.key_pressed()
;;

let read_key() : char =
  Graphics.read_key()
;;

let mouse_pos() : int * int =
  Graphics.mouse_pos()
;;

let button_down() : bool =
  Graphics.button_down()
;;
```

## 11.2 Interprétation

Comme expliqué dans l'introduction, la mise en œuvre des différents codes présentés dans ce livre utilise l'*interpréteur* `ocaml`. Comme les codes proposés n'utilisent pas de particularités récentes du langage `OCaml`, ils peuvent fonctionner sur toutes les versions de l'interpréteur.

L'utilisation de l'interpréteur peut se faire de différentes façons, selon l'ordinateur dont vous disposez (à noter qu'il peut être possible d'accéder à un interpréteur via une tablette ou un téléphone).

En plus de l'interpréteur, le langage `OCaml` dispose aussi de nombreux autres outils pour :

1. *compiler* le code et produire un *programme* qui fonctionne sans avoir besoin d'un interpréteur,
2. *tester* le code, sans avoir à effectuer tous les tests « à la main »,
3. *documenter* le code.

D'autres outils permettent aussi de *déboguer* le code, c'est-à-dire d'y rechercher les erreurs, de *profiler* le code, c'est-à-dire d'évaluer ses performances lors de l'exécution (en temps ou en utilisation mémoire), et d'*optimiser* le code (*cf.* `https://ocaml.org`).

L'existence de ces outils n'est pas particulière à `OCaml`. Il s'agit d'outils habituels utilisés lors du développement de codes. La disponibilité des différents outils varie en fonction des langages de programmation.

### 11.2.1 Utilisation d'un interpréteur `ocaml` en ligne

Si vous utilisez une tablette (ou même un téléphone, mais dans ce cas, écrire du code est plutôt inconfortable) ou si `ocaml` n'est pas installé sur votre ordinateur, et que vous disposez d'un accès à internet sur l'appareil que vous utilisez, vous pouvez utiliser le site[1] `Try OCaml` (`https://try.ocamlpro.com/`) proposé par la société `OCaml PRO` (`https://www.ocamlpro.com/`).

La page du site se divise en deux parties qui, selon la largeur de la fenêtre de votre navigateur, sont soit côté à côte, soit superposées (voir les figures 11.1 et 11.2).

On y trouve une fenêtre d'*éditeur* qui permet d'écrire[2], de valider, de sauvegarder et d'évaluer du code `OCaml`. Ces quatre fonctionnalités sont regroupées en des boutons situés au bas de la fenêtre d'éditeur.

1. Les informations données dans cette section sont relatives au site tel qu'il existe au moment de la rédaction de ce livre.

2. À noter que cet éditeur ne permet pas de respecter les conventions d'indentations que nous avons choisies, et qui sont décrites dans les chapitres précédents.

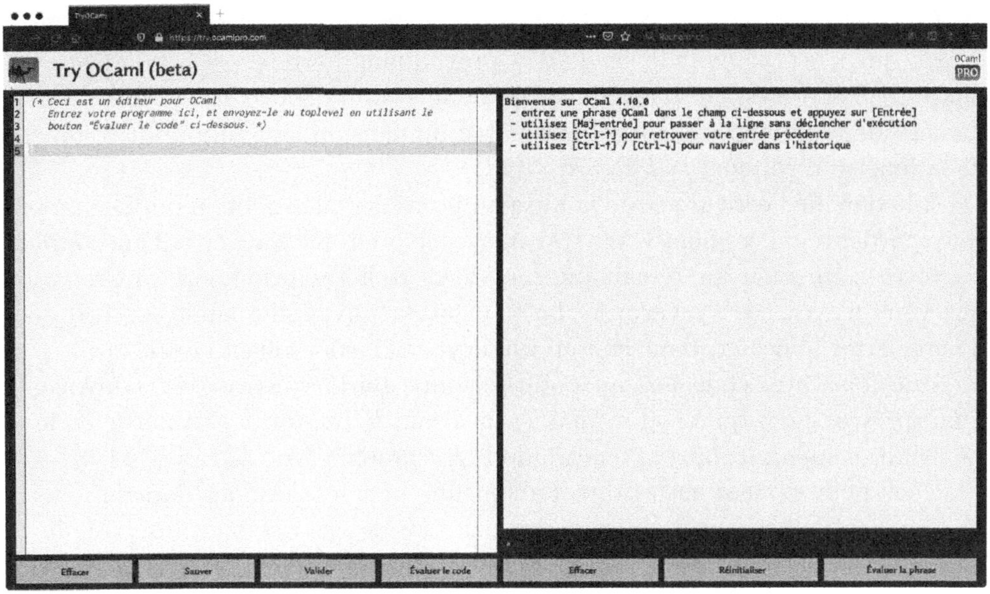


FIGURE 11.1 – Les fenêtres du site Try OCaml (côte à côte).

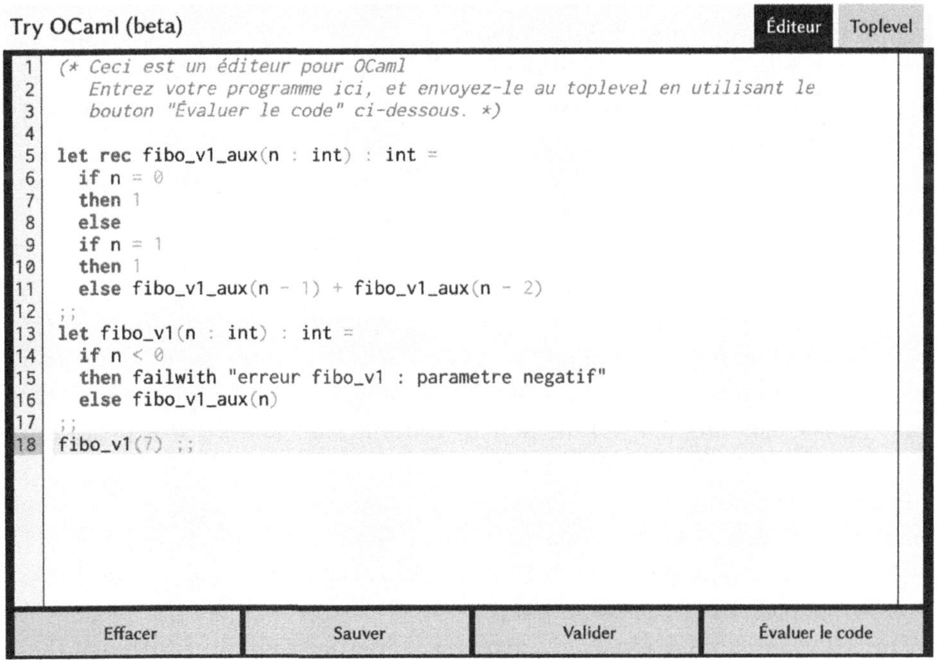


FIGURE 11.2 – Les fenêtres du site Try OCaml (superposées).

Lorsque vous essayez de valider, avec le bouton « Valider », une phrase OCaml qui n'est pas valide, la partie provoquant l'erreur est soulignée : *cf.* figure 11.3. Le message d'erreur apparaît lorsque la souris est pointée sur le numéro de la ligne où se situe l'erreur (ce numéro de ligne apparaît à gauche de la fenêtre d'éditeur) : *cf.* figure 11.4.

Au cours de l'écriture et de la mise au point de votre code, n'oubliez pas de sauvegarder régulièrement votre travail avec le bouton « Sauver ». Une coupure de votre connexion au réseau internet vous fera sans doute perdre le code que vous n'avez pas sauvegardé. Le navigateur ouvre une fenêtre et propose d'enregistrer le fichier, dont le nom est `tryocaml.ml` (voir la figure 11.5).

Une fois votre code mis au point et sauvegardé vous pouvez l'envoyer à l'interpréteur pour qu'il soit évalué, en utilisant le bouton « Évaluer le code ». Le résultat apparaît dans la fenêtre de l'interpréteur (voir la figure 11.6).

Vous pouvez aussi entrer directement une phrase à évaluer dans la fenêtre de l'interpréteur, en utilisant le cadre juste au-dessus des boutons (voir la figure 11.7) ; vous pouvez alors évaluer cette phrase en tapant sur la touche « Entrée » ou en cliquant sur le bouton « Évaluer la phrase » (voir la figure 11.8). Cette dernière possibilité est utile pour tester votre code.

Cette méthode de mise en œuvre de l'interpréteur OCaml est la plus immédiate, mais elle a quelques limitations :

- il n'est pas possible d'utiliser les bibliothèques `graphics` et `unix` ;
- l'utilisation des fonctions de saisies, comme `read_line`, peut poser problème ;
- vous ne pouvez l'utiliser que si vous disposez d'une connexion au réseau internet tout au long de votre session de travail ;
- vous êtes dépendant de la disponibilité du serveur qui héberge Try OCaml ;
- Enfin, Try OCaml redémarre systématiquement l'interpréteur à chaque évaluation du code de l'éditeur. Ceci peut être intéressant pour les premiers chapitres du livre, lorsque des programmes simples sont étudiés, mais c'est sans doute plus délicat à manipuler lorsque des programmes plus évolués doivent être mis au point.

Pour utiliser les fonctions utilitaires, il est nécessaire de copier leurs codes dans l'éditeur. Seules les fonctions décrites dans les sections 11.1.2.1, 11.1.2.2, 11.1.2.3 et 11.1.2.4 peuvent être utilisées, puisqu'il n'est pas possible d'utiliser les bibliothèques `unix` et `graphics`.

On peut noter qu'il existe d'autres sites permettant de pratiquer OCaml, comme par exemple le site accessible à l'adresse `https://ocsigen.org/js_of_ocaml/3.5.1/manual/files/toplevel/index.html`.

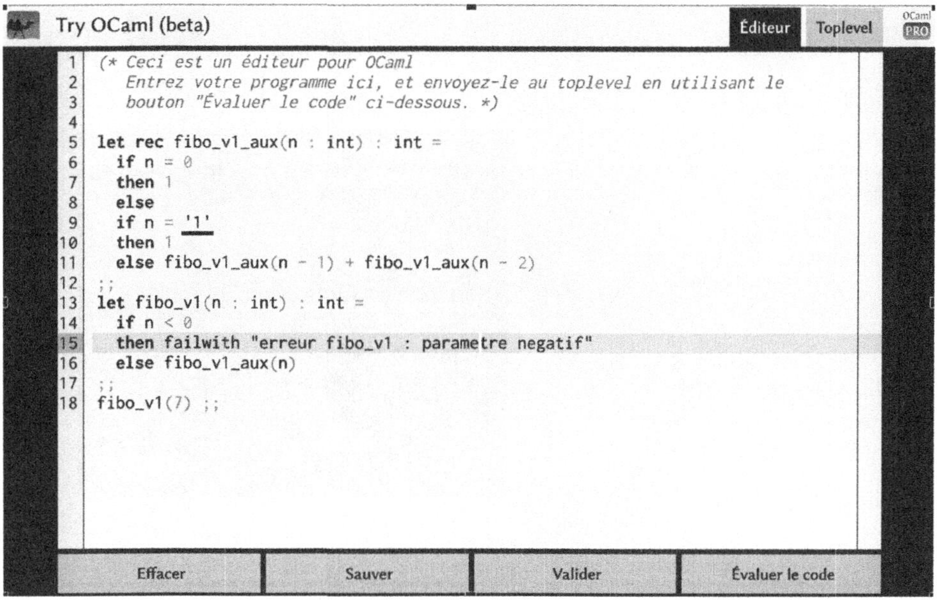


FIGURE 11.3 – Essai de validation d'une phrase OCaml erronée : l'endroit où la phrase OCaml pose problème est souligné.

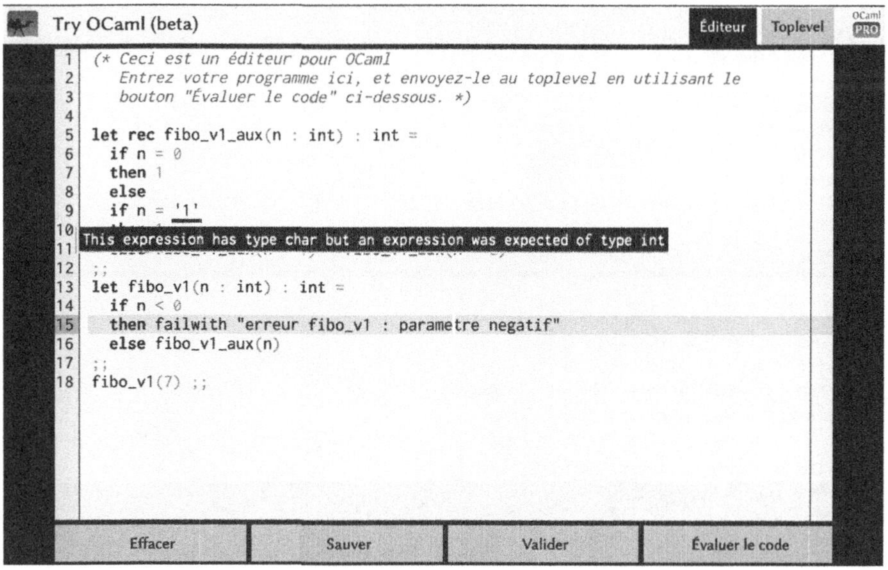


FIGURE 11.4 – Essai de validation d'une phrase OCaml erronée : le message d'erreur apparaît quand la souris est placée sur le numéro de ligne.

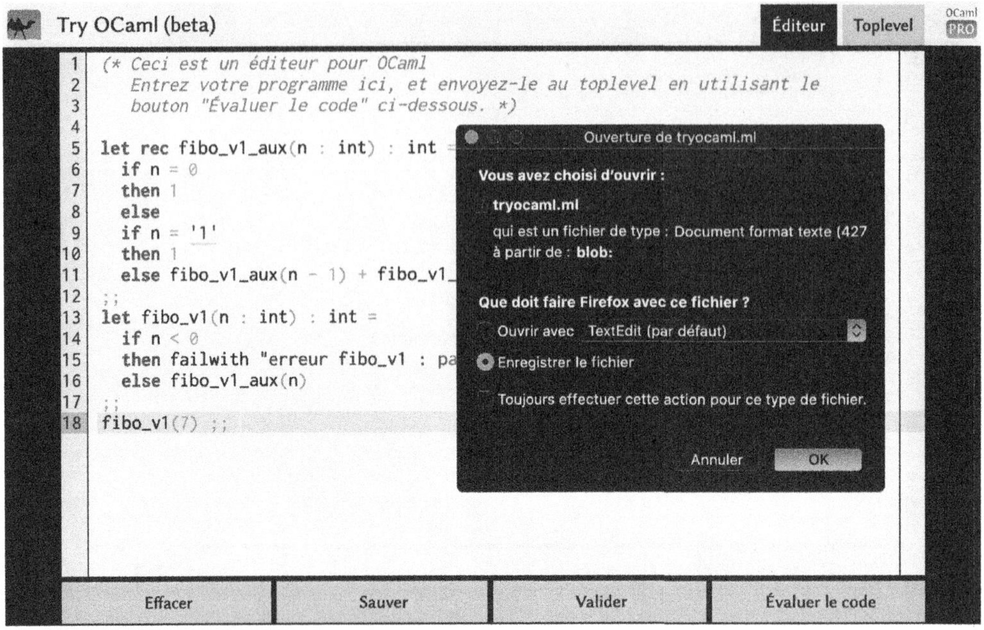


FIGURE 11.5 – Sauvegarde du code écrit dans la fenêtre de l'éditeur.

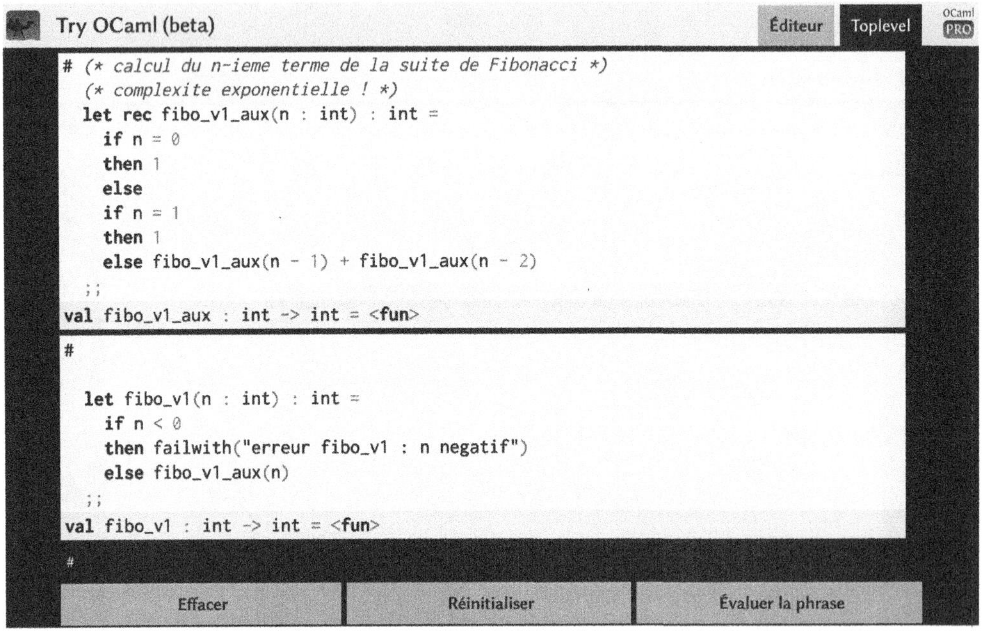


FIGURE 11.6 – Évaluation du code écrit dans la fenêtre de l'éditeur.

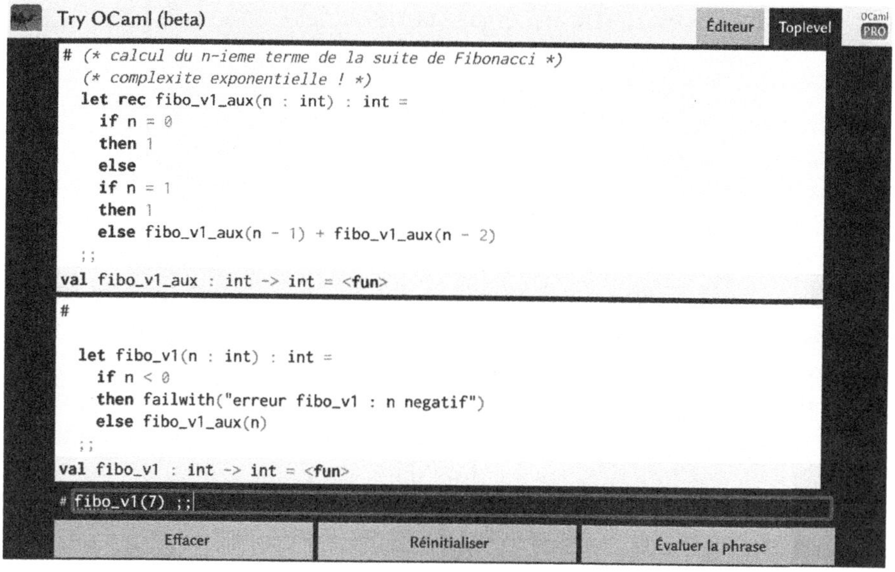


FIGURE 11.7 – Écriture d'une phrase à évaluer dans la ligne sous la fenêtre de l'interpréteur.

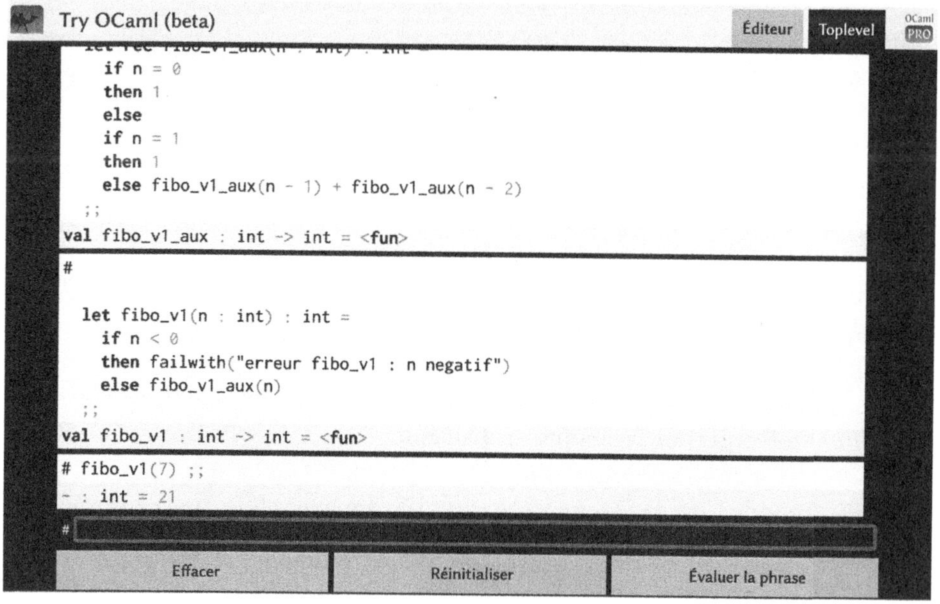


FIGURE 11.8 – Évaluation d'une phrase OCaml directement donnée à l'interpréteur : le résultat de l'évaluation apparaît dans la fenêtre de l'interpréteur.

### 11.2.2 Utilisation d'un interpréteur `ocaml` « local »

Si vous disposez d'un interpréteur `ocaml` installé sur votre ordinateur, il faut commencer par le lancer : la procédure peut varier suivant suivant le système d'exploitation dont vous disposez : soit en saisissant la commande dans une fenêtre de terminal (`Ubuntu` et `MacOs`), soit en double-cliquant sur le raccourci `OCaml64` (`Windows`) : *cf.* section 11.3 page 419.

Pour disposer des outils nécessaires à chaque lancement de l'interpréteur, il est conseillé d'inclure les codes des fonctions utilitaires dans un fichier [1], nommé par exemple `APutil.ml` (les codes figurent sur le site des éditions Ellipses : https ://www.editions-ellipses.fr/), et de mettre ce fichier dans votre répertoire de travail. Il est conseillé d'inclure les commandes de chargement des bibliothèques et des fonctions utilitaires dans un fichier, nommé par exemple `APinter.ml`, et qui est aussi placé dans votre répertoire de travail. Ce fichier `APinter.ml` contient donc :

```
#load "graphics.cma";;
#load "unix.cma";;
#use "APutil.ml";;
```

ou

```
#require "graphics.cma";;
#require "unix.cma";;
#use "APutil.ml";;
```

selon le cas (*cf.* section 11.3 page 419). Il suffit alors de lancer l'interpréteur en utilisant la commande `ocaml -init APinter.ml` (si le lancement de l'interpréteur est réalisé à partir d'une fenêtre de terminal), ou alors, une fois l'interpréteur lancé, de saisir la commande `#use "APinter.ml" ;;`

Vous pouvez aussi vous contenter de copier les codes des fonctions utilitaires dans l'interpréteur à chaque utilisation.

L'utilisation de l'interpréteur a été illustrée dans les chapitres qui précèdent. Certaines commandes de l'interpréteur peuvent être utiles, en particulier la commande `#trace`, qui permet de tracer l'exécution d'une fonction (*cf.* section 4.1 page 114) ; à noter que la commande `#untrace` permet de mettre fin au « traçage » d'une fonction.

1. Si vous disposez de la bibliothèque `graphics`, toutes les fonctions utilitaires peuvent être utilisées ; si vous n'en disposez pas, n'incluez que les codes des fonctions décrites dans les sections 11.1.2.1, 11.1.2.2, 11.1.2.3 et 11.1.2.4.

Plus de précisions sur les commandes de l'interpréteur peuvent être trouvées sur la page `https://ocaml.org/releases/4.11/ htmlman/toplevel.html`. Attention : ces commandes de l'interpréteur ne font pas partie du langage `OCaml` ; elles ne peuvent donc être utilisées que dans l'interpréteur ; en particulier, il n'est pas possible de produire un programme exécutable en compilant [1] un code contenant de telles commandes.

## 11.3 Installation de `OCaml`

Les informations données dans cette section concernent les mécanismes d'installation valides au moment de la rédaction de ce livre.

### 11.3.1 Pour `Linux Ubuntu 20.04`

Une installation simple d'`OCaml` pour `Ubuntu 20.04` peut être réalisée en utilisant le gestionnaire de paquets `apt` à partir d'une fenêtre de terminal.

La première étape consiste à ouvrir une fenêtre de terminal. Pour cela, il faut cliquer sur la « grille de points » qui se situe en bas à gauche de la fenêtre du bureau. Une grille d'icônes d'applications s'affiche (*cf.* figure 11.9). Dans le champ de recherche situé en haut de la grille, commencez à entrer le mot « Terminal » : l'icône de l'application `Terminal` s'affiche (*cf.* figure 11.10). Cliquez sur l'icône de cette application pour ouvrir une fenêtre de terminal (voir la figure 11.11). Dans cette fenêtre, entrez la commande `sudo apt install ocaml` et appuyez sur la touche `Entrée` ; votre mot de passe vous est demandé (voir la figure 11.12), saisissez-le et appuyez sur la touche `Entrée`. L'installation de OCaml démarre et il vous est demandé si vous souhaitez continuer (voir la figure 11.13). Appuyez sur la touche `Entrée` pour confirmer. L'installation peut durer un certain temps (*cf.* figure 11.14). Attendez la fin des opérations. Vous pouvez ensuite entrer la commande `ocaml` pour lancer l'interpréteur du langage `OCaml` (*cf.* figure 11.15). Vous pouvez maintenant saisir vos codes.

#### Installation de la bibliothèque graphique

La version qui est installée par cette procédure contient déjà la bibliothèque graphique : il n'y a donc rien à faire pour l'installer. Toutefois, cette bibliothèque n'est fournie *de base* que jusqu'à la version `4.08.1` de `ocaml`, qui est celle installée dans `Ubuntu 20.04`. Pour les versions ultérieures de l'interpréteur `ocaml`, il faut installer la bibliothèque graphique via le gestionnaire de

1. Les mécanismes de compilation ne sont pas décrits dans ce livre : des informations à ce sujet figurent sur la page :
`https://ocaml.org/learn/tutorials/compiling_ocaml_projects.html`.

paquets `opam` et, éventuellement, mettre en place les outils pour la charger facilement (voir les procédures d'installation pour `Windows` et `macOS`).

Pour charger la bibliothèque graphique une fois que vous avez démarré l'interpréteur `ocaml`, entrez la directive `#load "graphics.cma" ;;` comme sur la figure 11.16. Vous pouvez maintenant utiliser cette bibliothèque (voir la figure 11.17). Vous pouvez aussi suivre la procédure décrite dans la section 11.2.2 page 418.

FIGURE 11.9 – La grille des icônes d'applications, avec le champ de recherche.

FIGURE 11.10 – L'icône de l'application Terminal.

FIGURE 11.11 – La fenêtre de l'application Terminal.

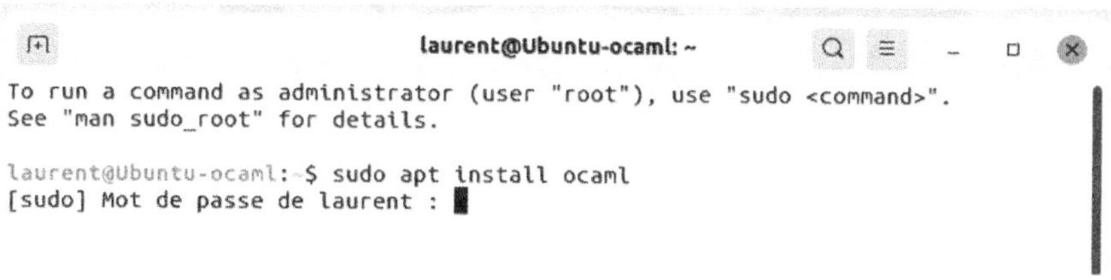


FIGURE 11.12 – Entrez la command `sudo apt install ocaml` et ensuite, entrez votre mot de passe.

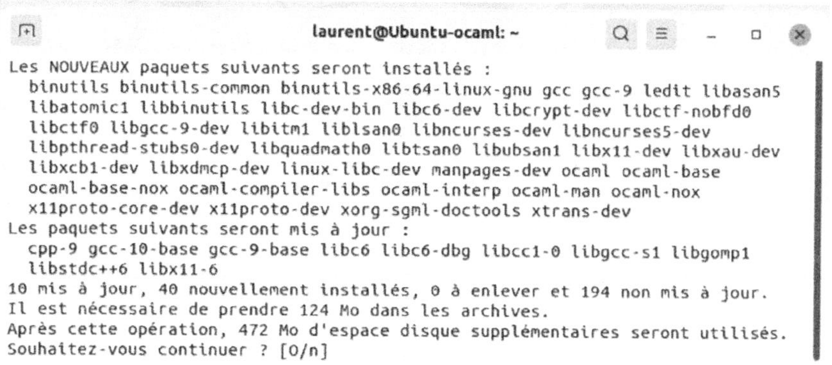


FIGURE 11.13 – Confirmez l'installation de OCaml en appuyant sur la touche `Entrée`.

FIGURE 11.14 – Attendez la fin des opérations.

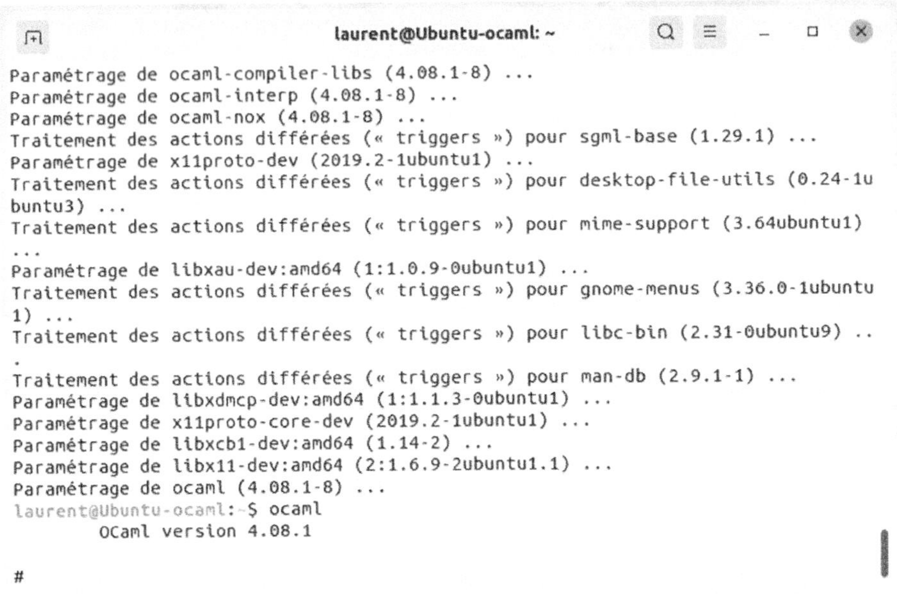


FIGURE 11.15 – Entrez la commande `ocaml`. Vous pouvez commencer à développer vos codes.

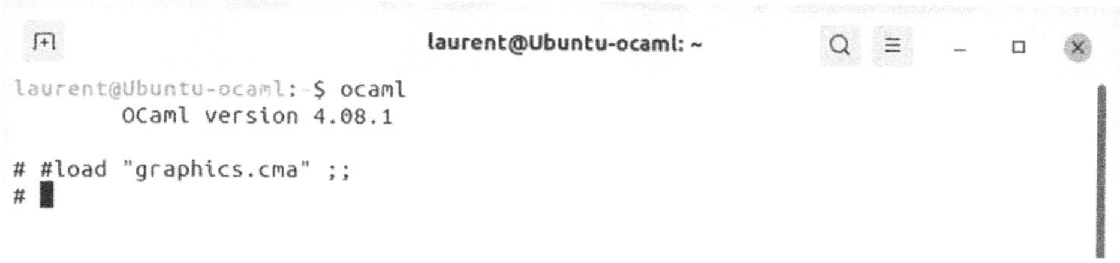


FIGURE 11.16 – Chargement de la bibliothèque graphique.

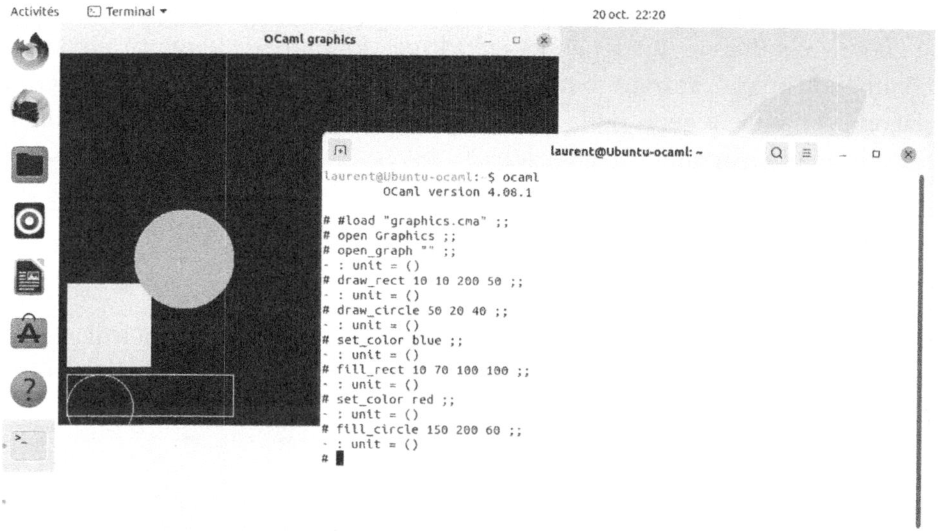


FIGURE 11.17 – Exemple d'utilisation de la bibliothèque graphique.

### 11.3.2 Pour `Windows`

Une procédure simple d'installation de `ocaml` pour `Windows`, via un installateur graphique, est disponible à l'adresse
`https://fdopen.github.io/opam-repository-mingw/installation/`
Choisissez de préférence la version 64-bit.

Une fois l'installation terminée, vous devez avoir deux raccourcis sur le bureau de `Windows`, comme sur la figure 11.18. Double-cliquez sur le raccourci `OCaml64` : une fenêtre de terminal apparaît. Vous pouvez maintenant entrer la commande `ocaml`, comme sur la figure 11.19, et appuyer sur la touche `Entrée`. L'interpréteur `ocaml` se lance comme sur la figure 11.20 ; vous pouvez commencer à développer vos codes.

### Installation de la bibliothèque graphique

Pour installer la bibliothèque graphique, commencez par ouvrir une fenêtre de terminal en double-cliquant sur le raccourci `OCaml64`. Entrez la commande `opam install graphics`, comme sur la figure 11.21, et appuyez sur la touche `Entrée`. L'installation de la bibliothèque commence, et il vous est demandé si vous souhaitez poursuivre (voir la figure 11.22). Appuyez sur la touche `Entrée`, et l'installation commence comme sur la figure 11.23. Cela peut prendre un peu de temps : attendez d'obtenir le message `Done` (voir la figure 11.24). La bibliothèque graphique est maintenant installée. Pour pouvoir l'utiliser facilement, il faut encore installer un autre paquet avec le gestionnaire de paquets, en entrant la commande `opam install ocamlfind`. Le processus d'installation se déroule de façon semblable à celui de la bibliothèque graphique ; cela permet d'installer des directives supplémentaires dans l'interpréteur `ocaml`. Pour cela, une fois l'interpréteur `ocaml` démarré, utilisez la directive `#use "topfind" ;;`, comme sur la figure 11.25. Si vous voulez utiliser la bibliothèque graphique cette étape sera nécessaire à chaque démarrage de l'interpréteur [1].

Maintenant, la directive `#require "graphics'' ;;` vous permet de charger la bibliothèque graphique dans l'interpréteur (voir la figure 11.26). Vous pouvez dès à présent l'utiliser comme dans le chapitre 10 : voir la figure 11.27.

FIGURE 11.18 – Les raccourcis sur le bureau `Windows` une fois l'installation terminée.

1. Le lecteur plus expérimenté pourra rendre cela plus automatique en mettant cette directive dans un fichier nommé `.ocamlinit` dans le répertoire de démarrage de la fenêtre de terminal, ou l'ajoutant au début du fichier `APinter.ml` : *cf.* section 11.2.2 page 418.

FIGURE 11.19 – La commande `ocaml`.

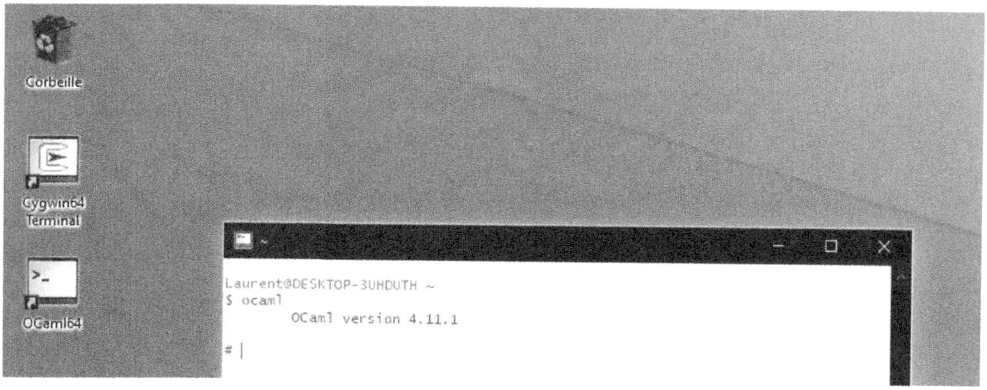


FIGURE 11.20 – L'interpréteur `ocaml` est lancé.

FIGURE 11.21 – La commande d'installation de la bibliothèque graphique.

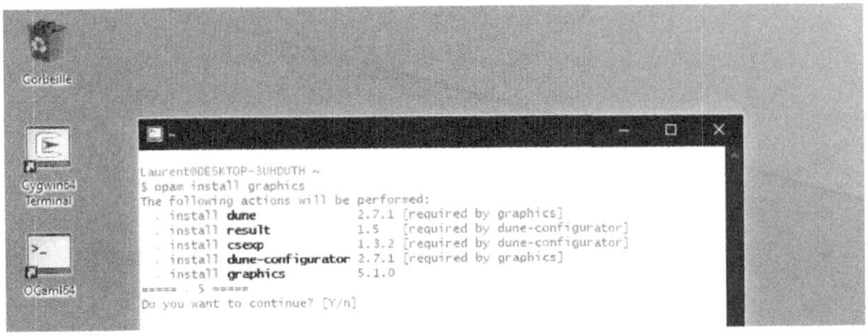


FIGURE 11.22 – Confirmation de l'installation de la bibliothèque graphique.

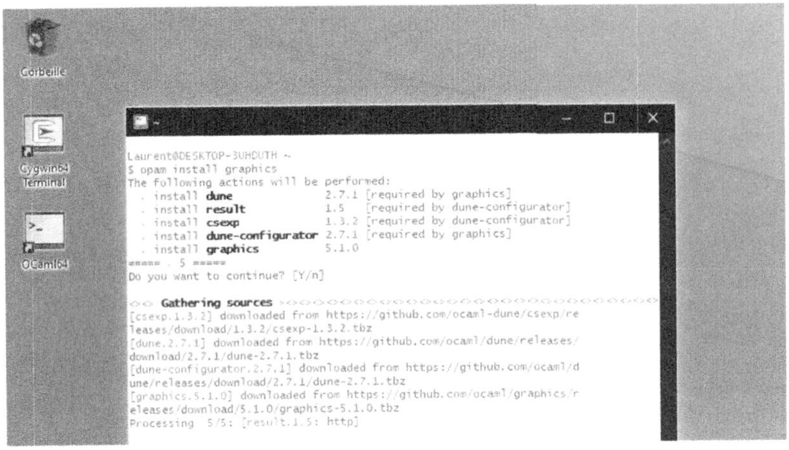


FIGURE 11.23 – L'installation de la bibliothèque graphique est en cours.

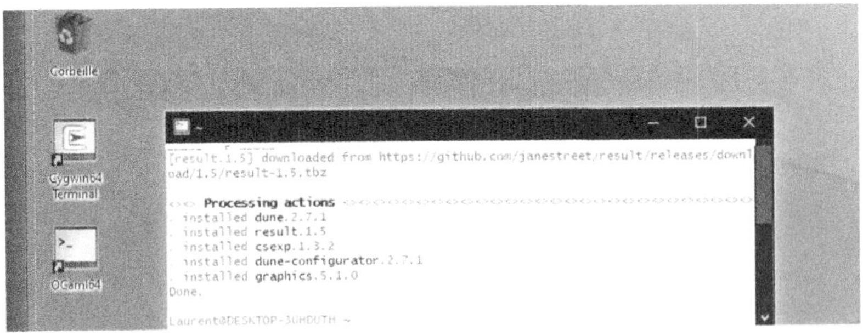


FIGURE 11.24 – L'installation de la bibliothèque graphique est terminée.

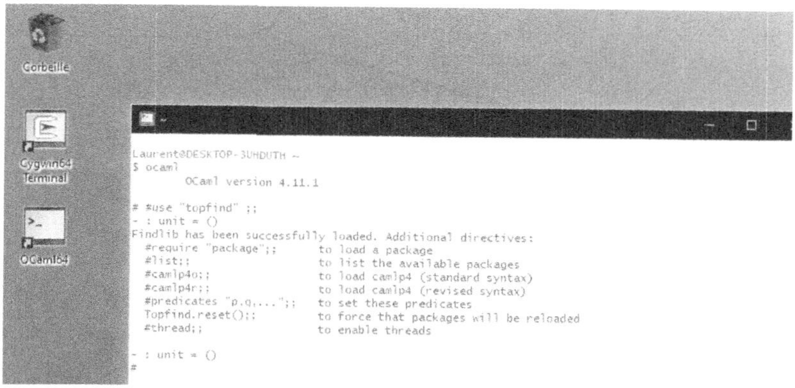


FIGURE 11.25 – Les nouvelles directives de l'interpréteur sont installées.

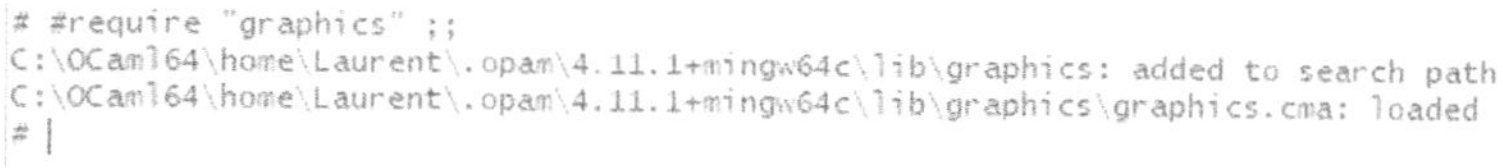


FIGURE 11.26 – La bibliothèque graphique est chargée dans l'interpréteur.

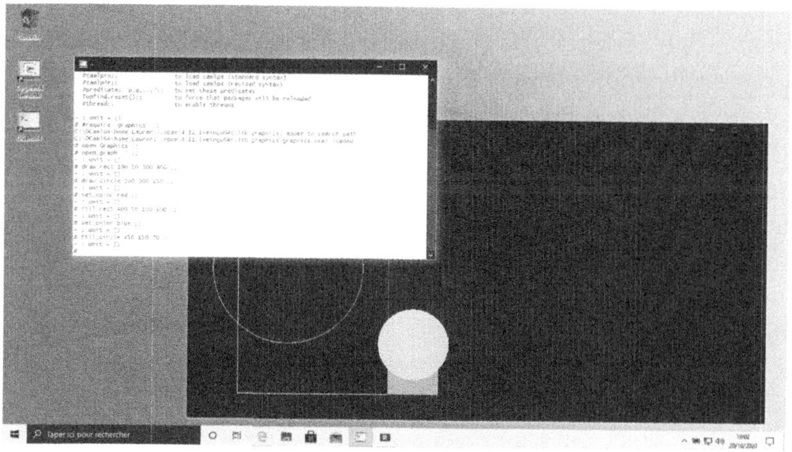

FIGURE 11.27 – Utilisation de la bibliothèque graphique.

### 11.3.3 Pour macOS

Afin d'installer `ocaml` pour `macOS` en ayant la possibilité d'utiliser la bibliothèque graphique, il faut commencer par installer un gestionnaire de paquets logiciels qui s'appelle `brew`; il faut ensuite installer le gestionnaire de paquets logiciels `opam`, spécialisé pour les logiciels programmés avec le langage `OCaml`.

Le nombre d'étapes est plus important que pour Ubuntu et Windows, mais l'installation qui en résulte est plus pérenne, car elle permet de mettre à jour plus facilement OCaml et les logiciels qui en dépendent [1].

Commençons donc par installer le gestionnaire de paquets logiciels brew. Pour cela, il faut rechercher l'application Terminal avec le « launchpad », qui est le lanceur d'applications de macOS : voir la figure 11.28. Entrez le début du mot Terminal dans le champ de recherche du lanceur d'applications (voir la figure 11.29) et cliquez sur l'icône de l'application Terminal pour ouvrir une fenêtre de cette application, comme sur la figure 11.30.

Allez ensuite sur le site https://brew.sh/index_fr, et copiez la ligne de commande indiquée en prenant soin de ne pas copier le signe $ initial (voir la figure 11.31). Collez cette ligne dans la fenêtre de terminal (voir la figure 11.32), et appuyez sur la touche Entrée. Votre mot de passe vous est demandé (voir la figure 11.33) : entrez-le et appuyez sur la touche Entrée. L'installation de brew démarre ; il vous est alors demandé si vous souhaitez installer les outils XCode (cela comprend en particulier le compilateur nécessaire pour installer ocaml), comme sur la figure 11.34 : appuyez sur Entrée pour confirmer. L'installation des outils Xcode démarre (voir la figure 11.35) ; cela peut prendre du temps si votre connexion internet ne permet pas un débit important. Patientez jusqu'à ce que votre mot de passe vous soit à nouveau demandé, comme sur la figure 11.36 ; entrez-le et appuyez sur la touche Entrée. L'installation de brew continue (voir la figure 11.37). Patientez jusqu'à ce que cela se termine, comme sur la figure 11.38. Vous pouvez maintenant lancer l'installation de opam en entrant la commande brew install opam dans la fenêtre de terminal, et en appuyant sur la touche Entrée (voir la figure 11.38). Comme indiqué sur cette figure, la prochaine commande à entrer est la commande opam init, qui permet d'initialiser opam et d'installer ocaml (voir la figure 11.39). Une fois cette commande saisie, deux questions vous sont posées successivement ; répondez à chacune d'elles en appuyant sur la touche y, comme sur la figure 11.40. L'initialisation d'opam se poursuit (voir la figure 11.41) ; selon la puissance de votre ordinateur, cette étape peut durer assez longtemps. Patientez jusqu'à obtenir le message Done, comme sur la figure 11.42. Il faut alors entrer la commande eval $(opam env) (cela ne sera nécessaire que cette seule fois) et vous pouvez lancer l'interpréteur ocaml (voir la figure 11.43).

1. À ce propos, l'utilisation du gestionnaire de paquets logiciels opam est aussi conseillée pour Ubuntu et Windows, pour ces mêmes raisons.

### Installation de la bibliothèque graphique

Pour bénéficier de la bibliothèque graphique, il est d'abord nécessaire d'installer deux paquets logiciels avec `brew`, et d'installer un serveur de fenêtrage `X11`.

Les deux paquets logiciels à installer sont `gpatch` et `pkg-config` ; ils s'installent respectivement avec les commandes `brew install gpatch` et `brew install pkg-config`, comme sur la figure 11.44.

Il faut ensuite installer le serveur de fenêtrage `X11`, qui s'appelle `XQuartz`, en le téléchargeant depuis le site `https://www.xquartz.org/`. Une fois téléchargé, double-cliquez sur le fichier (voir la figure 11.45) ; une fenêtre s'ouvre. Double-cliquez sur le paquet logiciel à installer (voir la figure 11.46). L'installation de XQuartz démarre (voir la figure 11.47). À la fin de l'installation, il vous est demandé de quitter votre session et de la réouvrir (voir la figure 11.48) ; faites cela comme sur la figure 11.49. Une fois votre session à nouveau ouverte, vous pouvez installer la bibliothèque graphique avec la commande `opam install graphics`, et en répondant avec la touche `y` à la question qui est posée (voir la figure 11.50). Il reste encore à installer le paquet logiciel `user-setup`, avec la commande `opam install user-setup` et en répondant avec la touche `y` à la question qui est posée (voir la figure 11.51). Enfin, il faut configurer l'interpréteur `ocaml` avec la commande `opam user-setup install`, comme sur la figure 11.52. Vous pouvez maintenant lancer l'interpréteur `ocaml`, et charger la bibliothèque graphique avec la directive `# require "graphics" ;;` (voir la figure 11.53). Vous pouvez alors utiliser la bibliothèque graphique comme sur la figure 11.54. Notez que l'ouverture de la fenêtre graphique peut prendre un peu de temps la première fois, car il est nécessaire que `XQuartz` démarre.

FIGURE 11.28 – Les icônes des applications du lanceur d'applications (le « launchpad »), avec le champ de recherche en haut.

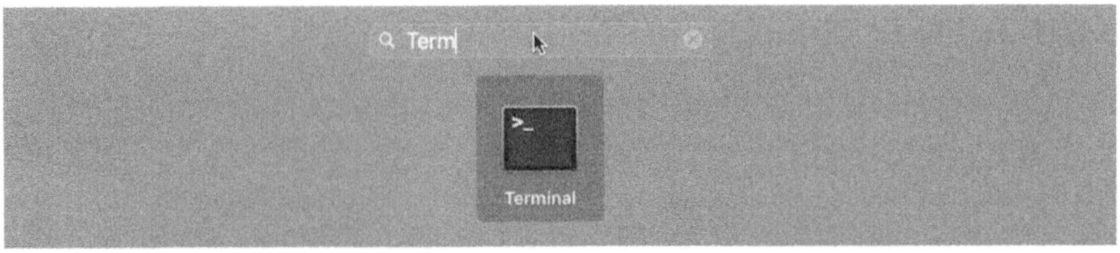


FIGURE 11.29 – L'icône de l'application `Terminal`.

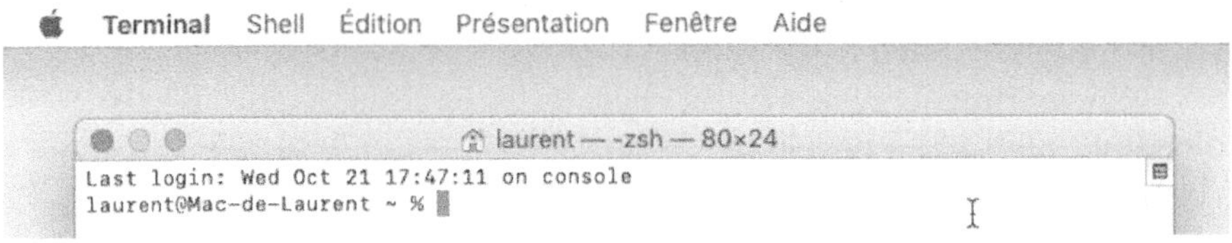


FIGURE 11.30 – La fenêtre de l'application `Terminal`.

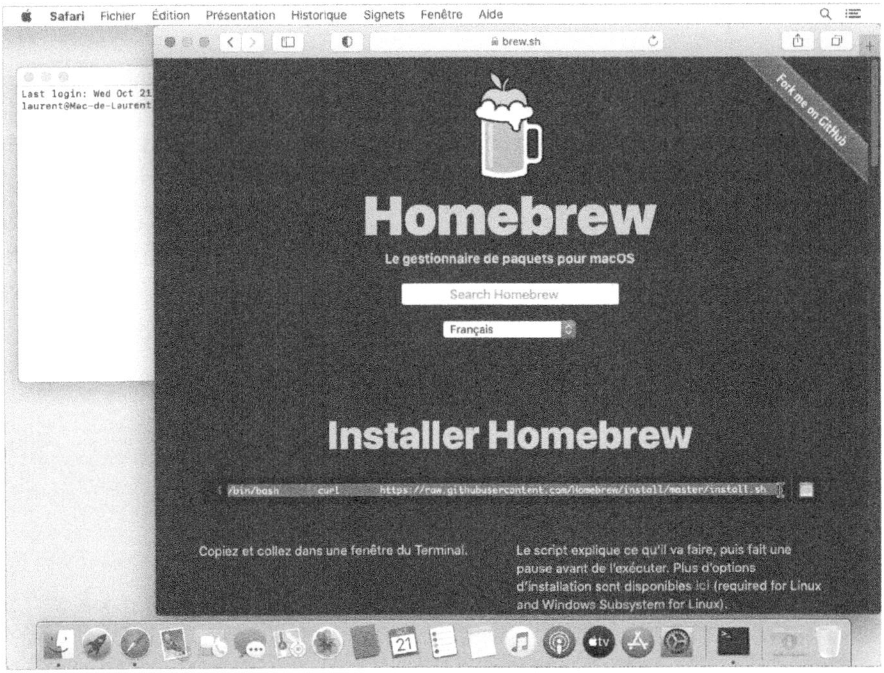


FIGURE 11.31 – Le site internet du gestionnaire de paquets logiciels `brew`, avec la ligne de commande à copier.

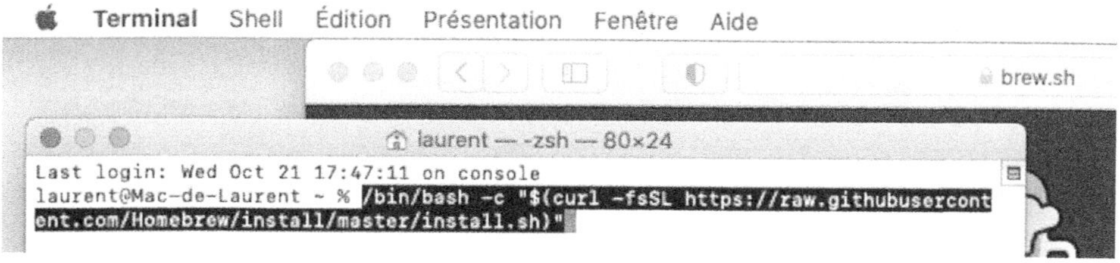


FIGURE 11.32 – La ligne de commande d'installation de `brew` dans la fenêtre de `Terminal`.

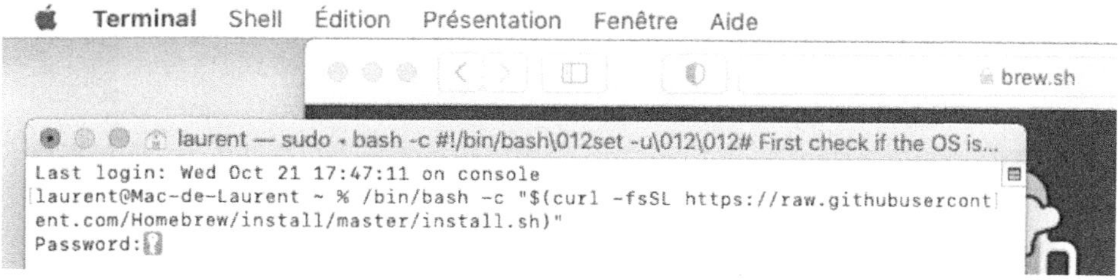


FIGURE 11.33 – La demande du mot de passe pour installer le gestionnaire de paquets logiciels `brew`.

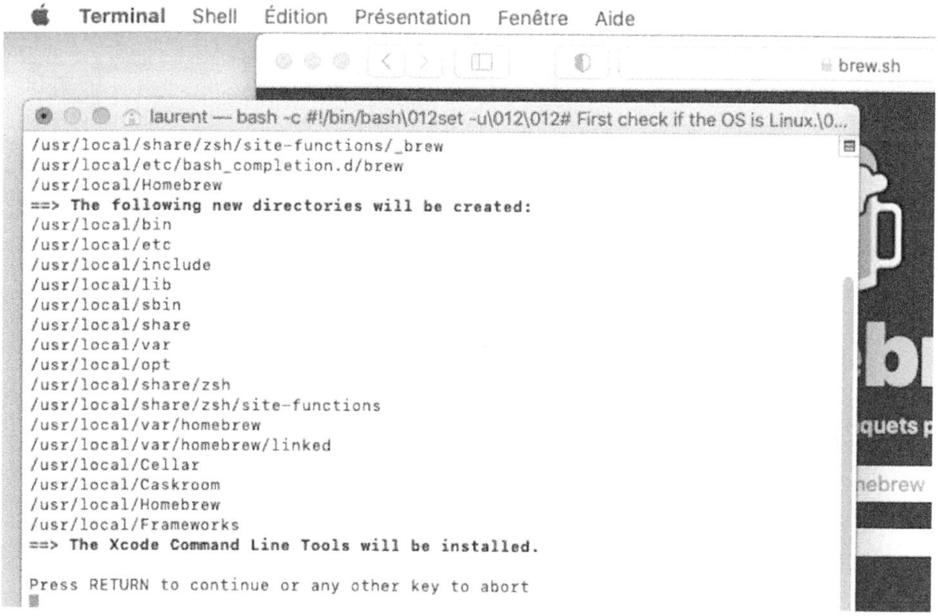


FIGURE 11.34 – La demande de confirmation de l'installation des outils `XCode`.

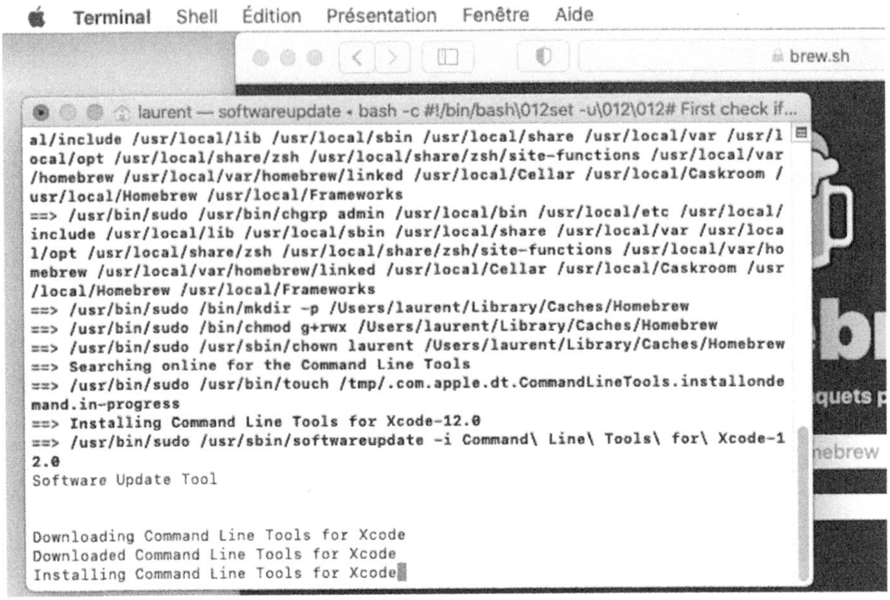


FIGURE 11.35 – L'installation des outils XCode.

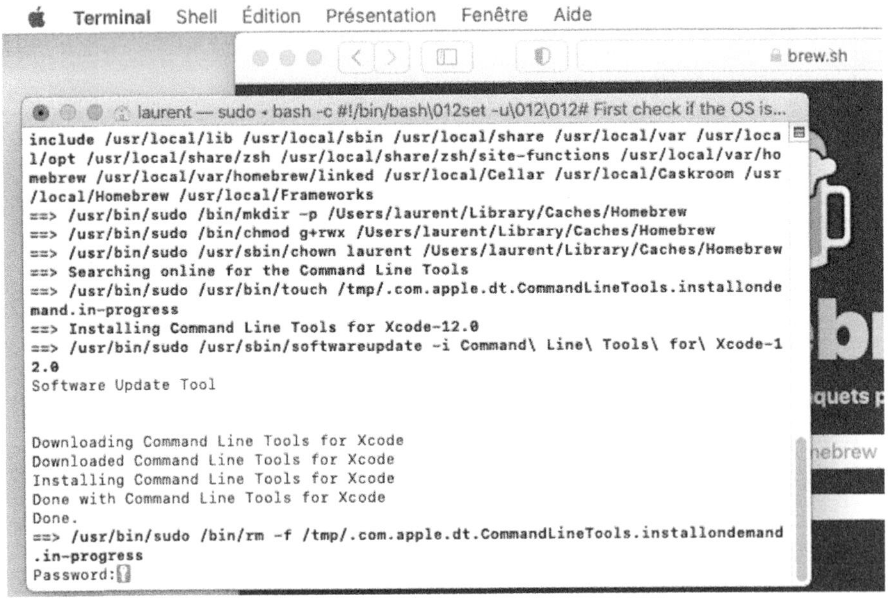


FIGURE 11.36 – La demande du mot de passe pour la finalisation de l'installation des outils XCode.

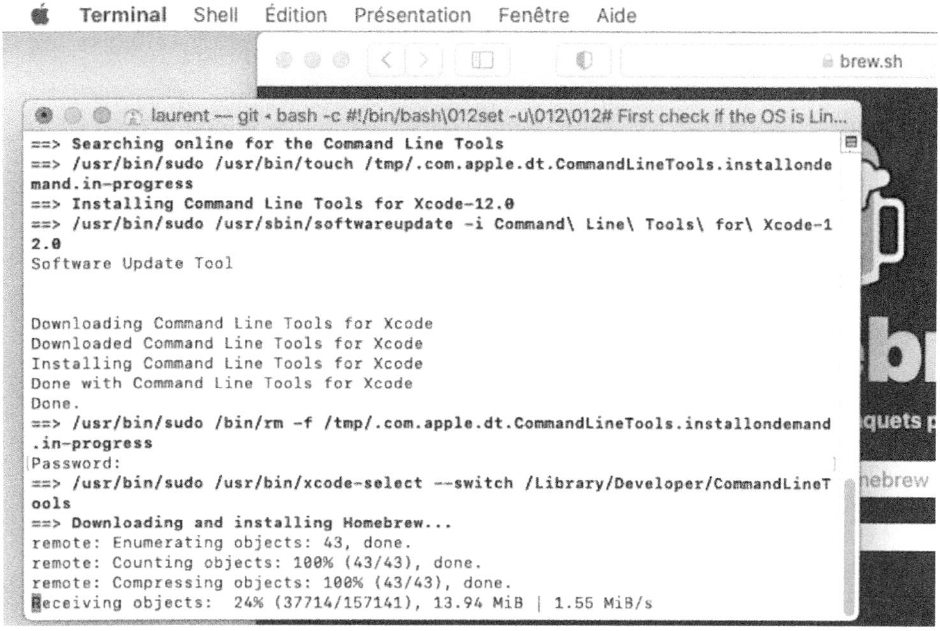


FIGURE 11.37 – L'installation du gestionnaire de paquets `brew`.

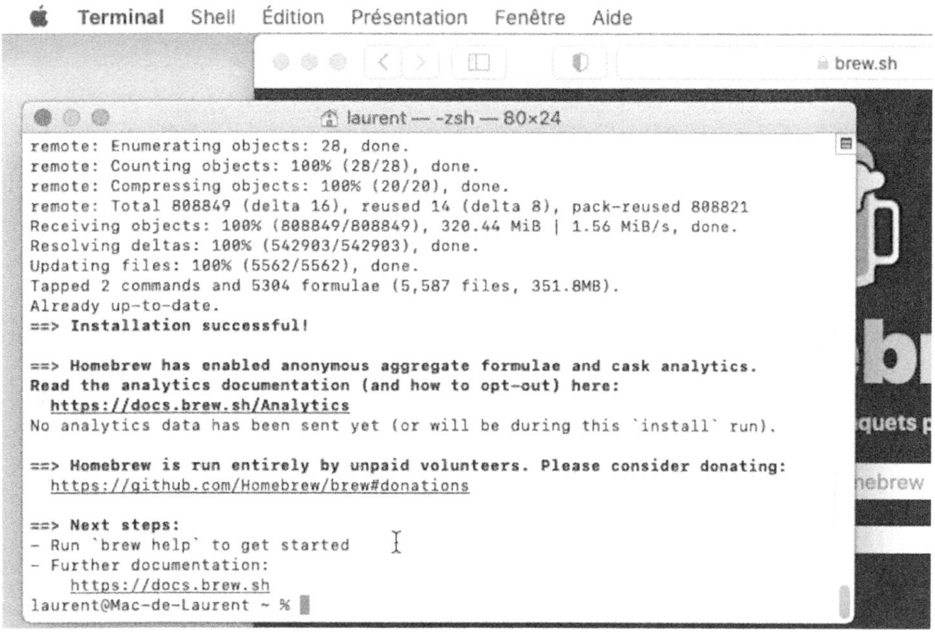


FIGURE 11.38 – La fin de l'installation du gestionnaire de paquets `brew`.

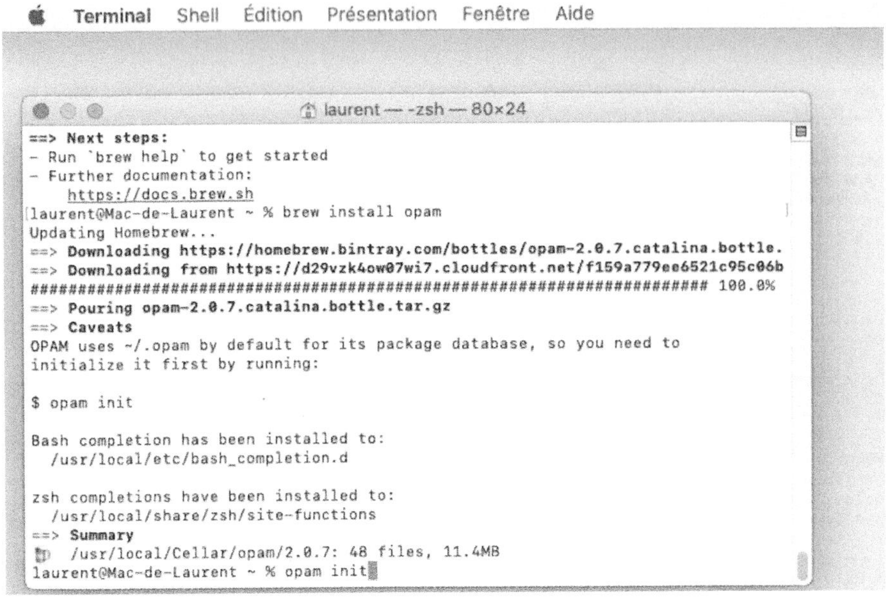


FIGURE 11.39 – L'installation du gestionnaire de paquets logiciels `opam`.

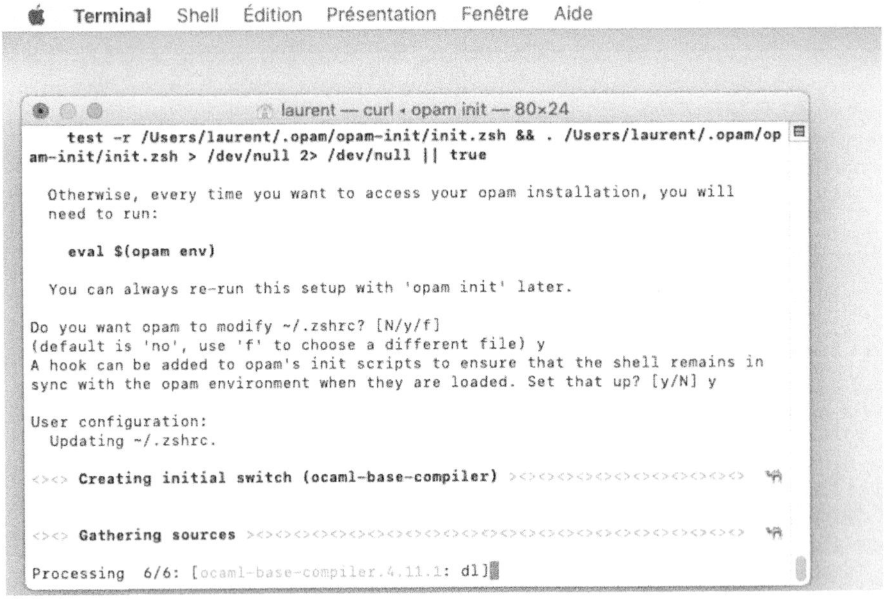


FIGURE 11.40 – Le début de l'initialisation du gestionnaire de paquets logiciels `opam`, avec la confirmation de la modification de la configuration de la fenêtre de `terminal`.

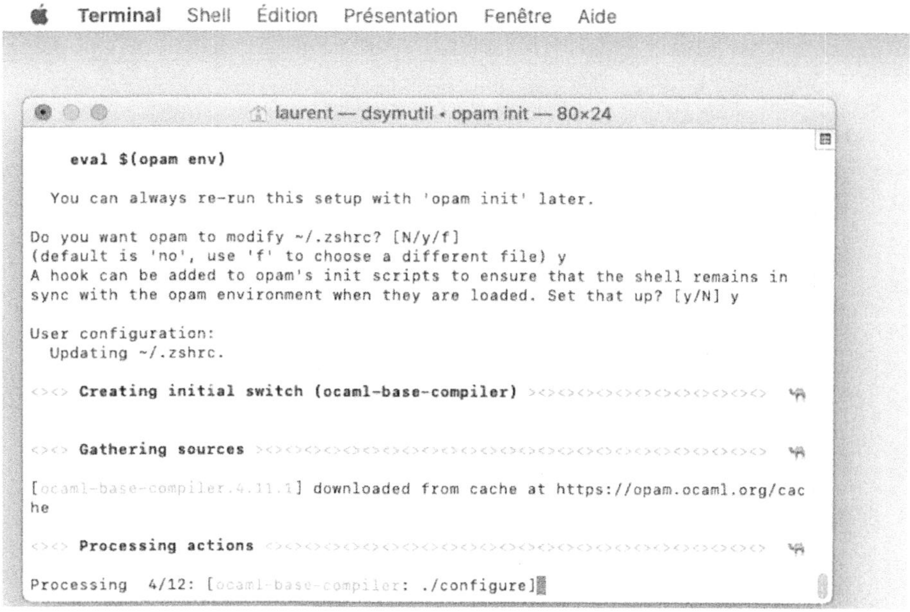


FIGURE 11.41 – L'installation de ocaml.

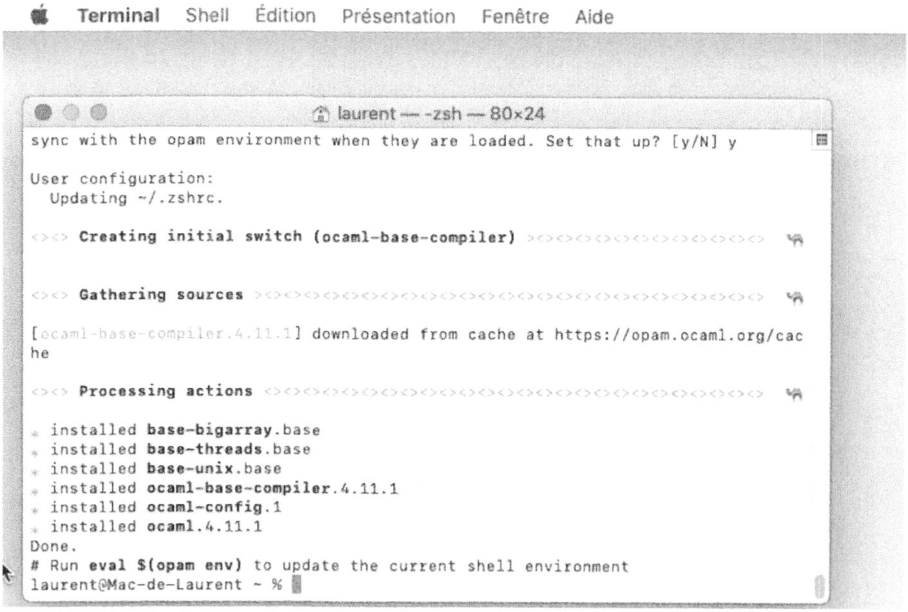


FIGURE 11.42 – La fin de l'installation de ocaml.

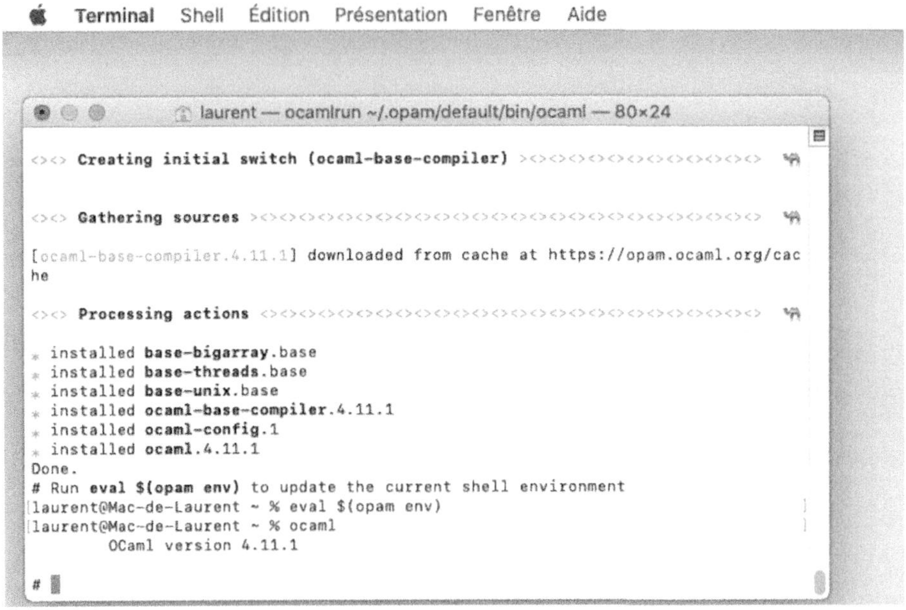


FIGURE 11.43 – Le démarrage de l'interpréteur `ocaml`.

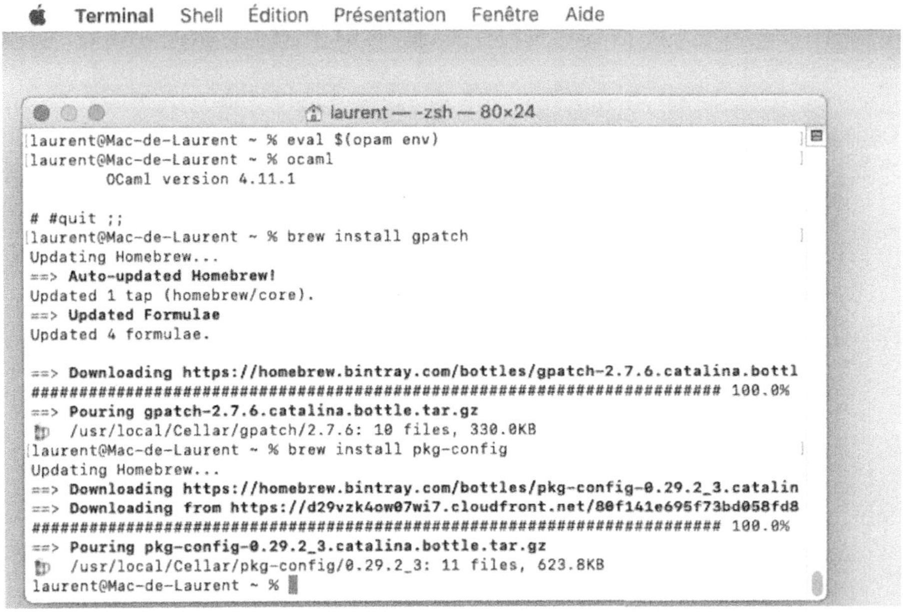


FIGURE 11.44 – L'installation des paquets logiciels `gpatch` et `pkg-config`.

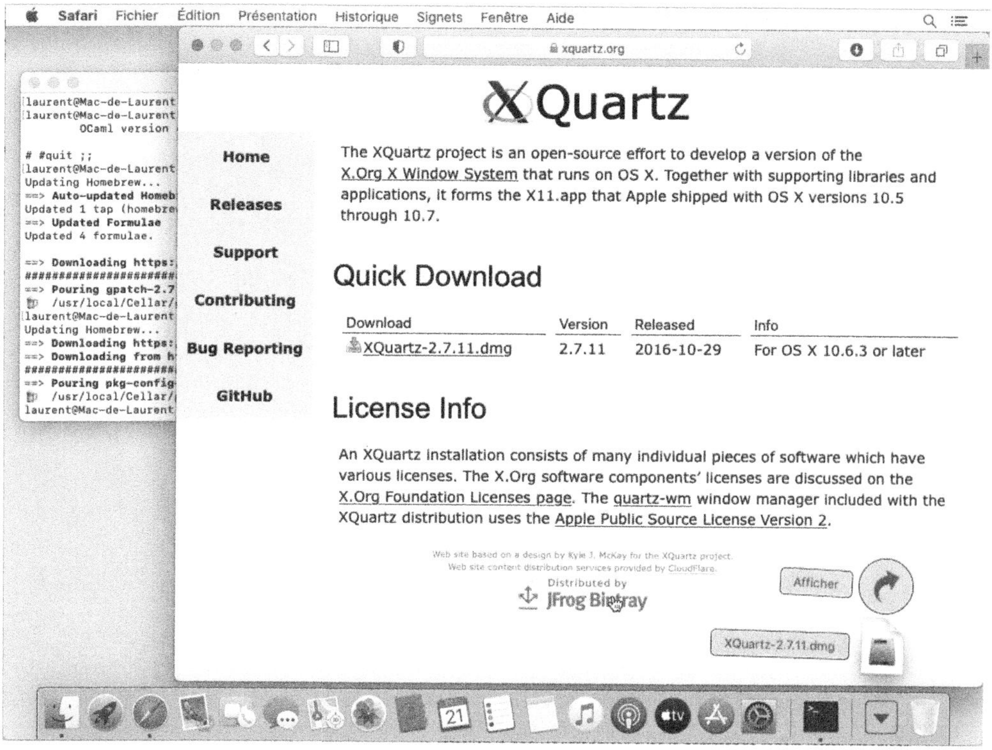


FIGURE 11.45 – Le téléchargement du système de fenêtrage X11, XQuartz.

FIGURE 11.46 – Le paquet logiciel XQuartz à installer.

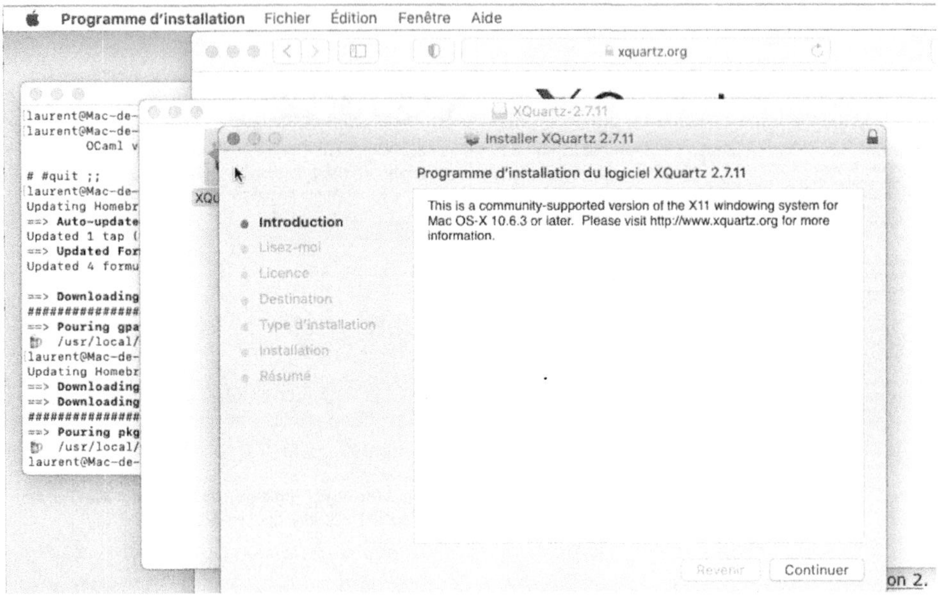


FIGURE 11.47 – L'installation du système de fenêtrage `X11`, `XQuartz`.

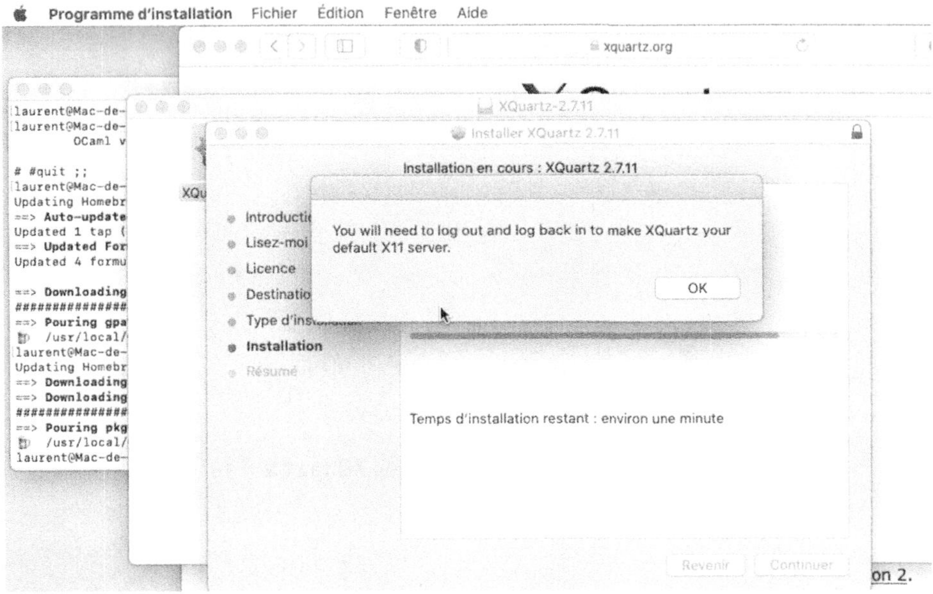


FIGURE 11.48 – Le message vous invitant à fermer votre session et à l'ouvrir à nouveau.

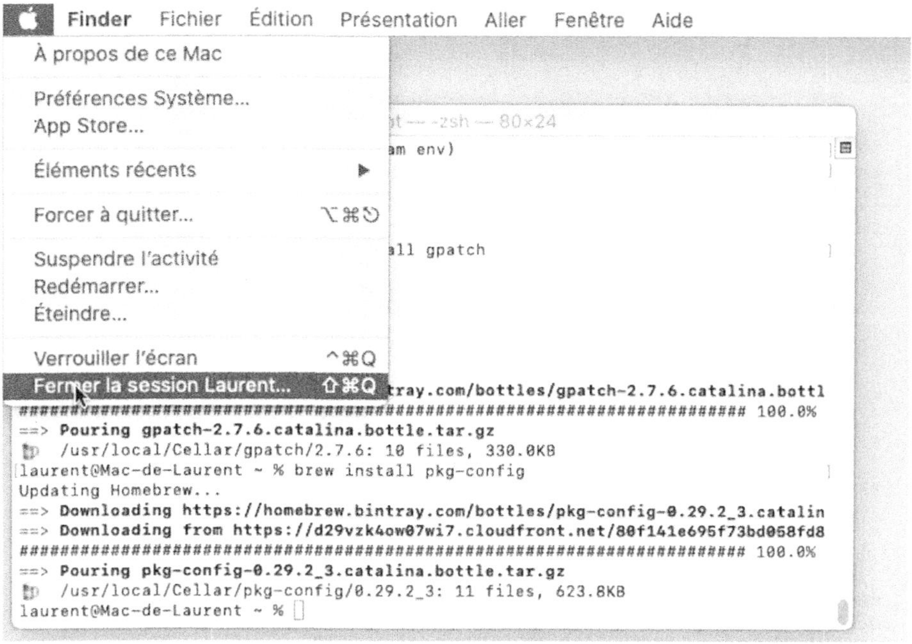


FIGURE 11.49 – Le menu pour fermer sa session.

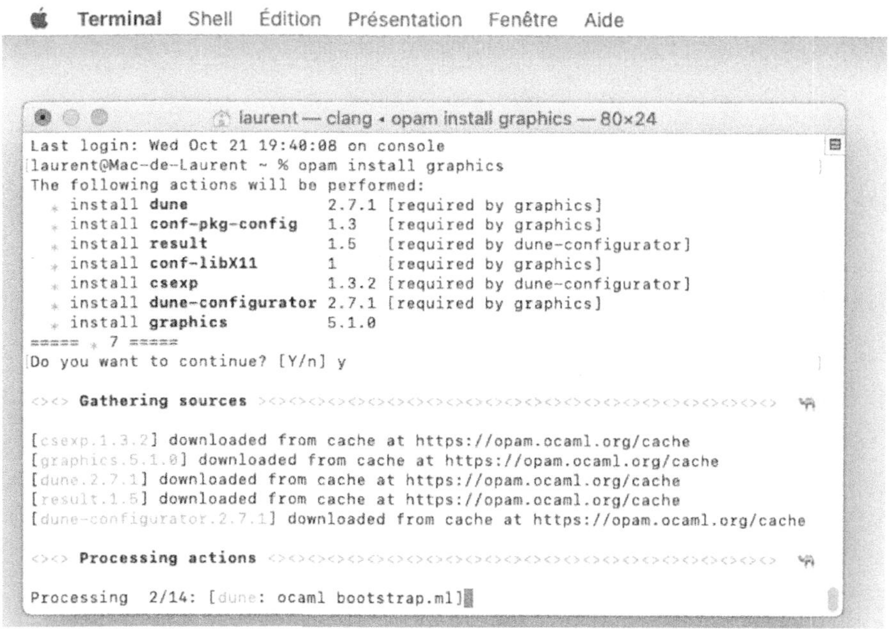


FIGURE 11.50 – L'installation de la bibliothèque graphique.

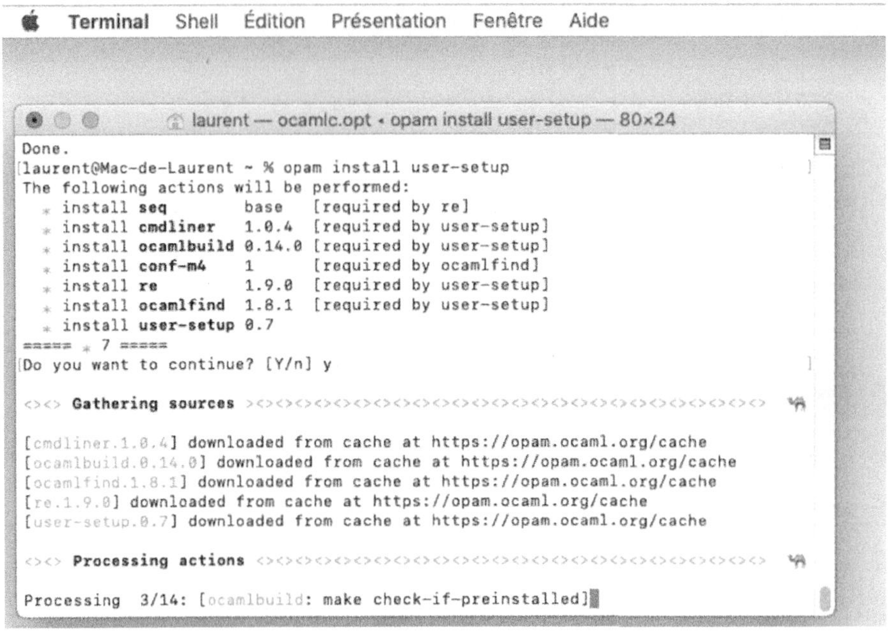


FIGURE 11.51 – L'installation du paquet logiciel `user-setup`.

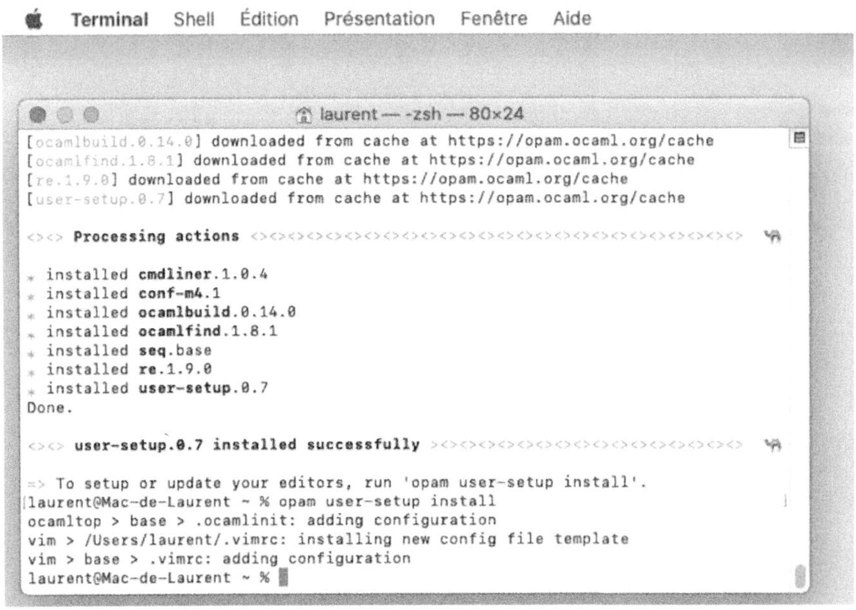


FIGURE 11.52 – La configuration de l'interpréteur `ocaml` pour utiliser la bibliothèque graphique.

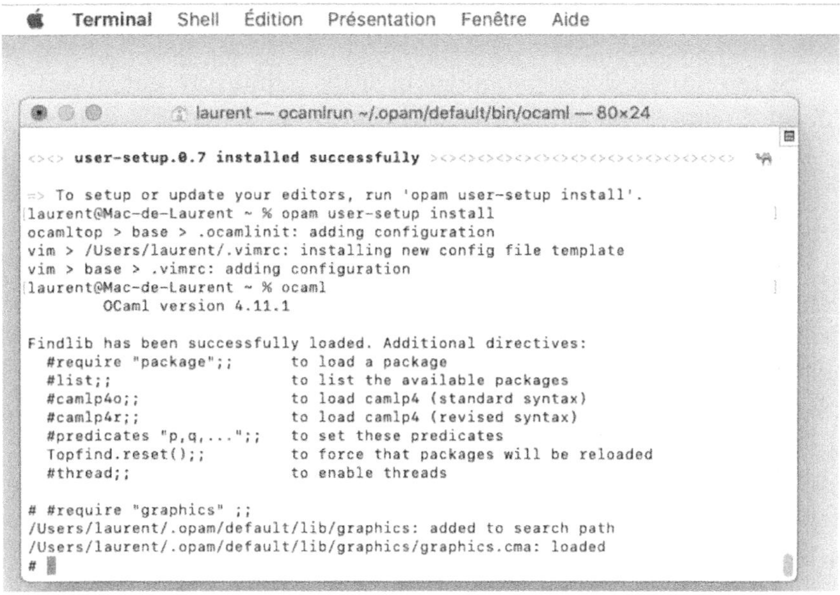


FIGURE 11.53 – Le chargement de la bibliothèque graphique dans l'interpréteur ocaml.

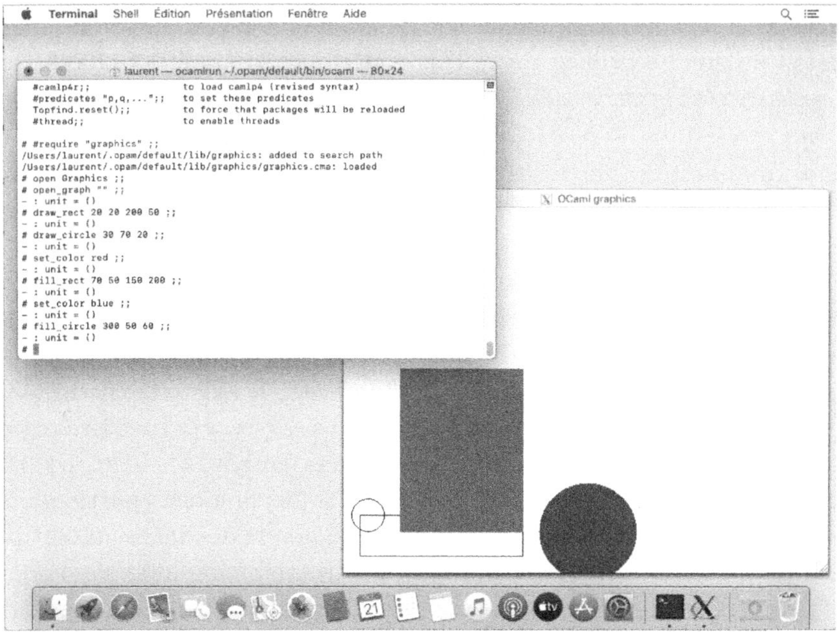


FIGURE 11.54 – L'utilisation de la bibliothèque graphique.

### 11.3.4 Environnements de développement

Dans ce livre, nous avons uniquement utilisé l'interpréteur `ocaml` du langage `OCaml`. Comme indiqué en introduction de la section 11.2 page 412, le langage `OCaml` dispose aussi d'autres outils pour compiler, tester et documenter du code. L'utilisation de ces outils va au-delà du contenu de ce livre. Le lecteur intéressé pourra se reporter à la section III *The OCaml tools* du manuel du langage, disponible sur `https://ocaml.org` (plus précisément à partir de la page `https://ocaml.org/releases/4.11/htmlman/index.html` pour la version en cours au moment de la rédaction de ce livre). Ces outils s'utilisent généralement en *ligne de commande*, à partir d'une fenêtre de terminal, comme l'interpréteur `ocaml` ; ils peuvent s'utiliser dans des environnements intégrés de développement (ou *IDE*, pour *Integrated Development Environment*).

Parallèlement aux outils fournis directement par la distribution du langage `OCaml`, les communautés (académiques et industrielles) utilisant ce langage développent aussi des outils pour `OCaml`.

Par exemple, lorsque l'on développe des programmes plus longs et volumineux que ceux présentés dans ce livre et que l'on utilise la compilation, il est indispensable d'automatiser le processus de compilation. Les outils `ocamlbuild` (`https://github.com/ocaml/ocamlbuild/`) et `dune` (`https://github.com/ocaml/dune`) sont couramment utilisés dans des projets de grande envergure. Il est aussi possible d'utiliser des outils génériques comme `GNU Make` (`https://www.gnu.org/software/make/`), avec la commande `make` qui construit un programme exécutable à partir d'un fichier de configuration.

Concernant l'interprétation du langage, l'outil `utop` (`https://github.com/ocaml-community/utop`), qui s'installe avec le gestionnaire de paquets `opam`, propose un interpréteur muni de fonctionnalités d'édition de ligne, d'historique, de complétion, de colorisation, etc. Comme tout outil, l'utilisation de `utop` demande une phase de prise en main qui dépasse le contenu de ce livre.

Quelle que soit l'envergure du projet que l'on souhaite développer, il est nécessaire de pouvoir éditer le code que l'on écrit. Il existe de nombreux éditeurs de code : voir par exemple les pages `https://en.wikipedia.org/wiki/Source-code_editor` et `https://en.wikipedia.org/wiki/List_of_text_editors`. Certains de ces éditeurs sont dédiés à des langages particuliers ou à des environnements particuliers, et ont pu évoluer vers des tâches d'édition plus généralistes. D'autres sont inclus dans des environnements intégrés de développements (*IDE*) comme `Eclipse` (`https://eclipse.org/`) ou `NetBeans` (`http://netbeans.apache.org/`). D'autres, enfin, sont des éditeurs généralistes et adaptables, comme `GNU Emacs` (`https://www.gnu.org/software/emacs/`) soutenu par la Free Software Foundation (`https://fsf.org`), `Vim` (`https://www.vim.org/`) développé par une communauté de développeurs autour de son auteur principal qui en détient les droits (https://www.vim.org/6k/features.fr.txt), ou Visual Studio Code (https://code.visualstudio.com/) développé par Microsoft.

Ces trois derniers éditeurs fonctionnent sur les trois principaux systèmes d'exploitation, Linux, macOS et Windows ; ils possèdent des modes, des extensions ou « plug-in » (selon l'éditeur utilisé), qui permettent aisément d'éditer, d'interpréter et de compiler du code OCaml.

Pour l'éditeur GNU Emacs, le mode Tuareg (https://github.com/ocaml/tuareg) donne accès à la colorisation syntaxique du code OCaml, et permet d'intégrer facilement un interpréteur (ocaml ou utop). Le mode Tuareg peut s'installer avec le gestionnaire de paquets logiciels opam ou à l'aide du gestionnaire de paquets d'extensions intégré à GNU Emacs en installant le dépôt de paquets MELPA (https://stable.melpa.org/packages/). Les informations pour cela sont disponibles sur le site https://stable.melpa.org/.

L'éditeur GNU Emacs peut aussi être associé à un outil d'assistance à l'édition comme merlin (https://github.com/ocaml/merlin), qui permet d'indiquer les erreurs « à la volée », d'avoir un mécanisme d'auto-complétion lors de la frappe du code, de connaître le type d'une expression et de naviguer dans le code source. Cet outil s'installe avec le gestionnaire de paquets logiciels opam, et une démonstration de ses fonctionnalités est disponible à l'adresse https://ocaml.github.io/merlin/.

L'éditeur Visual Studio Code dispose aussi d'une extension, similaire au mode Tuareg, qui s'appelle OCaml tuareg-master ; elle installe l'extension OCaml qui donne accès aux outils merlin et utop, à condition que ceux-ci soient aussi installés. Ces extensions sont accessibles via le gestionnaire d'extensions disponible dans Visual Studio Code.

L'éditeur Vim permet d'intégrer l'outil merlin, qui est utilisé conjointement à l'outil syntastic (https://github.com/vim-syntastic/syntastic) ; celui-ci utilise alors merlin pour vérifier la syntaxe du code. Pour intégrer un interpréteur à Vim, vous pouvez utiliser l'outil Vim-Slime (https://github.com/jpalardy/vim-slime). La configuration à mettre en place pour OCaml se trouve dans la section « Language Support ». Il est aussi utile d'utiliser l'outil ocp-indent pour indenter le code. Cet outil s'installe avec le gestionnaire de paquets logiciels opam.

Pour conclure, comme pour tous les langages de programmation, les environnements de développement pour le langage OCaml sont aussi divers que les communautés de développeurs utilisant ce langage pour programmer. Ensuite, le choix est affaire de goût et d'habitudes...

# Index

Made in the USA
Middletown, DE
05 November 2026

36599646R00250